KB232272

문제 해결의 전략,
알고리즘

문제 해결의 전략, 알고리즘 전략
Algorithm

1판 1쇄 인쇄 2026년 4월 10일
1판 1쇄 발행 2026년 4월 17일

지은이   한옥영
펴낸이   유지범
책임편집   구남희
편집   신철호 · 현상철
외주디자인   심심거리프레스
마케팅   박정수 · 김지현

펴낸곳   성균관대학교 출판부
등록   1975년 5월 21일 제1975-9호
주소   03063 서울특별시 종로구 성균관로 25-2
전화   02)760-1253~4
팩스   02)760-7452
홈페이지   http://press.skku.edu/

ISBN 979-11-5550-710-0 93000

잘못된 책은 구입한 곳에서 교환해 드립니다.

문제 해결의 전략, 알고리즘

한옥영 지음

Algorithm

성균관대학교 출판부

 **3장** 단순하게 문제 풀기 전략

 **4장** 분할 정복 알고리즘

7장 되추적 기법 전략

1장

알고리즘 이해

Algorithm

☑ 지금까지 우리는 문제를 어떻게 바라보고 접근할 것인지, 즉 컴퓨팅 사고를 통한 문제 해결의 길을 살펴보았다. 하지만 아무리 좋은 생각도, 구체적인 해결 방법이 없다면 실제 문제 해결로 이어질 수 없다. 문제 해결을 위한 우리의 생각을 실제 행동으로 옮기는 '마법 열쇠'가 바로 알고리즘이다.

☑ '알고리즘'이라는 말을 들으면 흔히 복잡하고 어렵다고 느끼는 경우가 많다. 하지만 알고리즘은 사실 우리 일상에 깊이 스며들어 있다. 매일 아침 눈을 떠서 학교에 가기까지, 무의식적으로 행하는 모든 동작들이 알고 보면 하나의 알고리즘이다. 아침 알람이 울리면 침대에서 일어나 세수를 하고, 아침을 먹고 버스를 타고 등교하는 모든 과정은 이미 우리 머릿속에서 설계된 단계적이고 논리적인 절차다.

☑ 더욱 흥미로운 점은, 알고리즘이 컴퓨터와 만나면 그 힘이 배가된다는 사실이다. 컴퓨터는 사람과 달리 지치지 않고, 지루해하지 않으며, 매우 빠르게 반복 작업을 수행할 수 있다. 따라서 올바른 알고리즘을 설계하면 컴퓨터는 복잡한 문제도 순식간에 해결할 수 있다.

☑ 이제부터 알고리즘의 기본 개념부터 구체적인 전략까지 하나씩 알아보면서 알고리즘이 우리 일상과 문제 해결 과정에서 얼마나 큰 힘을 발휘할 수 있는지 함께 살펴볼 것이다.

알고리즘을 이해하기 위한 첫걸음은 자료구조와 알고리즘이 어떤 관계를 맺고 있는지 정확하게 아는 것이다. 프로그래밍에서 자료구조와 알고리즘은 서로 분리해서 생각할 수 없는, 마치 자동차의 엔진과 바퀴처럼 밀접하게 연결된 관계를 맺고 있다. 자료구조가 처리할 데이터를 의미한다면, 알고리즘은 그 데이터를 어떻게 처리할지 결정하는 방법을 말한다. 이 두 가지 요소가 만났을 때 비로소 프로그램이라는 완성된 결과물이 만들어진다.

❶ 자료구조와 알고리즘

알고리즘을 명확히 이해하려면 먼저 자료구조와 알고리즘이 각각 무엇인지 알아야 한다. 또한 두 개념이 어떻게 연결되어 있는지 이해하면 문제를 더욱 효율적으로 해결할 수 있다.

자료구조와 알고리즘은 언제나 함께 움직인다 자료구조와 알고리즘은 프로그래밍의 두 축이라고 할 수 있다. 자료구조가 데이터를 저장하고 관리하는 '그릇'이라면, 알고리즘은 그 데이터를 가지고 문제를 해결해 나가는 '조리법'에 해당한다. 어떤 문제를 풀기 위해서는 반드시 두 요소가 함께 고려되어야 한다.

- **자료구조는 데이터를 담는 방법**: 자료구조에는 리스트, 배열, 스택, 큐, 트리, 그래프 등 다양한 형태가 있다. 마치 책을 정리할 때 책꽂이에 꽂느냐, 박스에 넣느냐, 쌓아두느냐에 따라 꺼내는 시간과 방법이 달라지는 것처럼, 자료구조의 선택은 데이터 접근 효

율을 좌우한다.

- **알고리즘은 데이터를 처리하는 방식**: 데이터를 어떤 순서로 읽고, 어떤 조건에 따라 비교하고, 어떤 결과를 출력할지에 대한 명확한 절차이다. 예를 들어 시험 점수 중 최고점을 찾으려면, 모든 점수를 하나씩 비교해가며 가장 높은 값을 갱신하는 방식의 알고리즘이 필요하다.

 좋은 프로그램은 이 두 가지 요소가 조화를 이루어야 한다. 아무리 좋은 알고리즘이 있어도 자료구조가 비효율적이면 성능이 떨어지고, 자료구조가 아무리 잘 구성되어 있어도 적절한 알고리즘이 없다면 문제를 해결할 수 없다. 예를 들어보자. 저장된 정수 값에서 최댓값을 찾는 프로그램을 만들기 위해서는 먼저 수치 자료들을 저장할 구조가 필요하다. 이때 사용할 수 있는 자료구조는 배열(array) 형식이 될 수 있다. 그리고 배열에 저장된 값들 중 가장 큰 수를 찾아내기 위한 절차로 순차 탐색 알고리즘을 적용할 수 있다.

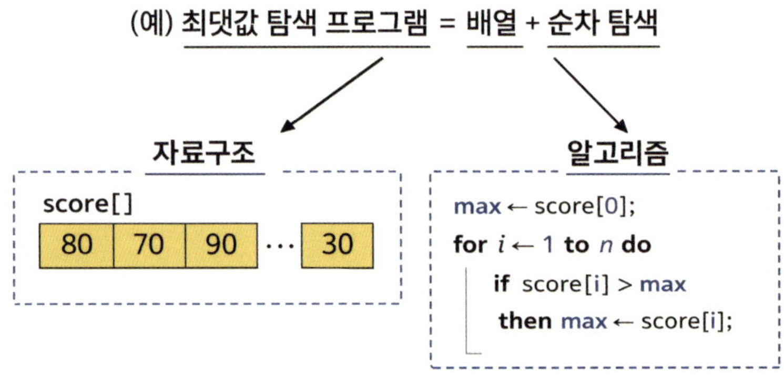

이와 같이 프로그램은 '무엇을 담느냐'(자료구조)와 '어떻게 처리하느냐'(알고리즘)의 조합으로 완성된다.

- **생활 속의 예: 냉장고와 요리 레시피**
자료구조는 마치 냉장고에 있는 재료들이고, 알고리즘은 그것들을 이용한 요리법이다. 냉장고 속에 어떤 재료들이 어떻게 정리되어 있느냐에 따라 요리가 쉬워질 수도, 어려

  문제 해결의 전략, 알고리즘

워질 수도 있다. 아무리 좋은 재료가 있어도, 요리법이 없으면 그 재료는 썩어버릴 뿐이다. 결국 문제 해결을 위해서는 좋은 재료 관리(자료구조)와 정확한 조리법(알고리즘)이 함께 필요하다.

자료구조와 알고리즘은 별개가 아니라, 함께 움직이며 문제 해결의 방향을 이끄는 짝꿍이다. 하나는 데이터를 품고, 하나는 그것을 다룬다. 이 둘을 얼마나 잘 설계하고 조화시킬 수 있는지가 좋은 프로그램을 결정짓는다.

이제는 알고리즘이란 무엇인지, 왜 필요한지, 그리고 어떤 구조로 이루어져 있는지 본격적으로 탐구해 볼 것이다. 문제를 해결하는 길 위에 알고리즘이라는 나침반을 들자.

2 알고리즘 필요성

컴퓨터가 단순 계산만 하는 기계로 머무르지 않고, 인간의 삶에 깊이 관여하는 존재가 된 데에는 이유가 있다. 우리가 원하는 문제를 풀고, 상황에 맞는 결정을 내리고, 반복되는 과정을 자동화해 주는 힘. 바로 알고리즘이 그것이다. 알고리즘은 그 자체로 '도구'이자 '생각의 틀'이며, 우리의 문제 해결 방식 전체를 바꿔놓는다.

알고리즘이 필요한 이유　　알고리즘은 단지 프로그래밍 기술이 아니다. 논리적 사고를 구체적인 절차로 바꾸는 방법이며, 현실 세계의 문제를 효율적으로 해결하기 위한 길잡이다. 알고리즘이 왜 중요한지, 우리는 다음의 측면에서 그 필요성을 이해할 수 있다.

- **복잡한 문제를 단계적으로 해결하는 힘**: 알고리즘은 복잡하고 모호한 문제를 작은 단위로 나누어, 차근차근 해결할 수 있도록 돕는다. 예를 들어, '길 찾기' 문제도 알고리즘을 통해 여러 경로 중 최단 거리를 찾아낼 수 있다.
- **오류를 줄이고 예측 가능한 결과를 도출하는 명확한 절차**: 정해진 입력에 대해 항상 동일한 출력을 보장한다는 점에서, 알고리즘은 실수를 줄이고 결과의 신뢰도를 높여준다.

- **시간과 자원의 효율적인 사용**: 사람이 반복적으로 해야 할 작업을 알고리즘은 기계적으로 처리한다. 이 과정에서 우리는 중요한 일에 집중할 수 있게 된다.
- **일관된 데이터 처리 및 분석 능력 제공**: 알고리즘은 다양한 데이터 속에서 규칙을 찾고, 정리하고, 분석하는 데 핵심 역할을 한다. 특히 빅데이터 시대 필수적인 기술이다.
- **최적화된 솔루션으로 성능을 향상하고 비용을 절감**: 단순히 문제를 푸는 것을 넘어, 더 좋은 방식으로 문제를 푸는 것이 알고리즘의 역할이다. 이는 곧 성능 향상과 자원 절약으로 이어진다.
- **기술 환경의 빠른 변화에 대응하는 유연한 기반 제공**: 알고리즘은 새로운 환경, 새로운 도전 앞에서도 다양한 방식으로 적용되고 진화할 수 있다.
- **창의적인 문제 해결 능력과 논리적 사고를 확장하는 도구**: 아이디어를 실현하고 구체화하는 과정에서 알고리즘은 창의적 사고와 구조적 사고를 동시에 자극한다.

③ 알고리즘 개념

누군가에게 "이 문제, 어떻게 풀 수 있을까?"라고 묻는 순간, 이미 우리는 알고리즘을 상상하고 있다. 알고리즘은 특정 문제를 풀기 위한 명확한 절차와 규칙의 집합이다. 수학자부터 프로그래머까지, 문제를 다루는 모든 이들이 의지하는 도구이자 문제 해결의 언어다.

알고리즘이란?　알고리즘은 단순히 코드를 나열하는 것이 아니다. 그것은 논리적 사고의 흐름을 구조화한 체계이며, 다양한 문제를 일관성 있게 해결할 수 있도록 돕는 문제 해결의 지도(map)이다.

- **문제를 해결하는 명확한 절차와 규칙의 집합**: 알고리즘은 임의의 방식이 아닌, 누구나 따라 할 수 있는 구체적이고 일관된 단계들로 구성된다.
- **입력을 받아 원하는 결과를 도출하는 단계적 과정**: 알고리즘은 주어진 데이터를 가공해 목적에 맞는 출력을 만들어낸다. 그 과정은 예측 가능해야 하며 반복해도 동일한 결과를 보장해야 한다.

- **명확하고 논리적인 흐름을 통해 문제 해결을 가능하게 함**: 모호한 논리로는 컴퓨터가 동작할 수 없다. 알고리즘은 각 단계를 논리적으로 연결해 정확한 결과를 이끌어낸다.
- **순차, 조건, 반복 구조로 이루어진 논리적 체계**: 알고리즘은 기본적으로 세 가지 제어 구조로 이루어진다. 이를 통해 다양한 흐름의 문제를 유연하게 처리할 수 있다.
- **복잡한 문제를 해결하는 실질적인 도구로 활용 가능**: 의료 진단, 금융 분석, 자율주행, 추천 시스템 등 우리가 만나는 수많은 기술의 이면에는 알고리즘이 존재한다.
- **정확성, 효율성, 실행 속도 등으로 성능이 평가됨**: 단순히 '되는 것'이 아니라, 얼마나 정확하고 빠르고 적은 자원으로 해결하는지가 알고리즘의 품질을 결정짓는다.
- **같은 문제를 여러 방식으로 해결할 수 있음**: 하나의 문제에도 다양한 해답이 존재한다. 상황에 따라 최선의 알고리즘을 선택하는 안목이 중요하다.
- **목표와 조건에 따라 최적의 알고리즘을 선택해야 함**: 가장 빠른 것이 항상 최고의 해법은 아니다. 상황에 맞는 균형 잡힌 선택이 중요하다.

알고리즘은 문제 해결의 기술이자 예술이다. 그것은 단순한 논리 이상의 것을 담고 있다. 명료한 사고, 반복 가능한 실행, 예측 가능한 결과를 통해, 알고리즘으로 세상을 이해하고 변화시킨다. "좋은 알고리즘은 좋은 질문에서 시작된다."

알고리즘은 설계도   컴퓨터에게 어떤 일을 시키기 위해서는 반드시 '설계도'가 필요하다. 바로 이 설계도가 알고리즘이다. 단순히 프로그램을 짜기 전에, 사람이 먼저 머릿속으로 어떤 과정을 거쳐 문제를 풀지 고민하고, 그 단계들을 차근차근 적어 내려가는 것, 이것이 바로 알고리즘을 생각하는 과정이다.

예를 들어, "컴퓨터야, 이 데이터를 이렇게 처리해서, 내가 원하는 결과를 만들어줘!"라고 명령하기 위해서는, 먼저 어떤 데이터를 입력받을지(입력의 정의), 그리고 어떤 결과를 기대하는지(출력의 명시), 그리고 입력과 출력을 연결하는 구체적인 처리 과정이 필요하다. 이러한 알고리즘은 세 가지 핵심 요소를 포함한다. 흔히 입력(Input), 처리(Process), 출력(Output), 줄여서 IOP 구조라고 부른다.

- **입력(Input)**: 문제를 해결하기 위해 컴퓨터가 받아들이는 정보다. 예를 들어 시험 점수, 숫자, 글자, 이미지 등 무엇이든 입력이 될 수 있다. 명확하게 정의된 입력 값이 존

재해야 하며, 이것이 알고리즘의 시작을 알린다. 입력이 불명확하거나 누락되면, 이후 처리 과정이 혼란스러워진다.

- ☑ **출력(Output)**: 컴퓨터가 문제를 해결한 결과로 내놓는 값이다. 예를 들어 최대 점수, 평균값, 합격 여부 등 다양하다. 출력이 없거나 잘못되면 알고리즘의 의미는 사라진다.
- ☑ **처리 과정(Process)**: 입력받은 데이터를 원하는 출력으로 변환하기 위해 거치는 모든 단계다. 비교, 반복, 계산, 조건 검사 등 모든 절차가 여기에 포함된다.

이러한 IOP 구조는 모든 알고리즘 설계의 기본 틀로 작용하며, 단순한 계산 문제부터 복잡한 인공지능 알고리즘까지 폭넓게 활용된다. 알고리즘은 결국 입력을 받아 원하는 출력을 도출하기 위한 논리적 처리 절차라 할 수 있다. 알고리즘을 단지 '코드로 푸는 공식'이라고 생각하는 것은 반쪽짜리 이해에 불과하다. 알고리즘은 본질적으로 정보의 흐름을 다루는 사고 체계다. 입력을 어떻게 정의하고, 처리를 어떻게 구성하며, 출력을 어떻게 다듬을 것인가. 이 세 가지를 중심으로 문제를 바라보는 순간, 우리는 이미 알고리즘적으로 사고하고 있는 것이다. 이처럼 알고리즘은 생각의 출발이며, 해결의 완성이다.

우리는 이 절차를 먼저 생각해내고, 그 다음에야 비로소 프로그래밍 언어를 이용해 컴퓨터가 이해할 수 있는 형태로 구현하게 된다. 즉, 문제 해결은 '컴퓨터에게 일을 시키기 위해서 알고리즘을 생각하고, 그 알고리즘을 프로그램으로 만드는 것'에서 출발한다. 이것이 바로 우리가 알고리즘을 공부하는 이유다.

④ 알고리즘의 조건

세상의 모든 절차가 알고리즘이라면, 그중에서 '좋은 알고리즘'은 무엇일까? 단순히 결과만 얻으면 되는 것이 아니라, 명확하게 이해되고, 끝이 있으며, 자원을 효율적으로 쓰는 것이 중요하다. 이러한 기준은 알고리즘이 갖추어야 할 본질적인 조건이며, 이는 알고리즘의 품질을 결정짓는다. 좋은 알고리즘이 갖추어야 할 세 가지 조건은 다음과 같다.

1. **명확성(Clarity)**

   - 알고리즘은 누구나 쉽게 이해할 수 있어야 한다. 이는 단순한 설명을 넘어, 모든 단계가 중복 없이 논리적으로 연결되어야 함을 뜻한다.
   - 모든 단계는 명확하고 직관적이어야 하며, 애매하거나 모호한 표현이 없어야 한다.
   - 알고리즘의 각 과정이 논리적인 흐름을 이루어야 하며, 반복되거나 불필요한 단계가 없어야 한다.
   - 명확하지 않은 알고리즘은 사람도 컴퓨터도 신뢰하고 사용할 수 없다.

2. **유한성(Finiteness)**

   - 알고리즘은 반드시 끝이 있어야 한다. 아무리 정교한 알고리즘이라도 끝없이 반복된다면 문제 해결이 될 수 없다.
   - 알고리즘은 유한한 단계 내에서 결과를 도출해야 하며, 무한 루프에 빠져서는 안 된다.
   - 실행 시간이 무제한으로 늘어나지 않고, 합리적인 시간 안에 종료되는 것이 중요하다.
   - 유한성은 알고리즘의 실행 가능성과 실용성을 판단하는 첫 번째 기준이다.

3. **효율성(Efficiency)**

   - 효율적인 알고리즘은 더 적은 시간, 더 적은 자원으로 동일한 문제를 해결한다.
   - 알고리즘이 문제를 푸는 데 필요한 시간과 메모리 공간을 최소화할수록 효율적이다.
   - 같은 문제라도 효율적인 알고리즘을 선택하면 성능이 극적으로 향상된다.
   - 알고리즘 최적화는 효율성을 높이는 핵심 전략이며, 실제 시스템에서는 이 부분이 경쟁력을 좌우한다.

알고리즘을 설계할 때, 정답을 얻는 것만으로 만족해서는 안 된다. 그 과정이 얼마나 명확하고, 빠르고, 현실적인지를 함께 고민해야 한다. 알고리즘의 본질은 생각의 도구이자 실행의 기술이다. 좋은 알고리즘은 단지 문제를 푸는 것이 아니라, 잘 푸는 방법을 찾는 것이다.

❺ 알고리즘의 효과성

우리는 종종 '잘 작동하는' 알고리즘을 찾으려 애쓴다. 그러나 알고리즘이 진정으로 유용해지기 위해서는 단순히 동작하는 것 이상이 필요하다. 그것은 바로 효과성, 즉 정확하게 문제를 해결하고, 현실에서 신뢰할 수 있는 결과를 꾸준히 도출하는 능력이다. 알고리즘이 갖춰야 할 효과성의 의미와 기준을 살펴보자.

- **효과성이란?**: 효과성은 알고리즘이 실제 환경에서 원하는 결과를 정확하고 일관되게 도출하는 능력을 의미한다. 즉, 알고리즘의 실행 결과가 사용자의 기대와 부합해야 하며, 그 과정이 신뢰할 수 있어야 한다.
  - ☑ 각 단계는 명확하고 수행 가능해야 한다. 인간이나 컴퓨터 모두가 실행할 수 있는 수준으로 구성되어야 한다.
  - ☑ 실제 상황에서 일관된 결과를 도출하는 것이 핵심이다. 테스트 환경에서만 잘 작동하고 실제에서 실패하는 알고리즘은 효과적이라 할 수 없다.
- **효과성이 중요한 이유**
  - ☑ 불명확한 알고리즘은 예측 불가능한 결과를 초래할 수 있음: 작은 오류가 누적되어 전체 결과를 왜곡할 수 있다. 특히 자동화된 시스템에서는 치명적인 문제로 이어진다.
  - ☑ 복잡한 문제 해결 시 신뢰성과 재현성을 보장: 알고리즘이 동일한 입력에 대해 동일한 출력을 보장해야만, 그것을 기반으로 다른 시스템을 설계하거나 개선할 수 있다.
  - ☑ 실생활의 문제를 자동화하고 최적의 결과를 도출하는 데 기여: 예를 들어, 교통 흐름을 제어하는 알고리즘이나 의료 진단 알고리즘은 일관되고 정확한 결과를 요구한다.
- **효과성을 평가하는 기준**
  - ☑ 정확성(Correctness): 모든 입력에 대해 정확한 출력을 제공해야 한다. 오류 없는 계산은 알고리즘의 존재 이유이기도 하다.
  - ☑ 단순성(Simplicity): 불필요한 복잡함을 줄이고, 가능한 간결하고 직관적인 구조를 갖추는 것이 중요하다. 단순한 알고리즘은 이해와 유지보수가 쉽다.
  - ☑ 안정성(Stability): 알고리즘은 다양한 조건이나 예외 상황 속에서도 일관된 결과를 내야 한다. 입력이 조금 바뀌었다고 결과가 급변해서는 안 된다.

효과성은 알고리즘의 신뢰도다. 이 신뢰는 정확한 실행과 단순한 설계, 그리고 다양한 조건 속에서도 변하지 않는 안정성에서 비롯된다. 어떤 문제를 해결할 때, 우리는 묻는다. "이 알고리즘은 진짜 믿을 수 있는가?" 효과성은 이 질문에 대한 가장 진실한 답이 되어야 한다. 결국, 좋은 알고리즘이란 현실에서 바로 문제를 해결할 수 있는 것이다.

❻ 알고리즘의 역사: 천 년을 넘나드는 문제 해결의 유산

인간은 늘 문제를 해결하며 살아왔다. 도구를 만들고, 농사를 짓고, 별을 계산하고, 거래를 기록하는 그 모든 순간에 '어떻게 하면 더 잘할 수 있을까'라는 질문이 있었다. 그리고 그 질문에 대한 답은 종종 하나의 '절차'로 정리되었다. 알고리즘은 그렇게 시작되었다.

수학자가 공식으로, 장인들이 손의 기술로, 그리고 철학자들이 논리로 다듬어 낸 문제 해결의 방법들. 이들은 시간이 흘러 수천 년의 지혜로 이어졌고, 결국 현대의 컴퓨터 알고리즘으로 진화했다. 한 줄의 코드에 담긴 절차는, 유클리드의 손끝과 배비지의 톱니바퀴, 튜링의 사유 속에서 이어져온 문제 해결의 유산이다.

우리는 지금, 그 유산의 연장선 위에 서 있다. 인류가 남긴 알고리즘의 발자취를 따라가며, 과거의 창조성이 어떻게 현재의 기술로 연결되었는지 살펴볼 시간이다. 알고리즘의 역사 속에는 생각의 깊이와 행동의 설계가 만나 이룬 경이로움이 숨어 있다. 이제, 시간의 문을 열고 함께 그 여정을 시작해보자.

- **알고리즘은 어떻게 시작되었을까?**: 지금 우리가 배우고 있는 알고리즘은 사실 수천 년 전부터 인류가 써온 '문제 해결의 공식'이었다. 알고리즘(Algorithm)이라는 단어는 페르시아의 수학자 알 콰리즈미(Al-Khwarizmi)의 이름에서 유래했다. 그는 9세기경, 아라비아 숫자 체계를 유럽에 소개하고 대수학의 기초를 다지며, 문제를 해결하는 명확한 절차를 정리한 인물이었다. 그가 없었다면 오늘날의 컴퓨터과학은 전혀 다른 모습이었을지도 모른다.
- **기원전에도 알고리즘은 있었다**: 놀랍게도 알고리즘의 기원은 인류의 지혜 속에 오래

전부터 존재했다.

- ☑ 기원전 300년, 유클리드는 두 수의 최대공약수를 구하는 GCD 알고리즘을 만들어 냈다. 반복적으로 나눗셈을 적용하여 가장 큰 공통 약수를 찾아내는 이 방법은 오늘날에도 여전히 사용된다.
- ☑ 기원전 200년, 에라토스테네스는 소수를 효율적으로 찾는 알고리즘, 이른바 '에라토스테네스의 체'를 고안했다. 지금도 많은 컴퓨터과학 수업에서 이 알고리즘을 실습 문제로 다룬다.
- ☑ 중세 시대, 이슬람 학자들은 수학과 기하학의 발전을 이끌며 알고리즘 사고를 자연스럽게 확산시켰다.

- **기계로 구현된 알고리즘의 시대**: 산업혁명과 함께 알고리즘은 추상적인 개념에서 물리적인 기계 안으로 들어가기 시작했다.

- ☑ 1830년대, 찰스 배비지는 '해석기관(Analytical Engine)'을 설계했다. 이 기계는 연산이 가능한 최초의 기계식 컴퓨터라 불리며, 계산을 순차적으로 처리하는 알고리즘의 개념을 현실 세계로 가져왔다.
- ☑ 1843년, 에이다 러브레이스는 배비지의 기계에서 실행될 최초의 컴퓨터 알고리즘을 작성했다. 그녀는 세계 최초의 프로그래머이자 알고리즘이 단지 수학 계산을 넘어서 창의적 사고의 도구가 될 수 있음을 증명한 인물이었다.

- **컴퓨터와 알고리즘, 운명적인 만남**: 컴퓨터과학의 시작은 알고리즘과의 만남에서 비롯되었다.

- ☑ 1936년, 영국의 수학자 앨런 튜링은 '튜링 머신'이라는 개념을 제시하며, 계산 가능한 문제와 불가능한 문제를 구분하는 계산 가능성 이론을 발전시켰다. 이는 오늘날 모든 컴퓨터 프로그램의 근간이 되는 사고방식으로, 알고리즘의 논리적 기반을 제공한다.
- ☑ 1950년대 이후, 본격적으로 컴퓨터가 보급되면서 다양한 문제를 해결하기 위한 알고리즘 설계가 활발해졌다. 이 시기를 기점으로 알고리즘은 단순한 계산의 도구가 아니라, 전 산업과 학문의 핵심이 되기 시작했다.

- **인공지능 시대의 알고리즘**: 이제 알고리즘은 일상의 거의 모든 곳에 존재한다. 검색을 할 때, 동영상을 추천받을 때, 길을 찾을 때, 물건을 주문할 때조차도 우리는 알고리즘의 힘을 빌리고 있다.

- ☑ 인공지능과 머신러닝은 알고리즘 없이는 존재할 수 없다.
  - ― 딥러닝 알고리즘은 자율주행차, 음성 비서 등에서 복잡한 패턴을 인식한다.
  - ― 자연어 처리(NLP) 알고리즘은 번역기와 챗봇, 예를 들어 챗GPT가 사용하는 핵심 기술이다.
  - ― 추천 시스템 알고리즘은 유튜브, 넷플릭스 등에서 개인에게 맞춤 콘텐츠를 제공한다.
- ☑ 데이터 분석과 빅데이터 분야에서는
  - ― 탐색 및 정렬 알고리즘으로 빠른 검색을,
  - ― 회귀 및 군집화 알고리즘으로 미래를 예측하며,
  - ― 시각화 알고리즘으로 복잡한 정보를 쉽게 표현한다.

- **일상을 바꾸는 알고리즘**: 알고리즘은 단순히 과학기술 분야에만 머물지 않는다. 게임, 예술, 물류, 도시계획, 재난 대비까지 알고리즘의 손길은 끊임없이 확장된다.

  - ☑ 게임 속 경로 탐색 알고리즘(A)* 덕분에 캐릭터는 더 똑똑하게 움직이고,
  - ☑ 물류에서는 배송 경로 최적화 알고리즘이 빠르고 효율적인 택배를 가능하게 한다.
  - ☑ 도시 교통 관리나 재난 예측 알고리즘은 실시간 데이터를 분석해 인간의 생명을 지키는 데 쓰인다.
  - ☑ 재고 최적화와 가격 비교 알고리즘은 온라인 쇼핑을 보다 스마트하게 만든다.

- **알고리즘의 미래**: 미래의 알고리즘은 지금보다 훨씬 더 똑똑해질 것이다. 양자컴퓨팅에 최적화된 퀀텀 알고리즘, 생명정보 기반 알고리즘, 기후 변화에 대응하는 예측 알고리즘 등은 새로운 시대를 여는 열쇠가 될 것이다. 알고리즘은 단지 과거의 산물이 아니라, 미래를 설계하는 언어다. 문제를 더 빠르게, 더 정확하게, 더 창의적으로 해결하기 위해 인류는 앞으로도 알고리즘을 계속해서 발전시킬 것이다. 알고리즘의 역사는 인간이 '어떻게 문제를 해결할 것인가'를 고민해온 역사 그 자체다. 수천 년 전 유클리드의 손끝에서 시작되어, 오늘날 AI의 뇌 속으로 이어지는 이 긴 여정은 아직 끝나지 않았다. 이제는 우리가 그 여정의 다음 장을 써 내려갈 차례다. 컴퓨터에게 무엇을 시킬 것인지, 어떤 방법으로 풀 것인지, 그 해답은 우리가 설계하는 알고리즘에 달려 있다.

- **알고리즘 발전의 의미**: 알고리즘은 단순한 문제 해결 도구에 머물지 않는다. 그것은 시대를 관통하는 기술 혁신의 핵심 동력으로, 수학의 원리에서 출발해 인공지능, 데이터 과학, 그리고 사회 문제 해결까지 삶의 전 영역으로 확장되었다. 오늘날 알고리즘은 단

순한 코드가 아닌, 세상을 바꾸는 전략이다.

알고리즘은 현대 사회를 구성하는 거의 모든 기술의 근간이 되었다. 우리가 일상 속에서 마주하는 수많은 기술 뒤에는, 눈에 보이지 않는 알고리즘의 정교한 논리가 숨어 있다. 그 활용 영역은 다음과 같이 폭넓다.

☑ **인공지능(AI) 및 머신러닝**
   — 딥러닝 알고리즘: 이미지 및 음성 인식 분야에서 활약.(**예** 자율주행차의 보행자 감지, 스마트폰 음성 비서.)
   — 자연어 처리(NLP): 챗봇과 번역기에서 문장을 이해하고 생성.(**예** 구글 번역, ChatGPT.)
   — 추천 시스템: 사용자의 데이터를 분석해 맞춤형 콘텐츠를 제안.(**예** 넷플릭스, 유튜브.)

☑ **데이터 분석 및 빅데이터**
   — 정렬 및 탐색 알고리즘: 대규모 데이터에서 빠르게 정보 검색.
   — 회귀 분석, 군집화 알고리즘: 데이터 속 패턴을 찾아 예측 모델 생성.
   — 시각화 알고리즘: 복잡한 데이터를 이해하기 쉽게 그래프로 표현.(**예** Tableau, Power BI.)

☑ **보안 및 암호화**: 민감한 정보의 안전한 전송과 저장을 위한 핵심 기술.

☑ **금융 및 투자**: 주식 예측, 리스크 관리, 자동 매매 등 정교한 의사결정에 활용.

☑ **의료 및 생명과학**: 유전체 분석, 질병 예측, 신약 개발 등에서 인간 생명을 지키는 조력자로 활약.

☑ **엔터테인먼트 및 게임**
   — 그래픽 알고리즘: 3D 모델 렌더링, 애니메이션.
   — 경로 탐색 알고리즘: 게임 캐릭터의 움직임 결정.(**예** A* 알고리즘.)
   — 물리 엔진: 충돌 감지와 중력 연산을 통해 현실감 있는 환경을 구현.

☑ **로봇 공학 및 자율주행**
   — 경로 계획 알고리즘: 로봇의 이동 경로 결정.
   — 강화 학습 알고리즘: 로봇이 스스로 배우고 최적의 행동을 선택.

✔ **전자상거래 및 물류**

— 재고 최적화 알고리즘: 공급망 효율화.

— 배송 경로 최적화: 물류 시간을 줄이고 비용을 절감.

— 가격 비교 알고리즘: 실시간 가격 정보 분석을 통한 합리적 소비 유도.

✔ **공공 분야 및 사회 문제 해결**

— 도시 교통 관리: 실시간 교통 분석 및 신호 제어.

— 재난 예측 알고리즘: 기상 데이터를 분석해 자연재해 대비.

— 환경 보호 알고리즘: 에너지 사용 최적화와 기후 변화 예측에 활용.

우리는 알고리즘을 통해 보다 정확한 예측을 하고, 더 빠른 결정을 내리며, 새로운 가능성을 열어간다. 알고리즘은 단지 코드를 의미하지 않는다. 그것은 문제를 보는 새로운 시각, 그리고 더 나은 세상을 설계하는 도구다. 알고리즘의 발전은 곧 인간의 사고와 상상력이 기술로 구현되는 여정이다. 다음 세대를 위한 혁신은, 바로 우리가 지금 어떤 알고리즘을 설계하느냐에 달려 있다.

알고리즘 전략

모든 문제에는 길이 있다. 하지만 그 길이 하나뿐이라는 보장은 없다. 우리는 종종 같은 목적지를 향하지만 전혀 다른 방법으로 도달한다. 어떤 이는 빠른 길을 택하고, 어떤 이는 안전한 길을 고르며, 또 어떤 이는 멈췄다가 돌아가기도 한다. 이렇듯 문제 해결의 길을 선택하는 기준이 바로 '전략'이다. 알고리즘에서 전략은 단순한 도구가 아니라, 상황에 따른 최선의 판단과 실행 계획이다. 어떤 전략은 빠르지만 최적이 아닐 수 있고, 어떤 전략은 정확하지만 느릴 수 있다. 알고리즘 전략을 배운다는 것은, 문제 해결의 다양한 경로를 이해하고 가장 적절한 길을 선택할 수 있는 사고력을 키운다는 뜻이다.

① 전략이란 무엇인가?

'전략'이라는 말은 컴퓨터과학보다 훨씬 오래된 개념이다. 고대의 전쟁터에서, 근대의 외교 테이블에서, 현대의 기업 회의실까지 전략은 늘 최적의 선택을 위한 '생각의 무기'였다. 알고리즘에서 전략 역시 단순한 계산법이 아니라, 어떤 문제를 어떻게 풀 것인가에 대한 전체적 접근 방식을 뜻한다.

전략의 사전적 의미

- ☑ 군사 용어에서 유래한 전략은 전쟁에서 승리하기 위한 작전과 계획을 뜻한다.
- ☑ 정치나 경제 등 다양한 사회 분야에서 목표 달성을 위한 선택적 행동 계획으로 확장되었다.

- ✔ 문제의 성격, 조건, 제약에 따라 가장 알맞은 해결 방법을 선택하는 기준을 의미한다.
- ✔ 동일한 문제라도 접근 방식에 따라 해결 시간, 자원, 정확도가 크게 달라진다.
- ✔ 즉, 전략에 따라 문제 해결 방식이 다르게 적용된다.

- ✔ 알고리즘은 문제 해결을 위한 절차이고,
- ✔ 전략은 그 알고리즘을 선택하고 설계하는 사고의 틀이다.
- ✔ 어떤 전략을 선택하느냐에 따라 프로그램의 성능과 성공률이 좌우된다.

예를 들어 같은 문제를 '단순하게 문제풀기' 전략으로 푼다면 단순 반복이 될 수 있지만, '분할 정복' 전략을 적용한다면 계산량을 획기적으로 줄일 수 있다. 이처럼 전략은 '무엇을 하느냐'보다 '어떻게 하느냐'의 문제에 해당한다.

전략은 단순히 기술을 고르는 것이 아니라, 지혜롭게 생각하는 힘이다. 알고리즘을 이해하는 것만으로는 부족하다. 그 알고리즘을 왜 선택했는가, 그 전략이 왜 최선이었는가를 설명할 수 있어야 한다. 이제 우리는 다양한 전략의 세계로 첫발을 디딘다.

② 알고리즘 설계 전략

모든 문제를 같은 방법으로 풀 수는 없다. 우리는 때로는 모든 경우를 다 시도해 보기도 하고, 때로는 문제를 쪼개어 해결하거나, 지금 가장 좋아 보이는 답을 선택하기도 한다. 이렇게 문제를 푸는 방식의 설계가 바로 알고리즘 전략이다. 이제 본격적으로 다섯 가지 주요 알고리즘 전략을 살펴보자.

- **단순하게 문제풀기(Brute Force)**
  - ✔ 가능한 모든 경우를 모두 시도
  - ✔ 구현은 쉬우나, 비효율적(**예** 비밀번호 무작위 대입)

- **분할 정복(Divide and Conquer)**
  - ☑ 문제를 작게 나눈 후, 각각을 해결하고 다시 결합
  - ☑ 복잡한 문제를 효율적으로 해결(예 병합 정렬, 퀵 정렬)
- **탐욕적 알고리즘(Greedy)**
  - ☑ 각 순간의 최선의 선택을 반복
  - ☑ 빠르고 단순하지만, 항상 최적은 아님(예 거스름돈 문제, 다익스트라 알고리즘)
- **동적 계획법(Dynamic Programming)**
  - ☑ 중복되는 하위 문제의 답을 저장해 재활용
  - ☑ 최적해를 보장, 메모리 효율 높음(예 피보나치 수열, 배낭 문제)
- **되추적 기법(Backtracking)**
  - ☑ 조건에 맞지 않으면 되돌아가 다시 시도
  - ☑ 모든 가능한 경우를 탐색할 수 있음(예 N-Queen, 조합 탐색)

전략 선택의 기준은 무엇인가?   입력 크기, 최적성 요구, 시간 제약, 문제의 구조 (순차/트리형 등)에 따라 달라진다. 단순한 문제는 Brute Force로도 충분하지만, 입력이 커지면 효율적인 전략이 필요하다.

- **실제 예: 피보나치 수열**
  - ☑ 재귀로 계산하면 지수 시간이 소요되지만, 동적 계획법을 적용하면 선형 시간에 해결된다.
  - ☑ 같은 문제도 전략에 따라 결과가 완전히 달라지는 것이다.

알고리즘 전략은 단순히 코드를 짜는 방법이 아니다. 그것은 문제를 분석하고 설계하는 사고의 방식이다. 이 다섯 가지 전략은 우리가 풀 수 있는 문제의 영역을 넓혀주고, 컴퓨터가 더 똑똑하게 일할 수 있도록 도와주는 무기다.

③ **전략 비교**

전략은 선택이다. 하지만 제대로 비교하지 않으면, 우리는 잘못된 전략을 고를 수 있다. 전략 비교는 어떤 전략이 '좋다'가 아니라, 어떤 전략이 '적절한가'가 중요하다. 문제 유형에 따라 전략을 '도구처럼' 골라 쓸 수 있어야 한다. 예를 들어, 병합 정렬은 분할 정복이 가장 적합하고, 다익스트라 알고리즘은 그리디 알고리즘이 최선의 문제 해결 전략이다. 전략은 문제의 성격과 짝이 맞아야 한다. 각 전략들의 특징, 장단점, 그리고 대표 예시를 한눈에 비교해보기로 하자.

전략	개념 및 특징	장점	단점	대표 예시
Brute Force	모든 경우를 전부 시도	직관적, 단순 구현	느리고 비효율적	비밀번호 찾기 완전탐색문제
Divide & Conquer	문제를 나누어 해결 후 병합	효율적, 구조적	병합 단계 복잡	병합정렬, 퀵정렬 이진탐색
Greedy	순간 최적 선택 반복	빠름, 구현 쉬움	최적 보장 X	거스름돈 문제 다익스트라 알고리즘
Dynamic Programming	중복된 문제 재활용	최적 보장, 메모리 효율	구현 복잡	피보나치 수열 배낭문제
Backtracking	조건에 따라 되돌아가며 탐색	모든 해 탐색 가능	느림, 분기 많음	N-Queen 부분집합구하기

전략의 비교는 단순한 요약이 아니라 판단의 근거를 제공하는 사고 도구다. 위의 표를 통해 앞으로 배울 전략들을 명확히 구분하고 선택할 수 있는 안목을 갖게 될 것이다. 이제 전략을 '이해했다면', 직접 '써 보는' 시간이 우리를 기다린다.

우리는 알고리즘 전략의 개념, 다섯 가지 대표 전략, 그리고 그들의 차이를 비교해 보았다. 전략은 도구이고, 그 도구를 언제, 어떻게 쓰느냐는 전적으로 여러분의 판단에 달려 있다. 문제를 푸는 것만큼이나, 어떻게 풀지를 고민하는 것은 멋진 일이다. 앞으로 펼쳐질 각 전략 단원에서, 여러분은 사고의 전술을 훈련하게 될 것이다.

문제를 해결하는 알고리즘을 만든다는 것은 단지 정답을 도출하는 것만을 의미하지 않는다. 우리가 진정으로 원하는 것은 정확하고 빠르게 자원까지 절약하는 해결 방식이다. 예를 들어, 검색 엔진에서 사용자의 입력에 1초 이내로 반응하는 시스템과 10초가 걸리는 시스템 중 어떤 것을 선택할지는 자명하다. 또한, 모바일 기기에서 실행되는 앱이라면 메모리를 적게 소모하는 알고리즘이 훨씬 유리하다.

이렇듯 알고리즘의 성능은 사용자 경험, 실행 환경, 시스템 자원과 밀접하게 연결되어 있으며, 단순한 코드 구현을 넘어 실제 세계에서의 적용 가능성을 결정짓는 요소가 된다. 여기에서는 알고리즘이 얼마나 효율적으로 작동하는지를 평가하는 기준과 방법을 다루며, 이를 통해 '좋은 알고리즘이란 무엇인가?'라는 질문에 더 다가가게 된다. 지금부터는 알고리즘의 성능을 어떤 방식으로 분석하고 비교할 수 있는지를 배워보자.

① 알고리즘 분석

우리는 알고리즘을 통해 문제를 해결하려 한다. 하지만 단순히 정답을 낸다고 해서 그 알고리즘이 훌륭하다고 할 수는 없다. 특히 실제 환경에서는 데이터의 양이 방대하고, 처리 시간과 자원은 제한되어 있기 때문에 얼마나 빠르고 안정적으로 작동하는지가 더 중요할 수 있다. 이러한 이유로 알고리즘 분석은 '정답 도출' 그 이후의 문제다. 즉, 알고리즘이 입력 크기에 따라 어떤 방식으로 자원을 소비하며, 수행 시간이 어떻게 변화하는지를 분석하는 것이 핵심이다. 이를 통해 우리는 여러 알고리즘 중 어떤 것이 더 효율적인지 비교하고 선택할 수 있다.

  알고리즘이 문제를 해결하는 과정에서 얼마나 많은 연산을 수행하고, 얼마나 많은 자원을 사용하는지를 정량적으로 평가한다. 효율성을 수치로 표현함으로써, 여러 알고리즘 중 최적의 선택을 가능하게 하는 것이다.

- **시간 복잡도(Time Complexity)**: 입력 크기가 커질 때, 실행 시간(연산 횟수)이 어떤 식으로 증가하는지를 분석하는 개념이다.
  - ☑ 입력 데이터의 양을 n이라 할 때, 시간 복잡도는 주로 $O(1)$, $O(n)$, $O(n^2)$, $O(\log n)$, $O(n \log n)$ 등의 형태로 표현된다.
  - ☑ 입력이 10배 늘어날 때, 연산량이 10배 늘어나는 알고리즘과 100배 늘어나는 알고리즘은 전혀 다른 성능을 보인다.
  - ☑ 시간 복잡도의 예는 다음과 같다.
    - $O(n)$: 리스트에서 원하는 값을 순차적으로 찾는 경우
    - $O(\log n)$: 이진 탐색처럼 반씩 줄여나가는 알고리즘
    - $O(n^2)$: 이중 반복문 구조를 사용하는 버블 정렬

입력이 작을 때는 큰 차이를 느끼지 못하지만, 입력이 1,000만 건 이상이 되면 $O(n)$과 $O(n^2)$의 차이는 현실에서 느낄 수 있는 큰 차이로 이어진다.

- **공간 복잡도(Space Complexity)**: 알고리즘이 문제 해결을 위해 얼마나 많은 메모리를 사용하는가를 나타내는 지표로 다음의 특징이 있다.
  - ☑ 메모리를 많이 사용하는 알고리즘은 성능 저하나 프로그램 충돌을 일으킬 수 있다.
  - ☑ 특히 임베디드 시스템, 모바일 환경, 대용량 데이터 분석 등 자원이 제한된 환경에서 중요한 평가 기준이다.
  - ☑ 공간 복잡도 측면에서 고려하면, 어떤 알고리즘은 메모리를 거의 사용하지 않지만 느릴 수 있고, 또 어떤 알고리즘은 메모리를 많이 써서 속도를 높일 수 있다. 예를 들어, 재귀 호출은 호출 스택에 의존하므로 공간 복잡도가 증가되는 결과를 가져온다. 또한, 메모이제이션(Memoization) 기법은 메모리를 더 사용하지만 시간 복잡도를 낮출 수 있어 효율적이 공간 복잡도에 해당한다.
  - ☑ 공간 복잡도의 알고리즘 분석 실제 예는 다음과 같다.
    - 피보나치 수열을 재귀로 계산하면 수많은 중복 호출이 발생하여 메모리와 시간이 모두 낭비된다.

— 피보나치 수열을 동적 계획법(DP)을 적용하면 중복 계산을 제거하여 시간 효율을 크게 향상시킬 수 있다. 다만, 중간 결과 저장으로 인해 메모리 사용량은 증가할 수 있다.

알고리즘 분석의 실질적 중요성　정답을 낼 수 있는 알고리즘이 3개 있다면, 우리는 그중 '가장 빠르고 적은 자원을 사용하는' 알고리즘을 선택해야 한다. 시간 복잡도와 공간 복잡도는 이 판단의 기준이자, 프로그램 성능 최적화의 핵심 지표이다.

만약 AI 학습 데이터 전처리 과정에서 $O(n^2)$ 알고리즘을 쓴다면 모델 학습 시간이 하루가 넘게 걸릴 수 있다. 반면, $O(n \log n)$ 알고리즘을 적용하면 동일한 결과를 1시간 이내로 도출할 수 있는 것이다. 즉, 알고리즘 분석은 학문적 평가를 넘어서 현장 적용 가능성의 척도다.

알고리즘 분석은 단순히 이론 수업의 주제가 아니라, 실제 소프트웨어 개발과 데이터 처리에서 성패를 좌우하는 결정 요소다. 수학처럼 보일 수 있지만, 그 본질은 '문제를 잘 해결하는 법'을 찾는 것이다. 정답을 제시하는 알고리즘은 많다. 하지만 그중에서 가장 지혜롭게 정답에 도달하는 방법을 찾는 것이 바로 알고리즘 분석의 목적이다. 이제 우리는 단지 '어떻게 풀 것인가'가 아니라, '얼마나 잘 풀 것인가'를 고민해야 할 시점에 와 있는 것이다.

② 성능 평가의 필요성

만약, 여러분이 요리를 주문했는데 음식이 두 시간 후에 도착하고, 배달료가 만 원이고, 포장 용기는 세 번이나 새고, 맛은 평범하다면? 그 음식은 아마 '다시는 시키지 않을' 후보 1순위가 될 것이다. 알고리즘도 마찬가지다. 정답을 내놓기는 했지만 시간이 오래 걸리고, 메모리를 너무 많이 쓰고, 예측 불가능한 방식으로 작동한다면 그건 좋은 알고리즘이라 부를 수 없다. 바로 그래서 성능 평가가 필요하다. 속도, 효율성, 자원 활용도 이 세 가지는 알고리즘 세계의 '맛집 선정 기준'이다. 좋은 알고리즘은 빠르고 똑똑하며, 자원도 아껴쓴다. 그것을 판단하려면 반드시 객관적인 평가가 필요하다.

- **좋은 알고리즘은 단지 정답을 내는 것이 아니다**: 사용자의 입장에서 '빠르고 가볍게 작동하는가'를 함께 고려해야 한다. 오늘날의 서비스는 사용자의 기대 수준이 높다. 3초 이상 기다리는 웹페이지는 아무도 찾지 않아 사라지고 말 것이다.
- **성능이 중요한 이유는 현실 때문이다**: 알고리즘은 실험실이 아닌 현장 속에서 동작한다.
  - ☑ 데이터는 늘어나고, 디바이스는 작아지고, 사용자는 까다로워진다.
  - ☑ 성능이 낮은 알고리즘은 이런 현실 앞에서 무너질 수밖에 없다.
    - 예를 들어, 대중교통 앱에서 경로 탐색 알고리즘이 너무 느리다면, 사용자는 다음 버스를 놓치게 되고 말 것이다. 또한, 뉴스 추천 시스템이 10분마다 만 작동한다면, '실시간' 뉴스라는 이름이 무색해질 것이다.
- **성능 평가 없이 선택은 없다**: 동일한 문제를 푸는 알고리즘이 여러 개 있다면, 어떤 것을 선택하여 적용할지 판단할 수 있는 기준이 필요하다. 기능이 같아 보여도, 성능 차이는 크다. 겉모습이 비슷해도, 달리기 속도는 다를 수 있는 것과 같은 이치이다.
- **성능은 사용자 경험과 직결된다**: 알고리즘은 사용자를 '기다리게 하지 말아야' 한다. 응답 속도, 시스템 부하, 배터리 소모량 등 모든 것이 성능의 결과물에 해당한다. 검색 엔진은 사용자가 키워드를 입력하자마자 0.2초 내에 결과를 보여준다고 가정한다면, 수천만 개의 문서를 탐색할 때 매우 뛰어난 성능의 알고리즘이 필요할 것이다. 반면, 같은 검색을 수행하는 데 5초가 걸리는 시스템은 경쟁력을 잃게 되는 것이다.
- **성능은 선택을 위한 '이유'다**: 알고리즘 성능 평가는 그냥 무작위 실행이 아닌, 근거 있는 판단을 가능하게 한다. 뽑기식 선택이 아니라, 분석 기반의 '전략적 선택'이 이루어져야 하는 것이다. 다음의 경우가 전략적 선택을 위하여 분석이 필요한 때이다.
  - ☑ 이미지 압축을 위해 여러 알고리즘 중 하나를 선택해야 할 때,
    - 어떤 알고리즘이 더 빠르게 압축하고, 품질 손실이 적은지를 알아야 한다.
    - 그 판단을 가능하게 해주는 것이 바로 성능 평가다.

알고리즘 성능 평가는 단순한 테스트가 아니다. 그것은 마치 마라톤에서 페이스를 측정하고, 요리에서 재료의 맛을 따지고, 자동차에서 연비를 따지는 일과 같다. 정답은 출발점일 뿐이다. 우리는 그 정답에 도달하는 길이 얼마나 효율적인지, 그 길이 얼마나 매끄럽고 설득력 있는지를 함께 봐야한다. 성능 평가가 없으면, 알고리즘은 방향을 잃는다. 좋은 알고리즘은 빠르고, 가볍고, 똑똑하다. 그것을 알아

보는 눈을 키우는 일이 그게 바로 지금 우리가 배우는 '성능 평가의 의미'다.

③ 성능 평가 방법

성능을 평가한다는 건 단순히 "느린가, 빠른가"를 말로 표현하는 것이 아니다. 정확한 수치, 예측 가능한 지표, 객관적인 분석이 있어야 한다. 마치 요리를 평가할 때 "맛있다"는 말보다 짠맛, 단맛, 신맛의 균형, 칼로리, 영양소, 조리 시간을 따져야 하듯, 알고리즘 성능도 그저 감이 아닌 과학적 방법으로 측정해야 한다. 여기에서는 알고리즘의 성능을 구체적으로 어떻게 평가하는지를 다루어 보기로 하자. 평가를 위하여 수학적 도구도 등장하지만, 걱정하지 말자. 목표는 복잡한 수학이 아니라, 알고리즘의 효율성을 이해하는 안목을 기르는 것이다.

입력 크기를 기준으로 분석하자　　알고리즘은 데이터가 많아질수록 어떤 반응을 보일까? 핵심은 '입력 크기(n)'이다. 같은 알고리즘이라도 데이터의 양이 늘어나면 성능 차이가 현저히 차이가 난다.

- **점근적 분석**: n이 무한히 커질 때의 성능
  - ☑ 알고리즘을 평가할 때, 작은 n의 값이 아닌 매우 큰 값의 n의 경향이 중요
  - ☑ 이때 사용하는 것이 점근적 표기법(asymptotic notation)
    - 실제로는 1초와 2초의 차이보다, 1초와 1시간의 차이를 예측하는 것이 더 중요
    - 입력이 작을 때는 어떤 알고리즘이든 비슷하지만, n이 커지면 성능이 크게 차이 남

Big-O 표기법: 최악의 경우를 대비하는 시선　　알고리즘 분석에서 가장 많이 쓰이는 표기법에 해당한다. Big-O는 수행 시간의 상한(upper bound) 값으로 입력 크기에 따른 최악의 성능을 나타내며, 최악을 대비하는 이유는, 최선 또는 평균을 언급한 이후 시간이 더 걸리면 분석 방법을 신뢰하지 못하게 되기 때문이다.

- **대표적인 Big-O 복잡도**: 알고리즘의 수행 시간이 증가하는 양상을 수학적으로 표현한

형태들에 해당한다.

- ☑ O(1): 입력 크기와 관계없이 일정한 실행 시간(**예** 리스트의 인덱스 접근)
- ☑ O(n): 입력 크기에 비례한 실행 시간(**예** 선형 탐색)
- ☑ O(log n): 입력을 절반씩 줄여가며 찾는 방식(**예** 이진 탐색)
- ☑ O(n log n): 효율적인 정렬 알고리즘에서 자주 등장(**예** 병합 정렬)
- ☑ $O(n^2)$: 이중 반복문이 필요한 경우(**예** 버블 정렬)

예를 들어, 정렬 알고리즘 중

- ☑ 버블 정렬($O(n^2)$)은 단순하지만 비효율적이고,
- ☑ 병합 정렬(O(n log n))은 복잡하지만 빠르다.

Big-O를 알면 이 차이를 명확히 구분할 수 있게 된다.

- **그 외 표기법**: Ω(오메가), Θ(쎄타) Big-O 외에도 알고리즘을 다양한 관점에서 평가할 수 있다.
  - ☑ Ω(n): 수행 시간의 하한(lower bound)으로 최선의 경우를 나타낸다.
  - ☑ Θ(n): 수행 시간의 점근적 정확한 경계(tight bound)로 평균적인 경우를 나타낸다.

하지만 현실에서는 '최악의 경우를 기준으로 계획하는' Big-O가 가장 널리 사용된다. 마치 시험 공부할 때, 최상의 컨디션 만을 가정하지 않듯이 알고리즘도 항상 최악의 상황을 대비하는 것이 안전하다.

실험 기반 분석도 필요　수학적 분석 외에도 실제 프로그램 실행 시간이나 메모리 사용량을 측정하는 방식도 있다. 이는 현장 상황에 최적화된 알고리즘을 선택할 때 매우 유용하게 적용된다. 예를 들어, 동일한 O(n log n) 알고리즘이라도 어떤 구현은 캐시 메모리를 더 효율적으로 활용하여 실제 성능이 더 좋을 수 있다.

실전 예시: 동일 문제, 다른 성능　n을 n번 더하는 문제를 예시로 검토해보자. 이 문제 해결을 위하여 3가지 알고리즘을 설계할 수 있고, 세 가지 알고리즘 A, B, C 는 모두 동일한 목표($sum=n \times n$)를 가진다고 가정할 때, 세 알고리즘의 작성 방식 이 다르고, 그에 따라 연산 횟수와 시간 복잡도가 확연히 달라진다. 3개의 알고리 즘은 다음과 같이 정의될 수 있다.

- ✅ 알고리즘 A는 곱셈 하나로 결과를 즉시 계산: 곱셈 연산과 대입 연산 합하여 2번의 연산으로 처리
- ✅ 알고리즘 B는 반복문을 통해 n번 더하기: 덧셈 연산과 대입 연산을 n번 만큼 반복
- ✅ 알고리즘 C는 n번 반복을 n번 반복하는 중첩 구조: 덧셈 연산과 대입 연산을 n번 만큼 n번 반복

각 알고리즘에 대한 코드, 연산 횟수, 시간 복잡도는 아래와 같이 정리 가능하다.

알고리즘	코드 형태	연산 횟수	시간 복잡도
A	sum ← n * n	2	$O(1)$
B	for i ← 1 to n do sum←sum+n;	2n	$O(n)$

C	for i ← 1 to n do
	    for j ← 1 to n do
	        sum←sum+1;
		$2n^2$	$O(n^2)$

위와 같을 때 시간 복잡도에 대한 그래프는 다음과 같다.

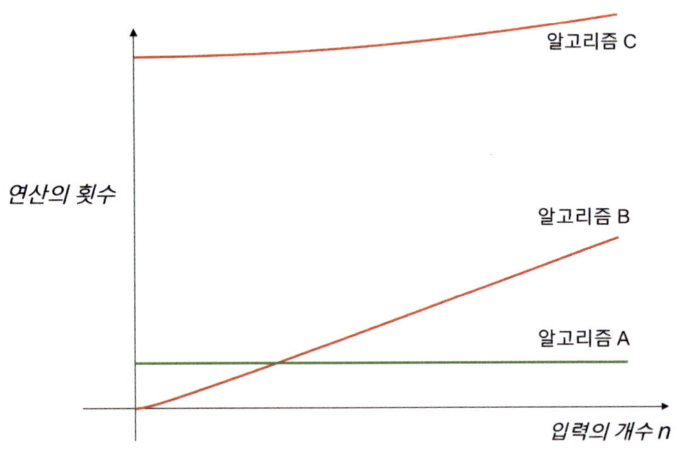

입력 크기 n이 커질수록, 연산 횟수 차이는 점점 더 벌어지고 있는 것을 확인할 수 있다. 시작점은 같지만, 성능의 차이는 n이 커질수록 기하급수적으로 커지

문제 해결의 전략, 알고리즘

는 것이다. 이러한 성능 차이가 있다면 우리는 어떤 알고리즘을 선택해야 하는 것인지 모두가 이미 그 답을 알고 있을 것이다.

알고리즘의 성능을 평가하는 방법은 단순한 공식 암기가 아니다. 그것은 문제를 깊이 이해하고, 그 해결 방식이 얼마나 똑똑하고 세련되었는지를 따져보는 과정이다. 우리는 이제 단순한 '정답 맞히기'의 개념를 넘어, 효율성과 확장성, 실전 대응력까지 고려하는 알고리즘 평가자의 시선을 갖추게 되었다. 속도가 전부는 아니지만, 속도를 이해하지 못하면 제대로 된 선택은 할 수 없다. 성능 평가 방법은 우리에게 바로 그 '선택의 기준'을 제공해준다.

④ 성능 평가를 위한 CT 요소

좋은 알고리즘을 고르는 눈은, 단순히 빠른 코드나 짧은 실행 시간을 보는 데서 그치지 않는다. 진짜 중요한 것은 그 알고리즘이 어떤 사고 방식에서 비롯되었는가, 그리고 그 사고 방식이 문제 해결에 얼마나 유효한가를 파악하는 것이다. 그렇기에 성능 평가에는 컴퓨팅 사고(CT)의 요소들이 깊이 관여한다. 추상화, 분해, 패턴 인식, 알고리즘 설계 이러한 CT의 요소들은 알고리즘의 성능을 더 효과적으로 분석하고 개선하는 데 꼭 필요한 도구다.

- **추상화(Abstraction)**: 문제의 핵심을 드러내다.
  - ☑ 복잡한 문제에서 본질적인 구조만을 남기고, 불필요한 요소를 제거하는 사고
  - ☑ 이를 통해 알고리즘을 단순화하고, 핵심 연산의 흐름을 명확히 파악
  - ☑ 예시: 피보나치 수열 계산
    - 수학적 정의는 단순하지만, 재귀 호출로 계산하면 중복 호출이 폭증한다.
    - 추상화를 통해 핵심 연산만 남기면, 불필요한 계산을 제거할 수 있다.
    - 동적 계획법(DP)은 바로 이런 추상화와 중복 제거의 대표 사례다.
  - ☑ 수많은 재귀 호출을 하나의 반복 구조로 바꾸는 사고의 전환이 성능 향상을 만든다.
- **문제 분해(Decomposition)**: 큰 문제를 작게 나누다.
  - ☑ 문제를 작은 단위로 쪼개어 해결하는 전략은, 알고리즘 성능 향상의 핵심

☑ 분할 정복(분할 → 정복 → 결합) 전략이 이 사고를 전형적으로 구현

☑ 예시: 병합 정렬(Merge Sort)

— 리스트를 반으로 나누고, 정렬한 뒤 병합하는 구조

— 크기가 n인 문제를 log n 단계로 쪼개어, n log n의 시간 복잡도를 달성

☑ 문제를 어떻게 나누느냐에 따라 성능이 결정된다.

☑ 이는 단순한 코드 작성이 아니라, 문제 구조를 보는 눈에서 비롯된다.

- **패턴 인식(Pattern Recognition)**: 반복을 발견하라.

  ☑ 비슷한 연산이나 계산이 반복된다면, 그것은 개선의 기회다.

  ☑ 반복되는 구조를 식별하고 처리하면 시간과 메모리를 크게 줄일 수 있다.

  ☑ 예시: 중복 계산 제거(Memoization)

  — 피보나치 수열, 그래프 탐색, 조합 계산 등에서 동일 계산이 반복될 때

  — 이전 계산 결과를 저장해 사용하면 불필요한 연산을 대폭 줄일 수 있다.

  ☑ 반복되는 계산을 캐시(cache)에 저장하고 재활용하는 방식은,

  — CT의 패턴 인식 + 최적화 사고의 대표적인 적용 사례다.

- **알고리즘 사고(Algorithmic Thinking)**: 논리적 절차로 구조화하라.

  ☑ 해결 방법을 단계별로 정리하고, 효율적인 흐름으로 만드는 사고 방식

  ☑ 조건, 반복, 선택 구조를 효과적으로 사용하여 성능을 높인다.

  ☑ 예시: 조건 분기를 최적화한 탐색 알고리즘

  — 단순 if-else 대신 정렬 + 이진 탐색 구조로 설계

  ☑ 필요 없는 연산을 줄이고, 빠른 분기 판단으로 실행 시간 개선

  ☑ 알고리즘 사고는 단지 프로그래밍의 틀이 아니라,

  — 문제를 구조화하고, 그것을 최적의 절차로 해소하는 전략적 접근이다.

- **패턴 인식(Pattern Recognition)**: 반복을 발견하고 줄여라.

  ☑ 문제 해결에서 반복되는 구조나 연산은 개선의 기회이다.

  ☑ 알고리즘 실행 과정 중 동일한 계산이나 반복 구조를 인식하면, 더 효율적인 방식으로 대체할 수 있다.

  ☑ 대표적인 사례는 반복문과 재귀 구조에서의 중복 연산이다.

  ☑ 예시: 피보나치 수열을 재귀로 구현하면 동일한 함수가 여러 번 호출된다.

  ☑ 하지만 중복 호출을 메모이제이션으로 줄이면, 성능이 비약적으로 향상된다.

- ☑ CT의 패턴 인식 능력은 성능 평가 과정에서 "이 연산은 반복되고 있지 않은가?", "같은 작업이 너무 많이 수행되지 않았는가?"를 스스로 묻는 능력을 길러준다.
- **계산 능력(Computational Calculation)**: 복잡도를 계산하고 비교하라.
  - ☑ 알고리즘 성능을 평가할 때 핵심이 되는 것은 시간과 공간 복잡도의 계산이다.
  - ☑ 단순히 실행해보는 것이 아니라, 연산 횟수를 추정하고, 증가 양상을 예측할 수 있어야 한다.
  - ☑ 예시
    - 어떤 알고리즘이 입력이 10배 늘었을 때 연산이 100배 늘어난다면 그것은 $O(n^2)$ 수준이다.
    - 반면, 2배로만 늘어난다면 $O(n \log n)$일 수 있다.
  - ☑ Big-O 표기법의 의미를 이해하고, 상황에 맞는 복잡도 계산을 정량적으로 해석할 수 있어야 효율적인 알고리즘을 선택하고, 성능 개선의 방향을 제시할 수 있다.
- **자료 분석(Data Analysis)**: 실행 결과를 비교하고 해석하라.
  - ☑ 실제 알고리즘 실행 결과를 수치로 수집하고, 이를 비교하는 과정 역시 중요한 CT 활동이다.
  - ☑ 단지 "느리다, 빠르다"가 아니라, 숫자와 그래프를 바탕으로 분석하고 설명할 수 있어야 한다.
  - ☑ 예시
    - 동일 문제를 서로 다른 알고리즘으로 풀어보고,
    - 실행 시간과 메모리 사용량을 비교하여 어떤 알고리즘이 더 적합한지를 시각적으로 분석한다.
  - ☑ CT의 자료 분석 능력은, 알고리즘 평가를 추상적 감이 아닌 데이터 기반 판단으로 이끌어준다. 이는 이후 실제 개발 상황에서도 매우 유용하게 작용한다.

컴퓨팅 사고는 알고리즘의 설계뿐 아니라, 그 성능을 분석하고 개선하는 과정에서도 결정적인 역할을 한다. 문제를 쪼개고, 핵심을 추출하고, 반복을 인식하고, 최적의 절차를 설계하는 능력, 이 모든 사고가 성능 평가의 기준이 된다.

알고리즘은 결국, 생각의 기술이다. 좋은 알고리즘은 좋은 사고에서 탄생한다. 그리고 성능 평가란, 그 사고가 얼마나 정교하고 효율적인지를 들여다보는 창이다. 정답을 내는 것만으로는 충분하지 않다. 우리의 알고리즘은 현실 세계 속에서 살아 움직여야 한다. 그 세계는 빠르게 변화하고, 자원이 한정되어 있으며, 사용자들은 기다려주지 않는다.

그래서 우리는 알고리즘을 성능이라는 기준으로 다시 들여다본다. 시간은 얼마나 걸리는가? 메모리는 얼마나 쓰는가? 이 방식이 과연 가장 효율적인가? 알고리즘 분석을 통해 우리는 문제 해결의 깊이를 이해하고, 성능 평가를 통해 더 나은 선택을 가능하게 하며, 컴퓨팅 사고를 통해 이 모든 과정을 생각의 기술로 연결해 낸다. 지금 우리는 단순한 코드 작성자를 넘어, 문제를 읽고, 효율을 설계하며, 전략을 선택할 줄 아는 사고의 전문가로 나아가고 있다. 속도를 좌우하고, 정확도를 결정하는 알고리즘의 가장 중요한 기본기, 그 여정이 이제 시작된 것이다.

문제를 해결하는 알고리즘은 머릿속에만 존재해서는 안 된다. 그 알고리즘이 다른 사람에게 설명되고, 이해되고, 구현될 수 있도록 표현되어야 한다. 표현하지 않은 알고리즘은 존재하지 않는 것과 같다. 컴퓨터에게 문제 해결을 맡기려면, 우리는 그것을 명확한 언어로 설명할 수 있어야 한다. 그것이 바로 알고리즘 표현이며, 좋은 표현은 협업의 도구이자 오류를 줄이는 설계의 핵심이다. 이제 우리는 알고리즘을 효과적으로 표현하는 다양한 방법과 그 사고의 핵심을 살펴보기로 한다.

① 표현의 중요성

우리는 누구나 머릿속에 '이 문제는 이렇게 풀 수 있을 것 같아'라는 아이디어를 갖고 있다. 하지만 그것을 종이에, 코드에, 설계도에 옮기지 않으면 세상은 그 아이디어를 알 수 없다. 알고리즘 표현은 '문제를 이렇게 해결하겠습니다'라는 의사 전달의 언어이자 협업의 출발점이다.

명확성의 도구

- 표현은 알고리즘의 흐름과 동작을 명확하게 전달할 수 있어야 한다.
  - ☑ 복잡한 로직도 표현을 통해 간결하고 체계적으로 정리된다.

협업을 위한 공유 수단

- 다른 사람과 함께 문제를 해결하려면 알고리즘의 의도를 공유할 수 있어야 한다.
  - ☑ 표현 방식이 명확할수록, 팀 프로젝트나 수업 중 피드백이 훨씬 수월해진다.

 순서도가 잘 설계된 알고리즘은 팀원 간 전달과 유지보수에도 용이하며, 의사코드로 표현된 알고리즘은 개발자에게 빠른 이해를 제공한다.

표현이 좋은 알고리즘은 단지 실행만 잘 되는 것이 아니라, 누구나 읽고 이해하며 논리의 흐름을 따라갈 수 있는 구조를 갖춘 알고리즘이다. 표현은 창의력의 시각화이며, 문제 해결 능력의 공유 방식이다.

② 다양한 표현 방법

알고리즘은 꼭 코드로만 표현해야 할까? 자연어, 그림, 도식, 의사 코드까지 생각보다 많은 표현 방식이 존재한다. 각 방식은 상황과 대상에 따라 장단점이 있으며, 우리는 이를 통해 의사소통 능력과 사고의 구조화 능력을 함께 길러야 한다.

① 자연어 표현 일상적인 문장으로 알고리즘을 설명하는 방식으로 영어나 한국어와 같은 자연어를 이용한 표현 방법이다. 이해하기는 쉽지만, 의미의 모호성 때문에 명확한 표현에는 한계가 있다.

② 순서도(Flowchart) 알고리즘을 도식화하여 표현하는 시각적 방법이다. 흐름을 눈으로 따라갈 수 있어 직관적이며, 작은 프로그램 구조에 적합한 표현에 해당한다. 예를 들어, 조건문은 다이아몬드, 처리 과정은 사각형으로 표현한다. 또한, 반복형 구조는 루프 화살표로 반복하는 구조를 간단히 표현할 수 있다. 그러나, 복잡한 알고리즘의 경우에는 순서도로의 표현을 위한 수고가 오히려 방해가 될 수 있음을 기억하자. 순서도에서는 국제 표준화 기구(international standard organization(ISO))에서 정한 것을 사용하여 표현한다. 순서도 작성 방법은 다음과 같다.

- ✔ 논리적인 흐름의 방향은 위에서 아래로, 왼쪽에서 오른쪽으로
- ✔ 서로 교차되지 않도록 작성
- ✔ 간단 명료하게 작성

   문제 해결의 전략, 알고리즘

☑ 큰 줄거리에서 점차 구체적으로 작성

☑ 논리적인 흐름이 복잡하고 어려울 때에는 여러 단계로 구분하여 작성

☑ 순서도 기호 내부에 처리할 내용을 간단히 기술

순서도에서 사용하는 도형에 대한 의미를 다음과 같다.

도형 종류	도형	명칭	기능 및 설명
종단 도형 (Terminator)		시작(Start) / 끝(End)을 나타냄	타원형 또는 둥근 사각형. 알고리즘의 시작 지점과 종료 지점을 명확히 표시할 때 사용
처리 도형 (Process)		처리 단계 / 명령 수행	사각형. 변수 연산, 값 할당, 계산 수행 등 하나의 작업을 실행하는 명령 단계 표현
판단 도형 (Decision)		조건 분기 / 참·거짓 판단	마름모. 조건을 검사하고, YES/NO 또는 TRUE/FALSE에 따라 흐름을 나누는 경우 사용
인쇄 도형 (Printing)		인쇄 기호	파도형 사각형. 서류를 인쇄하는 경우 사용
입출력 도형(Input/ Output)		사용자 입력 / 결과 출력	사다리꼴. 사용자로부터 값을 입력받거나 화면에 결과를 출력하는 단계
화살표 (Arrow)		흐름 방향	알고리즘의 진행 방향을 연결함. 도형 간의 순서를 명확하게 보여줌

순서도의 흐름은 다음과 같이 구분된다.

☑ 직선형(순차문): 처음 시작부터 마지막 종료 명령까지 단계적으로 진행되는 순서

☑ 분기형(조건문/선택문)

— 조건에 따라 실행내용이나 순서를 달리하는 형태

— 분기 되어 다른 방향으로 진행되다 다시 만나 다음 단계의 명령문 실행

✔ 반복형(반복문)

— 조건을 만족할 때까지 일정한 내용을 반복해서 수행하는 형태

— 위로 올라가는 방향의 화살표가 존재하며, 반복이 끝나면 다음 명령문으로 연결

도형들과 흐름을 정확히 이해하고 조합하면 복잡한 알고리즘도 직관적으로 이해할 수 있는 순서도로 표현할 수 있다.

③ 의사코드(Pseudo-code) 코드처럼 보이지만 특정 언어에 종속되지 않는 고수준의 표현 방식이다. 알고리즘의 핵심 논리를 드러내기에 적합하며, 프로그래밍 전 설계 단계에서 많이 활용된다. 자연어 표현보다는 구조족으로 표현하며, 프로그래밍 언어 표현 방법보다는 덜 구체적으로 표현한다. 프로그램을 구현할 때의 세세한 내용들은 제외하며, 알고리즘의 핵심적인 내용에만 집중하여 표현한다.

④ 프로그래밍 언어 Python, Java 등 실제 구현에 사용되는 언어로 알고리즘을 표현한다. 표현은 명확하고 정확하나, 문법 지식이 필요하여 초심자에게는 진입 장벽이 있다. 알고리즘의 가장 정확한 표현이 가능하고, 일반적으로 알고리즘의 핵심적인 내용들만 제시한다. 구체적 사항은 생략하여 표현한다.

표현 방법 예시 같은 알고리즘도 표현 방식에 따라 달라 보일 수 있다. 예를 들어, 배열에 저장된 숫자들 중 최대값을 찾는 알고리즘을 자연어, 순서도, 의사코드, 프로그래밍 언어 등 네 가지 방식으로 표현해보자. 하나의 문제 해결 방법이 어떻게 달리 보이고, 달리 전달될 수 있는지를 직접 느낄 수 있다.

- **자연어 표현 방법**: 주어진 배열 A에서 가장 큰 값을 찾는 알고리즘의 자연어 표현 방법이다. 이때 n은 배열 A에 있는 수치 데이터의 개수에 해당한다.

문제 해결의 전략, 알고리즘

ArrayMax(A,n)

1) 배열 A의 첫번째 요소를 변수 max에 복사
2) 배열 A의 다음 요소들을 차례대로 max와 비교하면서 더 크면 max로 복사
3) 배열 A의 모든 요소를 비교했으면 max를 반환

● 순서도(Flow Chart) 표현 방법

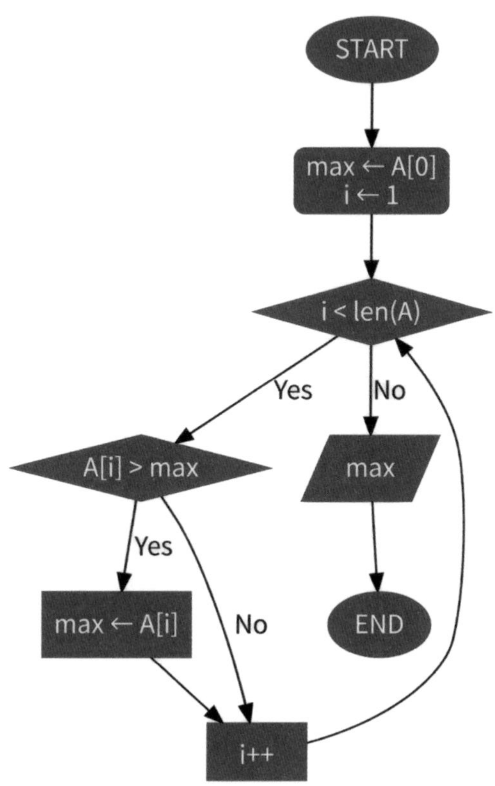

알고리즘의 실행 흐름을 시각적으로 표현하여 이해도를 높일 수 있다.

- **의사코드(Pseudo Code)**

```
ArrayMax(A,n)

  max ← A[0];
  for i←1 to n-1 do
        if max < A[i] then
                max ← A[i];
  return max;
```

자연어보다 간결하고, 프로그래밍 언어보다 직관적인 형태로 표현된다.

- **프로그래밍 언어 — Python**

```python
 1 score = []
 2
 3 def find_max_score():
 4     max = score[0]
 5     for i in range(1, len(score)):
 6         if score[i] > max:
 7             max = score[i]
 8     return max
 9
10 find_max_score()
```

코드는 완벽하게 표현되지 않으며, 상세 내용이 생략되었음을 확인할 수 있다.

알고리즘 표현 방식은 단일하지 않다. 무엇을 전달하려는가, 누구에게 전달하는가에 따라 가장 적합한 방식이 다를 수 있다. 표현 방식의 다양성을 익히는 것은, 문제를 다양한 시각에서 접근하는 능력을 기르는 일이다.

③ 알고리즘 표현을 위한 CT 요소

좋은 알고리즘 표현은 단지 '보기 좋다'로 끝나지 않는다. 그 안에는 컴퓨팅 사고의 네 가지 핵심 요소가 녹아들어 있다. 표현을 잘하기 위해서는 단순히 기호나 문

법을 아는 것이 아니라, 생각을 구조화하고 시뮬레이션하며 단순화하는 능력이 필
요하다.

- **자료 표현**
  - ☑ 알고리즘의 구조를 시각적으로 또는 단계별로 표현하는 능력
  - ☑ 순서도, 조건문, 반복문 등을 통해 사고의 과정을 외부화한다.
- **논리적 사고력**
  - ☑ 알고리즘을 설계할 때 조건 분기, 반복, 선택 구조를 명확하게 표현
  - ☑ 예시: if-else 구조를 순서도에서 정확히 표현하거나 의사코드로 단계 정리
    - — 예: 입력이 A이면 처리1, B이면 처리2 — 를 자연어로 쓰면 모호하지만,
    - — 순서도 또는 if-else 구조로 쓰면 명확해진다.
- **시뮬레이션**
  - ☑ 알고리즘을 단계별로 실행해보며 예상 결과를 검증하는 과정
  - ☑ 예시: 특정 입력을 넣고 순서도 흐름을 따라가며 출력값을 확인
- **단순화 사고력**
  - ☑ 복잡한 문제를 작은 단계로 나누어 표현
  - ☑ 반복문과 조건문을 활용해 알고리즘을 간결하게 표현함
    - — 예: 암호화 프로그램에서 한 글자씩 처리하는 방식은 복잡한 문제를 단순화한
      예시이다.

표현이 잘 된 알고리즘은 읽는 사람에게 논리적 흐름을 제공하고, 디버깅하는
사람에게 오류의 원인을 보여주며, 구현하는 사람에게 구조화된 설계도를 제공한
다. 그 중심에는 컴퓨팅 사고력이 있다. 생각을 정리하고, 줄이고, 드러내는 능력.
그것이 바로 알고리즘 표현을 가능하게 만든다.

표현하는 방식이 바뀌면, 생각의 깊이도 달라진다. 같은 문제를 다르게 설명하는 것만으로도 새로운 통찰이 생긴다. 지금까지 우리는 알고리즘을 표현하는 네 가지 방식, 자연어, 순서도, 의사코드, 그리고 실제 코드를 익혔다. 이제는 그 표현 방식을 스스로 적용해볼 시간이다. 아래 문제 중 하나를 선택하자.

- 리스트에서 짝수만 골라 출력하는 알고리즘
- 사용자가 입력한 정수가 소수인지 판단하는 알고리즘
- 입력받은 수 중 가장 작은 값을 출력하는 알고리즘
- 사용자 입력 문장을 암호화하고, 다시 복호화하는 프로그램
- 문장의 각 글자를 5 거리만큼 밀어 암호화(A → F)
- 5개의 숫자를 입력받아 평균을 계산하고, 그 값이 70 이상이면 "합격"을 출력하는 알고리즘

생각하기 1: 선택한 문제를 자연어로 표현해보자　이제 내가 직접 알고리즘을 표현해볼 차례다. 먼저, 선택한 문제를 자연어로 설명해보자. 설명할 때는 다음 사항을 함께 확인해보자.

- 누구나 쉽게 이해할 수 있도록 설명할 수 있는가?
- 조건과 반복 구조는 정확하게 묘사되었는가?
- 핵심 흐름이 빠지지 않고 들어 있는가?

위의 질문에 스스로 답하면서, 자연어로 알고리즘을 설명해보자. 꼭 완벽한

문제 해결의 전략, 알고리즘

문장이 아니어도 좋다. 중요한 것은 흐름이 명확하게 드러나고, 자신이 문제를 이해한 방식이 드러나는 것이다.

 같은 알고리즘을 이번에는 순서도로 바꿔 표현해보자. 표현이 잘 되었는지를 판단하려면 다음 기준을 검토해보자.

- ☑ 시작과 종료, 입력과 출력, 조건 판단이 명확히 구분되어 있는가?
- ☑ 도형은 표준에 맞게 사용되었는가?
- ☑ 알고리즘의 흐름이 눈에 보이도록 표현되었는가?

이 기준들을 확인하면서 순서도를 그려보자. 종이에 직접 손으로 그려도 좋고, 도형 도구를 활용해도 좋다. 중요한 것은 조건, 반복, 처리, 흐름이 도식 속에서 잘 드러나는지 확인해보는 것이다.

 어떤 문제든, 프로그래밍 언어 없이도 논리의 구조만으로 풀어낼 수 있다. 그게 바로 의사코드(pseudo-code)의 힘이다. 마치 영어와 한국어를 넘나드는 번역가처럼, 우리는 이제 알고리즘을 언어의 문법에서 벗어나 논리 그 자체로 표현해볼 것이다. 의사코드는 복잡한 문법에서 자유롭지만, 생각은 그 어느 때보다 정교해야 한다.

- ☑ 언어에 상관없이 알고리즘의 논리적 구조를 정확히 담았는가?
- ☑ 들여쓰기와 조건문의 표현이 자연스러운가?
- ☑ 간결함과 명확함이 균형을 이루고 있는가?

이제 위의 질문을 스스로 점검하며, 내가 구상한 알고리즘을 의사코드로 '번역'해보자. 생각의 흐름이 잘 드러나는지, 나 아닌 누군가도 읽고 이해할 수 있을지 상상해보라. 명확하게 쓰는 것이 아니라, 명확하게 생각했는지를 쓰는 것, 그것이 바로 의사코드의 본질이다.

　　지금까지 자연어, 순서도, 의사코드로 표현해온 알고리즘을 이번에는 프로그래밍 언어인 Python을 활용하여 표현해보자. 여기서 중요한 점은, 전체 프로그램을 구현하는 것이 목적이 아니라, 우리가 구상한 핵심 알고리즘의 흐름을 문법에 맞게 작성해보는 것이다. 입력 처리나 사용자 인터페이스와 같은 세부 사항은 생략하고, 문제 해결을 위한 절차 중심의 코드 표현에 집중하자.

- ☑ 문법에 맞게 작성되었는가?
- ☑ 변수 이름은 이해하기 쉽게 설정되었는가?
- ☑ 조건, 반복 구조가 명확하게 적용되었는가?
- ☑ 실제 실행해도 원하는 결과가 출력될 수 있는 구조인가?

　　이제 위의 기준을 바탕으로, 앞서 자연어로 설명하고, 순서도로 시각화하고, 의사코드로 정리한 내용을 Python 코드로 깔끔하게 표현해보자. 전체 프로그램을 만들기보다, 알고리즘의 중심 아이디어를 컴퓨터가 이해할 수 있는 문법으로 전환해보는 것이 이 활동의 핵심이다. 표현 방식이 달라지면 사고의 밀도도 달라진다. 코드 속에 담긴 나의 사고가, 지금까지 익혀온 알고리즘 표현 능력을 하나로 연결해줄 것이다.

　　하나의 알고리즘을 네 가지 방식으로 표현해보는 동안, 처음에는 낯설고 복잡하게 느껴졌던 문제도 점점 다양한 관점에서 분석할 수 있었을 것이다. 이제 그 모든 표현을 한눈에 펼쳐 놓고, 나만의 언어로 차이를 느끼고 생각을 정리해보자. 표현을 비교해보는 이 작업은 단순한 마무리가 아니라, 지금까지 배운 내용을 자신의 사고 안에 깊이 새기는 마지막 과정이다.

- ☑ 같은 알고리즘이지만 표현 방식에 따라 어떤 차이가 생겼는가?
- ☑ 가장 어려웠던 표현 방식은 무엇이었는가?
- ☑ 표현을 바꾸면서 문제에 대한 이해가 더 깊어졌는가?

위 질문에 답해보면서, 어떤 방식이 나에게 가장 잘 맞는 표현법이었는지, 그리고 어떤 방식에서 사고가 가장 많이 확장되었는지를 돌아보자. 표현은 문제를 바꾸지 않는다. 하지만 문제에 접근하는 나의 방식은 완전히 새로워질 수 있다.

생각은 눈에 보이지 않는다. 하지만 표현을 통해 생각은 구조를 갖고, 흐름을 얻고, 전달될 수 있게 된다. 네 가지 방식으로 알고리즘을 표현해보며 우리는 하나의 문제를 다양한 각도에서 바라볼 수 있는 힘을 키운다. 표현하는 만큼 이해하고, 표현하는 만큼 성장한다. 계속하여 학습하며, 문제를 풀기 위해 어떤 사고의 흐름을 따라가야 하는지 더 깊이 있게 만나게 될 것이다.

이제 알고리즘이라는 말이 더 이상 낯설지 않을 것이다. 단순히 복잡한 기술 용어나 컴퓨터 전공자만의 언어가 아니라, 누구나 자신의 문제를 해결하기 위해 쓸 수 있는 사고의 도구라는 것을 배웠다. 우리는 알고리즘이 무엇인지, 왜 필요한지를 다시 정의하며 이 단원을 시작했다. '정의된 입력으로부터 원하는 출력을 얻기 위한 절차적 방법'이라는 문장을 넘어서, 알고리즘은 생각을 정리하고, 문제를 구조화하며, 해결을 설계하는 하나의 언어라는 것을 직접 체험을 통해 실감할 수 있었다. 다양한 알고리즘 전략들 — 문제를 단순하게 풀거나, 나누고 정복하거나, 탐욕적으로 선택하거나, 이전의 해를 활용하거나, 되돌아가며 탐색하는 방식까지 — 그 각각은 단지 계산법이 아니라 문제를 보는 시선, 풀어내는 철학이었다. 그리고 이 전략들을 언제, 왜, 어떻게 선택하는지가 진정한 문제 해결자의 능력이 된다는 것도 함께 배웠다.

알고리즘의 성능을 평가할 때 우리는 단지 속도를 비교한 것이 아니다. 시간과 공간이라는 자원을 고려하며, 문제를 효율적으로 해결할 줄 아는 사람으로 성장하기 위한 기준과 관점을 익힌 것이다. 복잡도를 읽을 줄 안다는 것은, 단지 코드를 이해하는 것이 아니라 현실의 제약 속에서도 최선의 해답을 추구하는 사고를 키우는 것이기도 했다.

표현은 사고의 거울이다. 하나의 알고리즘을 자연어로 설명하고, 순서도로 시각화하며, 의사코드로 구조화하고, 프로그래밍 언어로 구현해보는 경험은 문제를 단지 푸는 사람에서 정확히 보고, 설계하고, 전달할 줄 아는 사람으로 나아가게 한다.

이 단원에서 우리는 알고리즘을 '배운 것'이 아니라 생각을 알고리즘화하는 법을 연습했다. 정의하고, 전략을 세우고, 효율을 판단하며, 표현하는 이 네 단계를 거치며 스스로 문제를 정의하고, 상황에 맞는 전략을 구상하고, 그 전략을 효과적으로 표현할 수 있는 컴퓨팅 사고력의 기반을 만들었다. 이제, 알고리즘은 단지 외워야 할 개념이 아니라 언제든 꺼내 쓸 수 있는 나만의 도구가 되었다. 그리고 곧 펼쳐질 다음 단원에서는 이 도구들을 본격적으로 사용하며, 정렬과 탐색을 넘어 세상을 정리하고, 지식을 찾는 알고리즘의 여정이 시작될 것이다.

지금까지의 여정이 스스로 자랑스러워지기를. 그리고 다음 단원의 시작이 한층 더 깊어진 눈으로 문제를 바라보는 첫걸음이 되기를 기대한다.

2장

정렬과 탐색 알고리즘

Algorithm

☑ 세상을 살아가다 보면 우리는 무언가를 찾고, 또 정리하며 살아간다. 책상 위에 흩어진 책들 사이에서 오늘 수업에 필요한 교재를 찾고, 스마트폰 연락처에서 친구의 이름을 검색하며, 인터넷 쇼핑몰에서 가격순으로 정렬해 제품을 비교하기도 한다. 이처럼 우리의 일상은 생각보다 자주, 그리고 깊이 '정렬'과 '탐색'의 사고 과정 속에 놓여 있다.

☑ 컴퓨터 세계에서도 마찬가지다. 데이터가 아무리 많아도 잘 정리되어 있다면, 필요한 정보를 빠르게 찾을 수 있다. 반대로 정렬되어 있지 않다면, 아무리 성능 좋은 시스템이라도 비효율적일 수밖에 없다. 결국 데이터 속에서 의미를 찾고 문제를 해결하기 위해서는 정렬과 탐색이라는 두 날개가 필요하다. 정렬은 정보를 다듬는 과정이며, 탐색은 그 안에서 목표를 발견하는 과정이다.

☑ 정렬 알고리즘은 무질서한 데이터를 질서 있게 배열하고, 탐색 알고리즘은 그 질서 속에서 원하는 값을 신속하게 찾아낸다. 우리는 이 장에서 버블 정렬, 삽입 정렬, 선택 정렬처럼 단순한 정렬 방법부터, 퀵 정렬이나 합병 정렬처럼 더 정교하고 빠른 방식까지 살펴볼 것이다. 또한, 순차 탐색이나 이진 탐색처럼 자료의 구조에 따라 어떻게 탐색 방식이 달라지는지도 함께 알아볼 것이다.

☑ 이 단원은 단지 코드 몇 줄을 익히는 데서 끝나지 않는다. 복잡한 현실 속에서 정보를 정리하고, 정확하게 목표를 찾아가는 논리적이고 구조적인 문제 해결 사고력을 기르는 여정이다. 정렬과 탐색은 프로그래밍의 기초를 넘어, 데이터가 넘치는 시대를 살아가는 우리 모두에게 꼭 필요한 디지털 리터러시이자, 사고의 도구다. 무질서를 질서로, 복잡함을 명확함으로 바꾸는 기술. 이제 그 힘을 직접 체득할 시간이다. 정렬과 탐색, 그 알고리즘의 세계로 함께 들어가 보자.

01 | 정렬 알고리즘의 이해

데이터의 혼돈 속에서 규칙을 세우는 기술 어지럽게 섞인 단어 카드 뭉치를 상상해보자. 단어를 하나하나 읽으며 사전처럼 가나다순으로 정리해보려면, 우리는 기준을 정하고, 비교하고, 자리를 바꿔야 한다. 이 단순한 작업은 사실 매우 강력한 사고 과정을 포함한다. 기준이 무엇인지 인식하고, 그것을 바탕으로 판단하며, 올바른 자리를 찾기 위해 계획을 세우는 것이다.

정렬(Sorting)은 데이터를 일정한 기준에 따라 의미 있는 순서로 재배열하는 작업이다. 그것은 단지 보기 좋게 배열하는 데 그치지 않는다. 정렬은 탐색과 분석을 위한 준비 과정이자, 이후의 모든 알고리즘을 위한 기반이 된다. 데이터가 정돈되어 있어야 우리는 빠르게 원하는 정보를 찾고, 정확하게 해석하며, 효율적으로 처리할 수 있다.

정렬 알고리즘은 이러한 정렬 작업을 자동화하고 최적화하는 도구다. 어떤 데이터를 어떤 기준으로, 어떤 방식으로 정렬할지를 고민하는 과정은 단순한 코드 구현을 넘어, 문제를 해결하기 위한 전략을 설계하는 과정이기도 하다. 이 단원에서는 다양한 정렬 알고리즘을 비교하고, 각 방식의 작동 원리와 장단점을 탐색하며, 상황에 맞는 알고리즘을 선택하는 능력을 길러볼 것이다.

정렬은 정보를 구조화하는 첫걸음이며, 우리가 데이터를 이해하는 가장 기본적인 태도다. 이 과정을 통해 우리는 복잡한 데이터를 다루는 자신감을 얻게 될 것이고, 실제 문제 상황에서도 적용 가능한 사고의 틀을 체득하게 될 것이다.

① 자료 정렬이란?

데이터가 무작위로 흩어져 있으면 원하는 정보를 찾는 데 시간이 오래 걸리고, 그 안에 숨겨진 의미도 파악하기 어렵다. 자료 정렬은 이러한 혼돈 속에서 질서를 만들어주는 작업이다. 정렬은 데이터를 일정한 기준에 따라 순서 있게 배열하는 것으로, 단순히 보기 좋게 만드는 데 그치지 않고 정보 처리의 효율성을 극대화한다.

정렬은 컴퓨터가 데이터를 더 빠르고 정확하게 탐색하고 분석할 수 있도록 해준다. 예를 들어, 학생 명단을 가나다순으로 정렬하면 출석을 부르기 쉬워지고, 키순으로 정렬하면 체육 시간에 줄을 세우는 일이 간편해진다. 정렬된 데이터는 가독성이 높아지고, 이상값이나 패턴을 파악하는 데도 효과적이다. 즉, 정렬은 데이터를 특정한 기준에 따라 일정한 순서로 나열하는 과정이다. 이 기준은 크기일 수도 있고, 이름이나 시간, 우선순위 같은 속성일 수도 있다. 예를 들어 도서관에서 책을 제목순으로 정렬하거나, 학생들의 성적을 점수순으로 나열하는 작업이 바로 정렬이다. 이러한 정렬이 되어 있을 때, 우리는 원하는 정보를 더 빠르고 정확하게 찾아낼 수 있다.

또한 정렬은 후속 작업의 기반이 된다. 탐색 알고리즘 중 이진 탐색은 정렬된 자료에서만 동작하며, 정렬 여부에 따라 시각화 결과나 통계 처리의 정확도도 크게 달라진다. 정렬되지 않은 상태에서 진행되는 분석은 예외 상황이나 오류를 발생시키기 쉽다. 컴퓨터에서는 정렬이 더욱 중요하다. 데이터의 양이 많아질수록 정렬 여부에 따라 정보 검색 속도는 천차만별이 된다. 프로그램이 정렬되지 않은 상태에서 수천 개의 데이터 중 하나를 찾기 위해서는 처음부터 끝까지 모두 살펴보아야 한다. 반면, 정렬된 데이터에서는 특정 규칙에 따라 탐색 범위를 좁힐 수 있어 훨씬 빠르게 검색이 가능하다. 실생활에서도 우리는 무의식적으로 정렬을 활용한다. 사전에서 단어를 찾을 수 있는 이유는 알파벳 순으로 정렬되어 있기 때문이다. 쇼핑몰에서는 사용자가 원하는 상품을 쉽게 찾도록 가격순, 인기도순, 최신순 등 다양한 기준으로 정렬 기능을 제공한다. 정렬은 일상의 작은 편의를 넘어서, 정보 사회에서 요구되는 핵심 처리 기술이자, 컴퓨팅 사고의 첫 걸음이다.

정렬은 데이터 처리에서 가장 기본이 되는 작업이며, 동시에 그 자체가 문제 해결의 전략이 된다. 데이터를 정렬함으로써 분석, 예측, 필터링, 통계 처리 등 다

문제 해결의 전략, 알고리즘

양한 연산의 효율을 높일 수 있다. 정렬은 독립적인 기능이면서, 다른 알고리즘이 동작할 수 있도록 돕는 기반 인프라이기도 하다. 정렬을 이해한다는 것은 단지 코드 한 줄을 아는 것이 아니라, 데이터를 바라보는 눈을 갖는 것이다. 어떤 데이터를 어떤 기준으로 정렬할지 결정하는 사고 과정은 바로 문제를 분석하고 해결하는 컴퓨팅 사고력의 본질이기도 하다.

② 자료 정렬 알고리즘이 필요한 이유

정렬이 중요하다는 사실을 알게 된 우리는 다음 질문을 던지게 된다. "그럼 이 많은 데이터를 어떻게 정렬하지?" 여기서 등장하는 것이 바로 정렬 알고리즘이다. 정렬 알고리즘은 단순한 기능이 아니라, 데이터를 효율적으로 다루기 위한 전략의 집합이다. 정렬의 기준을 바탕으로 데이터를 비교하고 이동시키며, 특정 규칙에 따라 전체 구조를 재배열한다. 그리고 이 모든 과정을 정확하고 빠르게 자동으로 처리할 수 있도록 설계되어 있다.

데이터가 적을 땐 사람이 직접 눈으로 비교하고 정렬해도 문제가 되지 않는다. 하지만 컴퓨터가 다루는 데이터는 다르다. 수천, 수만 개의 정보를 사람이 직접 정렬하는 건 불가능하며, 비효율적인 방식은 시스템 전체 성능에 부담을 준다. 정렬 알고리즘은 이러한 문제를 해결하기 위해 등장했다. 그들은 마치 정리정돈을 도와주는 청소 로봇처럼, 정해진 규칙을 따라 끊임없이 비교하고, 움직이고, 재배열하며 데이터를 정돈한다. 정렬 알고리즘이 필요한 이유는 단순히 자동화의 편리함 때문만이 아니다. 정렬 방식에 따라 성능 차이가 극명하게 발생하기 때문이다.

정렬 알고리즘은 상황에 따라 전략이 다르다　모든 문제에 적용되는 만능 정렬 방법은 존재하지 않는다. 데이터의 크기, 정렬된 정도, 메모리 사용 여유, 처리 속도에 대한 요구사항 등 상황에 따라 서로 다른 전략이 필요하다. 즉, 정렬 알고리즘은 단순한 기능이 아니라, 문제 해결을 위한 전략적 선택지의 집합이다. 이 선택은 단지 기술적인 결정이 아니다. 어떤 데이터를 어떤 방식으로 정렬할 것인가를 판단하는 사고 과정 자체가 컴퓨팅 사고력의 실천이다. 정렬 알고리즘을 배운다는 건 단지 속도가 빠른 방법을 익히는 것이 아니라, 데이터를 분석하고 문제의 성격을 파악하며 가장 합리적인 해법을 설계하는 힘을 기르는 것이다. 예를 들어, 거의 정렬된 데이터를 다시 정렬할 때는 삽입 정렬이 매우 빠르고 효율적이다. 반면 데이터가 완전히 뒤섞여 있고 그 양이 방대하다면, 합병 정렬(Merge Sort)이나 빠른 정렬(Quick Sort)처럼 복잡하지만 성능이 뛰어난 알고리즘이 더 적합하다. 이와 같이 알고리즘은 단 하나가 아니다. 데이터가 많을 때 좋은 알고리즘이 있고, 이미 정렬이 어느 정도 되어 있을 때 유리한 방식도 있다. 어떤 것은 메모리를 적게 쓰는 대신 속도가 느리고, 어떤 것은 빠르지만 추가 공간이 필요하다. 이처럼 정렬을 위한 알고리즘은 상황에 따라 전략이 다르고, 성능과 특성도 다양하다.

쇼핑몰에서 상품을 가격순으로 정렬한다고 상상해보자. 상품이 10개일 땐 어떤 알고리즘을 쓰든 빠르게 정렬된다. 하지만 10만 개의 상품이라면 이야기가 달라진다. 이때 어떤 알고리즘을 쓰느냐에 따라 사용자는 즉시 반응하는 페이지를 보게 될 수도 있고, 혹은 몇 초간의 기다림 후에야 결과를 확인할 수도 있다. 이처럼 정렬 알고리즘의 선택은 단순한 기술 문제가 아니라, 사용자 경험과 시스템 효율을 좌우하는 핵심 전략이다.

❸ 정렬의 기준과 핵심 요소

정렬이란 무작위로 흩어진 데이터를 일정한 규칙에 따라 질서 있게 배열하는 일이다. 그렇다면 데이터를 정렬하려면 가장 먼저 무엇을 해야 할까? 바로 기준을 세우는 일이다. 기준이 없다면 아무리 알고리즘이 정교해도 정렬은 제대로 작동하지 않는다.

컴퓨터에게 '정렬하라'는 명령을 내리기 위해서는 무엇을 기준으로, 어떤 방향으로 정렬할지를 명확하게 지시해야 한다. 정렬 기준이란 데이터를 비교할 때 참조하게 되는 속성이며, 이 기준이 곧 정렬의 방향과 결과를 결정짓는다.

- **오름차순 vs 내림차순**: 가장 일반적인 정렬 기준은 오름차순(ascending order)과 내림차순(descending order)이다. 숫자라면 작음에서 큼으로, 혹은 큼에서 작음으로, 이름이라면 가나다 또는 다나가 순으로, 날짜라면 오래된 순 또는 최신 순으로 정렬할 수 있다. 예를 들어, 성적을 높은 점수부터 내림차순으로 정렬하면 상위권 학생을 한눈에 파악할 수 있고, 키를 오름차순으로 정렬하면 줄을 서는 데 유용하다.

- **정렬 기준이 되는 Key 값**: 정렬할 데이터가 여러 속성으로 이루어져 있다면, 그중 어떤 속성을 기준으로 비교할지 정해야 한다. 이때 기준이 되는 속성을 Key(키) 값이라고 부른다. 예를 들어 학생 데이터에 이름, 학번, 성적이 있다면, '이름'을 기준으로 할 수도 있고 '성적'을 기준으로 할 수도 있다. 때로는 '성적이 같을 경우 이름 순으로'처럼 이중 기준을 설정하기도 한다.

- **데이터 유형에 따른 기준 선택**: 숫자, 문자, 날짜 등 데이터의 유형에 따라 정렬 방식과 비교 규칙이 달라질 수 있다. 문자열은 사전식으로 비교하고, 날짜는 시간 순서대로 비교하며, 숫자는 산술적 크기 기준으로 비교된다. 또한 일부 특수한 데이터는 정렬 기준을 사용자 정의로 설정해야 하는 경우도 있다. 예를 들어 'VIP 고객 우선 정렬' 같은 경우다.

정렬 알고리즘을 배우기 전, 기준을 이해하고 정할 수 있어야 알고리즘도 제대로 작동할 수 있다. 정렬 기준이란 단순한 기술 조건이 아니라, 문제를 어떻게 바라보고 해결할 것인가를 결정짓는 사고의 출발점이다. 가령, '학생 명단을 정렬하라'는 지시만으로는 불충분하다. '이름순으로 정렬하라'는 것인지, '성적순으로 정렬하되 동점자는 출석률로 정렬하라'는 것인지에 따라 정렬의 방향과 전략은 전혀 달라지기 때문이다.

정렬 기준은 데이터 속에 숨어 있는 의미를 드러내기 위한 선택지다. 어떤 기준을 선택하느냐에 따라 문제 해결의 속도와 정확도가 달라진다. 그리고 이 기준을 명확히 정의할 수 있을 때 비로소, 알고리즘이 빛을 발하게 된다. 단순한 비교를 넘어, 전략적인 정렬 알고리즘의 세계로 들어갈 준비는 이제 끝났다.

④ 정렬 알고리즘의 과정

정렬을 하려면 기준이 필요하고, 그 기준에 따라 데이터를 비교하고, 필요할 경우 자리를 바꿔야 한다. 지금까지 정렬의 개념과 알고리즘의 필요성, 기준 설정의 중요성까지 살펴보았지만, 이제 한 걸음 더 나아가 '정렬이라는 행위 자체가 어떻게 구성되어 있는지'를 구조적으로 이해해보자. 사실 정렬 알고리즘은 어떤 방식이든 결국 같은 세 가지 행동을 반복한다. 이 세 가지는 모든 정렬 알고리즘이 공유하는 핵심 골격이며, 이 구조를 정확히 이해함으로써 각 알고리즘을 더 깊이 있고 쉽게 받아들일 수 있다.

정렬 알고리즘의 3단계 기본 구조

- **1단계: 정렬 기준 정하기**
  - ☑ 어떤 데이터를 기준으로 비교할지를 설정하는 단계이다.
  - ☑ 숫자라면 크기, 문자열이라면 사전순, 날짜라면 시간 순서 등이 될 수 있다.
  - ☑ 이때 사용되는 값은 'Key'라고 부르며, 복합 기준(예: 성적 → 이름 순)도 가능하다.
- **2단계: 자료 비교하기**
  - ☑ 설정한 기준에 따라 두 데이터 간의 크기나 순서를 판단하는 과정이다.
  - ☑ 이 비교는 알고리즘의 핵심 연산 중 하나로, 얼마나 효율적으로 비교하느냐가 성능을 크게 좌우한다.
  - ☑ 예를 들어 삽입 정렬은 앞쪽 정렬된 값들과 순차적으로 비교하고, 빠른 정렬은 피벗 값을 기준으로 나눈다.
- **3단계: 자료 이동하기**
  - ☑ 비교 결과에 따라 데이터를 제자리에 유지하거나, 새 위치로 이동시키는 단계이다.
  - ☑ 일부 알고리즘은 한 번에 하나씩 옮기고, 일부는 병합하면서 위치를 바꾸며, 일부는 두 값을 교환한다.
  - ☑ 이 단계에서 발생하는 이동 횟수 역시 알고리즘의 효율성에 큰 영향을 미친다.

정렬 과정 구조의 의의

- **정렬은 순서의 문제이자 전략의 문제**

☑ 이 세 가지 단계는 정렬 알고리즘이 어떻게 작동하는지를 넘어, 문제를 어떻게 구조화하고 처리할지를 설계하는 논리적 틀이 된다.

☑ 정렬 알고리즘을 학습할 때 '이 알고리즘은 어떻게 기준을 정하고, 어떻게 비교하며, 어떻게 이동하는가?'라는 질문을 던져보면 모든 알고리즘이 자신만의 전략을 가지고 있다는 것을 깨닫게 된다.

- **학습자는 이 구조를 바탕으로 알고리즘을 비교**

☑ 삽입 정렬은 기준을 정한 후 점진적으로 비교하고 삽입하며, 선택 정렬은 반복적으로 전체를 탐색해 가장 작은 값을 앞으로 보낸다.

☑ 겉보기에는 달라도, 그 속에는 기준 → 비교 → 이동이라는 공통 뼈대가 숨어 있다.

정렬 알고리즘을 구조적으로 바라보는 힘은 단지 알고리즘을 이해하는 데 그치지 않는다. 이것은 데이터를 어떻게 다룰 것인지, 어떤 흐름으로 문제를 해결할 것인지에 대한 사고의 훈련이기도 하다. 이제 우리는 정렬의 개념과 필요성, 기준 설정의 의미, 그리고 정렬이 실행되는 구조적 흐름까지 모두 갖추었다. 다음은 이 구조를 바탕으로 실제 정렬 알고리즘들이 어떤 전략으로 기준을 설정하고, 비교하며, 이동하는지 하나하나 살펴보기로 하자.

이제 우리는 데이터를 정렬해야 한다는 사실을 알고 있다. 하지만 질문은 여전히 남아 있다. "어떻게 정렬할 것인가?" 정렬의 필요성을 깨달은 순간, 우리는 알고리즘이라는 세계에 발을 들이게 된다. 알고리즘은 단지 데이터를 비교하고 옮기는 기계적인 절차가 아니다. 그것은 문제 해결을 위한 논리적인 설계, 효율을 위한 전략, 그리고 질서를 만들기 위한 사고의 흐름이다.

정렬 알고리즘은 무수히 많지만, 그들 모두가 똑같은 방식으로 작동하지는 않는다. 어떤 알고리즘은 정렬이 거의 완료된 상태에서 빛나고, 어떤 알고리즘은 무작위의 데이터를 단숨에 재배치하는 데 강하다. 어떤 것은 속도를 추구하고, 어떤 것은 메모리 사용을 줄인다.바로 이 점에서 알고리즘은 '기능'이 아니라 '선택'이 된다.

이제 대표적인 정렬 알고리즘들을 비교하며 그들의 작동 원리를 이해해보자. 그리고 각 알고리즘이 어떤 상황에서 유리한지, 시간 복잡도는 어떻게 다른지, 어떤 알고리즘이 '안정적(stable)'이고, 어떤 것은 그렇지 않은지를 실습과 함께 익히게 될 것이다. 정렬 알고리즘을 크게 두 가지 범주, 단순 정렬 알고리즘과 고급 정렬 알고리즘으로 나누어 살펴보기로 하자.

❶ 단순 정렬 알고리즘

정렬 알고리즘 중에서도 단순 정렬 알고리즘은 이해하기 쉽고, 직접 손으로 따라 해볼 수 있어 정렬 알고리즘의 입문 단계로 적합하다. 비록 성능 면에서는 제한이 있지만, 이 알고리즘들은 정렬의 기본 원리를 익히기에 훌륭한 출발점이 된다.

함께 세 가지 알고리즘을 살펴보기로 하자. 가장 먼저 '정렬된 줄에 하나씩 끼

워넣는' 삽입 정렬, 그리고 '전체를 순회하며 최솟값을 찾은 뒤 맨 앞의 값과 교환하는' 선택 정렬, 마지막은 '비교하며 큰 값을 뒤로 밀어내는' 버블 정렬이다.

삽입 정렬　　삽입 정렬은 말 그대로 정렬된 리스트에 새 값을 끼워 넣는 방식이다. 처음 두 개의 값을 비교하고, 그다음 값은 앞의 정렬된 데이터들 사이에서 제자리를 찾아 삽입한다. 이런 방식으로 하나씩 추가하며 전체를 정렬해 나간다.

예를 들어 [8, 4, 7, 3, 5]라는 리스트가 있다고 하자.

- ✅ 가장 앞에 있는 8로부터 시작
  - — [8, 4, 7, 3, 5]
- ✅ 두 번째 값인 4
  - — 8보다 작으므로 앞에 삽입되어 우선 [4, 8, 7, 3, 5]이 완성
  - — 앞의 두 수가 정렬된 상태
- ✅ 그 다음 세 번째 값은 7
  - — 8보다 작고 4보다 크므로 가운데 삽입 되어 [4, 7, 8, 3, 5] 완성
  - — 이제 앞에 세 수가 정렬된 상태
- ✅ 그 다음 네 번째 값은 3
  - — 이미 정렬된 4보다 작으므로 가장 앞에 삽입하여 [3, 4, 7, 8, 5] 완성
  - — 앞에 네 번째 값까지 정렬
- ✅ 마지막으로 5
  - — 4보다 크고 7보다 작으므로 4와 7 사이에 삽입하여 [3, 4, 5, 7, 8] 완성
  - — 더 이상 검토할 값이 없으므로 전체 정렬 완료

삽입 정렬은 이와 같이 차례로 비교해 자리를 찾아가는 것이다. 삽입 정렬의 장·단점은 다음과 같다.

- ✅ 장점
  - — 이미 정렬된 데이터에 대해 매우 빠르다.
  - — 정렬이 거의 완료된 데이터에는 효율적이다.

☑ 단점: 데이터가 많을 경우 비교와 이동이 많아져 성능이 떨어진다.

삽입 정렬은 정렬의 본질을 가장 직관적으로 보여주는 알고리즘이다. 정렬된 집합에 새로운 값을 어디에 놓을지 판단하는 과정은, 데이터를 어떻게 비교하고 움직일지에 대한 기본적인 사고의 훈련이기도 하다. 비록 대규모 데이터에는 적합하지 않지만, 정렬의 흐름을 손에 익히고 싶은 초보 학습자나 거의 정렬된 데이터를 빠르게 정리하고자 할 때는 가장 단순하면서도 강력한 도구가 되어준다.

선택 정렬 선택 정렬은 '가장 작은 값을 찾아서 앞으로 보낸다'는 방식이다. 전체 데이터를 순회하며 가장 작은 값을 골라 맨 앞과 바꾸고, 그다음 작은 값을 찾아 두 번째 자리로, 이런 식으로 정렬헤 나간다.

예를 들어 [8, 4, 7, 3, 5]라고 하자.

☑ 먼저 전체 값 중에서 가장 작은 3을 찾아 맨 앞에 위치한 8과 자리 바꿈
  — [3, 4, 7, 8, 5]
  — 가장 작은 값을 맨 앞에 위치 시켜서 1개의 값 정렬
☑ 그다음은 나머지 값 중에 가장 작은 값을 탐색
  — 4이므로 교환이 발생하지 않음
  — [3, 4, 7, 8, 5]로 앞에 2개의 값이 정렬
☑ 반복하여 나머지 값 중에 가장 작은 값을 탐색
  — 5를 찾아 3번째 자리에 있는 7과 자리 교환
  — [3, 4, 5, 8, 7]로 앞에 3개의 값이 정렬
☑ 이 과정을 반복해 정렬을 완료
  — [3, 4, 5, 7, 8] 완성

선택 정렬의 장점과 단점은 다음과 같다.

☑ 장점
  — 이해와 구현이 간단하다.

— 데이터 수가 적고, 교환 횟수가 중요한 경우 적합하다.

✔ 단점

— 데이터 수에 관계없이 항상 일정한 수의 비교가 필요하다.

— 안정 정렬이 아니다(교환 시 같은 값의 상대적 순서가 바뀔 수 있음). 앞선 기준의 정렬 순서가 유지되어야만 의미 있는 결과가 되는 경우 문제가 발생.

선택 정렬은 단순하고 명확하다. 항상 가장 작은 값을 찾아 차례대로 자리를 정리해나가는 이 방식은, 정렬이라는 과정을 '탐색과 선택의 반복'으로 단순화해 보여준다. 알고리즘의 구조는 단순하지만, 모든 경우에 동일한 비교 횟수를 가지며, 특히 같은 값을 가진 데이터의 순서가 바뀔 수 있다는 점에서는 주의가 필요하다. 비록 효율성이 낮아 실무에서 널리 사용되지는 않지만, 정렬의 기본 사고 과정을 훈련하고, 데이터 속에서 최선의 선택을 반복하는 로직을 익히는 데에는 아주 유용한 연습 도구가 되어준다.

버블 정렬　버블 정렬은 인접한 두 수를 반복적으로 비교하고, 더 큰 값을 뒤로 보내면서 정렬을 완성하는 방식이다. 이름처럼 큰 값이 거품처럼 위로 올라가는 모습과 유사하다고 해서 '버블 정렬'이라는 이름이 붙었다. 한 번의 순회를 마치면 가장 큰 값이 맨 뒤로 정렬되고, 그다음 순회에서는 마지막 값을 제외하고 다시 비교를 반복한다. 이런 과정을 정렬이 완료될 때까지 계속한다.

예를 들어 [8, 4, 7, 3, 5]라고 하자.

✔ 1회전(전체 순회: 인접한 두 수 비교)

— 8과 4 비교 → 8 > 4: 앞선 8의 값이 더 크므로 자리 바꿈 → [4, 8, 7, 3, 5]

— 8과 7 비교 → 8 > 7: 앞선 8의 값이 더 크므로 자리 바꿈 → [4, 7, 8, 3, 5]

— 8과 3 비교 → 8 > 3: 앞선 8의 값이 더 크므로 자리 바꿈 → [4, 7, 3, 8, 5]

— 8과 5 비교 → 8 > 5: 앞선 8의 값이 더 크므로 자리 바꿈 → [4, 7, 3, 5, 8]

— 가장 큰 값 8이 맨 뒤로 이동하여 1개 정렬 완료

✔ 2회전(마지막 값 제외)

— 4와 7 비교 → 그대로

- ― 7과 3 비교 → 7 > 3: 앞선 7이 더 크므로 자리 바꿈 → [4, 3, 7, 5, 8]
  - ― 7과 5 비교 → 7 > 5: 앞선 7이 더 크므로 자리 바꿈 → [4, 3, 5, 7, 8]
  - ― 두 번째로 큰 값 7도 제자리를 찾아 2개 정렬 완료
- ✔ 3회전
  - ― 4와 3 비교 → 4 > 3: 앞선 4가 더 크므로 자리 바꿈 → [3, 4, 5, 7, 8]
  - ― 4와 5 비교 → 그대로
  - ― 이제 5도 제자리를 찾아 3개 정렬 완료
- ✔ 4회전
  - ― 3과 4 비교 → 그대로
  - ― 모든 요소가 정렬된 상태이므로 종료
  - ― 최종 결과: [3, 4, 5, 7, 8]

버블 정렬의 장점과 단점은 다음과 같다.

- ✔ 장점
  - ― 알고리즘 구조가 매우 단순해 시각적으로 쉽게 구현 가능하다.
  - ― 거의 정렬된 상태에서는 비교만 하고 빠르게 종료된다.
- ✔ 단점
  - ― 데이터의 수가 많을수록 불필요한 비교와 교환이 반복되어 비효율적이다.
  - ― 최악의 경우 시간 복잡도가 $O(n^2)$로 비효율적이다.

버블 정렬은 가장 단순한 정렬 알고리즘 중 하나지만, 비교와 교환의 원리를 가장 직관적으로 이해할 수 있는 도구이기도 하다. 인접한 값끼리 하나씩 비교하며 큰 값을 뒤로 밀어내는 이 방식은 학습자에게 정렬의 흐름과 동작을 시각적으로 체득하게 해준다. 물론 실제 환경에서는 성능상의 한계로 인해 거의 사용되지 않지만, 정렬 알고리즘의 구조를 처음 접하는 이들에게는 '비교 → 교환 → 반복'을 통한 정렬의 원리를 감각적으로 익히는 데 매우 효과적인 첫걸음이 되어준다.

복잡한 알고리즘으로 나아가기 전, 정렬이란 무엇인가를 몸으로 익히고 싶다면, 버블 정렬만큼 좋은 연습 상대는 없을 것이다. 앞서 검토한 것과 같이 단순 정

렬 알고리즘은 실제 문제에서 고성능을 기대하기는 어렵지만, 정렬 알고리즘의 핵심 원리인 비교, 이동, 자리 교체의 구조를 가장 명확하게 보여준다. 이해하기 쉬운 구조 덕분에 정렬 알고리즘을 처음 배우는 학습자에게 최고의 교재이기도 하다.

다음에는 더 복잡하지만 훨씬 강력한 고급 정렬 알고리즘으로 넘어가 보자. 더 많은 데이터, 더 빠른 속도를 요구하는 상황에서 어떤 전략들이 사용되는지 확인해보자.

② 고급 정렬 알고리즘

단순 정렬 알고리즘이 정렬 원리를 배우는 데 효과적이라면, 고급 정렬 알고리즘은 정말로 데이터를 빠르게 정렬할 수 있는 실전용 전략이다. 특히 데이터의 양이 많아질수록 단순 정렬 알고리즘은 성능 저하가 뚜렷해지기 때문에, 속도와 효율을 동시에 만족시키기 위해 고안된 고급 정렬 알고리즘이 필요해진다.

이번에는 대표적인 두 가지 고급 정렬 알고리즘을 살펴본다. 바로 데이터를 나누고 정렬한 뒤 다시 합치는 합병 정렬(Merge Sort), 그리고 기준값을 중심으로 데이터를 나눠가며 정렬하는 빠른 정렬(Quick Sort)이다.

합병 정렬(Merge Sort)　합병 정렬은 분할 정복(divide and conquer) 전략을 사용하는 대표적인 정렬 알고리즘이다. 전체 데이터를 반으로 나누고, 또 반으로 나누기를 반복하다가 더 이상 나눌 수 없는 최소 단위(보통 1개 데이터)가 되면, 이제 그것들을 다시 정렬하며 합쳐나가는 방식이다. 즉, 정렬을 "한 번에" 해결하려 하지 않고, 작은 문제로 나누어 해결하고 다시 합치는 전략이다.

예를 들어 [8, 4, 7, 3, 5]라는 리스트가 있다고 하자.

> ☑ 1단계: 데이터를 계속 반으로 나눈다.
> — [8, 4, 7] / [3, 5]
> — [8], [4, 7] / [3], [5]
> — [8], [4], [7], [3], [5]

☑ 2단계: 나눈 데이터를 다시 정렬하며 병합한다.

　— 가장 나중에 나누어진 [4], [7] 비교 → 4 < 7 → [4, 7] 부분 완성

　— 왼쪽 부분에 있던 [8], [4, 7] 비교 → [4, 7, 8] 부분 완성

　— 오른쪽 부분의 [3], [5] 비교 → 3 < 5 → [3, 5] 부분 완성

　— 왼쪽과 오른쪽 전체 비교하여 병합 [4, 7, 8], [3, 5] → [3, 4, 5, 7, 8]

　— 최종 결과: [3, 4, 5, 7, 8] 정렬 완료

합병 정렬의 장점과 단점은 다음과 같다

☑ 장점

　— 항상 안정적인 시간 복잡도 $O(n \log n)$을 보장한다.

　— 정렬 안정성이 보장되어 같은 값의 순서가 유지된다.

　— 대량의 데이터나 외부 저장 장치에서 데이터를 다룰 때 특히 유용하다.

☑ 단점

　— 데이터를 병합하기 위해 추가적인 메모리 공간이 필요하다.

　— 구조가 재귀적이기 때문에 이해하거나 구현이 다소 복잡하게 느껴질 수 있다.

합병 정렬은 효율성과 안정성 모두를 추구할 때 이상적인 선택이다. 특히 대규모 데이터를 다룰 때, 예측 가능한 성능을 보장하는 신뢰할 수 있는 전략으로 널리 사용된다. 정렬의 기본 원리를 넘어서, 문제를 나누고 다시 결합하는 사고방식 자체가 중요한 학습 포인트임을 기억하자.

빠른 정렬(Quick Sort)　　빠른 정렬은 이름처럼 가장 빠른 정렬 알고리즘 중 하나로 평가받는 방식이다. 합병 정렬처럼 분할 정복 전략을 사용하지만, 여기서는 데이터를 미리 나누지 않고 기준값(pivot)을 선택하여 데이터를 좌우로 분할하는 방식이다. 핵심 아이디어는 다음과 같다.

☑ 어떤 값을 기준으로 잡고, 그보다 작은 값은 왼쪽에, 큰 값은 오른쪽에 배치한다.

☑ 그리고 이 좌우의 부분 리스트에 대해 동일한 정렬 과정을 재귀적으로 반복한다.

예를 들어 [8, 4, 7, 3, 5]가 있다고 하자.

✔ 1단계: 피벗 선택 → 예를 들어 맨 앞값 8을 피벗으로
  — 8보다 작은 값: [4, 7, 3, 5]
  — 8보다 큰 값: 없음
  — 나누기 결과: [4, 7, 3, 5], [8]
  — 정렬 완성 부분: ?, [8]
✔ 2단계: [4, 7, 3, 5]에 대해 다시 정렬
  — 피벗 4 선택
  — 4보다 작은 값: [3]
  — 4보다 큰 값: [7, 5]
  — 나누기 결과: [3], [4], [7, 5]
  — 정렬 완성 부분: [3], [4], ?, [8]
✔ 3단계: [7, 5] 정렬
  — 피벗 7
  — 7보다 작은 값: [5]
  — 결과: [5], [7]
  — 정렬 완성 부분: [3], [4], [5], [7], [8]
✔ 병합
  — 최종 정렬 결과: [3, 4, 5, 7, 8]

빠른 정렬의 장점과 단점은 다음과 같다

✔ 장점
  — 평균적으로 가장 빠른 정렬 속도를 보인다($O(n \log n)$).
  — 추가 메모리 공간이 거의 필요하지 않다(제자리 정렬 in-place).
  — 실제 구현 시 효율이 높아 실무에서도 자주 사용된다.
✔ 단점
  — 피벗 선택이 좋지 않으면 최악의 경우 시간 복잡도가 $O(n^2)$까지 떨어질 수 있다.

— 데이터가 이미 정렬된 상태라면 오히려 비효율적일 수 있다.

— 정렬 안정성이 보장되지 않는다.

빠른 정렬은 성능 면에서는 매우 뛰어나지만, 피벗의 선택과 데이터 분포에 민감하다는 점에서 주의가 필요하다. 성능을 극대화할 수 있는 전략적 선택이 가능한 상황에서, 빠른 정렬은 강력한 무기가 된다.

앞서 살펴본 합병 정렬과 빠른 정렬은 단순 정렬 알고리즘과 비교했을 때 훨씬 효율적이고, 대량의 데이터를 정렬하기 위한 현실적인 전략을 제시해준다. 두 알고리즘 모두 분할 정복이라는 공통된 전략을 사용하지만, 어떻게 나누고, 언제 정렬하며, 어떤 방식으로 병합하는지에 따라 완전히 다른 성격과 성능을 가지는 알고리즘이 된다.

이제 우리는 기본 정렬 알고리즘을 넘어 어떤 정렬 방식이 어떤 데이터에 적합한지를 판단할 수 있는 기초를 갖추게 되었다. 다음은 이 알고리즘들이 실제로 얼마나 빠른지, 어떤 상황에서 유리한지, 그리고 정렬을 어떻게 전략적으로 선택할 수 있는지를 성능 관점에서 분석해보기로 하자.

③ 정렬 알고리즘 성능 분석

정렬 알고리즘을 제대로 이해한다는 것은, 단지 정렬 과정을 '구현'하는 것을 넘어서 어떤 알고리즘이 어떤 상황에서 가장 적절한지를 판단할 수 있는 능력을 갖는 것이다. 이제 정렬 알고리즘의 성능을 분석할 수 있도록 다음 세 가지 관점에서 검토해보자.

시간 복잡도 비교: 얼마나 빠르게 정렬하는가?　　정렬 알고리즘의 성능을 평가할 때 가장 기본적인 기준은 시간 복잡도다. 즉, 데이터의 개수가 많아질수록 알고리즘이 얼마나 느려지는지를 나타낸다. 각 알고리즘의 시간 복잡도는 다음과 같다.

　　　　　문제 해결의 전략, 알고리즘

정렬 알고리즘	최선의 경우	평균	최악의 경우	특징
삽입 정렬	O(n)	O(n²)	O(n²)	거의 정렬된 데이터에는 매우 빠름
선택 정렬	O(n²)	O(n²)	O(n²)	항상 같은 횟수의 비교를 수행
버블 정렬	O(n)	O(n²)	O(n²)	비교 자체는 간단하지만 교환이 많아 느림
합병 정렬	O(n log n)	O(n log n)	O(n log n)	안정적이고 예측 가능한 성능
빠른 정렬	O(n log n)	O(n log n)	O(n²)	평균 성능이 우수하지만, 피벗 선택이 나쁘면 느려질 수 있음

흥미로운 사실은, 이름만 보면 '빠를 것 같지 않은' 합병 정렬이 실제로 데이터 양이 많을 때 훨씬 더 빠르며, 빠른 정렬은 이름값을 하려면 피벗 운이 따라줘야 한다는 것이다.

정렬 안정성 개념: 순서가 유지되는가? 정렬 안정성은 같은 값을 가진 데이터가 정렬 후에도 원래의 순서를 유지하는가를 의미한다. 이건 특히 두 번 이상의 정렬을 연달아 적용해야 할 때 중요하다. 예를 들어 학생 리스트를 정렬한다고 해보자. 1차로 성적순, 2차로 이름순으로 정렬해야 한다면, 1차 정렬 후 같은 성적을 가진 학생들이 이름순으로 유지되어야 의미 있는 결과가 된다. 이럴 때 필요한 것이 바로 '안정 정렬'이다. 정렬 알고리즘에 대한 안정 정렬 여부 비교표는 다음과 같다.

정렬 알고리즘	안정 정렬 여부	순서 유지 여부
삽입 정렬	O(안정 정렬)	유지됨 → 원래 순서가 그대로 보존됨
선택 정렬	X(불안정 정렬)	바뀔 수 있음 → 순서가 변경될 수 있음
버블 정렬	O(안정 정렬)	유지됨 → 앞에 있는 값은 그대로 앞에 남음
합병 정렬	O(안정 정렬)	유지됨 → 병합 시 순서 고려하면 안정성 확보 가능
빠른 정렬	X(불안정 정렬)	바뀔 수 있음 → 분할 과정에서 순서 유지 불가

안정 정렬은 데이터의 출처나 선후 관계를 보존할 필요가 있는 상황에서 반드시 필요하다. 불안정 정렬은 같은 값의 순서를 바꾸어버릴 수 있으므로, 단순 정

렬용일 때만 사용하는 것이 안전하다. 선택 정렬과 빠른 정렬이 안정 정렬이 아니라는 사실은, 실제 문제 해결에서 큰 차이를 만들 수 있음을 유의하자.

상황별 정렬 알고리즘 선택 가이드　정렬 알고리즘은 단순히 성능이 빠르다고 좋은 것이 아니다. 정렬해야 할 데이터의 특성과 맥락을 고려하여 선택해야 한다. 상황에 따른 추천 정렬 알고리즘은 다음과 같이 정리된다.

상황	추천 알고리즘	이유
거의 정렬된 데이터	삽입 정렬	비교 횟수가 줄어 매우 빠름
메모리가 부족한 경우	빠른 정렬	제자리 정렬이 가능
정렬 순서를 유지해야 하는 경우	합병 정렬 삽입 정렬	안정 정렬 필요
데이터 양이 매우 많을 때	합병 정렬	시간 복잡도 $O(n \log n)$, 예측 가능
데이터 구조가 복잡할 때	합병 정렬	비교 기준이 여러 개여도 안정적 병합 가능
실행 속도만 중요할 때	빠른 정렬	평균적으로 가장 빠른 성능

위와 같이 모든 상황에 완벽한 정렬 알고리즘은 없다. 중요한 것은 데이터의 상태, 크기, 특성, 정렬 기준 등을 바탕으로 어떤 알고리즘이 가장 효율적이고 실용적인지 판단하는 능력이다.

정렬 알고리즘을 배우는 것은 단순히 코드를 익히는 것이 아니다. 정렬을 통해 우리는 문제를 구조화하고, 상황에 맞는 전략을 선택하는 판단력을 기르게 된다. 속도는 빠르지만 순서를 보장하지 않는 정렬, 속도는 느려도 순서를 지켜주는 정렬, 복잡하지만 예측 가능한 정렬 등 이 모든 것 속에서 중요한 것은, 문제의 본질을 꿰뚫고 어떤 전략이 최선일지 고민하는 사고의 힘이다.

정렬 알고리즘의 성능 분석은 바로 그 사고의 문을 여는 첫 번째 열쇠다. 이제 우리는 단지 정렬하는 법이 아니라, 왜 그 방법을 선택해야 하는지를 판단할 수 있는 수준에 도달한 것이다. 계속하여 이 판단력을 더욱 강화할 수 있는 정렬과 컴퓨팅 사고력의 연결점에 대해 탐색해보기로 하자.

❹ 정렬 알고리즘과 컴퓨팅 사고력

정렬 알고리즘은 단지 데이터를 정리하는 기술이 아니다. 그 안에는 컴퓨팅 사고력의 핵심 요소들이 자연스럽게 스며들어 있다. 삽입 정렬이든, 선택 정렬이든, 빠른 정렬이든, 각각의 알고리즘을 구현하고 이해하는 과정에서 우리는 문제를 구조화하고, 규칙을 발견하며, 추론하고, 실험하고, 계산하는 훈련을 반복하게 된다. 정렬 알고리즘은 그 자체로 훌륭한 사고력 도구이자 디지털 시대의 논리 사고 훈련장이라 할 수 있다.

- **패턴 인식(Pattern Recognition)**: 정렬은 본질적으로 데이터를 비교하고 규칙을 찾아내는 과정이다.
  - ☑ 어떤 값이 더 크거나 작은지를 판단하고, 이를 기준으로 자리를 바꾸는 과정은 데이터 안에 숨어 있는 순서의 패턴을 인식하는 활동이다.
  - ☑ 삽입 정렬에서는 정렬된 구간의 패턴을 인식하고 새 값을 어디에 넣어야 할지 판단해야 한다.
  - ☑ 빠른 정렬에서는 피벗을 중심으로 작은 값 → 피벗 → 큰 값이라는 패턴을 반복적으로 만들어 나간다.

패턴을 정확히 인식하는 능력은 정렬뿐 아니라 검색, 분류, 추천 등의 다양한 문제 해결 상황에서 핵심이 되는 능력이다.

- **분해(Decomposition)**: 정렬 알고리즘은 복잡한 문제를 단순한 문제로 나누어 해결하는 대표적인 예다.
  - ☑ 합병 정렬은 리스트를 계속 반으로 나누고, 그 작은 문제들을 해결한 뒤 다시 병합한다.
  - ☑ 빠른 정렬도 피벗을 기준으로 좌우로 나누며 같은 정렬 과정을 반복한다.

이처럼 정렬 알고리즘을 학습하는 과정에서 우리는 "이 문제를 어떻게 쪼갤 것인가?", "각 조각을 어떻게 풀 것인가?"라는 분해적 사고를 자연스럽게 연습하게 된다. 복잡한 문제를 단번에 해결하기보다, 작은 단위로 나누어 점진적으로 해결하는 전략은 모든 알고리즘 사고의 출발점이다.

- **시뮬레이션(Simulation)**: 정렬 알고리즘은 머릿속에서 또는 종이 위에서 직접 시뮬레이션 해보기에 매우 적합하다.
  - ☑ [8, 4, 7, 3, 5]를 예로 들면, 학생들은 값이 비교되는 순서, 이동하는 위치를 하나하나 따라가며 알고리즘이 실제로 어떤 흐름으로 작동하는지를 몸으로 익힐 수 있다.
  - ☑ 손으로 써보거나 눈으로 그려보는 시뮬레이션은
    - 추상적인 절차를 구체적인 행동으로 바꾸어,
    - 알고리즘 이해를 극대화시켜준다.

특히 버블 정렬이나 삽입 정렬처럼 단계마다 변화가 명확히 보이는 알고리즘은 시뮬레이션을 통해 흐름을 시각화하는 능력을 기르기에 가장 좋다.

- **계산 능력(Algorithmic Calculation)**: 정렬 알고리즘은 단지 원리를 이해하는 데서 그치지 않고, 시간 복잡도, 교환 횟수, 비교 횟수 등 계산적 요소까지 포함하고 있다.
  - ☑ 예를 들어, 선택 정렬은 항상 n(n-1)/2번 비교가 필요하고,
    - 삽입 정렬은 데이터의 정렬 정도에 따라 비교 횟수가 달라진다.
  - ☑ 빠른 정렬은 평균 $O(n \log n)$이지만 최악의 경우 $O(n^2)$이라는 계산도 함께 고려해야 한다.

이러한 복잡도 분석을 통해 학생들은 추상적인 알고리즘을 정량적으로 평가하고, 논리적으로 판단하는 능력을 갖추게 된다. 정렬 알고리즘은 단순한 기술이 아니라, 컴퓨팅 사고의 네 가지 축이 살아 숨 쉬는 사고 훈련 도구다. 패턴을 찾고, 문제를 나누고, 과정을 시뮬레이션하며, 결과를 계산하는 이 모든 과정은 문제를 바라보는 눈을 키우고, 논리적이며 전략적인 사고 능력을 기르는 밑거름이 된다.

단순한 값의 나열이 아니다. 정렬은 생각을 정리하는 과정이고, 정렬 알고리즘을 익히는 것은 문제를 해결할 수 있는 두뇌의 틀을 만드는 일이다. 이제 여러분

은 정렬을 마스터한 것이 아니라, 정렬을 통해 사고하는 법을 배운 것이다. 이러한 사고력을 더욱 확장해 탐색 알고리즘의 세계로 나아가보자. 이번엔 정돈된 데이터 속에서 원하는 정보를 찾아내는 여정이 우리를 기다리고 있다.

03 | 탐색 알고리즘의 이해

필요한 정보를 발견하는 기술, 탐색　수많은 데이터가 쌓여 있는 정보의 숲에서 우리가 진짜 원하는 정보를 찾으려면 어떻게 해야 할까? 서랍에 흩어진 수십 장의 문서, 폴더 속에 뒤섞인 파일들, 검색 결과에 뒤따라 나오는 수천 개의 항목들. 이런 상황에서 '무엇을', '어떻게' 찾아야 할지를 결정하는 일은 단순한 선택이 아니다. 그것은 전략이고, 알고리즘이다.

탐색(Search)은 주어진 데이터 집합 속에서 특정 값을 찾아내는 일련의 과정이다. 하지만 탐색은 단순한 '찾기'에 머무르지 않는다. 어디서부터 시작할지, 어떤 경로를 따라갈지, 중단 조건은 무엇일지와 같은 복잡하고 정교한 사고 흐름이 필요하다. 탐색 알고리즘은 이러한 과정을 자동화하고, 더 빠르고 정확하게 정보를 찾을 수 있도록 돕는 기술이다. 탐색 알고리즘은 문제 해결의 최전선에 있다. 정렬 알고리즘이 데이터를 정돈하는 기술이라면, 탐색 알고리즘은 정돈된 데이터를 기반으로 목표를 식별하고 도달하는 전략의 핵심이다. 검색 엔진에서 원하는 정보를 찾고, 주소록에서 특정 연락처를 불러오며, 네비게이션 앱이 최적의 길을 안내할 수 있는 것도 모두 탐색 알고리즘 덕분이다.

이제 탐색 알고리즘의 기본 개념과 필요성, 작동 원리를 살펴보고, 다양한 상황에 적합한 탐색 알고리즘을 비교하며 선택할 수 있는 실력을 키워보기로 하자. 단순한 비교부터 시작하여, 수많은 경로를 거쳐 도착하는 그래프 탐색까지. 탐색은 정보 시대를 살아가는 우리에게 '정답을 찾는 법'을 가르쳐주는 가장 강력한 훈련 도구가 될 것이다.

❶ 탐색 알고리즘이란?

탐색은 무수히 많은 정보 속에서 특정한 데이터를 찾아내는 과정이다. 우리는 무언가를 찾을 때 본능적으로 기준을 세우고, 가장 가능성이 높은 위치를 먼저 확인하며, 필요에 따라 범위를 좁혀간다. 탐색 알고리즘은 이 과정을 컴퓨터가 수행할 수 있도록 체계화한 것이다.

탐색 알고리즘은 크게 선형적 방식과 비선형적 방식으로 나뉜다. 선형 탐색은 순차적으로 데이터를 하나하나 살펴보는 방법이고, 비선형 탐색은 트리나 그래프와 같이 복잡한 구조에서 특정 규칙에 따라 경로를 따라간다. 정렬 여부에 따라 사용할 수 있는 탐색 알고리즘이 달라지기도 한다. 예를 들어 이진 탐색은 반드시 정렬된 데이터를 전제로 하며, 그 덕분에 중간값 기준으로 탐색 범위를 절반씩 줄여나가는 효율적인 전략을 구현할 수 있다. 탐색 알고리즘은 다음의 질문에 효과적으로 답하기 위해 고안된다.

- ☑ "이 데이터는 집합 안에 존재하는가?"
- ☑ "존재한다면 어디에 위치하는가?"
- ☑ "가장 먼저 혹은 가장 마지막에 나타나는 위치는 어디인가?"

탐색은 단순히 '존재 유무'를 확인하는 것을 넘어, 데이터의 구조를 이해하고 활용하는 사고력을 요구한다. 어떤 알고리즘은 정렬되지 않은 데이터를 대상으로 하고, 어떤 알고리즘은 정렬과 색인이 완비된 데이터에서만 작동한다. 또한 어떤 탐색은 시간은 더 걸리지만 공간을 적게 쓰고, 반대로 어떤 탐색은 빠른 대신 메모리를 많이 소비하기도 한다.

탐색 알고리즘을 이해한다는 것은 주어진 문제 속에서 정보의 흐름을 분석하고, 최적의 접근 방식을 설계하는 능력을 갖는다는 의미다. 이제 우리는 단순히 '찾는 법'을 배우는 것이 아니라, 정보를 찾아내는 사고의 전략을 마주하게 될 것이다.

❷ 탐색 알고리즘이 필요한 이유

정보는 넘쳐나고, 시간은 늘 부족하다. 하나의 검색창에 수많은 검색어가 쏟아지고, 클릭 한 번에 수천 개의 결과가 따라오는 이 시대에서 우리는 단순히 정보를 찾는 것이 아니라, '가장 빠르고 정확하게' 원하는 정보를 찾아내는 전략이 필요하다.

탐색 알고리즘은 이런 정보 과잉의 시대에 정확성과 속도를 책임지는 핵심 기술이다. 사용자가 어떤 값을 찾고 싶을 때, 그 값이 존재하는지를 판단하고 있다면 어느 위치에 있는지를 빠르게 알려주는 것—그것이 탐색 알고리즘의 역할이다. 하지만 그 단순한 동작이 실제 시스템에서는 전혀 단순하지 않다.

- **일상의 모든 곳에 숨어 있는 탐색**
  - ☑ 학생이 이름으로 친구의 연락처를 찾을 때,
  - ☑ 도서관에서 책 제목으로 책을 찾을 때,
  - ☑ 교사가 학급 명단에서 결석자를 확인할 때,

우리는 모두 무의식적으로 탐색 알고리즘을 실행하고 있다. 예를 들어 학급 명단이 가나다순으로 정렬되어 있다면, 교사는 중간쯤에서 바로 학생의 이름을 찾을 수 있다. 하지만 무작위로 섞여 있다면, 처음부터 끝까지 모두 살펴보아야 한다. 탐색의 방식과 조건에 따라 시간과 노력이 크게 달라진다.

전자상거래 사이트는 고객이 입력한 키워드에 맞는 상품을 즉시 보여줘야 하고, 검색 엔진은 수십억 개의 웹페이지 중에서 정확한 답을 0.1초 이내에 제공해야 한다. 이러한 고속 탐색이 가능한 이유는 정교하게 설계된 탐색 알고리즘이 백그라운드에서 작동하고 있기 때문이다.

- **정렬과 탐색은 함께 작동한다.**
  - ☑ 많은 탐색 알고리즘, 특히 이진 탐색이나 색인 기반 탐색은 정렬된 데이터를 전제로 한다.
  - ☑ 정렬은 탐색의 효율성을 높이는 사전 준비 작업이자 기반이다. 만약 데이터가 정렬되어 있지 않다면, 이진 탐색처럼 효율적인 전략은 사용할 수 없고, 순차 탐색처럼

   문제 해결의 전략, 알고리즘

시간이 오래 걸리는 방법밖에 사용할 수 없다.

따라서 탐색 알고리즘은 정렬 상태에 따라 선택과 효율이 달라지는 전략적 사고를 요구한다. 정렬을 통해 질서를 세운 다음, 탐색을 통해 목표를 좁혀가는 이 구조는 컴퓨팅 사고에서 분해적 사고(Decomposition)와 전략적 반복(Iteration)의 전형적 사례가 된다.

- **시스템 효율을 좌우하는 결정적 요인**
  - ☑ 프로그램이 실행되는 속도는 대부분 데이터 처리 시간, 그중에서도 탐색과 검색에 드는 시간에 의해 좌우된다. 데이터베이스, 운영체제, 정보 검색 시스템 등 거의 모든 소프트웨어 시스템이 탐색 알고리즘의 성능에 의존한다.

탐색 알고리즘이 최적화되어 있지 않다면, 시스템은 불필요한 계산을 반복하고, 사용자는 느려진 반응 속도에 불편함을 느끼게 된다. 반대로 상황에 맞는 효율적인 탐색 알고리즘을 적용하면 작은 연산 하나로도 시스템 전체의 성능을 획기적으로 향상시킬 수 있다.

탐색 알고리즘이 필요한 이유는 단순한 기능 때문이 아니다. 그것은 정보를 다루는 기본 태도, 그리고 문제 해결을 위한 전략적 시선을 갖게 해주기 때문이다. 우리는 이미 일상 속에서 탐색을 사용하고 있다. 이제는 그 흐름을 의식적으로 이해하고, 효율적이며 체계적인 도구로 사용할 수 있도록 사고의 프레임을 확장해나가야 한다.

③ 탐색의 핵심 요소

필요한 정보를 발견하는 기술, 탐색　　탐색은 단순한 '찾기'가 아니다. 탐색이 효율적으로 이루어지기 위해서는 데이터가 놓인 구조, 탐색을 수행하는 기준, 그리고 탐색 도중의 판단 조건이 모두 명확해야 한다. 탐색 알고리즘은 이 요소들이 유기적으로 맞물려 작동하는 시스템이다. 이를 이해하면 복잡한 알고리즘의 내부 흐름도 자연스럽게 따라갈 수 있다.

탐색을 구성하는 3대 핵심 요소 탐색 알고리즘은 다음과 같은 세 가지 핵심 요소를 기반으로 작동한다.

1. **데이터 구조(탐색 대상의 형태)**: 탐색이 수행되는 데이터의 구조는 탐색 전략을 결정하는 첫 번째 요소다.
   - ☑ 선형 구조
     - 배열(list), 연결 리스트(linked list)처럼 일렬로 나열된 형태의 자료구조
     - 순차 탐색, 이진 탐색 등 기본 탐색 전략에 주로 사용됨
   - ☑ 비선형 구조
     - 트리(tree), 그래프(graph)처럼 노드 간의 연결 관계가 존재하는 자료구조
     - 이진 탐색 트리, DFS, BFS 등 고급 탐색 알고리즘에 사용됨

   탐색 알고리즘은 항상 '어떤 구조에서 데이터를 탐색하는가'를 고려해 선택해야 한다.

2. **기준 값(탐색 키, Key)**: 탐색을 수행하기 위해서는 찾고자 하는 대상에 대한 기준 값, 즉 Key가 반드시 존재해야 한다.
   - ☑ Key의 종류
     - 이름, 번호, ID, 좌표값 등 목적에 따라 다양함
   - ☑ Key의 속성
     - 고유성: 하나의 Key가 하나의 데이터를 정확히 가리키는지 여부
     - 정렬 상태: Key가 정렬되어 있는가에 따라 탐색 전략이 달라짐(예: 이진 탐색은 정렬 필수)

   Key는 탐색 알고리즘이 작동할 수 있게 만드는 핵심 단서이며, Key의 속성과 상태에 따라 전체 알고리즘의 효율이 좌우된다.

3. **비교와 조건 분기(탐색 로직)**: 탐색은 결국 '찾는 값'과 '기존 값'을 비교하고, 판단한 뒤 다음 행동을 결정하는 반복의 연속이다.
   - ☑ 비교 기준

─ 값이 동일한가?

─ 값보다 큰가 작은가?

✔ 조건 분기

─ 값이 작으면 왼쪽으로, 크면 오른쪽으로 이동(이진 탐색)

─ 연결된 노드 중 아직 방문하지 않은 곳으로 이동(DFS, BFS)

✔ 종료 조건

─ 값을 찾았을 때

─ 탐색 범위를 모두 소진했을 때

─ 다음 경로가 존재하지 않을 때

비교 → 조건 판단 → 이동/종료라는 흐름은 거의 모든 탐색 알고리즘의 기본 구조로 반복된다.

탐색은 전략이다 탐색 알고리즘은 이 세 가지 요소─구조, 키(Key), 판단 기준─을 기반으로, 최대한 빠르게 원하는 위치에 도달하기 위한 전략을 설계한다. 이 세 요소가 명확히 정의되어 있을수록, 알고리즘의 구현은 간결하고 효율적으로 정리된다. 즉, 탐색을 잘 이해한다는 것은 단순한 코드 숙달이 아니라 문제를 분석하고, 필요한 데이터를 찾는 전략을 논리적으로 구성할 수 있다는 것을 의미한다. 이제 이 요소들이 실제로 어떻게 사용되는지를 살펴보기 위해, 탐색 과정 전체의 흐름으로 이어가보자.

④ 탐색 과정

탐색 알고리즘은 단순히 '어디 있는지' 확인하는 기능이 아니라, 데이터를 분석하고 판단하며 원하는 정보를 찾아가는 사고의 흐름이다. 정확한 탐색을 위해서는 단계별 절차와 그 안에 포함된 조건들을 명확히 이해해야 한다.

탐색은 일반적으로 다음의 세 가지 큰 흐름으로 이루어진다.

시작 → 비교 → 판단 및 이동

이 과정은 알고리즘의 종류에 따라 조금씩 다르지만, 기본 구조는 거의 모든 탐색 알고리즘에 공통적으로 적용된다. 탐색의 기본 단계에 대하여 살펴보자.

1. **초기 위치 설정(시작 지점 지정)**: 탐색 알고리즘은 탐색을 시작할 위치 또는 노드를 먼저 결정한다.
   - ☑ 선형 탐색: 가장 앞쪽(시작 인덱스)부터 시작
   - ☑ 이진 탐색: 중간값 인덱스에서 시작
   - ☑ DFS/BFS: 루트 노드나 시작 노드에서 탐색 시작

   적절한 시작 위치 선택은 전체 탐색 효율에 큰 영향을 준다.

2. **조건 비교(Key와 데이터 비교)**: 탐색 대상 요소를 기준 값(Key)과 비교한다. 이 비교 결과에 따라 다음 동작이 달라진다.
   - ☑ 값이 일치: 탐색 성공, 해당 위치 반환
   - ☑ 값이 다름: 크고 작음을 비교해 이동 경로 결정

   이 단계에서 탐색 알고리즘은 단순한 비교를 넘어서 '판단'을 수행한다.

3. **이동 및 재귀(다음 위치 또는 하위 구조로 이동)**: 비교 결과를 바탕으로 다음 탐색 경로를 설정한다.
   - ☑ 선형 탐색: 다음 인덱스로 이동
   - ☑ 이진 탐색: 중간값 기준으로 왼쪽/오른쪽 절반으로 이동
   - ☑ 트리 탐색: 하위 노드 또는 형제 노드로 분기
   - ☑ 그래프 탐색: 큐(너비 우선) 또는 스택(깊이 우선)을 따라 다음 노드로 이동

   탐색 알고리즘은 항상 조건에 따라 '이동 또는 종료'를 반복하며 작동한다.

4. **종료 조건 확인**: 탐색은 다음과 같은 상황에서 종료된다.
   - ☑ 원하는 값을 찾은 경우
   - ☑ 더 이상 이동 가능한 경로가 없는 경우
   - ☑ 탐색 범위를 모두 소진한 경우

   효율적인 알고리즘은 가능한 한 빨리 종료 조건을 충족하도록 설계된다.

다양한 알고리즘의 흐름 예시는 다음과 같다.

알고리즘 종류	시작 지점	비교 기준	이동 방향	종료 조건
순차 탐색	처음 인덱스	값의 일치 여부	다음 인덱스	끝까지 도달 or 찾음
이진 탐색	중간 인덱스	크고 작음 비교	절반 방향 이동	찾음 or 탐색 범위 없음
DFS	루트 노드	방문 여부/값	스택 기반 깊이 탐색	찾음 or 모든 노드 방문
BFS	루트 노드	방문 여부/값	큐 기반 너비 탐색	찾음 or 모든 노드 방문

탐색은 흐름의 시뮬레이션이다 　탐색 알고리즘의 핵심은 '어디서 시작하고', '어떻게 판단하고', '어디로 이동할 것인가'의 절차적 사고를 시뮬레이션하는 것이다. 이 흐름을 반복하면서, 탐색은 데이터를 향한 하나의 경로를 설계하고, 문제 해결을 위한 가장 합리적인 방식으로 의사 결정을 수행한다. 탐색의 과정은 단순한 절차를 넘어서 자료구조의 본질과 연산의 논리를 이해하는 컴퓨팅 사고의 훈련장이다. 이제 우리는 탐색이 단순한 기술이 아니라, 문제를 풀기 위한 전략적 사고임을 확인하게 될 것이다.

5 탐색의 효율성과 시스템 성능

우리는 원하는 정보를 찾기 위해 '탐색'을 하지만, 컴퓨터는 정확하고 빠르게 그 일을 수행해야 한다. 탐색 알고리즘의 효율성은 단순한 속도 차이를 넘어서, 전체 시스템의 성능과 자원 운영 방식에까지 중대한 영향을 미친다. 따라서 탐색은 기술이 아니라, 시스템 최적화의 핵심 전략으로 다루어져야 한다.

효율적인 탐색이 중요한 이유 　다음의 3가지 이유로 탐색 알고리즘의 효율성은 중요하다.

1 **탐색 시간 복잡도**: 탐색 알고리즘은 각기 다른 시간 복잡도를 가지며, 이 복잡도는

데이터의 크기(n)가 커질수록 성능에 큰 차이를 만든다.

- ☑ 순차 탐색: O(n)
  - — 데이터가 많을수록 정비례로 시간이 늘어남
  - — 최악의 경우 마지막까지 모두 확인해야 함
- ☑ 이진 탐색: O(log n)
  - — 데이터가 정렬되어 있을 경우, 절반씩 줄여가며 탐색
  - — 1,000개 → 약 10번 비교로 해결 가능
- ☑ 트리/그래프 기반 탐색: O(n), O(n log n), O(V+E) 등 다양
  - — 구조와 전략에 따라 달라짐(DFS/BFS는 노드 수와 간선 수에 비례)
  - — [참고] O(V + E)에서 V(Vertices)는 그래프의 정점(node, 꼭짓점)의 개수를 의미하며, E(Edges)는 그래프의 간선(edge, 연결선)의 개수를 의미. 즉, 그래프를 탐색할 때는 단순히 노드만 방문하는 게 아니라, 노드 간의 연결 관계(간선)도 함께 확인해야 하기 때문에 시간 복잡도는 정점 수 + 간선 수에 비례하게 됨

시간 복잡도는 알고리즘의 효율을 수치로 평가하는 기준이며, 시스템에서 처리 시간과 응답 속도를 결정짓는 핵심 척도다.

2. **자원 사용량 및 시스템 반응 속도**: 탐색 알고리즘은 CPU 연산량뿐 아니라 메모리 사용량에도 영향을 준다. 특히 비선형 탐색(트리, 그래프 등)은 탐색 대상 외에도 경로 저장을 위한 스택, 큐, 재귀 호출 등을 필요로 하므로 시스템 자원을 더 많이 소모할 수 있다.

- ☑ 순차 탐색: 메모리 사용량 적고 단순
- ☑ 이진 탐색: 빠르지만 정렬된 상태가 전제
- ☑ DFS: 재귀 기반, 스택 사용
- ☑ BFS: 큐를 사용하여 공간 복잡도 증가

자원을 어떻게 쓰고, 어떤 구조에서 운영되느냐에 따라 탐색 알고리즘은 '빠르지만 무거운 전략', '느리지만 가벼운 전략'으로 나뉜다.

3. **현실 속 적용**: 탐색 알고리즘은 실제 시스템에서 다음과 같은 성능 차이를 낳는다.

- ☑ 검색 엔진
  - — 사용자의 키워드 입력에 따라 수억 개의 페이지 중 관련성 높은 결과 탐색
  - — 색인 기반 탐색(Index Search) + 해시 탐색 등 고속 탐색 알고리즘 필요

- ☑ 데이터베이스(DBMS)
    - 인덱스가 설정된 칼럼: 빠른 이진 탐색 기반 조회
    - 인덱스 없는 칼럼: 순차 탐색 발생 → 조회 시간 급증
- ☑ 게임/AI
    - DFS/BFS를 이용한 경로 탐색, 의사 결정, 적 탐지 등에 활용
    - 성능과 실시간 반응 속도가 게임 체험에 직결
    - 탐색 알고리즘은 사용자 경험을 좌우하는 요소이며, 불필요한 탐색을 줄이면 시스템 전체 성능을 눈에 띄게 향상시킬 수 있다.

성능 향상을 위한 탐색 전략　효율적인 시스템 운영을 위해 탐색 알고리즘을 사용할 때 고려해야 할 원칙은 다음과 같다.

- ☑ 데이터가 정렬되어 있는가?
- ☑ 탐색 대상의 크기는 얼마나 되는가?
- ☑ 실시간 응답이 필요한가, 아니면 정확성이 더 중요한가?
- ☑ 공간(메모리)을 절약할 것인가, 속도를 높일 것인가?

상황에 따라 탐색 전략을 유연하게 선택하는 것은 하드웨어 성능보다 더 큰 최적화 효과를 낼 수 있다.

탐색 알고리즘은 단순한 기술을 넘어서, 정보 접근 방식과 시스템 전체 구조를 최적화하는 논리적 도구다. 이를 잘 이해하고 활용한다면, 우리는 단지 빠른 코드가 아니라, 현실 문제를 해결하는 '똑똑한 알고리즘'을 설계할 수 있게 된다. 이제 본격적으로 다양한 탐색 알고리즘의 종류와 구조를 살펴보며, 어떤 방식이 어떤 상황에 적합한지 체계적으로 분석해보자.

데이터의 구조와 상황에 따라, 우리는 다양한 방식으로 정보를 찾는다. 간단한 순서대로 찾는 방법부터, 정렬된 구조를 활용해 절반씩 줄여나가는 전략, 색인을 활용해 중간 단계를 건너뛰는 방식까지. 탐색 알고리즘은 크게 선형 기반과 비선형 기반으로 나뉜다. 먼저 선형 구조에서 사용되는 기초적인 탐색 방법부터 살펴보자.

① 선형 기반 탐색 알고리즘

선형 기반 탐색 알고리즘은 데이터가 일렬로 나열된 구조(list, 배열 등)에서 단순한 순서나 정해진 규칙에 따라 정보를 찾는 방식이다. 가장 단순하고 기본적인 탐색 알고리즘으로, 탐색의 원리를 익히기에 적합하다.

순차 탐색(Sequential Search)　　순차 탐색은 처음부터 끝까지 데이터를 하나씩 확인하는 방식이다. 정렬 여부와 관계없이 어떤 데이터에도 적용할 수 있는 가장 기본적인 탐색 방법이다.

- **알고리즘 흐름**
  - ☑ 리스트의 첫 번째 요소부터 마지막 요소까지 차례대로 확인
  - ☑ 찾고자 하는 값과 일치하면 해당 위치 반환
  - ☑ 끝까지 확인해도 없으면 "없음" 반환
- **예시**
  - ☑ [18, 25, 31, 47, 52]에서 47을 찾기 위해 앞에서부터 하나씩 비교

- **장점**
  - ☑ 구현이 매우 간단하다
  - ☑ 정렬 여부와 상관없이 사용 가능하다
- **단점**
  - ☑ 데이터가 많을수록 탐색 시간이 오래 걸린다(최악의 경우 O(n))
- **실생활 비유**
  - ☑ 친구들 명단에서 이름을 위에서부터 차례로 내려보며 찾는 것과 같다

순차 탐색은 '끝까지 하나하나 보는' 성실한 전략이다. 단순하지만 모든 탐색의 출발점이 되는 중요한 알고리즘이다.

이진 탐색(Binary Search)   이진 탐색은 데이터가 정렬된 경우에만 적용 가능한 고속 탐색 전략이다. 중간값을 기준으로 크고 작음을 판단하여 탐색 범위를 절반씩 줄여나간다.

- **알고리즘 흐름**
  - ☑ 데이터가 정렬되어 있어야 함
  - ☑ 중간 값을 찾고, 탐색 대상보다 크면 왼쪽, 작으면 오른쪽 반으로 범위 축소
  - ☑ 반복하며 원하는 값을 찾을 때까지 좁혀나감
- **예시**
  - ☑ [10, 20, 30, 40, 50, 60, 70]에서 60 찾기
  - ☑ → 중간값 40보다 60이 크므로 오른쪽 영역에서 탐색
  - ☑ [50, 60, 70]의 중간값 60과 비교
  - ☑ 탐색 성공
- **장점**
  - ☑ 탐색 속도가 매우 빠르다(O(log n))
  - ☑ 데이터 양이 많을수록 성능 차이 극대화
- **단점**
  - ☑ 데이터가 정렬되어 있어야만 작동함

☑ 정렬되지 않은 데이터에는 사용 불가
- **실생활 비유**
  - ☑ 사전에서 단어를 찾을 때 책을 절반씩 넘기며 위치를 추정하는 방법

이진 탐색은 정렬이라는 전제를 활용하여, '정보를 절반씩 줄이는' 아주 강력한 전략이다.

색인 순차 탐색(Indexed Sequential Search) 색인 순차 탐색은 순차 탐색과 이진 탐색의 중간 지점에 해당한다. 대량의 데이터를 일정 구간으로 나누고, 그 구간의 대표 값을 색인(Index)으로 관리한다.

- **알고리즘 흐름**
  - ☑ 색인 테이블을 먼저 탐색(이진 탐색 등으로 빠르게 탐색 가능)
  - ☑ 해당 색인이 가리키는 범위 내에서 순차 탐색 수행
- **예시**
  - ☑ 1000개의 데이터를 10개씩 구간으로 나누고, 각 구간의 첫 값을 색인으로 등록
  - ☑ 탐색 대상 값이 350이라면
    - ― 색인 [100, 200, 300, 400…] 중 300~400 구간 선택
    - ― 그 구간 내에서 순차적으로 탐색
- **장점**
  - ☑ 순차 탐색보다 훨씬 빠르며, 정렬 상태를 활용할 수 있음
  - ☑ 대규모 데이터베이스에 적합
- **단점**
  - ☑ 색인 테이블을 유지해야 하므로 공간이 더 필요함
  - ☑ 데이터 추가/삭제 시 색인 갱신 필요
- **실생활 비유**
  - ☑ 도서관 서가가 번호순으로 정리되어 있고,
  - ☑ 각 서가의 제목 키워드가 안내판에 색인으로 붙어 있는 형태

색인 순차 탐색은 '빠르게 범위를 좁히고, 그 안에서 세밀하게 찾는' 전략이다. 현대 데이터베이스 시스템에서 매우 널리 사용되는 탐색 방식 중 하나다.

위의 선형 기반 탐색 알고리즘에 대한 핵심 비교표는 다음과 같이 정리된다.

알고리즘	정렬 필요	시간 복잡도	특징
순차 탐색	불필요	$O(n)$	어디든 사용 가능, 느림
이진 탐색	필요	$O(\log n)$	매우 빠름, 정렬 필수
색인 순차 탐색	필요	$O(\log n) + O(m)$	색인으로 빠르게 범위 좁히고 세부 탐색

위의 표의 $O(\log n) + O(m)$에서 n은 색인의 개수 또는 전체 구간 수에 해당하며, m은 구간 내에서 확인해야 하는 실제 데이터 항목 수에 해당한다.

이제 우리는 탐색 알고리즘의 가장 기본적인 3가지를 마스터했다. 단순하게 하나씩 확인하는 전략부터, 절반으로 나누는 전략, 그리고 색인을 활용해 두 전략을 결합한 하이브리드 방식까지 모두 살펴본 것이다. 다음은 더욱 복잡한 구조에서의 탐색, 즉 비선형 기반 탐색 알고리즘으로 이어진다. 트리와 그래프 구조 속에서 정보를 어떻게 탐색하는지, 깊이와 너비라는 두 전략을 비교해보자.

❷ 비선형 기반 탐색 알고리즘

데이터가 단순히 일렬로 나열되어 있지 않고, 계층적 구조나 복잡한 연결망으로 구성된 경우, 선형 탐색 방식만으로는 효율적인 탐색이 어렵다. 이럴 때 활용되는 것이 바로 트리(Tree)나 그래프(Graph) 같은 비선형 구조에 특화된 탐색 알고리즘들이다. 여기서는 대표적으로 사용되는 세 가지 알고리즘을 살펴보자.

이진 탐색 트리(Binary Search Tree, BST)   이진 탐색 트리는 노드마다 최대 두 개의 자식 노드를 가지는 트리로, 왼쪽은 현재 값보다 작고, 오른쪽은 현재 값보다 큰 값을 저장한다.

- **탐색 알고리즘 흐름**
  - ☑ 루트에서 시작하여 찾고자 하는 값과 현재 노드를 비교
  - ☑ 작으면 왼쪽 자식(노드 또는 Sub-tree), 크면 오른쪽 자식(노드 또는 Sub-tree)으로 이동
  - ☑ 값이 일치하면 탐색 종료, 없으면 다음 단계로 확장
  - ☑ 단말 노드에서도 일치하는 것을 찾지 못하면 None 반환
- **예시: 다음의 트리의 경우**

```
      40
     /  \
   20    60
  / \   / \
 10 30 50 70
```

  - ☑ 50을 찾을 때:
    - — 40 비교 → 크므로 오른쪽(60) 비교 → 작으므로 왼쪽(50) 비교 → 탐색 성공
- **장점**
  - ☑ 정렬된 구조 덕분에 평균 O(log n) 시간 복잡도
  - ☑ 삽입, 삭제, 탐색이 모두 빠름
- **단점**
  - ☑ 트리가 한쪽으로 치우치면 성능이 O(n)으로 떨어짐
  - ☑ 균형(Balancing)이 중요함
  - ☑ 균형 탐색 트리에 해당하는 AVL Tree, Red-Black Tree 등으로 확장 필요성

이진 탐색 트리는 정렬된 구조를 유지하면서도 빠른 탐색과 효율적인 자료 관리가 가능한 '탐색 전용 구조물'이다.

깊이 우선 탐색(Depth-First Search, DFS) 깊이 우선 탐색은 최대한 깊이 들어간 후, 더 이상 진행할 수 없을 때 다시 돌아와 다른 경로를 탐색하는 방식이다. 트리 뿐 아니라 그래프에서도 사용된다.

문제 해결의 전략, 알고리즘

- **탐색 흐름**
  - ☑ 루트에서 시작해 한쪽 방향으로 가능한 한 깊게 이동
  - ☑ 더 이상 이동할 곳이 없으면 이전 노드로 되돌아가 다른 방향 탐색
  - ☑ 보통 스택이나 재귀 함수를 이용해 구현
- **예시(그래프 형태)**

A — B — C

|　　　　|

D — E — F

  - ☑ A에서 시작 → D → E → F → C → B
- **장점**
  - ☑ 메모리 사용량이 비교적 적음
  - ☑ 특정 조건 만족 여부 탐색 시 유리(예: 미로 탈출)
- **단점**
  - ☑ 최단 경로를 보장하지 않음
  - ☑ 무한 루프에 빠질 수 있어 방문 체크 필요

DFS는 '끝까지 가본 뒤 돌아오는 전략'으로, 모든 경우의 수를 탐색할 수 있는 능력을 제공한다. 이 탐색 과정의 핵심은 바로 스택(Stack)을 활용한 후입선출(LIFO) 구조에 있다. 아래는 DFS가 실제로 어떻게 스택을 활용하여 탐색을 수행하는지를 단계별로 보여준다.

다음과 같은 이진 트리에서 DFS로 값 9를 찾는 과정을 살펴보자.

```
        1
      /   \
     2     8
    / \   / \
   3  6  9  12
  / \  \ / \
 4  5  7 10 11
```

- **탐색 흐름**
  - ✅ DFS는 루트 노드 1부터 시작하여 왼쪽 자식 → 그 왼쪽 자식으로 계속 내려가고,
  - ✅ 더 이상 자식이 없으면 스택에서 꺼내며 다시 위로 올라간다.
  - ✅ 이 과정을 스택의 PUSH/POP 동작으로 나타내면 다음과 같다.
- **스택 변화 요약(방문 순서: PUSH, 되돌아가기: POP)**

단계	동작	스택 상태	설명
1	PUSH 1	[1]	루트 노드에서 시작
2	PUSH 2	[1, 2]	왼쪽 자식으로 이동
3	PUSH 3	[1, 2, 3]	계속 왼쪽으로 이동
4	PUSH 4	[1, 2, 3, 4]	리프 노드에 도달
5	POP 4	[1, 2, 3]	자식 없음 → 되돌아감
6	PUSH 5	[1, 2, 3, 5]	오른쪽 자식 탐색
7	POP 5	[1, 2, 3]	자식 없음 → 되돌아감
8	POP 3	[1, 2]	3의 모든 자식 탐색 완료
9	PUSH 6	[1, 2, 6]	오른쪽 자식으로 이동
10	PUSH 7	[1, 2, 6, 7]	리프 노드로 이동
11	POP 7	[1, 2, 6]	자식 없음 → 되돌아감
12	POP 6	[1, 2]	6의 모든 자식 탐색 완료
13	POP 2	[1]	2의 모든 자식 탐색 완료
14	PUSH 8	[1, 8]	오른쪽 자식으로 이동
15	PUSH 9	[1, 8, 9]	왼쪽 자식이자 찾는 값 발견!

위의 과정을 통하여 DFS는 스택을 이용해 '방문-되돌아가기'를 반복하는 것을 확인하였다. 각 PUSH는 깊이 들어가는 선택, 각 POP은 더 이상 갈 곳이 없음을 뜻하는 판단과 회귀다. 이 흐름은 알고리즘이 단순히 데이터를 읽는 것이 아니라 '의사결정 + 백트래킹(backtracking)'의 전략을 따르고 있음을 보여준다.

DFS의 진짜 강점은 단순한 탐색이 아니라, 문제를 끝까지 파고들며 해결책이

문제 해결의 전략, 알고리즘

없으면 다시 돌아와 다른 길을 모색하는 사고의 구조에 있다. 이러한 흐름을 머릿속으로 따라가 보는 경험은 컴퓨팅 사고력의 깊이를 단숨에 확장시켜준다.

너비 우선 탐색(Breadth-First Search, BFS)　너비 우선 탐색은 가까운 노드부터 먼저 탐색하고, 그다음으로 점점 멀어지는 노드로 확장해나가는 방식이다.

- **탐색 흐름**
  - ☑ 루트에서 시작해 인접한 노드를 모두 먼저 탐색
  - ☑ 그다음 수준의 노드들을 탐색
  - ☑ 큐(queue) 자료구조를 사용하여 순서대로 처리
- **예시(그래프 형태)**

  A — B — C

  |　　　|

  D — E — F

  - ☑ A에서 시작 → B & D → C & E → F
- **장점**
  - ☑ 최단 경로를 보장(간선 가중치가 없을 때)
  - ☑ 여러 경로 중 가장 빠른 길 탐색에 적합
- **단점**
  - ☑ 메모리 사용량이 많아질 수 있음
  - ☑ 큰 그래프일 경우 느릴 수 있음

BFS는 '넓게 퍼지며 탐색하는 전략'으로, 가장 가까운 해결책을 빠르게 찾고 싶을 때 유용하다. BFS는 가까운 노드부터 먼저 탐색하고, 그다음 점점 멀리 떨어진 노드로 탐색 범위를 확장해가는 전략이다. 이 과정의 핵심은 큐(Queue), 즉 선입선출(FIFO) 구조를 활용하는 점에 있다. DFS가 한 방향으로 깊이 파고드는 전략이라면, BFS는 넓게 퍼지며 전체를 계층적으로 탐색하는 전략이다. 이러한 구조 덕분에 최단 경로 탐색이나 레벨 기반 접근에서 강력한 성능을 발휘한다.

　앞서 DFS에서 사용한 동일한 트리 구조를 사용해 BFS가 값 9를 어떻게 찾아

가는지를 단계별로 살펴보자.

```
                1
              /   \
            2       8
          /  \     /  \
        3    6   9    12
      / \     \  / \
     4   5    7 10 11
```

- **탐색 흐름**
  - ☑ BFS는 루트에서 시작해 현재 노드의 모든 인접 노드를 먼저 탐색한 후,
    ― 그다음 레벨의 자식 노드로 이동한다.
  - ☑ 큐(Queue)를 사용해 탐색 순서를 저장하며,
    ― 처음 들어온 노드부터 순차적으로 꺼내어 탐색하는 방식이다.
- **큐 변화 요약(방문 순서: ENQUEUE, 탐색 대상: DEQUEUE)**

단계	동작	큐 상태	설명
1	ENQUEUE 1	[1]	루트 노드에서 시작
2	DEQUEUE 1	[]	1 꺼내고 자식 노드 2, 8 추가
3	ENQUEUE 2,8	[2, 8]	
4	DEQUEUE 2	[8]	2 꺼내고 자식 노드 3, 6 추가
5	ENQUEUE 3,6	[8, 3, 6]	
6	DEQUEUE 8	[3, 6]	8 꺼내고 자식 노드 9, 12 추가
7	ENQUEUE 9,12	[3, 6, 9, 12]	
8	DEQUEUE 3	[6, 9, 12]	3 꺼내고 자식 노드 4, 5 추가
9	ENQUEUE 4,5	[6, 9, 12, 4, 5]	
10	DEQUEUE 6	[9, 12, 4, 5]	6 꺼내고 자식 노드 7 추가
11	ENQUEUE 7	[9, 12, 4, 5, 7]	
12	DEQUEUE 9	[12, 4, 5, 7]	9 꺼냄 → 찾음!

문제 해결의 전략, 알고리즘

위의 과정을 통하여 BFS는 각 노드의 인접 노드를 모두 탐색한 후 다음으로 넘어가는 것을 확인하였다. 탐색 순서가 수평적으로 넓게 확장되므로, 가장 가까운 노드를 가장 먼저 탐색한다. DFS와 달리 큐를 사용하므로 되돌아가지 않고, 방문 노드를 명확히 관리한다. DFS와 BFS의 요약 비교는 다음과 같다.

항목	DFS	BFS
전략	깊이 우선	너비 우선
자료구조	스택(후입선출)	큐(선입선출)
사용 목적	가능한 모든 경우 탐색	최단 경로 탐색
메모리 사용	적음	많음
탐색 경로	끝까지 가보고 돌아옴	계층적으로 인접한 것부터 차례로 탐색
탐색 방향	깊이 우선, 한쪽 끝까지	너비 우선, 가까운 노드부터
대표 활용 예	퍼즐 풀이, 백트래킹, 미로 탈출	길찾기, AI 이동, 최단 거리 계산

DFS가 '끝까지 가보는' 전략이라면, BFS는 '가까운 데부터 꼼꼼히 살피는' 전략이다. 문제 상황에 따라 이 두 전략 중 어떤 것이 더 적절한지 판단하는 것이 바로 컴퓨팅 사고의 시작점이다. 비선형 기반 탐색 알고리즘은 단순한 데이터 탐색을 넘어 복잡한 연결 관계 속 문제 해결 능력을 요구한다. DFS와 BFS는 동일한 구조에서도 완전히 다른 방식으로 탐색하기 때문에, 문제의 성격에 따라 적절한 알고리즘을 선택하는 전략적 사고가 필요하다.

이제 우리는 선형과 비선형 구조를 넘나들며 다양한 탐색 전략의 흐름을 이해하게 되었다. 다음은 이러한 탐색 알고리즘이 어떻게 컴퓨팅 사고력의 구성 요소와 연결되는지를 살펴보자.

③ 탐색 알고리즘과 컴퓨팅 사고력

탐색 알고리즘은 데이터를 찾는 기술이지만, 그 과정을 자세히 들여다보면, 단순한 기능을 넘어선 정교한 사고의 흐름과 전략이 숨어 있는 과정이라는 것을 알게 된다. 탐색 알고리즘을 통해 무작위 속에서 의미를 찾고, 방향을 선택하며, 실패했을 때 돌아오는 법을 배울 수 있다. 이런 탐색의 흐름은 컴퓨팅 사고력(Computational Thinking)의 주요 구성 요소들과 깊이 맞닿아 있다.

- **분해(Decomposition)**: 모든 탐색 알고리즘은 복잡한 문제를 단계별 절차로 나누어 접근하는 데서 출발한다.
  - ☑ 이진 탐색은 '전체 리스트'를 '반으로 나누는' 전략의 반복이다.
  - ☑ DFS와 BFS는 노드 전체를 각 경로, 각 레벨로 나누어 탐색한다.

  문제를 작게 나누는 능력은 알고리즘 설계의 시작점이며, 효율적인 탐색은 곧 분해를 잘했다는 의미다.

- **패턴 인식(Pattern Recognition)**: 탐색은 단순한 확인이 아니라, 비교 규칙과 구조의 패턴을 파악하는 과정이다.
  - ☑ 이진 탐색은 '값이 작으면 왼쪽, 크면 오른쪽'이라는 비교 패턴을 따른다.
  - ☑ DFS는 '자식이 있으면 끝까지 간다'는 깊이 우선 규칙을 반복한다.
  - ☑ 색인 순차 탐색은 범위를 좁히고 순차적으로 비교하는 패턴의 결합이다.

  패턴을 파악한다는 것은, 데이터를 이해하는 가장 중요한 첫걸음이자, 탐색 방향을 설계할 수 있는 판단의 근거가 된다.

- **추상화(Abstraction)**: 탐색 알고리즘은 복잡한 데이터를 정리하여 필요한 정보만 남기는 능력을 요구한다.
  - ☑ BFS에서는 '현재 위치'와 '방문 여부'만 추상화하여 탐색한다.
  - ☑ DFS에서는 경로의 상태만 기억하고, 다른 정보는 배제한다.
  - ☑ 트리 탐색에서는 전체 구조를 하나의 루트-자식 관계로 단순화한다.

  복잡한 연결과 반복 속에서도 핵심만 추려내는 능력은 탐색뿐 아니라 모든 문제 해결에서 반드시 필요한 사고력이다.

- **알고리즘적 사고(Algorithmic Thinking)**: 탐색 알고리즘은 단지 작동 흐름을 따르는 것이 아니라, 문제 해결을 위한 절차를 단계별로 설계하는 능력 그 자체다.
  - ☑ 시작점 설정 → 비교 조건 → 이동 조건 → 종료 조건
  - ☑ 이 일련의 흐름은 알고리즘이 아니라면 도달할 수 없는 체계다.

  또한 같은 구조에서

☑ DFS는 깊이 우선 전략,

☑ BFS는 너비 우선 전략으로 다른 방식의 설계가 가능하다는 점에서 알고리즘적 사고는 '선택 가능한 전략'을 고민하게 한다.

- **시뮬레이션**: 탐색 알고리즘은 직접 실행해보며 머릿속에 경로를 시뮬레이션하는 사고 훈련에 매우 적합하다.

☑ DFS는 경로 하나를 끝까지 따라간 후 되돌아오는 상상을 가능하게 한다.

☑ BFS는 레벨 단위로 확장하는 과정을 계단처럼 따라가게 한다.

이 시뮬레이션은 단지 사고력을 높일 뿐 아니라, 전략을 판단하고 예측하는 훈련으로 연결된다. 예를 들어, "이 문제는 깊게 파고드는 것이 먼저일까?", "가까운 것부터 넓게 보는 것이 더 적절할까?"를 스스로 판단하게 되는 것이다.

탐색 알고리즘은 데이터를 빠르게 찾는 기술이자, 정보 속에서 전략적으로 판단하고 행동하는 훈련의 장이다. 우리는 이를 통해 단순한 '정답 찾기'를 넘어서, 문제를 분석하고, 방향을 설정하며, 실패했을 때 돌아올 수 있는 사고의 힘을 기르게 된다. 정렬이 '정보를 정돈하는 힘'이었다면, 탐색은 '정돈된 정보 속에서 길을 찾아가는 힘'이다. 이제 여러분은 길을 만들 줄 알고, 길을 잃지 않을 수 있으며, 필요할 땐 돌아올 줄도 아는, 사고하는 탐색자가 된 것이다.

정렬과 탐색은 서로 다른 알고리즘이지만, 현실의 문제 속에서는 늘 함께 작동한다. 정렬이 '질서를 세우는 기술'이라면, 탐색은 '그 질서 속에서 원하는 것을 빠르게 찾아내는 기술'이다. 즉, 정렬은 탐색을 위한 전제 조건이자 성능을 결정하는 인프라이며, 탐색은 정렬의 실질적 활용 방식이자 결과를 검증하는 절차인 셈이다.

① 정렬과 탐색의 관계

정렬된 자료가 탐색 성능에 미치는 영향 정렬 상태는 탐색 알고리즘의 종류와 성능을 결정짓는 핵심 조건이다.

- ☑ 정렬되지 않은 데이터에는 순차 탐색 외에 다른 방법을 적용하기 어렵다.
- ☑ 반면, 정렬된 데이터는 이진 탐색, 색인 순차 탐색처럼
  — 비약적인 속도 향상을 제공하는 고급 탐색 알고리즘의 기반이 된다.

정렬되어 있다는 사실 하나만으로도 탐색 알고리즘의 시간 복잡도를 선형에서 로그 수준으로 낮출 수 있다.

정렬 후 효율적 탐색 알고리즘 적용 정렬은 탐색 알고리즘의 "전처리 작업"이다. 다시 말해, 정렬을 한 번 수행하면, 그 이후에 여러 번의 탐색을 훨씬 빠르고 안정적으로 수행할 수 있게 된다.

- **상황 예시**
  - ☑ 데이터가 자주 업데이트되지 않고, 탐색이 빈번히 일어나는 경우:
    - ― 미리 정렬을 해두고 이진 탐색으로 고속 조회
    - **예**   도서관의 책 목록, 쇼핑몰 상품 카탈로그, 출석 명단 시스템
  - ☑ 데이터가 너무 커서 탐색 성능이 치명적인 경우:
    - ― 정렬을 통해 색인을 만들고, 색인 기반 탐색으로 효율화
    - **예**   검색 엔진 색인 시스템, DB 인덱스 구조
- **실무적 전략**
  - ☑ 최초 정렬에 시간(O(n log n))이 걸리지만,
  - ☑ 이후 수많은 탐색에서 O(log n)의 시간으로 성능 확보
    - ― 정렬 비용보다 탐색 효율 향상이 더 크다면 정렬이 반드시 필요하다.

사고 전략으로서의 연결   정렬과 탐색의 연계는 단순한 기능 결합이 아니라, "문제를 분석하고 미리 준비하는 사고 전략"이기도 하다.

사고 질문	사고 전환
이 데이터를 지금 정렬할 필요가 있을까?	앞으로 탐색을 얼마나 자주 할 것인가?
어떤 정렬 방식이 이후 탐색에 적합할까?	정렬 알고리즘의 안정성과 속도를 고려
정렬된 상태로 유지하려면 어떤 방식이 좋을까?	삽입 정렬, 힙정렬 등 상황별 선택 전략

정렬은 탐색을 위한 전략 설계이며, 탐색은 정렬을 활용한 의사 결정의 실현이다. 정렬 알고리즘과 탐색 알고리즘은 마치 양손처럼 함께 움직이며 데이터를 이해하고 활용하는 가장 기본적인 힘을 만들어낸다.

정렬은 빠른 탐색을 가능하게 하고, 탐색은 정렬의 의미를 증명한다. 이제 우리는 단순히 알고리즘을 '사용'하는 것이 아니라, 그 사이의 관계를 전략적으로 활용하여 문제를 더 정확히, 더 빠르게, 더 스마트하게 풀어낼 수 있는 사고력을 갖추게 된 것이다.

정렬과 탐색 알고리즘은 컴퓨터 안에서만 작동하는 추상적 개념이 아니다. 오히려 우리의 일상은 늘 무언가를 정리하고, 찾고, 비교하고, 선택하는 과정의 연속이다. 학생의 스마트폰 앱 사용부터 온라인 쇼핑, 친구 목록, 도서 검색까지 ─ 정렬과 탐색은 여러분의 손끝에서 매 순간 실행되고 있다. 이제 실생활 속 대표적인 사례들을 통해, 이 알고리즘들이 얼마나 실용적이며, 우리 생활에 밀접하게 녹아 있는지 살펴보자.

스마트폰 연락처 ─ 정렬된 구조에서 빠른 탐색

- ☑ 정렬 알고리즘: 연락처는 자동으로 이름순(가나다 또는 알파벳 순)으로 정렬되어 있다.
- ☑ 탐색 알고리즘: 사용자는 검색창에 이름을 입력하거나 스크롤로 특정 글자를 찾아간다.
  - ─ 이름순 정렬이 되어 있기에 이진 탐색 수준의 빠른 탐색이 가능하다.
  - ─ 중복 이름이 있다면, '최근 연락 순'이나 '자주 연락 순' 등으로 다중 기준 정렬이 적용된다.

이 사례는 정렬이 탐색을 얼마나 직관적으로 빠르게 만드는지 보여주는 대표적 사례다.

온라인 쇼핑몰 ─ 가격순, 인기순, 최신순 정렬과 필터링

- ☑ 정렬 알고리즘: 사용자는 원하는 기준으로 상품을 정렬할 수 있다.
  - ─ 가격 낮은 순, 인기 순, 최신 등록 순, 사용자 평점 순 등
- ☑ 탐색 알고리즘: 조건 필터를 걸고, 정렬된 리스트를 기반으로 탐색
  - ─ 정렬이 우선 수행된 뒤, 사용자 조건에 맞는 탐색이 결합되는 구조

이 구조는 정렬과 탐색의 결합이 실시간으로 사용자 경험을 좌우하는 대표적
실무 사례다.

- ☑ 정렬 알고리즘: 웹 페이지들은 주제, 키워드, 검색량, 시간 등 다양한 기준으로 색인
  (indexing) 되어 있다.
- ☑ 탐색 알고리즘: 사용자의 검색어에 가장 적합한 문서를 빠르게 찾아주는 고속 탐색
  시스템
  - 색인은 일종의 정렬된 데이터베이스이며, 탐색은 이를 활용한 최적의 알고리즘
    조합이다.

검색 시스템은 정렬 → 색인 → 탐색이라는 알고리즘 연계의 정수를 보여준다.

- ☑ 정렬 알고리즘: 책은 주제별 분류 번호(청구기호)에 따라 서가에 정렬된다.
- ☑ 탐색 알고리즘: 사용자는 도서관 시스템에 키워드를 입력해 위치 정보를 탐색한다.
  - 정렬된 물리 공간과 탐색 시스템이 결합된, 알고리즘의 현실화된 형태

도서관은 탐색 알고리즘이 실제 공간 속에서 손에 잡히는 결과물로 연결되는
사례다.

- ☑ 정렬 알고리즘: 사용자의 시청 이력, 좋아요, 장르 취향 등을 기준으로 콘텐츠가 정렬
  되어 추천된다.
- ☑ 탐색 알고리즘: 검색 시, 제목·배우·장르 키워드 기반 탐색이 작동한다.
  - 정렬은 맞춤 추천의 기반, 탐색은 직접 검색의 흐름

이 사례는 개인화된 정렬 기준과 탐색 조건이 결합된 대표적 AI 서비스 예시다.

사전 — 알파벳 정렬 + 키워드 탐색

- ✔ 정렬 알고리즘: 단어가 알파벳 오름차순으로 정렬
- ✔ 탐색 알고리즘: 원하는 단어를 찾기 위한 이진 또는 순차 탐색 가능
  - 정렬이 없으면 탐색 자체가 불가능
  - 정렬의 유무가 시스템 전체의 작동 가능성을 결정하는 전형적인 예

정렬은 단어의 질서를 만들고, 탐색은 그 질서를 활용하는 길이다.

출석부 — 이름 정렬 + 빠른 확인

- ✔ 정렬 알고리즘: 학생 이름을 가나다순으로 정렬
- ✔ 탐색 알고리즘: 특정 학생을 빠르게 확인하거나 체크
  - 정렬 전에는 순차 탐색만 가능하지만,
    정렬 후에는 훨씬 빠른 탐색 적용 가능
  - 데이터가 많을수록 정렬의 가치가 빛나는 사례

정보가 많을수록, 그 안의 질서를 만드는 정렬이 필수가 된다.

성적표 — 내림차순 정렬 + 상위권 탐색

- ✔ 정렬 알고리즘: 시험 성적 기준 내림차순 정렬
- ✔ 탐색 알고리즘: 상위 성적자 또는 특정 점수를 기준으로 탐색
  - 정렬이 되어 있으면 '최고점', '상위 10명'과 같은 탐색이 즉시 가능
  - 효율적인 의사결정과 선발을 가능하게 하는 알고리즘적 구조

정렬은 비교를 단순화시키고, 탐색은 결정을 빠르게 해준다.

컴퓨터 파일 탐색기 — 무정렬 탐색 vs 정렬+색인

- ✔ 정렬 알고리즘: 이름, 날짜, 크기 기준으로 정렬 가능
- ✔ 탐색 알고리즘: 위치를 모를 경우 전체 탐색(완전 탐색), 검색창 활용 시 색인 탐색
  - 정렬 여부에 따라 탐색 전략과 효율이 급격히 달라짐

문제 해결의 전략, 알고리즘

— 파일을 찾는 사용자 행동에 따라 알고리즘이 다르게 작동하는 실용 예

정렬은 검색의 효율을 높이고, 탐색은 복잡한 구조 속에서 정확도를 높여준다.

- ✅ 정렬 알고리즘: 매물은 가격, 면적, 입주 가능일, 평점 등 다양한 기준으로 정렬될 수 있다.
- ✅ 탐색 알고리즘: 사용자는 희망 지역과 예산 조건을 입력해 필터링 후, 정렬된 결과에서 원하는 매물을 선택한다.
  - 정렬은 조건을 기준으로 정보를 조직하고, 탐색은 그 안에서 우선순위에 맞는 선택을 수행하는 구조
  - 다중 조건 탐색이 가능한 알고리즘 기반의 의사 결정 시스템 사례

이사는 단순한 선택이 아니라, 탐색 기준을 세우고 정렬된 결과 속에서 최적의 답을 찾는 문제 해결 과정이다.

- ✅ 정렬 알고리즘: 지원자는 성적, 전공 일치도, 경력, 자격증 등 회사 기준에 따라 정렬된다.
- ✅ 탐색 알고리즘: 선발 기준에 따라 1차 서류 전형 → 2차 면접 → 최종 선발까지 단계별 필터링 탐색이 진행된다.
  - 정렬을 통해 우선 평가할 대상을 먼저 걸러내고, 탐색을 통해 적합한 인재를 최종 선택
  - 탐색 조건은 정성적이지만, 정렬 기준이 정량적일수록 공정성과 효율이 높아진다.

인재 선발은 조건을 세우고, 정보를 정렬한 뒤, 전략적으로 탐색하는 알고리즘 기반 의사결정의 대표적인 예다.

정렬과 탐색은 어디에나 있다. 우리의 하루는 정보의 정렬과 탐색으로 시작해, 그 과정으로 끝난다. 단순히 값을 찾고, 나열하는 기술처럼 보였던 정렬과 탐

색 알고리즘은, 이제 세상을 정리하고, 그 안에서 빠르고 정확한 결정을 내리는 사고력의 도구가 되었다. 정렬과 탐색 알고리즘이 '코드'가 아니라 '현실을 이해하는 틀'로 인식하게 된다면, 그것이야말로 가진 가장 큰 의미일 것이다

생각하기

정렬과 탐색, 나만의 알고리즘으로 세상을 바라볼까? 우리는 매일같이 '찾는' 일과 '정리하는' 일을 반복한다. 잃어버린 물건을 찾거나, 책상을 정리하거나, 연락처를 스크롤하는 순간마다, 우리는 정렬과 탐색을 수행하고 있다. 정렬과 탐색 알고리즘은 단순한 컴퓨터 기술이 아니라, 우리가 세상을 더 잘 이해하고 다루는 방식 그 자체다. 이번 도전에서는 일상 속 문제를 나만의 방식으로 정렬하고 탐색하는 과정을 직접 설계해볼 것이다. 문제를 분석하고, 기준을 정하고, 그에 따라 효율적인 알고리즘을 만들어보자. 이 과정을 통해 우리는 사고의 틀을 구성하고, 정돈된 정보 속에서 길을 찾는 능력을 키우게 될 것이다.

생각하기 1: 일상 속 정렬과 탐색 장면 떠올리기 다음 질문에 스스로 답해보며, 내가 무심코 했던 정렬과 탐색을 되돌아보자.

- ☑ 스마트폰에서 연락처를 찾을 때 어떤 기준으로 찾았지?
- ☑ 온라인 쇼핑몰에서 물건을 고를 때 어떤 순서로 살펴봤지?
- ☑ 냉장고에서 식재료를 찾을 때, 어떤 순서로 뒤졌었나?
- ☑ 내가 직접 정렬하거나, 누군가 정렬해 놓은 것을 활용한 적이 있나?

정렬 기준은 무엇이었고, 탐색은 어떤 방식으로 했는지를 떠올려보자. "이런 상황에서 나는 어떤 기준을 정하고, 어떻게 탐색했는가?"를 고민해보는 것이 첫걸음이다. 다음의 상황은 일상 속에서 정렬과 탐색에 대한 경험한 예시에 해당한다. "며칠 전 친구를 찾으려고 스마트폰 연락처를 열었는데, 이름순으로 정렬되어 있어서 쉽게 찾을 수 있었다. 그런데 평소에 자주 통화하는 사람은 정렬된 목록보다

'최근 통화'나 '즐겨찾기'를 더 자주 쓰는 나 자신을 발견했다. 정렬 기준이 바뀌면 내가 찾는 방식도 달라진다는 걸 깨달았다."

정렬 없이 자신이 했던 탐색은 비효율적이었을까? 정렬과 탐색에 관련한 이러한 질문을 던지며 사고의 깊이를 넓혀볼 수 있을 것이다.

'정렬 없이 탐색하는 방식은 정말 비효율적이었을까?'에 대한 답변은, 꼭 그렇지는 않다. 정렬이 없더라도 상황에 따라 탐색이 더 빠를 수도 있다. 자주 쓰는 연락처는 '최근 통화' 목록이나 '즐겨찾기' 기능을 통해 더 쉽게 접근할 수 있기 때문이다. 이처럼 사용자에게 맞춤화된 접근 방식이 정렬보다 더 효과적일 수 있는 상황도 있다. 하지만, 데이터의 양이 많아지고, 규칙성이 사라질수록 정렬된 데이터에서 탐색하는 것이 월등히 효율적이다. 이름순으로 정렬된 연락처, 가나다순 도서관 책장, 가격순 정렬된 쇼핑몰 목록 등은 우리의 탐색을 체계적이고 예측 가능하게 만들어준다.

- ☑ 정렬 없이도 탐색이 가능한 경우: 데이터가 적거나, 특정 정보에 반복적으로 접근하는 경우
- ☑ 정렬이 효율성을 높이는 경우: 데이터가 크고, 범용적인 탐색이 필요한 경우

결국 정렬은 탐색의 준비 단계이자, 효율성을 극대화하는 도구다. 정렬이 없어도 탐색은 가능하지만, 그만큼 비용, 시간, 집중력이 더 많이 소모될 수 있음을 생각하기를 통하여 확인할 수 있기를 바란다.

생각하기 2. 나만의 정렬과 탐색 알고리즘 설계해보기　　정렬과 탐색이 필요한 실제 문제 상황을 스스로 생각해보자. 그 상황 속에서 어떤 기준으로 정보를 정렬하고, 어떤 방식으로 탐색을 수행할지를 직접 설계해보자.

- ☑ 예시 상황: 나는 다음 달 이사할 집을 찾고 있다.
- ☑ 정렬 기준: 가격, 위치, 평수, 입주 가능일
- ☑ 탐색 방식: 지역 선택 → 예산 조건 → 평수 조건 → 사진 비교
- ☑ 요약 알고리즘

　　　　　　　　　　文제 해결의 전략, 알고리즘

1. 매물 데이터를 수집하고,
2. 기준에 따라 정렬한 뒤,
3. 탐색 조건을 적용해 후보를 좁히고,
4. 최종 선택

이처럼, 자신의 문제를 정리하고, 그것을 정렬 — 탐색의 흐름으로 표현해보자. 이 과정은 단순한 선택이 아니라, 컴퓨팅 사고의 구체화된 연습이다.

우리는 문제 해결 상황 속에서 어떤 기준으로 정보를 정렬하고, 어떤 방식으로 탐색을 수행할지를 직접 설계하여 원하는 답을 찾을 수 있다. 여행지 고르는 예시를 통하여 자신만의 정렬과 탐색 알고리즘 설계를 경험해보자.

- **상황**: 여름 방학에 친구들과 국내 여행을 가기로 했다.
- **조건**: 바다, 교통편, 숙박 예산
- **정렬 기준**
  - 날씨(기후 정보 기반)
  - 숙소 가격(낮은 가격 우선)
  - 접근성(기차역 또는 고속버스터미널 거리)
- **탐색 알고리즘 설계**
  - 우선 바다가 있는 지역 중 주요 관광지를 선택한다.
  - 지역별 기상청 데이터로 예상 강수량을 비교한다 → 정렬
  - 각 지역의 숙박 시설을 가격순으로 정렬한다
  - 교통편과 소요 시간을 종합해 필터링한다
  - 최종 TOP3를 친구들과 투표로 결정한다
- **사고 가이드**
  - 어떤 기준으로 정렬했는가?(우선순위 결정 과정)
  - 어떤 정보는 필터링했는가?(탐색 조건 구성)
  - 정렬과 탐색을 어떻게 연결했는가?(두 단계의 흐름을 명확히)
- **예시 알고리즘 요약**
  "기상 정보로 여행지 후보를 정렬하고, 숙박 예산에 맞춰 탐색을 수행한 후, 교통성과

만족도를 기준으로 최종 후보를 좁혀 결정하는 단계별 알고리즘을 구성했다."

여행지를 고르는 과정을 단순한 선택의 문제가 아니라, 정렬과 탐색을 결합한 전략적 사고의 여정으로 바라보면, 우리의 일상 곳곳에 알고리즘적 사고가 스며 있다는 사실을 새롭게 발견하게 된다. 문제 해결은 정답을 찾는 일이 아니라, 정보를 조직하고 판단을 구조화하는 과정임을 이번 생각하기를 통해 경험해보자. 여러분만의 알고리즘은 단지 문제를 푸는 도구가 아니라, 복잡한 세상을 꿰뚫고 나만의 길을 설계하는 힘이 될 것이다. 정보의 홍수 속에서도 흔들리지 않고, 스스로 기준을 세워 나아갈 수 있는 사람. 그 사람이 바로 알고리즘을 이해하고, 그 힘을 삶에 적용한 사람인 것이다.

생각하기 3. 새로운 탐색 전략 만들기　　"정렬되어 있지 않은 상황에서도 빠르게 원하는 정보를 찾으려면?" 우리는 늘 정렬된 환경에만 의존할 수는 없다. 정렬되지 않은 정보 속에서 여러분만의 탐색 전략을 만들어보는 것을 생각하기를 통하여 경험해보자.

- **예시 상황:** "장터에 가서 수십 개의 중고 자전거 중 상태 좋은 제품을 고르려고 한다. 가격표도, 브랜드 순서도 없다."
  - ☑ 어떤 기준으로 먼저 살펴볼까?
  - ☑ 전체를 훑을까, 일부분만 보고 판단할까?
  - ☑ 순차 탐색보다 빠른 방법은 없을까?
- **사고 가이드**
  - ☑ 정렬되지 않은 데이터를 탐색할 때 생기는 문제는 무엇이었나?
  - ☑ 이를 해결하기 위한 나만의 기준과 전략은 어떤 것인가?
  - ☑ 이 전략은 실제 상황에서 얼마나 효과적일까?
  - ☑ 정렬을 병행한다면 더 나아질 수 있을까?
- **예시 응답 방향 요약**
  - ☑ 처음 몇 개를 샘플링한 후, 상태 좋은 기준을 만든다.
  - ☑ 기준보다 나은 자전거가 나올 때까지 순차적으로 비교

　　　　　　　　　　문제 해결의 전략, 알고리즘

☑ 이후 만족하는 순간 바로 선택하는 '정지 조건 기반 탐색 전략'을 구성한다.

정렬되지 않은 정보 속에서도 우리는 기준을 세우고, 전략을 구성하며, 가장 빠르고 정확한 선택을 향해 나아갈 수 있다. 탐색은 단순한 '찾기'가 아니라, 혼돈 속에서 질서를 만들어가는 사고의 힘이다. 이제는 정렬이 없다고 당황하지 말자. 여러분만의 기준과 전략으로 길을 만들어가는 것, 그것이야말로 알고리즘을 진짜로 이해하고 실천하는 멋진 모습이다.

정렬과 탐색은 알고리즘의 세계에서 가장 기본이지만, 동시에 가장 중요한 사고 도구다. 정렬은 정보를 바라보는 틀이 되고, 탐색은 그 틀 안에서 문제를 푸는 전략이 된다. 일상을 알고리즘으로 재해석하는 순간, 우리는 더 깊고 효율적인 사고를 하게 된다. 정돈된 정보 속에서 길을 찾는 능력, 그 힘을 이제 여러분의 것으로 만들어보자.

정렬과 탐색은 단순히 데이터를 다루는 기술이 아니다. 우리는 데이터를 일정한 기준에 따라 배열하고, 그 안에서 원하는 정보를 빠르게 찾아내는 과정을 배우며, 정보를 구조화하고 판단하는 사고력을 함께 기를 수 있었다. 삽입 정렬, 선택 정렬, 버블 정렬 같은 기본적인 정렬 알고리즘에서 출발하여, 합병 정렬과 퀵 정렬처럼 더 효율적인 방식으로 나아갔고, 순차 탐색, 이진 탐색, 색인 탐색, 그리고 트리 기반 탐색인 DFS와 BFS에 이르기까지 다양한 탐색 전략을 체험했다.

하지만 이번 단원의 진짜 핵심은, 단지 정렬과 탐색 방법을 익히는 데 있지 않았다. 어떤 기준을 중심으로 데이터를 정리할 것인가, 어떤 방식으로 탐색해야 시간과 자원을 절약할 수 있는가, 이 질문을 끊임없이 스스로에게 던지는 훈련이 바로 이번 단원의 핵심 가치이다. 정보의 양이 많아질수록, 정렬은 단순한 정돈이 아니라 효율성과 전략의 문제로 바뀌고, 탐색은 단지 '찾기'가 아니라 우선순위와 기준을 세우는 선택의 과정으로 진화한다는 사실을 우리는 확인했다.

특히 '정렬되지 않은 정보 속에서 나만의 기준과 전략으로 탐색하기' 는 각자가 알고리즘을 현실 속 문제 해결 도구로 전환해보는 계기가 되었을 것이다. 정렬은 정보를 바라보는 관점이고, 탐색은 그 관점 안에서 방향을 잡는 방식이다. 현대 사회에서 데이터는 끝없이 늘어나고 있고, 그 속에서 우리는 끊임없이 필요한 내용을 '찾아야' 한다.

그렇기에 정보를 구조화하고, 목표를 향해 빠르게 접근하는 능력은 이제 필수 역량이 되었다. 이제 우리는 수많은 알고리즘 중에서도 정렬과 탐색이 가장 기본이자 본질적인 전략임을 이해하게 되었다. 이 기반에서 한 걸음 더 나아가, 문제를 분석하고 해결하기 위한 알고리즘 설계의 다양한 전략을 학습할 필요가 있다. 단순한 알고리즘 사용자가 아니라, 문제를 구조화하고 전략을 설계하는 사고의 주체로서의 성장이 본격적으로 시작되는 것이다.

문제 해결의 전략, 알고리즘

3장

단순하게 문제 풀기 전략

Algorithm

☑ "이 문제는 너무 복잡해서 도저히 못 풀겠어요." 많은 학생들이 낯선 문제 앞에서 가장 먼저 내뱉는 말이다. 어디서부터 시작해야 할지 모르겠고, 어떤 알고리즘을 써야 할지도 막막하다. 이럴 때 필요한 건 화려한 기법이 아니다. 때로는 가장 단순한 방법이 가장 강력한 해결책이 된다. 이번 단원에서 우리는 가능한 모든 경우를 하나하나 시도하며 해답을 찾아가는 방식, 즉 Brute Force(완전 탐색) 전략을 배운다.

☑ 이 전략은 특별한 기술이나 기교 없이도 문제의 핵심에 도달할 수 있게 해주는, 정직하고 근본적인 접근 방식이다. 마치 잊어버린 자전거 열쇠 번호를 처음부터 끝까지 다 돌려보는 것처럼, 실패하지 않는 전략이자 문제 해결의 기초 체력이다.

☑ 물론, 이 방식은 때때로 비효율적이고 시간이 오래 걸릴 수 있다. 하지만 우리가 처음 컴퓨터에게 문제 해결을 맡길 때, 가장 먼저 가르쳐야 할 것도 바로 이런 방식이다. 왜냐하면, 문제 해결은 결국 '가능한 시도'를 통해 이루어지기 때문이다. 단순함은 결코 단순하지 않다. 이제, 복잡한 문제를 단순하게 바라보는 훈련을 시작하자. 모든 문제 해결의 출발점, 바로 여기서부터다.

문제 해결의 시작은 때로 당황스러울 수 있다. 어디서부터 손대야 할지 감이 오지 않고, 주어진 조건은 복잡하며, 마치 실타래처럼 얽힌 상태에서 길을 찾는 느낌이다. 이럴 때 필요한 것은 세련되고 고차원적인 문제 해결 기법이 아니라, 단순하게 접근하는 용기다. 복잡함을 내려놓고, 가장 기본적인 방법으로 정면 돌파해보는 전략이 바로 '단순하게 문제 풀기(Brute Force 알고리즘)'이다. 이 전략은 때로 무모하게 보일지 모르지만, 예상 외로 많은 문제의 해답을 제공해준다.

① 단순하게 문제 풀기란?

'단순하게 문제 풀기'는 모든 가능한 해답의 경우를 하나씩 대입하여 정답을 찾는 방식을 의미한다. 이 전략은 흔히 Brute Force(브루트 포스) 또는 완전 탐색(Exhaustive Search)이라고도 불리며, 특정한 기교나 최적화 없이 문제 조건만으로 문제를 정면에서 해결하는 접근 방식이다.

☑ 이 전략은 다음과 같은 특징을 가진다.
 — 모든 경우의 수를 빠짐없이 고려하여 해답을 찾는다.
 — 단계별 계산이 단순하고 명확하며, 코드로 구현하기도 쉽다.
 — 가능한 경우가 유한하고 탐색 가능할 때 정답을 반드시 찾아낼 수 있다는 점에서 신뢰도가 높다.
 — 하지만 처리 시간이 오래 걸릴 수 있고, 경우의 수가 많아지면 비효율적이다.

Brute Force는 알고리즘 학습의 입문자에게 논리적 사고력과 구현력을 기를 수 있는 좋은 훈련 도구이며, 복잡한 전략에 앞서 문제의 구조를 이해하는 데도 유용하다.

② 단순하게 문제 풀기의 전략적 가치

단순하게 문제를 푸는 방식은 단순함 자체로 끝나지 않는다. 오히려 이 전략은 다양한 문제 해결 전략 중 가장 기본적이면서도 가장 근본적인 가치를 지닌다. Brute Force의 전략적 가치는 다음과 같이 정리할 수 있다.

- ☑ 모든 문제에 적용 가능한 범용성
  - 문제의 유형이나 구조에 관계없이 적용이 가능
  - 문제 자체에 대한 분석보다 '경험적 시도'로 시작할 수 있게 해준다.
- ☑ 기초 알고리즘 사고력 배양
  - 단순한 반복과 조건 판단만으로도 작동
  - 프로그래밍 초급 학습자에게 적합한 알고리즘 훈련 방법이 된다.
- ☑ 복잡한 문제를 단순한 방식으로 풀 수 있는 기초 발상
  - 예외적으로, 고급 알고리즘보다 Brute Force가 더 빠른 결과를 내는 경우도 존재
  - 특히 데이터 양이 적거나 조건이 단순할 때 그 효과는 오히려 강력하다.

즉, 단순하게 문제를 푸는 전략은 '처음부터 끝까지 정직하게 시도해보는 힘', 그리고 '기초 위에 쌓아가는 사고력'을 키워준다.

③ 장단점

모든 전략에는 명암이 공존하며, 단순하게 문제 풀기도 마찬가지다. 장점은 단순함과 정확성이며, 단점은 효율성과 창의성의 제한이다.

- **장점**
  - ☑ 정답 도출이 보장된다. 가능한 모든 경우를 시도하므로 반드시 정답을 찾아낼 수 있다.
  - ☑ 구현이 쉽고 직관적이다. 알고리즘 초보자도 쉽게 구조를 파악하고 실습할 수 있다.
  - ☑ 디버깅과 검증에 유용하다. 다른 알고리즘을 작성하기 전 기본 해답 검증용 알고리즘으로 사용할 수 있다.
  - ☑ 특수한 조건에서 최적 전략이 될 수 있다. 문제의 데이터가 작거나 조건이 단순하면 오히려 Brute Force가 가장 효율적이다.
- **단점**
  - ☑ 비효율적이다. 경우의 수가 많아지면 시간 복잡도와 실행 시간이 급격히 증가한다.
  - ☑ 창의적 접근이 억제될 수 있다. 반복적인 시도로 인해 문제 해결의 논리적 구조화나 패턴 인식이 소홀해질 수 있다.
  - ☑ 대규모 데이터에는 적용이 어렵다. 실전 문제나 경쟁 프로그래밍에서는 실행 시간 제한 초과(TLE)가 발생할 수 있다.

따라서 이 전략은 문제의 성격에 따라 전략적으로 선택하거나, 또는 보다 복잡한 전략을 준비하기 위한 기반 학습 단계로 활용하는 것이 바람직하다.

④ 단순하게 문제 풀기를 위한 컴퓨팅 사고력(CT)

단순하게 문제를 푸는 전략은 단순한 반복문 이상의 가치를 지닌다. 가능한 모든 경우를 하나하나 시도하는 Brute Force 방식은, 결과만 얻는 것이 아니라 그 과정을 통해 문제를 어떻게 분해하고, 어떤 규칙을 발견하고, 어떤 조건을 설정하며, 어떤 기준으로 판단할지를 끊임없이 훈련하게 된다. 이는 곧 컴퓨팅 사고력(Computational Thinking)의 핵심 요소와 직결된다. 단순하게 보이는 이 전략은 오히려 사고를 체계화하고 확장할 수 있는 가장 강력한 출발점이 된다.

- **문제 분해(Decomposition)**: Brute Force 전략은 복잡한 문제를 해결하기 위한 첫걸음으로 가능한 모든 조합이나 경우의 수를 나열한다. 이 과정에서 문제는 자연스럽게 작은 단위의 하위 문제들로 분해되며, 각 경우를 독립적으로 분석하고 실험해볼 수 있는 기회가 생긴다. 예를 들어, 4개의 점에서 가능한 모든 직선 조합을 만드는 문제는 문제 자체를 '조합 생성 → 조건 검사 → 해답 선택'의 세부 구조로 분해하게 만든다.

- **패턴 인식(Pattern Recognition)**: 모든 경우를 하나씩 시도하다 보면, 결과값 속에서 특정 규칙이나 반복되는 형태가 자연스럽게 드러난다. 이를 통해 불필요한 비교를 피하거나, 반복되는 오류를 줄일 수 있는 전략을 직관적으로 체득하게 된다. 예를 들어, 순차 탐색 중 리스트에 없는 값을 찾는 반복에서 "끝까지 도달해도 결과가 없다"는 규칙을 인식하는 것이 이에 해당한다.

- **추상화(Abstraction)**: 가능한 경우의 수를 만들고 비교하는 과정에서 복잡한 문제의 핵심 조건만 남기고, 불필요한 디테일은 제거하는 훈련이 이루어진다. 예를 들어, 패턴 매칭에서 대소문자, 공백, 특수문자 등의 처리는 제거하고, 핵심 단어 구조만 남기는 방식이 바로 추상화다.

- **알고리즘 설계(Algorithm Design)**: Brute Force 전략은 그 자체가 완전탐색 알고리즘이지만, 이 전략을 직접 구현하는 과정에서 조건 분기, 반복 구조, 최적화 판단, 결과 저장 등 다양한 알고리즘 설계의 기본 원리를 경험하게 된다. 자신만의 기준에 따라 가능한 모든 경우를 탐색하고, 조건에 따라 어떤 결과를 선택할지를 설계하며 알고리즘을 만들어본다는 감각을 자연스럽게 익힌다.

단순하게 문제를 푸는 전략은 앞의 CT 4요소 외에도, 다음과 같은 다차원적 사고력과 밀접하게 연결된다.

사고력 범주	연결 예시	설명
단순화 사고력	반복되는 구조를 작은 단위로 나누고 구현	구조적 사고 훈련
조건 분기 사고력	결과를 걸러내는 조건을 직접 정의	상황 판단력

사고력 범주	연결 예시	설명
비판적 분석 사고력	어떤 조합은 쓸모없음을 직접 확인하고 제외	예외 판단 훈련
탐색적 사고력	다양한 조합을 모두 탐색하고 결과 비교	선택지 확장 경험
계층적 사고력	문제를 상위 전략 → 하위 구현 방식으로 구조화	계획 기반 사고
창의적 사고력	단순 구조 안에서 다른 방법을 설계하거나 변형	전략 대안 개발
경험적 추론 사고력	코드 실행 결과를 바탕으로 규칙 도출	실험적 문제 해결
조건 기반 판단력	특정 조건만 만족하는 조합 필터링	논리 연산 연습

이처럼 단순한 완전 탐색 전략이지만, 그 안에는 다층적인 사고와 논리적 결정, 전략적 판단과 실행 구조화 훈련이 모두 담겨 있다. Brute Force 전략은 그 자체로 완성된 알고리즘은 아닐 수 있다. 하지만 그 과정을 직접 수행하고, 그 안에서 결과를 해석하고, 반복 구조와 조건 분기를 구성하며 컴퓨팅 사고의 핵심을 자기 손으로 조립해보는 경험을 얻게 된다.

단순한 시도는 단순하지 않다. 그것은 사고의 뼈대를 만들고, 분석과 예측, 최적화의 문을 여는 가장 단단한 사고 훈련의 출발점이다.

교육적 효과 단순하게 문제를 푸는 과정은 단지 코드 작성에 머물지 않는다. 이 전략을 통해 문제를 단계적으로 사고하고, 시행착오를 통해 구조적 문제 해결 능력과 반복 기반의 논리력을 키울 수 있다. 이는 고급 알고리즘으로 넘어가는 사고력의 다리 역할을 하며, 컴퓨팅 사고력을 실질적으로 경험할 수 있는 가장 첫 번째 출발점이 된다.

복잡함 앞에서 첫 발을 떼는 용기　누군가 이렇게 말한 적이 있다. "복잡한 문제를 풀기 위한 가장 좋은 방법은, 일단 풀기 시작하는 것이다." 하지만 그 '시작'이 어렵다. 수많은 조건, 익숙하지 않은 형식, 어디서부터 건드려야 할지 모를 때, 우리는 종종 멈춰 서 버린다. 이럴 때, '단순하게 문제를 푼다'는 발상은 그 자체로 구조화되지 않은 문제에 한 줄기 빛을 비춘다. 모든 경우를 하나하나 시도해보는 단순한 접근, Brute Force 전략은 복잡함에 주눅 들지 않고 한 걸음을 떼게 해준다. 이 전략은 '모른다면 일단 해보자'는 실천의 사고력이다.

단순한 전략이 필요한 이유　단순한 전략은 단지 쉽기 때문이 아니라, 특정한 상황에서 강력한 해법이 되기 때문이다.

- **처음부터 완벽한 설계는 어렵다**: 문제 해결은 언제나 처음에는 낯설다. 고급 알고리즘을 바로 적용하기엔 조건 해석도 어렵고, 데이터 구조도 모호하다. 이럴 때 Brute Force는 조건의 맥락을 이해하고 테스트해보는 탐색 도구가 된다.
- **문제의 구조를 파악하는 탐색용 전략이 된다**: 완전 탐색은 시행착오를 유도한다. 그 시행착오 속에서 문제의 본질이 드러나고, 효율적인 해결 방식을 구상할 실마리를 찾을 수 있다.
- **빠른 구현과 아이디어 검증이 가능하다**: 복잡한 알고리즘을 생각하는 것보다, 가능한 모든 케이스를 시도해보는 것이 아이디어를 빠르게 실험하고 결과를 확인할 수 있는 길이 된다.
- **실패를 두려워하지 않는 문제 해결 훈련이 된다**: Brute Force는 본질적으로 실패와 가까운 전략이다. 수십, 수백 번의 시도가 필요하고, 그중 일부만 성공한다. 하지만 그 반

복이야말로 문제 해결의 진짜 힘이다. 단순함을 통해 인내와 논리를 배운다.

 단순하게 문제를 푸는 전략은 특히 학습자들에게 다음과 같은 교육적 효과를 제공한다.

- **컴퓨팅적 사고력의 기초 다지기**: 단순한 탐색과 반복을 통해 문제 분해, 알고리즘 구성, 조건 분기 등을 몸으로 익힌다.
- **다양한 해결 전략 중 출발점으로 활용 가능**: 모든 전략은 Brute Force에서 시작해 더 나은 방식으로 발전한다. 예를 들어, 정렬 문제를 처음엔 버블 정렬로 시작하고, 이후 퀵 정렬이나 힙 정렬로 넘어가는 것처럼 말이다.
- **모든 학습자의 진입 장벽을 낮춰준다**: 난이도가 낮아 프로그래밍 초보자에게도 진입이 쉬우며, 실제 실행 결과가 곧바로 피드백이 되므로 학습 동기를 자극한다.

 단순하게 문제를 푸는 전략은 실생활 문제 해결에서도 자주 활용된다.

- ☑ 잊어버린 스마트폰 잠금 패턴을 처음부터 하나씩 시도해보는 방식
- ☑ 마트에서 가장 싼 상품을 찾기 위해 전부 돌아다니며 가격을 비교하는 행동
- ☑ 가방을 싸기 전, 가져갈 물건을 다 펼쳐놓고 하나하나 넣어보는 과정

이 모든 것이 Brute Force다. 이처럼 Brute Force는 사람의 일상적 문제 해결 과정과 매우 닮아 있다. 우리가 직관적으로 해오던 방법을 컴퓨터에게 그대로 가르치는 것이다. 세상에는 화려한 해결책도 많지만, 모든 문제에 '그럴싸한' 방법이 존재하는 것은 아니다. 때로는 가장 단순한 시도, 정직한 반복이 최고의 전략이 될 수 있다. Brute Force는 바로 그 전략이다. 문제를 제대로 보기 위한 첫 시도, 결과보다 과정을 먼저 만들어가는 전략. 그것이 단순하게 문제를 푸는 전략이 오늘날에도 여전히 중요한 이유다.

반복 속에 숨어 있는 논리　단순하게 문제를 푼다는 말은 종종 '무작정 시도한다'는 오해를 불러일으킨다. 하지만 Brute Force 전략은 단순히 반복하는 행위가 아니라, 명확한 흐름을 따르는 절차적 문제 해결 방법이다. 모든 경우를 시도한다고 해서 무작정 시작해서 끝내는 것이 아니다. 어떻게 데이터를 구조화할 것인지, 어떻게 탐색을 체계적으로 수행할 것인지, 결과 중 어떤 것을 선택할 것인지에 대한 명확한 과정이 있다. 3단계의 내용을 구체적으로 살펴보며 Brute Force 전략을 이해해보기로 하자.

- **Brute Force 전략을 구성하는 세 가지 핵심 단계**
  1. 자료 구조화
  2. 완전 탐색
  3. 해결책 선택

① 자료 구조화: 혼란을 정리하는 첫걸음

문제를 해결하려면 가장 먼저, 문제를 컴퓨터가 이해할 수 있는 형태로 정리해야 한다. 이것이 바로 자료 구조화 단계다.

왜 자료 구조화가 필요한가?　문제에서 제시된 정보는 대부분 사람을 위한 서술형 문장이지만, 컴퓨터는 이를 처리할 수 없다. 따라서 문제에 나오는 조건, 수치, 배열 등을 컴퓨터가 다룰 수 있는 자료 형태로 바꾸는 작업이 선행되어야 한다.

- **대표적인 구조화 방식**
  - ☑ 선형 구조: 리스트, 배열, 문자열 등 순차적으로 나열된 자료
    - **예** 점수 목록, 이름 리스트, 숫자 입력값
  - ☑ 비선형 구조: 트리, 그래프, 딕셔너리 등 계층적/연결된 자료
    - **예** 노드 관계, 경로 탐색, 중첩된 조건 분기

자료 구조화는 문제의 시작점이며, 정확한 구조화를 통해 다음 단계인 탐색이 효율적으로 이루어진다.

② 완전 탐색: 모든 가능성을 열린 상태로 바라보기

자료가 구조화되었다면, 이제 다음 단계는 그 구조에 따라 가능한 모든 경우를 직접 시도해보는 것이다. 이 단계가 바로 Brute Force의 핵심인 완전 탐색(Exhaustive Search)이다.

완전 탐색이란? 가능한 모든 입력 조합 또는 조건을 생성하고, 하나하나 실행하여 조건을 만족하는 해답이 있는지 확인하는 방식이다. 이는 순열, 조합, 부분집합, 경로 탐색 등 다양한 문제에 적용될 수 있다.

- **학생들이 자주 하는 오해**: "그냥 for문 여러 번 돌리면 되는 거 아닌가요?"
  아니다. 완전 탐색은 단순한 반복이 아니라, 문제의 조건을 모두 고려하며 발생 가능한 모든 상태를 코드로 표현하는 기술이다. 중첩 반복문, 조건 분기, 재귀 함수 등을 적절히 활용하여 체계적으로 경우를 생성하고 확인해야 한다.
- **실행 방법 요약**
  - ☑ 모든 경우의 조합을 생성(예: permutations, product 등)
  - ☑ 각 조합을 실행
  - ☑ 조건을 검사하고 유효성 확인

이 단계에서 중요한 것은, 포기하지 않고 모든 경우를 열어두는 자세다.

③ 해결책 선택: 무작위가 아닌 기준 있는 선택

완전 탐색을 통해 수많은 결과가 도출되었다면, 이제 그중에서 문제의 조건에 가장 잘 맞는 해답을 선택해야 한다. 이 단계는 단순히 정답을 출력하는 데서 끝나지 않고, 문제의 본질을 꿰뚫는 기준과 사고력을 요구한다.

해결책 선택 기준 설정　문제에서 요구하는 조건을 명확히 이해해야 한다. (**예** 가장 짧은 거리, 가장 큰 숫자, 특정 조건을 만족하는 유일한 조합 등) 단순히 조건을 만족한다고 해서 정답이 되는 것이 아니라, 여러 조건 중 어떤 기준이 우선인지 판단해야 한다.

- **기술적으로는 어떻게 구현할까?**
  - ☑ 최적해를 저장하기 위한 변수 선언(best, min_value, max_score 등)
  - ☑ 반복 중 조건 만족 시 해당 결과와 비교하여 갱신
  - ☑ 최종적으로 최적해를 반환
  - ☑ 중요한 사고 포인트

　모든 경우를 탐색한 뒤, 그 결과를 비교하고 평가하는 사고 과정은 단순한 구현이 아니라 논리적 선택의 훈련이다.

전략적 반복, 생각 있는 실행　Brute Force는 그냥 반복이 아니다. 자료를 정리하고, 체계적으로 모든 경우를 만들어내며, 그 결과 중 최적의 해답을 고르는 논리적 사고 과정이다. 이 과정을 통해 우리는 단순한 반복 이상의 것을 배운다. 정돈된 문제 인식, 조건 기반의 탐색, 명확한 선택 기준 설정. 이 세 가지가 단순한 전략을 전략답게 만들어주는 것이다.

　　　　　　　　　　　　　　　　　문제 해결의 전략, 알고리즘

이 전략, 정말 쓸모 있을까? Brute Force 전략은 단순하다는 이유로 과소평가되는 경우가 많다. 하지만 이 단원에서 배운 내용을 실제 문제에 적용해보면, 그 단순함 속에 숨어 있는 실용성과 강력함을 분명히 체감할 수 있다. 우리가 매일 마주하는 일상의 문제부터, 알고리즘 문제 해결이나 보안, 데이터 처리 같은 컴퓨터 활용까지 Brute Force는 예상보다 훨씬 다양한 곳에 쓰이고 있으며, 오히려 복잡한 문제보다 조건이 명확한 상황에서 가장 강력한 해결 전략이 된다. Brute Force 전략이 실생활 문제와 컴퓨터를 활용한 문제 해결에서 어떻게 활용되는지 구체적으로 살펴보기로 하자.

① 실생활 문제 해결

Brute Force 전략은 현실에서 우리가 무의식중에 자주 사용하는 사고방식이기도 하다. 생각해보면 우리는 의외로 많은 상황에서 하나하나 가능한 경우를 전부 시도하면서 답을 찾는 방법을 써왔다. 그 몇 가지 대표적인 사례를 살펴보자.

비밀번호가 기억나지 않을 때 가장 고전적이고 직관적인 예시다. 4자리 숫자 비밀번호가 기억나지 않을 때, 우리는 0000부터 9999까지 순서대로 눌러보는 시도를 생각한다. 이 방법은 시간은 오래 걸리지만 반드시 비밀번호를 알아낼 수 있다는 확실성을 제공한다.

☑ 경우의 수: 10,000가지

☑ 성공 가능성: 100%

☑ 단점: 시간 소요

☑ 장점: 실패하지 않는다는 점에서 신뢰도 매우 높음

이것이 바로 Brute Force 전략의 본질이다.

공 배열 생성　　빨강, 노랑, 파랑, 초록 4가지 색의 공이 있다. 이때 문제 상황은 '빨간 공이 노란 공보다 앞서는 모든 배열 구하기'라고 하자. 이 문제는 총 4! = 24개의 배열 중에서 조건을 만족하는 경우만 골라내는 문제이다.

모든 경우의 수 생성 → 조건 필터링 → 유효한 배열 선택

조건을 코드화하는 것이 아니라, 조건을 기준으로 걸러내는 작업이 핵심이다. 이러한 문제를 통해 경우 생성과 조건 판별의 사고 흐름을 체득하게 할 수 있다.

거리 최소화 경로　　엄마가 갑자기 아프셔서, 약국, 김밥집, 커피숍을 모두 다녀서 집으로 와야 하는 상황이다. 문제는 가장 빠르게 돌아올 수 있는 순서를 찾는 것이다. 이는 경로 최적화 문제이며, 3곳의 순서를 바꾸는 3! = 6개의 경우를 모두 계산하고, 각 경우에 대해 총 이동 거리를 구한 뒤 최소값을 선택하는 과정이 된다. 즉, 모든 경우에서 가장 빠르게 집으로 다시 돌아오는 경우를 선택하는 것이다.

모든 순열 생성 → 거리 계산 → 최소 거리 선택

이와 같은 해결 방식의 문제는 다양한 상황에서 적용 가능하다. 단순한 일상 속 문제가, Brute Force의 구조적 사고를 적용할 수 있는 문제로 탈바꿈한 경우에 해당한다.

점 연결하기　　4개의 점이 평면 위에 주어졌을 때, 이 중 3개 이상의 점을 선택해 한 줄 긋기를 할 수 있는 모든 경우를 구하는 문제를 생각해보자. 처음 보면 막막

　　　　　　　　　　　　　　　　　　　　문제 해결의 전략, 알고리즘

하다. 어디서부터 시작해야 할까? 이럴 때는 Brute Force 전략, 즉 가능한 모든 조합을 하나씩 시도해보는 방식이 가장 효과적이다. 먼저 1단계로, '몇 개의 점을 선택할 수 있는가?'를 생각해보자. 즉, 가능한 조합을 나열하는 과정이다. 문제 해결 과정은 다음과 같다.

- 가능한 모든 조합을 만든다.
- 각 조합이 한 줄 긋기를 만들 수 있는지를 검사한다.
- 한 줄 긋기가 성립하는 조합을 따로 모은다.
- 모든 가능한 조합의 결과는 다음과 같다.

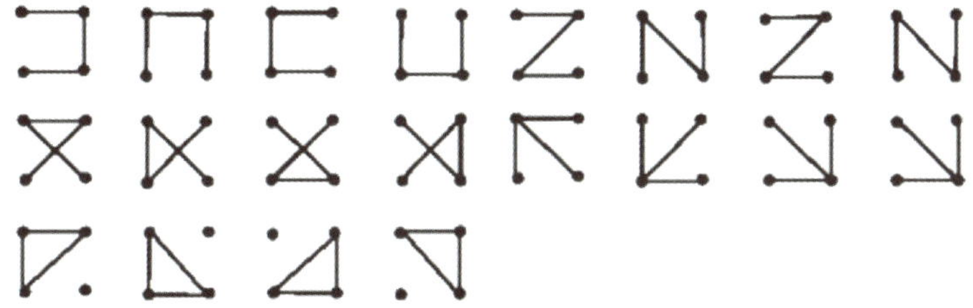

위의 조합에서 한 줄 긋기 여부 판단을 통하여 최종 해답을 선택한다. 이처럼 조합 생성 → 조건 확인 → 해답 선택의 구조는 Brute Force 전략의 전형적인 형태다.

스마트폰 패턴 찾기　잠금 패턴을 잊어버린 경우, 우리는 '가장 흔히 사용하는 패턴'부터 시도하거나 혹은 가장 논리적인 경로로 가능한 모든 패턴을 순서대로 실행하게 된다. Brute Force 방식은 여기에서도 유용하다. 그러나, 9개의 점을 사용하는 패턴의 경우의 수는 389,112가지로 수십만 개 이상이 가능하다는 것이다. 사람들은 흔히 자신이 자주 쓰는 방식이 있다는 점에서, 패턴 분석과 순차 시도를 결합해 Brute Force를 최적화하기도 한다. 이러한 예시는 비밀번호 문제와 더불어 사용자 행동 예측과 보안 기술에도 Brute Force가 실제로 사용된다는 점을 보여준다.

② 컴퓨터 활용 문제

실생활의 활용을 넘어서, Brute Force는 컴퓨터에서 문제를 해결하는 알고리즘 구현의 기초 전략으로 널리 사용된다. Python과 같은 프로그래밍 언어에서는 간단한 반복문과 조건문만으로도 충분히 구현할 수 있어 적합한 실습 대상이다.

패턴 매칭(Pattern Matching)

- **문제**: 주어진 텍스트에서 특정 문자열(패턴)이 포함되어 있는지 확인하고, 있다면 그 시작 위치를 반환하라.

  이 문제는 문자열 검색의 가장 기초적인 형태로, 텍스트의 첫 글자부터 끝까지 한 칸씩 이동하면서 패턴과 일치하는지 검사하는 방식으로 해결할 수 있다. 이 방식은 간단하지만, 문자열 길이가 길 경우 속도 면에서는 비효율적일 수 있다.

- **작동 원리**
  - ✔ 텍스트 문자열을 처음부터 끝까지 한 칸씩 이동하며
  - ✔ 현재 위치에서 패턴의 첫 글자부터 차례로 비교
  - ✔ 모두 일치하면 그 위치 반환
  - ✔ 중간에 불일치하면 다음 위치로 한 칸 이동
  - ✔ 끝까지 비교했는데도 없으면 -1 반환

- **Python 코드**: 함수 선언

```python
1 def brute_force_match_all(text, pattern):
2     matches = []
3     for i in range(len(text) - len(pattern) + 1):
4         match = True
5         for j in range(len(pattern)):
6             if text[i + j] != pattern[j]:
7                 match = False
8                 break
9         if match:
10            matches.append(i)  # 일치하는 시작 위치 저장
11    return matches
```

● **함수 실행 예시**

```
1 text = "STING is part of STRING and STING can repeat in STING."
2 pattern = "STING"
3
4 result = brute_force_match_all(text, pattern)
5 print("모든 패턴 발견 위치:", result)
```

모든 패턴 발견 위치: [0, 28, 48]

위 예시에서 "STING"은 제시된 text의 0, 28, 48번째 인덱스부터 시작되는 문자열임을
확인한다. 이 문제 해결 방식은 문자 하나씩 비교하면서 패턴이 처음 발견된 곳에서 멈
추지 않고 끝까지 탐색하여 모든 위치를 리스트로 반환 한다. 단순하지만 실패가 없으
며, 구현이 쉬워 문자열 검색의 기초 개념 학습에 매우 유용하다.

● **활용 분야**: 단순한 문자 비교에 불과해 보이는 패턴 매칭 알고리즘은, 실은 우리 삶 곳곳
에서 핵심적인 역할을 하고 있다. 특히 Brute Force 방식은 복잡한 구조나 추가적인 메
모리 없이도 신뢰성 높은 탐색 결과를 제공하기 때문에, 다양한 분야에서 널리 활용된다.

1. **텍스트 검색 시스템**: 검색창에 단어 하나만 입력해도 수많은 문서와 기사, 논문에서
   그 단어를 포함한 결과를 보여주는 검색 엔진의 핵심 기술이 바로 패턴 매칭이다.
   - ✅ 예: "AI"라는 단어가 논문 전체에 몇 번 나왔는지 찾기
   - ✅ 구현: 전체 텍스트를 대상으로 한 칸씩 이동하며 "AI"와 일치하는 위치를 탐색
   - ✅ 특징: 정확한 키워드 기반의 검색에 매우 유리
   - ✅ 한계: 문자열 길이가 길 경우 Brute Force는 느려질 수 있으므로, KMP, Rabin-
     Karp 등으로 발전됨

2. **스팸 필터링 및 이메일 감지**: 이메일 본문이나 제목에 특정 금지어가 포함되어 있
   는지를 탐색하는 데 사용된다.
   - ✅ 예: '광고', '비트코인', '무료', '카드 결제' 등의 키워드 포함 여부 확인
   - ✅ 패턴 매칭으로 스팸 키워드 포함 이메일로 탐색된 메일은 자동으로 스팸함으로
     분류된다.

☑ 이때 Brute Force 방식은 필터링 초기 단계의 가장 기본적인 키워드 검사 도구로 사용된다.

3 **네트워크 보안 및 악성코드 탐지**: 네트워크를 통과하는 데이터 패킷 안에 악성 코드의 패턴이 포함되어 있는지를 검사할 때 Brute Force 방식의 문자열 비교가 활용된다.

☑ 예: 보안 프로그램은 파일 내부를 한 비트씩 탐색하며, 악성코드의 고유한 명령어 패턴이 있는지를 반복적으로 비교하여 탐지

☑ 탐지 시스템은 수천 개의 악성 문자열을 비교하면서 의심스러운 코드와 일치하는 부분을 찾아낸다.

4 **DNA 및 유전체 분석**: 생명과학 분야에서는 DNA 염기서열(AGTC) 중 특정 패턴이 얼마나 자주 등장하는지를 파악하는 것이 매우 중요하다.

☑ 예: "ACGT"라는 유전자 서열이 게놈 전체에서 몇 번 나타나는지 검사

☑ Brute Force 방식은 기초적 유전자 위치 탐색 및 변이 확인 과정에서 여전히 사용되며, 복잡한 생물정보학 알고리즘의 사전 단계로도 기능한다.

5 **텍스트 자동 완성 및 입력 보조 시스템**: 사용자가 "hea"라고 입력했을 때 "health", "heap", "heart" 등을 추천해주는 기능은 내부적으로 입력된 패턴이 단어 목록의 접두어로 일치하는지를 검사하는 과정을 포함한다. 이와 같이 Brute Force 방식은 단어 데이터베이스의 모든 항목을 순회하면서 일치 여부를 판단하며 사용자에게 자동 완성 서비스를 제공하는 데 활용된다.

6 **문장 표절 탐지 및 유사 문장 분석**: 리포트나 논문, 기사 등에서 유사 문장이 있는지를 비교할 때, Brute Force 방식은 두 문장을 슬라이딩 윈도우로 비교하며 유사도를 계산하는 기본 방식으로 사용된다. 즉, 데이터의 일부분을 조금씩 옮겨가며 반복적으로 처리하는 전략을 적용하여 표절 및 유사도를 탐지한다. 패턴 매칭과 다른 점은 텍스트나 배열 등 선형 데이터에서 고정된 크기의 일정 부분을 잘라 이동하며 처리하는 방식이며, 일정 구간의 값을 효율적으로 처리하기 위함이다. 짧은 문장뿐 아니라 긴 문장의 비교나 단어 수준 비교에서는 여전히 효과적인 탐색 방법이다.

7 **채팅 필터링 및 콘텐츠 검열 시스템**: 온라인 커뮤니티, 게임, 채팅 앱 등에서 욕설, 비속어, 혐오 표현 등을 실시간으로 감지하여 가리거나 제재하는 데 사용된다. 단어 리스트를 기준으로 문장 내 일치 여부를 빠르게 확인하는 데 Brute Force가 가

장 간단한 해결책으로 도입된다.

8. **언어 번역기 및 언어 처리 알고리즘 초기 단계**: 번역기에서는 문장 내의 특정 구조를 파악하거나, 단어 조합의 규칙을 확인할 때 패턴 매칭이 쓰인다.
   - 예: "Do you"가 등장하는 문장은 대부분 질문으로 분류
   - 이런 고정 패턴을 탐색하고 의미 분석을 진행하기 위한 패턴 기반 사전 처리에 Brute Force가 사용된다.

9. **사용자 행동 분석(사용 패턴 탐색)**: 사용자 로그 데이터에서 특정 행동 패턴을 추적하는 것도 문자열 기반의 패턴 탐색과 동일하다.
   - 예: 로그인 → 물품 탐색 → 결제 → 리뷰작성

Brute Force는 각 행동의 순서를 문자열처럼 보고, 행동 시퀀스가 특정 패턴과 일치하는지를 탐색하는 데 적용될 수 있다.

- **알고리즘의 효율성과 한계**: Brute Force 방식의 패턴 매칭은 구현이 간단하고 절대 실패하지 않는다는 장점을 가지고 있지만, 효율성 측면에서는 분명한 한계가 있다. 이 방식의 시간 복잡도는 다음과 같다.
   - 텍스트의 길이를 n, 패턴의 길이를 m이라 할 때
     — 최악의 경우 시간 복잡도는 $O(n \times m)$

즉, 텍스트의 길이만큼 반복하고, 그 안에서 다시 패턴 길이만큼 비교하기 때문이다.

예를 들어, 1,000자의 텍스트에서 10자의 패턴을 찾는 경우, 약 10,000번의 비교 연산이 발생할 수 있다. 이 수는 짧아 보이지만, 텍스트가 수십만 글자, 패턴이 수백 글자라면 탐색 속도는 급격히 떨어진다. 이 때문에 실제 현업에서는 다음과 같은 효율적인 문자열 탐색 알고리즘이 함께 사용된다.

- KMP(Knuth-Morris-Pratt): 불필요한 비교를 줄이는 접두사 배열 활용
- Rabin-Karp: 해시 값을 이용한 빠른 비교
- Boyer-Moore: 패턴의 끝부터 비교해 빠르게 이동

하지만 이런 고급 알고리즘들도 결국은 Brute Force 방식의 기본 구조에서 출발한다. 즉, Brute Force는 효율적인 탐색을 위한 기초 개념을 학습하고, 그 위에 더 나은 전략을 쌓아올리기 위한 가장 첫 번째 발판이다.

- **단순한 비교 너머의 사고 훈련**: 패턴 매칭은 처음엔 단순해 보인다. 문자열을 한 글자씩 옮겨가며 패턴이 일치하는지를 확인하는 작업은 단조롭고 기계적으로 느껴질 수 있다. 하지만 그 안을 들여다보면, 이 방식은 문제 해결의 가장 기본적이고 강력한 사고 구조를 담고 있다. 우리는 이 활동을 통해 다음을 배운다.
  - ☑ 모든 가능성을 차례대로 검토하며 실수 없이 정답을 찾는 신중함,
  - ☑ 입력과 출력 사이의 구조를 정확히 분석하는 조건 판단력,
  - ☑ 그리고 무엇보다도, 단순한 반복 속에서 의미 있는 규칙을 찾고, 불필요한 연산을 줄여나가는 능력.

Brute Force 방식의 패턴 매칭은 효율성 면에서는 부족할 수 있지만, 어떤 상황에서도 실패하지 않는 기본기를 갖추고 있다. 이는 마치 어려운 운동 기술을 배우기 전에 반복하는 기본 동작처럼, 모든 알고리즘의 출발점이자 신뢰할 수 있는 기초가 된다.

이제 패턴 매칭은 단순한 문자열 비교에 그치지 않는다. 그것은 데이터 속의 의미를 읽어내는 훈련, 정보 탐색의 원리, 그리고 조건 기반 탐색이라는 문제 해결 전략의 핵심을 담고 있다.

버블 정렬(Bubble Sort)

- **문제**: 숫자들이 섞여 있는 리스트가 주어졌을 때, 이들을 오름차순 또는 내림차순의 조건을 적용하여 순서대로 정렬하시오.

버블 정렬은 정렬 알고리즘 중 가장 단순하고 직관적인 방식으로, 인접한 두 수를 비교해 큰 값을 오른쪽으로 보낸다는 원리를 반복하면서 전체를 정렬해 나간다.

- **작동 원리**

문제 해결의 전략, 알고리즘

1 리스트의 처음부터 끝까지 인접한 두 값을 비교

2 앞의 값이 더 크면, 두 값을 서로 교환

3 리스트의 끝까지 도달하면 가장 큰 값이 맨 뒤로 이동됨

4 이 과정을 리스트 크기만큼 반복

5 정렬이 완료될 때까지 계속 수행

예를 들어 [77, 42, 35, 12, 101, 5]가 주어진 경우, 한 번 순회할 때마다 가장 큰 값이 오른쪽 끝으로 "떠오르듯 이동"한다 해서 bubble sort라는 이름이 붙었다.

- **Python 코드: 함수 선언**

```python
def bubble_sort(arr):
    n = len(arr)
    for i in range(n):
        for j in range(n - i - 1):  # 이미 정렬된 뒤쪽은 제외
            if arr[j] > arr[j + 1]:
                arr[j], arr[j + 1] = arr[j + 1], arr[j]
        # 정렬 완료된 뒷부분을 출력
        sorted_tail = arr[n - i - 1:]
        print(f"{i+1}회차 정렬 완료된 뒷부분: {sorted_tail}")
```

- **함수 실행 예시**

```python
numbers = [77, 42, 35, 12, 101, 5]
bubble_sort(numbers)
print("정렬 결과:", numbers)
```

```
1회차 정렬 완료된 뒷부분: [101]
2회차 정렬 완료된 뒷부분: [77, 101]
3회차 정렬 완료된 뒷부분: [42, 77, 101]
4회차 정렬 완료된 뒷부분: [35, 42, 77, 101]
5회차 정렬 완료된 뒷부분: [12, 35, 42, 77, 101]
6회차 정렬 완료된 뒷부분: [5, 12, 35, 42, 77, 101]
정렬 결과: [5, 12, 35, 42, 77, 101]
```

- **활용 분야**: 버블 정렬은 분명히 느린 정렬 알고리즘이다. 하지만 그 단순함 때문에 오히려 강력한 교육적 가치와 실생활 응용 가능성을 지니고 있다. 실제로 버블 정렬은 다

음과 같은 다양한 상황에서 유용하게 활용된다.

1. **소규모 데이터 정렬**: 학교 현장이나 일상 생활에서 코딩을 통하여 정렬하는 상황을 떠올려보자.
   - ☑ 시험 점수 정리: 중간고사 성적을 높은 점수순으로 나열
   - ☑ 학생 키 순 정렬: 체육 시간에 줄을 설 때 키 순서대로 정렬
   - ☑ 물품 가격 비교: 인터넷에서 비슷한 제품들의 가격을 오름차순으로 정렬해보기

   이러한 작업들은 대부분 300개 미만의 데이터만 처리하면 되기 때문에, 속도보다는 구현이 쉽고 결과가 확실한 방식이 오히려 적합할 수 있다. 이때 버블 정렬은 간단하게 반복문만으로 구현할 수 있어 직접 코딩해보기 좋은 전략이다.

2. **반복문과 조건문의 학습 도구**: 버블 정렬은 중첩 반복문, 조건문, 변수 교환, 인덱스 조작 등 Python 문법의 핵심을 통합적으로 연습할 수 있는 매우 좋은 실습 주제다.
   - ☑ for문 안에 for문이 들어가는 구조
   - ☑ 인접한 두 값을 비교하고 조건에 따라 위치를 바꾸는 논리
   - ☑ 반복 횟수마다 바뀌는 정렬 범위(슬라이딩 범위의 감각)

   즉, 버블 정렬은 단순한 정렬을 넘어 코딩 문법과 알고리즘의 핵심 구조를 동시에 익힐 수 있는 통합형 학습 도구다.

3. **시각적 구조가 뚜렷해 애니메이션, 수업 시뮬레이션에 적합**: 버블 정렬은 각 회차마다 가장 큰 값이 오른쪽으로 '둥둥 떠오르듯이' 이동하기 때문에, 정렬 과정을 애니메이션이나 시각화 도구로 표현하기 매우 좋다.
   - ☑ 값이 옮겨지는 순서가 눈에 보이고
   - ☑ 어떤 부분이 정렬되었는지를 단계적으로 추적 가능
   - ☑ '정렬'이라는 추상 개념을 시각적으로 구체화

   그래서 프로그래밍 수업에서는 종종 정렬 애니메이션 제작 프로젝트나 시뮬레이션 코딩 실습으로 사용되며, 학생들의 몰입도와 이해도를 동시에 끌어올릴 수 있는 학습 전략이 된다.

4. **거의 정렬된 데이터에 대한 최적 대응**: 버블 정렬은 느리긴 하지만, 이미 대부분 정렬된 상태의 데이터에는 빠르게 작동할 수 있다. 예를 들어, 순서가 조금만 흐트러진 경우에는 한두 번의 반복만으로 전체 정렬을 마칠 수 있다.

☑ 예: 알파벳 순으로 거의 정렬된 출석부

☑ 예: 시간순으로 대체로 정리되어 있는 로그 파일

이처럼 간단한 정렬 이상이 필요하지 않은 상황이라면, 버블 정렬은 복잡한 알고리즘보다 더 빠르고 간편하게 문제를 해결할 수 있다.

버블 정렬은 분명히 가장 빠른 정렬 알고리즘은 아니다. 하지만 가장 단순한 로직을 통해 사고력과 구현 능력을 동시에 키울 수 있는 알고리즘이다. 특히 학생들에게는 반복, 조건, 비교, 교환이라는 컴퓨터 사고의 기본기를 체득할 수 있는 실습 전략으로써 그 무엇보다 소중한 도구다.

이제 이 버블 정렬이 단순한 정렬 방법이 아니라, 생각을 정리하는 알고리즘, 배움을 확장하는 출발점이라는 것을 기억하자.

- **알고리즘의 효율성과 한계**: 버블 정렬은 직관적인 구조를 가지지만, 시간 복잡도는 비효율적이다.

  ☑ 최악/평균 시간 복잡도: $O(n^2)$

  ☑ 최선의 경우(이미 정렬된 경우): $O(n)$(단, 이를 위한 추가 최적화 코드 필요)

  리스트의 길이가 길어질수록, 비교 횟수가 급격히 늘어나며 실행 속도는 크게 떨어진다. 따라서 실제 업무나 대용량 데이터를 다루는 분야에서는 다음과 같은 보다 효율적인 정렬 알고리즘이 사용된다.

  ☑ Merge Sort(병합 정렬)

  ☑ Quick Sort(퀵 정렬)

  ☑ Heap Sort 등

  하지만 이들 역시 데이터를 비교하고 교환하는 사고 과정의 기초는 버블 정렬의 원리와 연결되어 있다.

- **단순한 정렬 너머의 사고 훈련**: 버블 정렬은 반복적이지만, 단순한 실행을 넘어 다음과 같은 사고력을 길러준다.

  ☑ 조건 기반 반복 수행의 구조화된 사고

  ☑ 인접 비교 → 전역 결과 도출이라는 단계적 사고 흐름

☑ 변수와 인덱스를 동시에 조작하는 로직 구조 이해

☑ 정렬 기준(오름차순/내림차순)의 유연한 확장 가능성

비록 고급 알고리즘은 아니지만, 정렬의 출발점이자 반복문 학습의 대표 모델로써 그 교육적 가치는 매우 크다. 정렬이란 결국 데이터를 바라보는 관점의 재배치이며, 버블 정렬은 단순한 비교 속에서도 질서를 만들어내는 사고 실험이라 할 수 있다.

순차 탐색(Sequential Search)

- **문제**: 리스트 안에 값이 하나 주어졌을 때, 이 값이 리스트에 존재하는지 확인하고, 존재한다면 그 위치(인덱스)를, 존재하지 않는다면 -1을 반환하시오.

예를 들어 [35, 101, 5, 77, 12, 42]라는 리스트가 있고, 찾고자 하는 값이 12라면, 순차 탐색은 리스트의 맨 앞부터 하나씩 비교하며 다섯 번째 비교에서 12를 찾고, 해당 인덱스 4를 반환하게 된다. 이처럼 데이터가 정렬되어 있지 않아도 탐색이 가능한 점이 순차 탐색의 장점이다.

- **작동 원리**: 순차 탐색은 가장 단순한 검색 알고리즘으로, 리스트의 첫 번째 항목부터 마지막 항목까지 차례대로 비교하는 방식이다.

☑ 리스트의 처음부터 한 칸씩 이동하며

☑ 현재 위치의 값이 찾는 값과 같은지 확인

☑ 같다면 그 인덱스를 반환

☑ 끝까지 봤는데도 없다면 -1 반환

이 방식은 리스트가 정렬되어 있지 않아도 작동한다는 점에서 유용하며, 단순한 구조 덕분에 초보자도 손쉽게 구현할 수 있다.

- **Python 코드: 함수 선언**

```python
1 def sequential_search(arr, target):
2     for i in range(len(arr)):
3         if arr[i] == target:
4             return i
5     return -1
```


문제 해결의 전략, 알고리즘

● 함수 실행 예시 − 1

리스트 안에 포함된 것이 확실하고 인덱스 번호를 확인하는 경우에 해당한다.

```python
1 numbers = [77, 42, 35, 12, 101, 5]
2 target = 35
3
4 result = sequential_search(numbers, target)
5 print("탐색 결과:", result)
```

탐색 결과: 2

● 함수 실행 예시 − 2

탐색 값을 사용자에게 입력 받아 처리하는 경우에 해당한다.

```python
1 numbers = [35, 101, 5, 77, 12, 42]
2
3 # 사용자로부터 검색할 값 입력 받기
4 target = int(input("찾고자 하는 값을 입력하세요: "))
5
6 # 탐색 함수 실행
7 result = sequential_search(numbers, target)
8
9 # 결과 출력
10 if result != -1:
11     print(f"{target}은(는) 리스트의 인덱스 {result}에 있습니다.")
12 else:
13     print(f"{target}은(는) 리스트에 존재하지 않습니다.")
```

찾고자 하는 값을 입력하세요: 52
52은(는) 리스트에 존재하지 않습니다.

● **활용 분야**: 순차 탐색은 단순하고 느릴 수 있지만, 여전히 많은 분야에서 효과적으로 쓰인다. 특히 리스트가 짧거나, 정렬되어 있지 않거나, 조건이 복잡하지 않을 때는 빠르게 구현할 수 있는 탐색 전략이 된다.

컴퓨터는 엄청난 속도로 데이터를 처리할 수 있지만, 모든 경우에 항상 고급 알고리즘을 사용하는 것은 아니다. 데이터의 크기가 작거나, 구조가 단순하거나, 정렬이 보장되지 않은 경우에는 순차 탐색처럼 단순한 방법이 오히려 가장 효율적일 수 있다. 실제 컴퓨터 활용 상황에서 순차 탐색이 적절하게 적용되는 대표적 사례들을 살펴보자.

1. **JSON 또는 리스트 데이터에서 특정 값 찾기**: 학생들이 자주 다루는 Python의 리스트나 JSON 데이터에서 특정 조건을 만족하는 값을 찾는 데 순차 탐색이 자주 사용된다.

   ☑ 예: 게시글 목록에서 "작성자: 홍길동"인 글 찾기

   ☑ 방식: 각 항목을 하나씩 살펴보며 '작성자' 키의 값이 "홍길동"인지 비교

   이런 구조는 딕셔너리 리스트나 JSON 배열이 정렬되지 않았을 경우, 가장 확실하고 직관적인 탐색 방법이 된다.

2. **사용자 입력 검증 시스템**: 웹 폼이나 프로그램에서, 사용자가 입력한 값이 허용된 값 목록 안에 포함되어 있는지 확인하는 과정에도 순차 탐색이 사용된다.

   ☑ 예: 학생이 수강 신청할 때 선택한 과목 코드가 유효한지 확인

   ☑ 비교 대상: 학교에서 제공하는 과목 코드 리스트

   ☑ 방식: 각 코드를 하나씩 비교하여 일치 여부 확인

   이런 구조는 정렬된 데이터가 아니거나, 비교 조건이 단순할 경우 빠르고 오류 없는 확인 절차를 제공한다.

3. **로그 파일 분석**: 시스템 로그나 이벤트 로그는 시간 순으로 저장되며, 일반적으로 정렬된 자료구조가 아니기 때문에 특정 이벤트를 찾거나 이상 행위를 탐지할 때 순차 탐색이 활용된다.

   ☑ 예: "Login Failed" 메시지가 포함된 로그 행 찾기

   ☑ 방식: 로그의 각 줄을 한 줄씩 읽으며 특정 문자열 존재 여부 검사

   이 과정은 Brute Force 방식의 텍스트 기반 순차 탐색의 대표 사례이며, 보안 분석, 네트워크 점검, 시스템 모니터링 등 다양한 분야에서 기본 도구로 사용된다.

4. **CSV 파일 또는 엑셀 데이터 필터링**: 엑셀에서 조건부 필터를 걸 듯, 프로그래밍에서도 CSV 데이터를 순차적으로 읽으며 조건에 맞는 행만 추출하는 작업에 순차 탐색이 쓰인다.

   ☑ 예: 성적 CSV 파일에서 "총점 ≥ 90"인 학생만 추출

   ☑ 방식: 한 줄씩 읽고, 해당 열의 값이 조건을 만족하는지 검사

   이런 작업은 Pandas와 같은 라이브러리를 쓰지 않고도 순차 탐색으로 충분히 해결할 수 있어, 데이터 분석 입문자들에게도 적합한 연습이다.

5 **게임 엔진 내 오브젝트 처리**: 게임 프로그래밍에서, 여러 캐릭터나 아이템 중 특정 조건을 만족하는 대상만 찾고자 할 때도 순차 탐색이 쓰인다.

- ☑ 예: "화면에 보이는 몬스터 중 HP가 0인 적" 찾기
- ☑ 방법: 모든 몬스터 오브젝트 리스트를 순회하며 HP 값을 검사

이처럼 데이터의 구조가 간단하고, 조건이 정적이며, 처리량이 적은 경우에는 고급 탐색 알고리즘보다 순차 탐색이 구현 속도도 빠르고 관리도 쉬운 선택이 된다.

6 **키워드 기반 검색 초기 단계**: 텍스트 검색 시스템에서 Brute Force 방식으로 하나의 문장 안에서 키워드 리스트 중 포함된 단어가 있는지 확인하는 방식도 순차 탐색의 응용이다.

- ☑ 예: "할인", "무료배송", "한정" 등의 키워드를 상품 설명에서 찾기
- ☑ 방식: 설명 문자열을 한 줄씩 읽으며, 키워드 리스트의 각 항목과 비교

이 구조는 필터링, 광고 분류, 키워드 마케팅 초기에 활용되며 복잡한 패턴 검색이 필요 없는 상황에서는 여전히 널리 쓰인다.

순차 탐색은 단순하지만, 그만큼 강력한 범용성을 가진다. 정렬 여부에 관계없이 작동하며, 시스템 로그, 사용자 입력, CSV 파일, JSON 데이터 등 실제 소프트웨어 구조에서 매우 자주 등장한다. 특히 학생들은 이 구조를 통해 자연스럽게 학습할 수 있다.

- ☑ 프로그램이 데이터를 어떻게 탐색하는지
- ☑ 조건을 어떻게 검사하고 결과를 반환하는지
- ☑ 반복문과 조건문이 어떤 식으로 연계되는지

- **알고리즘의 효율성과 한계**: 순차 탐색은 단순하고 어디서든 적용 가능하지만, 그만큼 효율성 면에서는 분명한 한계가 있다.
  - ☑ 최악의 경우: 리스트의 마지막 값이 목표값일 때 → O(n)
  - ☑ 최선의 경우: 첫 번째 값이 목표값일 때 → O(1)

특히 데이터의 양이 많아지면 성능이 크게 떨어진다. 따라서 대규모 데이터를 검색할 때는 다음과 같은 효율적인 탐색 알고리즘이 더 적합하다.

☑ 이진 탐색(Binary Search): 정렬된 리스트에 한함, O(log n)

☑ 해시 탐색(Hash Search): 평균적으로 O(1)이지만, 충돌이 많으면 O(n)까지 증가 가능

☑ 트리 탐색: 범위 조건이나 계층 구조에 적합

하지만 이들 알고리즘은 추가적인 자료구조나 정렬 조건이 필요하며, 순차 탐색은 그런 조건 없이도 언제든지 사용할 수 있는 전천후 기본기로써의 역할을 한다.

- **단순한 탐색 너머의 사고 훈련**: 순차 탐색은 알고리즘 중에서 가장 단순할지 몰라도, 우리가 이 방식에서 배우는 사고력은 단순하지 않다. 우리는 이 알고리즘을 통해 다음과 같은 컴퓨팅 사고력의 핵심 요소를 체득한다.

  ☑ 조건 기반의 반복 수행 능력

  ☑ 문제를 끝까지 해결하려는 집요함과 정확성

  ☑ 결과를 찾았을 때 멈출 수 있는 흐름 제어 사고

또한, 순차 탐색은 Python의 반복문을 실전 문제에 적용해보는 가장 좋은 연습이 되며, 자신이 만든 코드가 원하는 조건을 정확하게 검사하고 동작하는지를 확인할 수 있는 '첫 알고리즘 실습'의 대표 모델이다.

순차 탐색은 느릴 수 있다. 하지만 조건이 간단하고 데이터가 작다면, 가장 빠르게 구현하고 가장 안정적으로 작동하는 전략이 될 수 있다. 여러분에게 이 알고리즘을 통해 기본기 훈련, 문법 응용, 사고력 성장을 모두 경험할 수 있는 기회가 되었기를 기대한다. 모든 길은 처음엔 작게 시작한다. 순차 탐색은 비록 단순하지만, 어떤 문제든 직접 부딪혀 확인하는 태도의 첫걸음이 될 수 있음을 기억하자.

그 외의 다양한 컴퓨터 활용 Brute Force 문제 예시   단순하고 명확한 탐색과 정렬 방식 외에도, Brute Force 전략은 다양한 컴퓨터 활용 문제에 널리 사용된다. 특히 데이터의 크기가 작거나, 복잡한 조건을 해석하기 어려운 경우에는 가능한 모든 조합이나 경우를 시도해보는 완전탐색 방식이 오히려 가장 합리적인 선택이 되기도 한다. 다음은 Brute Force 전략이 효과적으로 적용되는 대표적인 컴퓨터 활용 상황들이다

           문제 해결의 전략, 알고리즘

- **중복 데이터 검사와 유일값 추출 문제**: 데이터 수집 과정에서는 중복 항목이 자주 발생한다. 예를 들어, 설문 응답자의 명단에서 중복된 이름을 제거하거나, 같은 이메일이 여러 번 입력된 경우를 찾아내는 문제는 모든 값 쌍을 하나하나 비교해야 정확한 판단이 가능하다. 이러한 경우, Brute Force 방식으로 전체 데이터를 차례대로 비교하며 중복 여부를 확인하는 것이 단순하면서도 안정적인 해결책이 된다.
  - ☑ 문제 예시: "리스트 안에 중복되는 값이 있는지 확인하고 제거하시오."
  - ☑ Brute Force 방식: 모든 값 쌍을 비교하여 동일한 값이 있는지 확인
  - ☑ 활용: 데이터 전처리, 명단 정리, 중복 투표 확인 등

- **모든 조합 또는 순열 생성 후 조건 검사**: 가능한 모든 조합을 만들어보고, 그중 특정 조건을 만족하는 경우만을 선택하는 문제는 Brute Force 전략의 대표적 활용 분야다. 예를 들어, 학생 다섯 명 중 세 명을 뽑아 조를 구성할 수 있는 모든 경우의 수를 만들어낸 후, 서로 친구가 아닌 학생들이 함께 있는 조합은 제외하는 방식이다. 이처럼 조합을 모두 시도해보고 조건 검사를 반복하는 방식은 팀 배정, 시간표 편성, 게임 캐릭터 조합 생성 등에서 실질적으로 자주 사용된다.
  - ☑ 문제 예시: "학생 5명 중 3명을 조로 구성할 수 있는 모든 경우를 만들고, 친구 관계를 기준으로 조건을 만족하는 조합만 출력하시오."
  - ☑ Brute Force 방식: 가능한 모든 조합을 생성한 후, 조건에 따라 유효 여부를 하나씩 판단
  - ☑ 활용: 조별과제 편성, 일정 조율, 추천 시스템 초기 설계

- **암호 해독 시도(Brute-force password cracking 시뮬레이션)**: 암호화된 정보를 복호화하거나, 비밀번호를 추측하는 상황에서는 가능한 모든 값을 대입해보는 Brute Force 전략이 가장 확실한 방식이 된다. 예를 들어 4자리 숫자로 구성된 비밀번호를 알아내기 위해 0000부터 9999까지 모든 조합을 시도해보는 것은, 실제 보안 시스템이 무차별 대입 공격을 막기 위해 왜 시간 제한과 시도 횟수를 두는지를 실감나게 보여주는 학습이기도 하다.
  - ☑ 문제 예시: "비밀번호가 4자리 숫자로 되어 있다고 할 때, 0000부터 9999까지의 모든 숫자를 대입해 정답을 찾아보시오."

☑ Brute Force 방식: 가능한 모든 숫자 조합을 하나씩 시도하며, 정답이 나올 때까지 반복

☑ 활용: 보안 원리 이해, 무차별 대입 공격 방어 논리, 암호화 기초 교육

- **날짜 또는 시간 계산에서 조건 만족 시점 찾기**: 정해진 시간이나 날짜 안에서 특정 조건을 만족하는 해나 요일을 찾는 문제에서도 Brute Force 전략이 유용하게 사용된다. 예를 들어 2025년부터 2100년 사이에서 1월 1일이 일요일인 해를 찾는 문제는, 각 해를 하나씩 검사하는 방식 외에는 대안이 없다. 이와 같은 문제는 캘린더 생성기, 공휴일 예측 시스템 등에서 핵심적 기초가 된다.

  ☑ 문제 예시: "2025년부터 2100년까지 중에서 1월 1일이 일요일인 해를 모두 구하시오."

  ☑ Brute Force 방식: 각 해를 순차적으로 검사하며 날짜 계산 함수를 활용해 조건을 비교

  ☑ 활용: 일정 추천 시스템, 주기 분석, 반복 이벤트 자동 설정

- **색상, 픽셀 등 이미지 분석에서 조건 만족 찾기**: 이미지 처리에서는 수많은 픽셀의 속성을 하나하나 검사해야 하는 일이 많다. 예를 들어 밝기 값이 200 이상인 픽셀을 모두 출력하는 문제는 전체 픽셀을 반복하며 조건을 검사하는 구조로, Brute Force 방식이 가장 명확하고 구현이 쉬운 해결책이 된다. 이 방식은 영상 필터링, 마스킹, AI 이미지 전처리 등 다양한 분야에서 사용된다.

  ☑ 문제 예시: "이미지의 픽셀 중 밝기가 200 이상인 좌표를 모두 출력하시오."

  ☑ Brute Force 방식: 2차원 배열로 구성된 픽셀 데이터를 순차적으로 탐색하며 조건을 만족하는지를 검사

  ☑ 활용: 영상 처리, 이미지 필터 개발, 딥러닝 전처리

- **조건에 맞는 파일 찾기(파일명/확장자/크기 검사)**: 운영체제나 백업 프로그램에서 특정 조건에 맞는 파일을 찾을 때도 Brute Force 전략이 자주 쓰인다. 예를 들어 .txt 확장자를 갖고 100KB 이하인 파일을 컴퓨터 전체에서 찾으려면, 모든 폴더를 탐색하며 파일 정보를 하나하나 확인해야 한다. 이는 자동화된 정리 프로그램이나 필터링 기능 구

    문제 해결의 전략, 알고리즘

현에서 기본적으로 활용되는 방식이다.

- ☑ 문제 예시: "모든 폴더에서 확장자가 .txt이며 100KB 이하인 파일 목록을 출력하시오."
- ☑ Brute Force 방식: 전체 파일 목록을 순회하며 이름, 확장자, 크기 정보를 조건과 함께 비교
- ☑ 활용: 파일 정리 도구, 백업 프로그램, 콘텐츠 필터링

- **텍스트 편집 거리 또는 최소 변환 계산 문제**: 문자열 A를 문자열 B로 바꾸기 위한 최소 편집 연산 횟수를 구하는 문제는 Brute Force 전략이 복잡한 텍스트 문제에까지 적용될 수 있음을 보여준다. 여기서 편집 연산은 삽입, 삭제, 교체로 구성되며, 가능한 모든 변환 과정을 탐색한 후, 가장 적은 횟수로 문자열이 변환되는 경우를 선택한다. 이 방식은 문서 유사도 계산, 맞춤법 수정, 문장 구조 비교 등 자연어 처리(NLP)의 기초로 널리 활용된다.
  - ☑ 문제 예시: "단어 'apple'을 'apply'로 바꾸는 데 필요한 최소 편집 횟수를 구하시오."
  - ☑ Brute Force 방식: 가능한 모든 편집 경로를 시도하며, 각 경우의 연산 수를 계산하고 최솟값을 선택
  - ☑ 활용: 문서 비교, 자동 교정 시스템, 자연어 처리 전처리

- **이동 경로 탐색 및 최단 거리 찾기 문제**: 게임이나 로봇 제어 시스템 등에서 자주 등장하는 경로 탐색 문제는 Brute Force를 통해 가능한 모든 경로를 먼저 생성한 뒤, 그중에서 도달 가능한 경우만을 모아 최단 경로를 찾는 방식으로 해결할 수 있다. 이처럼 미로, 격자판, 지형도 등에서 이동 가능한 경로를 모두 탐색하는 과정은 DFS, BFS와 같은 알고리즘과 밀접하게 연결되며, 경로 최적화 문제의 기초를 구성한다.
  - ☑ 문제 예시: "시작점에서 도착점까지 도달 가능한 모든 경로를 구하고, 그중 가장 짧은 경로를 구하시오."
  - ☑ Brute Force 방식: 가능한 모든 경로를 완전 탐색하여 조건을 만족하는 경로만 추려낸 후 길이를 비교
  - ☑ 활용: 내비게이션 시스템, 로봇 동작 시뮬레이션, 게임 자동화

- **데이터 구조 내 특정 패턴이나 형태 찾기**: 정렬되지 않은 데이터나 연속된 조건을 만족하는 값의 패턴을 찾는 문제 역시 Brute Force의 힘이 발휘되는 대표적 분야다. 예를 들어, 리스트 안에서 연속된 세 개의 숫자가 모두 짝수인지 확인하려면, 처음부터 끝까지 일정 구간씩 잘라가며 조건을 검사해야 한다. 이 방법은 단순하지만 효과적이며, 데이터의 흐름이나 이상 패턴을 감지하는 데 유용하다.

  - ☑ 문제 예시: "숫자 리스트 안에서 연속된 3개의 짝수가 있는 구간이 존재하는지 확인하시오."
  - ☑ Brute Force 방식: 리스트의 각 위치부터 일정 길이의 구간을 만들어 조건에 맞는지 반복적으로 검사
  - ☑ 활용: 이상치 탐지, 알고리즘 테스트, 신호 패턴 분석

- **비교 기반 최댓값/최솟값 찾기**: 두 개의 리스트에서 하나씩 값을 뽑아, 그 차이가 가장 작은 쌍을 찾는 문제는 모든 조합을 시도해야만 정확한 해답을 얻을 수 있다. 이 문제는 단순한 값 비교처럼 보이지만, 비교 대상이 많은 경우에는 효율적인 탐색 전략이 필요하다. Brute Force는 가장 기본적인 비교 방식을 통해 조건을 분석하고 최적의 조합을 선택하는 논리를 훈련할 수 있는 좋은 예시가 된다.

  - ☑ 문제 예시: "리스트 A와 리스트 B에서 각각 하나의 값을 선택해 차이가 가장 작은 쌍을 구하시오."
  - ☑ Brute Force 방식: 리스트 A의 모든 값에 대해 리스트 B의 모든 값을 비교하며 차이를 계산하고 최솟값을 추적
  - ☑ 활용: 추천 시스템, 매칭 알고리즘, 가격 비교 프로그램

답을 스스로 도출해내는 과정이 문제 해결의 진짜 실력이다 지금까지 '단순하게 문제 풀기(Brute Force)' 전략의 개념, 필요성, 실행 과정, 그리고 다양한 활용 예시들을 살펴보았다. 이제, 실제로 이 전략을 적용해보며 자신의 사고력과 문제 해결력을 직접 시험해볼 차례다. Brute Force 전략을 활용하여 각 생각하기 주제를 해결하면서 단순한 반복 속에서도 전략을 세우고, 직접 코드를 구현하며 생각을 행동으로 옮기는 힘을 길러보자.

생각하기 1: 내 연락처에서 중복된 이름이 있을까? 스마트폰 연락처가 많아질수록 동일한 이름이 반복되는 일이 종종 생긴다. 이름이 중복되면 전화를 걸 때 헷갈릴 수 있다. 연락처 앱에서는 이런 중복을 자동으로 걸러주는 기능이 필요하다. 모든 이름을 서로 비교하려면 어떻게 해야 할까? 중복을 출력할 것인가, 제거할 것인가? 이름이 영어일 경우와 한글일 경우에도 잘 동작할까? 이제 Python으로 이름 리스트를 입력받고, 중복된 이름이 있는지 확인하는 프로그램을 직접 해결해보자. 아래의 상황을 직접 설계하고, 여러 방식으로 중복을 탐지하고 처리해보자.

- ✔ 이름 리스트를 직접 만들어보고
- ✔ 어떤 이름이 중복되고 있는지 출력해보고
- ✔ 그 이름들을 제거하거나, 한 번만 남겨보자.

다음은 연락처의 중복을 확인하는 Python 코드의 일부이다. 하나씩 모두를 비교하는 Brute Force 방식의 핵심 코드 부분에 해당한다. 그러나 주어진 전체 문제의 해결은 아니다. 아래의 코드를 확장하여 중복된 이름을 모두 찾아내어 중복 내용을 삭제하는 프로그램을 완성해보자.

```python
1 # 연락처의 중복을 확인하는 코드
2 for i in range(len(name_list)):
3     for j in range(i + 1, len(name_list)):
4         if name_list[i] == name_list[j]:
5             print("중복 발견:", name_list[i])
```

Brute Force는 반복과 비교의 전략으로 문제의 핵심을 해결할 수 있는 강력한 방식이지만, 전체 문제 해결은 핵심 부분만으로 완성되지 않는다. 전체 문제 해결 방법을 논리적으로 설계하고 효율적으로 완성할 수 있을 때 비로소 단순한 구현을 넘어선 문제 해결 사고력이 자라나는 것을 기억하자.

 어느새 사진 폴더가 복잡해졌다. .jpg, JPG, .jpeg, .png, .gif, .heic, .webp 등 다양한 형식의 이미지가 뒤섞여 있다. 특정한 파일만 골라내고 싶을 때, 일일이 이름을 눈으로 확인하면서 고르기에는 시간이 너무 오래 걸린다. 이럴 때 컴퓨터가 자동으로 ".jpg 파일만 찾아서 출력해주는 프로그램"을 만들어준다면 얼마나 편리할까? 그런데 여기에는 생각보다 다양한 문제가 숨어 있다. 확장자가 .jpg로 정확히 끝나는 경우도 있지만, 대문자인 JPG나 Jpeg, JPEG와 같은 경우는 어떻게 처리할까? 파일 이름이 길고 확장자가 복잡하게 섞여 있을 경우에도 정확하게 탐색할 수 있을까?

이제 Python으로 다양한 파일 이름이 들어 있는 리스트를 만들고, 그중에서 .jpg로 끝나는 파일만 출력하는 프로그램을 직접 작성해보자. 아래의 항목을 따라, 자신만의 탐색 조건과 필터링 전략을 구성해보자.

- ☑ 파일 이름이 뒤섞인 리스트를 만들어보고
- ☑ 확장자가 .jpg 또는 .JPG로 끝나는 파일만 걸러보고
- ☑ 대소문자 구분을 없애려면 어떤 처리가 필요할지 실험해보자.

다음은 Brute Force 방식으로 리스트의 각 항목을 하나씩 검사하며 조건을 비교하는 코드의 일부이다. 아래 코드는 .jpg로 끝나는 파일을 출력하지만, 실제로

   문제 해결의 전략, 알고리즘

는 이보다 더 다양한 조건에 대응할 수 있어야 한다.

```python
1 # .jpg 파일을 찾는 코드
2 for filename in file_list:
3     if filename.lower().endswith(".jpg"):
4         print("JPEG 파일 발견:", filename)
```

위의 코드는 lower() 함수를 이용해 확장자를 소문자로 통일한 뒤 .jpg로 끝나는지를 검사한다. 즉, 대소문자 구분 없이 탐색이 가능한 유연한 구조로 개선된 Brute Force 방식이다. 하지만 여기에서 끝내지 말고, 파일 개수를 세거나 .jpeg까지 포함시키는 등 기능을 확장해보자. Brute Force 전략은 이렇게 하나씩 확인하면서 조건을 적용해가는 방식에 강점을 가진다. 모든 항목을 다 본다는 점에서는 느릴 수 있지만, 정확하고 안정적인 결과를 얻는 데 매우 유효한 방법이다. 특히 정렬되어 있지 않고, 조건이 복잡하게 얽혀 있는 데이터라면 더욱 그렇다.

Brute Force는 반복과 비교의 전략으로 문제의 핵심을 해결할 수 있는 강력한 방식이지만, 전체 문제 해결은 핵심 부분만으로 완성되지 않는다. 어떤 파일을 선택하고 어떤 조건을 설정할지, 그 기준을 스스로 정의하고 확장할 수 있을 때 비로소 단순한 구현을 넘어선 문제 해결 사고력이 자라나는 것을 기억하자.

생각하기 3: 내 생일이 일요일이 되는 해는 언제일까? 내 생일이 주말과 겹치는 날이면, 하루가 더 특별해진다. 놀러 가기에도 좋고, 친구들과 함께 보내기도 수월하다. 그래서 문득 이런 궁금증이 생긴다. "내 생일이 일요일인 해는 언제일까?" 그런데 이걸 손으로 계산하려면 꽤 복잡하다. 윤년, 월별 일수, 요일 이동 규칙까지 직접 계산해야 하기 때문이다. 하지만 Python과 Brute Force 전략을 이용하면 생각보다 간단하게 해결할 수 있다. 연도를 하나씩 증가시키면서, 내가 지정한 생일의 요일을 계속 확인해보면 된다.

이제 Python을 이용해, 예를 들어 2025년부터 2050년까지의 범위 안에서 자신의 생일이 일요일이 되는 해를 탐색하는 프로그램을 직접 설계해보자.

☑ 생일(월, 일)을 변수로 입력해보고

☑ 연도를 하나씩 증가시키며 해당 날짜의 요일을 계산하고

☑ 일요일인 해를 출력해보자.

☑ 확장 미션: 주말(토·일)을 모두 포함하거나, 특정 요일만 걸러내보자.

아래 코드는 그 핵심 흐름을 보여준다. datetime 모듈을 이용하여 날짜의 요일을 확인할 수 있으며, Brute Force 방식으로 모든 해를 순차적으로 검사하게 된다.

```python
1  # 생일이 일요일인 해를 찾는 코드
2  import datetime
3
4  month = 5    # 생일 월
5  day = 24     # 생일 일
6
7  for year in range(2025, 2051):
8      birthday = datetime.date(year, month, day)
9      if birthday.weekday() == 6:  # 일요일은 weekday() == 6
10         print(f"{year}년은 일요일입니다.")
```


이 코드는 반복적으로 날짜 객체를 생성하고, 해당 날짜의 요일이 일요일인지를 검사한다. 정렬되어 있지도 않고 규칙도 복잡한 '요일 패턴'은 이처럼 모든 경우를 직접 시도하는 Brute Force 전략으로 해결하기에 딱 적합하다. Brute Force 전략은 이렇게 반복과 조건 비교를 통해 정확한 해답에 도달하는 전략이다. 비록 가장 빠른 방법은 아닐 수 있지만, 조건이 단순하고 경우의 수가 한정적일 때 완전한 탐색을 통해 신뢰할 수 있는 정답을 도출하는 데 효과적이다.

Brute Force는 반복과 비교의 전략으로 문제의 핵심을 해결할 수 있는 강력한 방식이지만, 문제 해결은 단지 결과를 출력하는 데 그쳐서는 안 된다. 날짜 형식, 요일 계산, 반복 범위 설정까지 직접 설계하고 구현할 수 있어야 단순한 코드를 넘어선 문제 해결 사고력이 길러진다는 것을 기억하자.

생각하기 4: 친구 4명과 팀을 만들 때 가능한 모든 조합은?　　조별 과제를 하거나 체험 학습 팀을 짤 때, 누구와 함께하느냐는 결과만큼이나 중요하다.

☑ "나는 A랑은 친한데 B랑은 좀 불편해."

　　　　　　　　　　　　　　　　　　　　　　문제 해결의 전략, 알고리즘

☑ "C랑은 얘기 잘 통해서 같이 하고 싶어."

팀을 구성하는 건 단순히 조합을 만드는 문제가 아니다. 서로가 잘 어울릴 수 있는 조건을 만족시키는 조합을 찾는 과정이다. 그런데 이렇게 되면 조건이 꽤 복잡해진다. 가능한 조합은 많고, 그중 어떤 조합은 성립하지 않는다. 이럴 땐 어떻게 해야 할까? '조건을 걸러내는 과정'은 어떻게 구현할 수 있을까? 순서가 바뀐 조합도 동일하게 볼까? 가능한 모든 팀 조합을 하나하나 만들어보고, 각 조합이 조건(친구 관계)에 부합하는지를 검사하는 방식이 필요하다. 바로 이때 Brute Force 전략이 빛을 발한다. Python을 이용해 다음의 문제를 직접 해결해보자.

☑ 총 4명의 학생이 있고
☑ 2명씩 짝을 지을 수 있는 모든 조합을 만든다.
☑ 특정 학생들끼리는 친구가 아니라는 조건을 설정한다.
☑ 조건에 맞지 않는 조합은 제외하고 출력한다.

아래는 팀 구성 조합을 생성하는 핵심 흐름이다. 이 조합 생성은 Brute Force의 조합 탐색 구조와 동일하며, 모든 경우를 만든 뒤 조건을 걸러내는 구조로 설계된다.

```python
1 from itertools import combinations
2
3 students = ['A', 'B', 'C', 'D']
4 bad_pairs = [('A', 'C'), ('B', 'D')]
5
6 for pair in combinations(students, 2):
7     if pair not in bad_pairs and tuple(reversed(pair)) not in bad_pairs:
8         print("가능한 조합:", pair)
```

```
가능한 조합: ('A', 'B')
가능한 조합: ('A', 'D')
가능한 조합: ('B', 'C')
가능한 조합: ('C', 'D')
```

이 코드는 가능한 모든 2인 조합을 생성하고, 그중 특정한 '안 되는 조합'을 조건으로 걸러낸다. 조건을 검사하는 방식은 다양하게 변형 가능하며, 친구 관계를 딕셔너리로 관리하거나, 불호 관계를 목록화할 수도 있다. 실제 팀원들의 이름으로 리스트 데이터를 작성하고, 피해야할 팀원을 입력 받아 처리하면, 전체 완성도가 높아질 수 있다.

Brute Force 전략은 이렇게 가능한 모든 경우를 만들고 조건을 걸러내는 과정에 강하다. 조건이 명확하지만 예외가 많고, 자동화가 필요할 때 모든 경우를 통제할 수 있는 이 방식은 단순하지만 강력한 해법이 된다.

Brute Force는 반복과 비교의 전략으로 문제의 핵심을 해결할 수 있는 강력한 방식이지만, 진짜 문제 해결은 조합을 만들고 조건을 설정하며, 관계를 코드로 설계할 수 있을 때 비로소 완성된다. 조건 분기와 논리 구조를 스스로 설계할 수 있어야, 단순한 구현을 넘어서 문제 해결 사고력이 자라난다는 것을 기억하자.

생각하기 5: 나만의 패턴 매칭을 해보자　"그 기사에서 '교육'이라는 단어가 나왔던 것 같은데 내가 쓴 글에서 같은 표현이 몇 번 반복됐는지 알고 싶어."이처럼 우리는 일상에서 어떤 단어가 문장 안에 있는지를 확인하고 싶을 때가 자주 있다. 그런데 이걸 눈으로 찾으려면 시간이 오래 걸린다. 특히 긴 글, 뉴스, 논문처럼 수천 자가 넘는 텍스트에서는 더욱 그렇다. 그럴 때 필요한 전략이 바로 패턴 매칭이다. 문자열 속에서 특정 단어(패턴)가 들어있는 위치를 반복적으로 검사하면서 텍스트 전체를 탐색해가는 Brute Force 방식의 탐색 전략이다.

이제 직접 문자열을 입력하고, 그 안에 특정 단어가 있는지를 찾아보는 나만의 패턴 매칭 프로그램을 만들어보자.

- ☑ 문장을 입력하고
- ☑ 찾고 싶은 단어(패턴)를 정한 뒤
- ☑ 문자열을 한 칸씩 이동하면서 비교
- ☑ 일치하는 경우의 시작 위치를 출력하고
- ☑ 멈추지 않고 끝까지 탐색해보자.

아래는 핵심이 되는 Brute Force 탐색 구조이다. 문장을 처음부터 끝까지 한 글자씩 이동하며, 현재 위치에서 패턴과 일치하는지를 직접 비교하는 방식이다.

　　　　　　　　　　　　　　　문제 해결의 전략, 알고리즘

```python
1 text = "생성형 인공지능은 교육을 변화시킨다. 새로운 교육 환경에서 인공지능은 핵심이다."
2 pattern = "교육"
3
4 text = "생성형 인공지능은 교육을 변화시킨다. 새로운 교육 환경에서 인공지능은 핵심이다."
5 pattern = "교육"
6
7 for i in range(len(text) - len(pattern) + 1):
8     if text[i:i+len(pattern)] == pattern:
9         print(f'"{pattern}" 발견 위치: {i}')
```

```
"교육" 발견 위치: 10
"교육" 발견 위치: 25
```

이 코드는 단어가 발견된 첫 위치뿐 아니라, 끝까지 탐색하여 모든 위치를 출력하는 구조로 작성되어 있다. 단순한 비교지만, 반복 속에서 정확한 위치를 찾는 사고가 형성된다. 그런데 이 과정을 그냥 '코드 실행'으로 끝내선 안 된다. 중요한 건, 어떤 글에서 어떤 단어를 찾을 것인가? 또, 중복 단어가 있는 경우를 어떻게 처리할 것인가? 대소문자나 공백, 특수문자에 영향을 받지 않게 하려면? 이런 조건을 하나씩 추가하면서, 여러분만의 패턴 매칭 구조를 설계해보자.

Brute Force 전략은 모든 위치를 일일이 비교하는 방식이지만, 그 안에는 반복 제어, 조건 설계, 비교 알고리즘의 핵심 원리가 모두 들어 있다. 고급 알고리즘(KMP, Rabin-Karp, Boyer-Moore)으로 발전하기 위한 가장 단단한 기초가 바로 여기에서 출발한다. Brute Force는 반복과 비교의 전략으로 문제의 핵심을 해결할 수 있는 강력한 방식이지만, 문제 해결은 단순한 위치 발견이 아니라, 패턴 정의 → 탐색 범위 설정 → 비교 구조 설계라는 일련의 과정 전체로 구성된다. 이를 스스로 설계하고 조건을 확장할 수 있을 때, 단순한 비교를 넘어선 문제 해결 사고력이 자라나는 것을 기억하자.

이제 여러분의 차례다. 직접 문제를 구성하고, 코드를 작성하고, 출력 결과를 확인하며 Brute Force 전략의 직관, 반복, 조건 분기가 실제로 어떻게 작동하는지 체득해보자. 실패하지 않고 모든 경우를 시도하는 이 방식 속에, 문제를 천천히 그러나 정확하게 푸는 사고의 힘이 숨어 있음을 기억하자.

복잡한 알고리즘을 다루는 시대에 '가능한 모든 경우를 하나하나 다 시도한다'는 Brute Force 전략은 왠지 오래되고 비효율적인 방식처럼 느껴질 수 있다. 하지만 이번 단원을 통해 우리는 바로 그 단순함 속에 논리적 사고의 근육을 기르고, 조건 설계와 반복 구조의 기초를 훈련하는 가장 강력한 훈련 도구가 있다는 사실을 알게 되었다. 이번 단원에서는 Brute Force 전략을 중심으로 다음과 같은 내용을 살펴보았다.

- ✅ Brute Force란 가능한 모든 경우를 빠짐없이 시도해보는 완전 탐색 전략임을 이해했다.
- ✅ 이 전략이 단순한 구조임에도 불구하고 매우 다양한 문제에 적용될 수 있음을 확인했다.
- ✅ 순차 탐색, 버블 정렬, 패턴 매칭과 같은 대표적 문제 해결 방식에 이 전략이 어떻게 구현되는지를 직접 실습해보았다.
- ✅ 컴퓨터가 문제를 해결할 때, 사람이 먼저 전체 구조를 논리적으로 설계하고 조건을 정리하는 것이 얼마나 중요한지 경험했다.
- ✅ 문제를 작은 단위로 나누고(분해), 반복적으로 조건을 검사하며(반복), 해답을 좁혀가는 과정에서 컴퓨팅 사고력의 핵심 요소들이 구체적으로 작동함을 배웠다.

Brute Force는 결코 '무식하게 푸는 방식'이 아니다. 오히려 사람이 가장 신중하게 문제를 분석하고 체계적으로 풀어나가는 방식이기도 하다. 가능한 모든 경우를 만들어보고, 그중에서 조건에 맞는 것만 골라내는 이 전략은 컴퓨터가 문제를 해결하는 사고 과정을 그대로 담고 있다.
특히 이 전략은 다음과 같은 상황에서 그 힘을 발휘한다.

- ✅ 조건이 명확하고 경우의 수가 비교적 적을 때
- ✅ 정렬되어 있지 않거나 규칙을 알 수 없을 때
- ✅ 확실한 정답이 필요하고, 실패 없이 모든 가능성을 다 따져야 할 때

단순한 코드 한 줄이지만, 그 안에는 '이 구조가 왜 필요한가?, 조건을 어떻게 나누고 검사할 것인가?, 결과를 어떻게 저장하고 출력할 것인가?'와 같은 알고리즘 설계와 문제 해결의 모든

문제 해결의 전략, 알고리즘

요소가 들어 있다. 또한 우리는 이 단원을 통해 컴퓨팅 사고력과 연결된 다양한 문제 해결 방식을 훈련했다. 이러한 모든 활동은 Brute Force라는 단순한 틀 안에서 출발했지만, 결국은 사고력과 전략, 논리적 설계로 완성되어 갔다.

어떤 문제든 처음에는 복잡해 보인다. 하지만 작은 단위로 나누고, 가능한 모든 경우를 시도하며, 그 안에서 해답을 찾아가는 이 단순한 방식은 실제로 우리가 마주하는 많은 복잡한 문제들을 명확하고 정확하게 해결할 수 있는 출발점이 되어준다.

이제 여러분은 Brute Force를 단순한 방법으로만 기억하지 않을 것이다. 그것은 문제를 처음 대했을 때 가장 먼저 떠올릴 수 있는, 가장 신중하고 안정적인 전략이다. 그리고 반복과 비교 속에서도 사고의 근육을 키우며, 문제 해결 사고력을 성장시키는 최고의 도구가 될 것이다. 절대 잊지 말자. 가장 단순한 전략이야말로, 가장 본질적인 힘을 가지고 있다는 사실을 말이다. Brute Force는 언제나 문제 해결의 출발점이 될 수 있다. 이제, 스스로 가능한 모든 경우를 탐색하고, 해답을 찾는 여정을 시작해보자. 그 단순한 반복 속에서, 진짜 사고력은 자라날 것이다.

분할 정복 알고리즘

☑ "이건 너무 커서 어디부터 시작해야 할지 모르겠어." 문제를 마주할 때 이런 생각이 들었다면, 바로 분할 정복 알고리즘이 필요할 때다. 전체를 한 번에 해결하려 하지 말고, 더 작은 조각으로 나누고, 그 조각들을 하나씩 해결해가는 것. 복잡한 전쟁에서 전략이 필요하듯, 복잡한 문제 앞에서도 우리는 전략을 세워야 한다.

☑ 역사적으로도 그 전략은 이미 증명된 바 있다. 1805년, 나폴레옹은 아우스터리츠 전투에서 연합군을 중앙에서 갈라 승리를 거두었다. 압도적인 병력에도 불구하고, 둘로 나뉘어진 연합군은 완전 패배를 당했다. 문제를 쪼개고 정복하는 이 전술은 전장에서만 통하는 것이 아니다. 오늘날 알고리즘에서도 이 전략은 'Divide and Conquer'라는 이름으로 여전히 많은 문제 해결에 쓰이고 있다.

☑ 이제 우리는 문제를 작게 쪼개고, 각 부분을 해결한 뒤, 그것들을 합쳐 전체 문제를 해결하는 분할 정복(Divide and Conquer) 전략을 배워 보기로 한다. 단순히 반복하거나 전체를 훑는 방식이 아니라, 효율적으로 나누고 정복하며, 마침내 큰 문제를 풀어내는 전략이다. 나누고, 정복하고, 통합하는 문제 해결의 방법을 면밀히 살펴보자.

문제를 작게 나누고, 각 조각을 해결한 뒤, 다시 전체를 완성한다는 발상. 이것이 바로 '분할 정복(Divide and Conquer)' 알고리즘의 핵심이다. 이 전략은 문제를 구조적으로 해체하고, 그 조각들을 해결 가능한 단위로 재구성한 뒤, 다시 통합하여 완전한 해결책을 도출하는 방식이다. 정답을 향한 하나의 길이 아니라, 쪼개고, 따로 해결하고, 다시 조합하는 유연한 접근으로 프로그래밍뿐 아니라 실제 전략에서도 매우 강력하다. 분할 정복은 이러한 전략을 알고리즘 세계에 옮겨온 것이다.

❶ 분할 정복 알고리즘이란?

분할 정복은 동일한 구조의 하위 문제로 나눌 수 있는 문제에 적용되는 전략이다. 작은 문제도 원래 문제와 같은 방식으로 해결할 수 있어야 하며, 이 결과를 다시 결합할 수 있어야 한다. 주로 정렬, 탐색, 최적화, 수치 계산 등 반복 구조가 있는 문제에 활용되며, 적절한 문제 구조에서는 반복 기반 방법보다 더 효율적인 성능을 보일 수 있다. 분할 정복 알고리즘은 다음과 같은 핵심 특징을 가진다.

- **문제의 구조화 가능성**: 문제를 일정 기준으로 분할할 수 있고, 각 부분이 독립적으로 해결 가능할 때 효과적이다.
- **재귀적 해결**: 각 하위 문제는 원래 문제와 동일한 해결 방식이 적용되므로, 재귀적으로 구현되기 쉽다.
- **효율적인 시간 복잡도**: 대부분 $O(n \log n)$의 성능을 가지며, 특히 큰 데이터에 강하다. 병합 정렬, 퀵 정렬, 이진 탐색이 대표적이다.

- **병렬화 가능성**: 독립적인 하위 문제로 나눌 수 있는 경우 병렬 처리에 유리하다.

이처럼 분할 정복은 문제 해결에 있어 논리적 구조화와 효율성이라는 두 마리 토끼를 동시에 잡는 전략이다.

② 분할 정복 알고리즘의 전략적 가치

분할 정복은 단지 문제를 나누는 방식이 아니다 분할 정복 알고리즘 안에는 전략적 사고, 효율성 추구, 코드의 명료성, 그리고 확장성이 내재되어 있다. 이 알고리즘은 복잡한 문제를 단순하게 만들기 위한 근본적인 접근이자, 우리가 효율적인 문제 해결로 가기 위한 디딤돌이 된다. 다음은 분할 정복 알고리즘이 가진 전략적 가치를 정리한 내용이다.

- **문제를 구조화하고 해체할 수 있는 사고의 틀**
  - ☑ 문제를 논리적인 하위 구조로 나눠 해결 가능
  - ☑ 복잡한 조건도 하위 문제에 적용하면 자연스럽게 정리됨
- **복잡도 감소와 성능 향상**
  - ☑ 단순 반복 방식에 비해 훨씬 적은 연산으로도 동일한 결과 도출 가능
  - ☑ 특히 정렬과 탐색 알고리즘에서는 $O(n \log n)$ 성능을 안정적으로 확보
- **코드의 재귀적 구조와 명료성**
  - ☑ 구현 과정에서 로직이 자연스럽게 계층화됨
  - ☑ 복잡한 흐름을 짧고 직관적인 코드로 표현할 수 있음
- **병렬 처리 및 분산 처리로의 확장 용이성**
  - ☑ 각 하위 문제가 독립적으로 작동하므로 멀티코어, 클라우드 환경에서 매우 유리
- **범용성과 응용력**
  - ☑ 정렬, 탐색뿐 아니라 행렬 계산, 그래픽 처리, 데이터 분석, AI 학습 구조에도 활용 가능
  - ☑ 문제의 성격이 달라도 동일한 전략을 반복 적용할 수 있음

즉, 분할 정복은 단순한 알고리즘이 아니라, '문제를 푸는 방식 그 자체를 바꾸는 전략'이다.

③ 장단점

모든 전략에는 빛과 그림자가 함께 존재한다. 분할 정복도 효율성이라는 강점을 지니지만, 상황에 따라 그 전략이 비효율로 바뀔 수도 있다. 분할 정복 알고리즘의 장점과 단점은 다음과 같이 정리 가능하다.

- **장점**
  - ☑ 문제 해결의 속도가 빠르다. 반복문 기반보다 시간 복잡도가 낮고, 대용량 데이터에서도 효율적이다.
  - ☑ 복잡한 문제를 단계적으로 해결할 수 있다. 작은 단위로 나누어 생각함으로써 복잡도를 줄일 수 있다.
  - ☑ 병렬 처리에 적합하다. 각 하위 문제가 독립적이므로 멀티코어, 클러스터 환경에서도 유리하다.
  - ☑ 코드가 간결하고 구조화된다. 재귀적 구현을 통해 명료하고 가독성 높은 코드 작성이 가능하다.
  - ☑ 다양한 문제에 응용할 수 있다. 정렬, 탐색, 행렬 계산 등 여러 분야에 적용 가능한 범용 전략이다.
- **단점**
  - ☑ 재귀 호출로 인한 오버헤드가 존재한다. 호출 깊이가 깊어지면 메모리 사용량이 증가하고 스택 오버플로우 위험이 있다.
  - ☑ 너무 작은 문제에도 분할을 적용하면 오히려 비효율적이다. 간단한 반복문으로 처리하는 편이 나을 수 있다.
  - ☑ 병합(통합) 과정이 복잡할 수 있다. 하위 결과들을 조합하는 알고리즘을 별도로 설계해야 하며, 오류 발생 가능성도 존재한다.
  - ☑ 추가적인 메모리 공간이 필요하다. 병합 정렬 등에서는 보조 배열이나 임시 데이터

저장이 필수적이다.

분할 정복 알고리즘은 모든 문제에 정답이 되지는 않지만, 그 구조와 효율성은 우리가 마주하는 복잡한 문제 속에서 전략적으로 판단하고 선택할 수 있는 강력한 무기가 되어준다. 상황에 따라 이 전략의 빛과 그림자를 구별하는 안목이, 문제 해결 능력의 깊이를 결정짓는다.

❹ 분할 정복 알고리즘을 위한 컴퓨팅 사고력(CT)

분할 정복 알고리즘은 단지 문제를 나누는 기술이 아니라, 복잡한 문제를 단계적으로 분석하고 구조화하며 해결하는 사고의 흐름을 설계하는 훈련이 된다. 문제를 분해하고, 동일한 해결 방식으로 처리하며, 마지막에 결과를 통합하는 일련의 과정은 컴퓨터처럼 생각하는 사고력, 즉 컴퓨팅 사고력의 정수를 담고 있다. 이 전략은 단순히 정답을 빠르게 찾는 도구가 아니라, 문제를 체계적으로 분해하고, 반복 가능한 해결 과정을 설계하는 사고의 기반이 된다. 이는 곧 컴퓨팅 사고력(Computational Thinking)의 핵심 요소와 맞닿아 있다. 겉으로는 단순해 보일 수 있는 이 전략이, 오히려 복잡한 사고를 체계화하고 확장하는 가장 단단한 출발점이 되는 것이다.

CT 요소별 연계

- **문제 분해(Decomposition)**: 분할 정복 전략은 문제를 작게 나누는 것에서 출발한다. 복잡한 문제를 해결하기 위해, 전체를 여러 개의 동일한 하위 문제로 나눈다. 예를 들어, 정렬되지 않은 수열을 반으로 나누고 각각 정렬한 뒤 다시 합치는 병합 정렬에서는 '전체 문제 → 하위 문제 → 더 이상 분할 불가 상태'로 이어지는 구조적 분해가 자연스럽게 이루어진다.
- **패턴 인식(Pattern Recognition)**: 모든 하위 문제는 원래 문제와 동일한 방식으로 처리된다. 이처럼 동일한 해결 전략이 반복 적용되는 구조를 통해, 재귀적 패턴을 인식하게 된다. 퀵 정렬에서는 피벗을 기준으로 좌우로 계속 나누는 동일한 패턴이 반복되며,

이 과정에서 문제 해결의 흐름을 하나의 규칙으로 인식하게 된다.

- **추상화(Abstraction)**: 하위 문제들은 내부의 구체적인 값과는 무관하게 같은 방식으로 처리되기 때문에, 핵심 로직만을 남기고 나머지를 생략하는 추상화가 가능해진다. 예를 들어 이진 탐색에서는 '중간값과 비교 → 좌/우로 분할'이라는 구조만 유지한 채 데이터 크기, 위치, 내용과 무관하게 반복 적용할 수 있다.
- **알고리즘 설계(Algorithm Design)**: 문제를 나누고, 해결하며, 다시 결합하는 일련의 과정을 설계하는 것이 바로 분할 정복 알고리즘의 핵심이다. 여기에는 분할 기준의 설정, 정복의 종료 조건, 병합의 방식 등 구조적 설계가 수반되며, 이 과정에서 알고리즘을 설계하고 최적화하는 능력이 함께 길러진다.

분할 정복 알고리즘은 앞서 살펴본 CT 4요소 외에도, 다음과 같은 다차원적 사고력과도 깊은 관련이 있다. 이 전략은 문제를 단순히 푸는 도구를 넘어, 사고의 구조를 설계하고 확장하는 훈련으로 이어진다.

사고력 범주	연결 예시	설명
단순화 사고력	반복되는 구조를 작게 나누어 각 단위별로 처리	구조적 사고 훈련
조건 분기 사고력	병합 또는 정복 시 조건을 설정하여 흐름을 제어	상황 판단력
비판적 분석 사고력	병합 단계에서 불필요한 연산을 제거하거나 더 나은 방식 선택	예외 판단 훈련
탐색적 사고력	다양한 분할 방식이나 정복 전략을 실험하여 성능 비교	선택지 확장 경험
계층적 사고력	문제 → 하위 문제 → 최소 단위 → 재귀 → 병합의 계층 구조 설계	계획 기반 사고
전략적 사고력	어떤 기준으로 나누고 어떤 조건에서 정복을 종료할지 판단	실행 전략 설계 능력
재귀적 사고력	동일한 구조의 문제를 반복적으로 해결하는 흐름 인식	반복 구조 사고력
통합적 사고력	정복된 결과를 병합하여 전체 해결로 나아가는 설계	결합 기반 문제 해결 능력
최적화 사고력	분할 깊이, 정복 조건, 병합 방식 등을 개선하여 성능 향상 시도	효율 추구 사고 훈련

사고력 범주	연결 예시	설명
확장적 사고력	정렬·탐색을 넘어 수치 연산, 그래픽 처리, 병렬 컴퓨팅에 응용	응용력과 전이 학습 경험

이처럼 분할 정복 전략은 단순한 알고리즘 구조에 머무르지 않고, 학습자의 사고력을 다각도로 자극하고, 문제를 다층적으로 바라보는 관점을 길러준다. 문제를 나누고, 반복하고, 통합하는 일련의 흐름 속에서, 우리는 스스로 사고의 설계자가 되어간다.

혼란을 구조로 바꾸는 전략　"문제를 푸는 데 필요한 것은 정답이 아니라, 문제를 바라보는 방식이다." 하지만 복잡한 문제를 마주했을 때, 그 방식을 찾기란 결코 쉽지 않다. 데이터는 많고, 조건은 복잡하며, 해결의 실마리는 눈에 보이지 않는다. 이럴 때 분할 정복이라는 전략은 무질서한 문제를 질서 있게 나누고, 순차적으로 해결하고, 마침내 통합하는 놀랍도록 논리적인 문제 해결 구조를 제공한다.

분할 정복(Divide and Conquer)은 문제에 압도당하지 않고, 오히려 문제를 나누어 통제하게 만드는 전략이다. 어디서부터 풀어야 할지 모를 때, 일단 '나눠서 시작하라'는 이 전략은 복잡함 속에서 첫 발을 떼게 해준다. 그 자체로 사고를 설계하고 구조화하는 힘을 길러주는 것이다.

왜 분할 정복 전략이 필요한가?　분할 정복이 필요한 이유는 단지 '빠르기 때문'만은 아니다. 이 전략은 특정한 상황에서, 그리고 특정한 문제에서 유일하게 작동 가능한 구조적 해결책이 된다.

- 문제의 크기가 너무 커서, 전체를 한 번에 해결할 수 없을 때
- 문제의 구조가 반복되며 재귀적으로 나눌 수 있을 때
- 정답을 빠르게 도출해야 하며, 탐색의 여유가 없는 상황일 때
- 병렬 처리나 효율적 자원 분배가 요구되는 현대 시스템에서

분할 정복은 이러한 복잡한 조건을 만족하는 유일하면서도 강력한 전략이다.

반복의 한계를 넘어서는 구조적 사고 훈련　단순한 반복은 어느 순간 문제의 구

조를 감추고, 효율을 떨어뜨린다. 분할 정복은 반복이 아닌 구조를 요구한다. 문제를 작게 나누고, 동일한 방식으로 해결하며, 그 결과를 결합하는 구조는 문제를 단지 푸는 것이 아니라, 문제의 내부를 '보는 법'을 훈련시킨다.

- ☑ 처음부터 완벽한 알고리즘을 설계하기 어렵다면, 일단 문제를 나누어 보자.
- ☑ 하나의 문제로 압축된 복잡한 조건을, 두 개, 네 개, 여덟 개로 나누면 비로소 이해된다.
- ☑ 이해되지 않던 문제도 작은 조각이 되면 설명할 수 있게 된다.

예측 가능한 흐름 속에서 사고의 설계를 배우다   Brute Force가 모든 경우를 시도하며 시행착오를 유도하는 전략이라면, 분할 정복은 '정답을 만드는 과정 자체를 예측 가능한 구조'로 만드는 전략이다.

- ☑ 어디서 나누고, 어디서 멈추며, 어떻게 결합할지의 흐름이 명확하다.
- ☑ 조건 분기, 종료 조건, 병합 규칙이 모두 설계 가능하다.
- ☑ 반복보다 훨씬 구조적이고, 사고를 시각화할 수 있다.

결국 분할 정복은 문제 해결 과정 그 자체가 설계 가능한 전략이다. 학습자 입장에서 이 구조는 논리적 사고 훈련의 이상적인 틀이 된다.

반복보다 빠른, 사고력 중심의 전략   분할 정복은 성능을 넘어선 전략이다. 병합 정렬, 퀵 정렬, 이진 탐색처럼 $O(n \log n)$의 효율을 보여주는 알고리즘 대부분이 이 전략을 기반으로 한다. 하지만 이 전략의 진짜 가치는 속도보다 사고력과 설계력을 요구하는 점에 있다.

- ☑ 성능 향상은 결과이고, 구조 설계는 과정이다.
- ☑ 분할 정복을 구현한다는 것은, 문제를 분석하고 분해하며 통합할 수 있는 능력을 기르는 것이다.
- ☑ 알고리즘의 완성은 결국, 문제를 얼마나 잘 나눌 수 있는가에 달려 있다.

   문제 해결의 전략, 알고리즘

 분할 정복은 특별 전략 같지만, 모든 학습자에게 반드시 필요한 기본적인 전략이다.

- **컴퓨팅 사고력의 실제 훈련**
  - ☑ 나누기, 정복하기, 병합하기는 각각 문제 분해, 추상화, 알고리즘 설계의 실제적인 훈련 과정이 된다.
- **재귀와 구조적 흐름에 대한 자연스러운 감각 형성**
  - ☑ 처음에는 어렵지만, 직접 구현하고 실행해보면 반복문 이상의 흐름을 체험하게 된다.
- **구현의 자신감과 구조화된 사고력 향상**
  - ☑ 실제 코드로 작성하면서 문제의 흐름을 직접 만들고 통제하는 경험은 학습자에게 단순 구현 이상의 성취감과 논리적 자신감을 안겨준다.

 분할 정복은 컴퓨터가 사용하는 전략이기 이전에, 인간이 직관적으로 사용하는 문제 해결 방식이다.

- **1024개의 선물 중 실수로 쓰레기가 들어간 상자를 찾을 때,**
  - ☑ 모든 상자를 검사하기보다는 반으로 나누고, 그중 더 무거운 쪽을 또 반으로 나누는 방식이 더 빠르다.
- **피자를 자를 때,**
  - ☑ 한 번에 8조각을 자르는 대신 2등분 → 4등분 → 8등분 과정을 거친다. 이것이 바로 분할 정복이다.
- **학기 계획, 일정 분할, 할부 계산, 문제 풀이 계획 모두,**
  - ☑ 한 번에 다 하지 않고 나눠서 접근하는 방식은 자연스러운 인간형 분할 정복 전략이다.

세상을 복잡하게 만드는 것은 정보가 아니라, 그 정보가 어떻게 구조화되지 않았는가에 있다. 분할 정복은 복잡한 문제를 질서의 흐름 속으로 데려오는 전략이다. 그것은 '정답을 아는 전략'이 아니라, '정답을 만들 수 있는 구조'를 설계하는 전략이다. 그래서 지금도, 앞으로도, 이 전략은 반드시 필요하다.

문제를 푼다는 것은 단순히 답을 구하는 것이 아니라, 어디서부터 시작하고, 어떤 방식으로 접근하며, 무엇을 기준으로 판단할 것인가를 정하는 일이다. 분할 정복 알고리즘은 이러한 문제 해결의 전 과정을 명확한 단계로 나누어 사고의 구조를 설계하게 만든다. 이 전략은 다음의 단계를 통해 문제 해결을 구조화한다.

1단계: 문제를 나눌 수 있는 기준을 세운다　복잡한 문제를 처음 마주하면, 우리는 어디서부터 시작할지 막막할 수 있다. 이럴 때 필요한 것은 '문제를 작게 나눌 수 있는 기준'을 세우는 일이다.

- **핵심 질문**: 이 문제는 어떤 방식으로 쪼갤 수 있을까?
  - ☑ 데이터 크기를 기준으로 나누는가?
  - ☑ 위치나 순서를 기준으로 나누는가?
  - ☑ 규칙이나 조건을 기준으로 나눌 수 있는가?
- **실행 포인트**
  - ☑ 리스트, 배열, 문자열 등은 중간 인덱스를 기준으로 나누기 좋다.
  - ☑ 문제 전체가 재귀적으로 반복되는 구조인지 확인해야 한다.
  - ☑ 분할 기준을 정하는 순간 해결의 방향이 명확해진다.

2단계: 더 이상 나눌 수 없는 최소 단위를 설정한다　문제를 무조건 계속 나눌 수는 없다. 어느 시점에서는 나누기를 멈추고 직접 해결해야 한다. 이 단계는 문제의 종료 조건, 즉 '정복'의 시작점을 정하는 과정이다.

- **핵심 질문**: 어디까지 나누면 충분한가?
  - ☑ 원소 개수가 1개가 되면 정렬은 완료된 것으로 간주할 수 있다.
  - ☑ 찾고자 하는 값이 한 자리만 남으면 더 이상 나눌 수 없다.
  - ☑ 더 이상 의미 있는 구조가 남지 않을 때, 멈춰야 한다.
- **실행 포인트**
  - ☑ 조건을 코드로 표현하면 재귀의 종료 조건이 된다.
  - ☑ 종료 조건이 없거나 모호하면 무한 루프가 발생한다.
  - ☑ 가장 작은 단위를 정의하는 순간, 문제의 핵심이 드러난다.

3단계: 나눈 문제를 동일한 방식으로 해결한다 분할 정복은 동일한 방식으로 하위 문제를 처리하는 재귀적 해결 구조를 갖는다. 즉, 처음 설정한 분할 기준과 종료 조건은 모든 하위 문제에 동일하게 적용된다.

- **핵심 질문**: 하위 문제들도 같은 방식으로 처리 가능한가?
  - ☑ 정렬할 리스트가 반으로 나뉘어도 정렬 방법은 같다.
  - ☑ 탐색 범위가 작아져도 탐색 논리는 동일하다.
  - ☑ 하위 문제의 해결이 전체 해결과 연결되는가?
- **실행 포인트**
  - ☑ 각 단계에서 동일한 처리를 위하여 함수를 호출하되, 입력만 축소시킨다.
  - ☑ 해결의 논리가 간결할수록 반복 적용이 수월하다.
  - ☑ 한 가지 해결 로직으로 전체 문제를 푸는 구조가 된다.

4단계: 해결된 결과를 다시 하나로 결합한다 작은 문제들을 모두 해결했다면, 이제 그 결과를 모아 전체 해답을 구성해야 한다. 분할 정복에서는 이 '병합' 단계가 최종 결과를 도출하는 마지막 과정이다. 문제의 특성에 따라 병합 없이 문제가 해결되는 경우가 있다. 이러한 경우, 병합 단계는 생략 가능하다.

- **핵심 질문**: 나눠서 해결한 결과들을 어떻게 결합할 것인가?
  - ☑ 정렬된 두 리스트를 하나로 병합하는 방식은 무엇인가?

☑ 탐색 결과를 어떻게 이어받고 반환할 것인가?

- **실행 포인트**

  ☑ 결과 결합은 순서와 조건에 민감하다.

  ☑ 잘못된 병합은 전체 정답을 흐트러뜨린다.

  ☑ 병합은 단순한 합이 아니라, '논리적 조합'이다.

전체 흐름을 사고의 흐름으로 정리한다　　분할 정복은 문제 해결을 구조화할 뿐 아니라, '내가 이 문제를 어떻게 풀었는가'를 설명할 수 있는 사고의 설명 구조를 제공한다.

- **핵심 사고 흐름**

  ☑ 문제를 어떻게 나눴는가?

  ☑ 어디까지 나눴고, 언제 멈췄는가?

  ☑ 각 하위 문제를 어떻게 풀었는가?

  ☑ 결과를 어떻게 결합했는가?

이 흐름을 정리할 수 있다는 것은 단지 정답을 맞힌 것이 아니라, 문제를 설계할 수 있는 사고력을 키웠다는 뜻이다.

분할 정복 알고리즘은 '빠른 알고리즘'을 넘어 복잡한 문제 앞에서 멈추지 않는 사고의 흐름을 훈련하는 전략이다. 문제를 나누고, 흐름을 설정하며, 구조를 만들어가는 이 과정이 결국은 문제를 푸는 기술이 아니라 문제를 바라보는 힘이 되는 것이다.

복잡한 문제, 일상 속에서도 풀 수 있을까? 분할 정복 알고리즘은 정렬과 탐색처럼 전통적인 알고리즘 분야에서 강력한 성능을 보이지만, 그 사고 구조는 단지 프로그래밍 코드에만 갇혀 있지 않다. 우리는 이미 일상 속에서, 무의식적으로 분할 정복을 실천하고 있다. 예를 들어, 너무 많은 선택지가 주어졌을 때 절반으로 줄여 판단하거나, 한꺼번에 모든 일을 처리하는 대신 우선순위에 따라 나눠 해결하거나, 복잡한 문제를 쪼개서 하나하나 확인하는 전략 등, 이 모든 것이 분할 정복의 원리를 그대로 따른다. 이제부터는 분할 정복 전략을 실제 문제 해결에 어떻게 적용할 수 있는지, 실생활 사례와 컴퓨터 기반 문제로 나누어 살펴보며, 분할 정복 전략이 어떻게 현실 문제 해결을 위하여 사용될 수 있는지 살펴보기로 하자.

① 실생활 문제 해결

"복잡한 일은 쪼개서 처리하라"는 말, 알고 보면 알고리즘이었다. 실생활에서 우리는 한 번에 모든 것을 해결할 수 없을 때, 자연스럽게 문제를 작게 나누고, 순서대로 처리하고, 결과를 종합하는 방식으로 문제를 해결하곤 한다. 이러한 구조는 정확히 분할 정복 전략의 흐름과 일치한다.

분실물 찾기 — 어디에 뒀더라? 책상 위가 너무 지저분하다. 지갑을 찾으려는데 어디에 있는지 모르겠다. 아무데나 들춰보자니 시간만 걸리고, 그대로 멍하니 앉아있자니 점점 불안해진다. 이럴 때 우리는 이렇게 생각한다.

"일단 왼쪽 영역부터 보고, 없다면 오른쪽으로 넘어가자."

"책 위에 없으면 서랍을 보고, 서랍에 없다면 가방 안을 보자."

이 사고 흐름은 분할 → 정복 → 통합의 순서를 따르고 있다.

- **Divide**: 책상 위 공간을 두 구역(왼쪽/오른쪽)으로 나눈다.
- **Conque**: 각 구역을 집중적으로 확인하며 지갑이 있는지 검사한다.
- **Combine**: 두 곳 중 하나에서 찾으면 전체 문제 해결 완료

이처럼 공간을 나누고, 범위를 좁히며, 문제를 해결하는 구조는 실제로 우리가 자주 쓰는 전략이지만, 분할 정복 알고리즘의 관점에서 보면 효율과 확신을 함께 높이는 해결 방식이 된다.

그룹 프로젝트 일정 조율하기　　4명의 팀원이 서로 다른 시간대에 활동한다. 회의 시간을 잡으려면 누가 언제 가능한지 다 비교해야 한다. 이때, 한 명씩 비교하기보다 이렇게 해본다.

1. 두 명씩 짝을 지어 가능한 시간대를 정리한다.
2. 각 그룹끼리 겹치는 시간대를 다시 비교한다.
3. 마지막으로 모두 가능한 한 시간대를 찾아낸다.

이 과정도 정확히 분할 정복에 해당한다.

- **Divide**: 두 그룹으로 나누어 각자의 가능 일정을 정리
- **Conquer**: 각 그룹 내부의 가능한 시간대를 정리하여 하위 결과 생성
- **Combine**: 두 하위 결과를 비교해 최종 공통 가능 시간 도출

이처럼 일정 조율처럼 조건이 많은 문제도, 분할 정복 전략을 적용하면 실질적인 협의와 선택이 가능해진다.

책장 정리하기 — 어디에 무슨 책이 있었더라?　　방 안의 책장이 너무 많다. 과제 자료가 필요해서 특정 책을 찾아야 하는데, 책이 총 300권이라면 처음부터 하나씩 보는 건 현실적으로 어렵다. 이때 우리는 다음과 같은 전략을 떠올린다.

1. 학문 분야별로 책장을 나눈다(문학/교육/과학 등).
2. 원하는 분야의 책장만 집중해서 찾는다.
3. 그 안에서 제목순으로 확인한다.

이는 분할 정복의 기본 원리를 그대로 반영한 것이다.

- **Divide**: 전체 책장을 분류 기준에 따라 나눔
- **Conquer**: 해당 구역만 집중 탐색하여 목표 도서 찾기
- **Combine**: 찾은 결과를 전체 정리에서 반영하여 문제 해결 완료

우리는 문제를 나누는 사고를 이미 일상적으로 실천하고 있다. 하지만 이를 의식하고 전략적으로 적용하는 순간, 그 사고는 더 빠르고 정확하며, 확장 가능한 문제 해결 능력이 된다.

분할 정복은 알고리즘에서 출발했지만, 사고 구조 자체를 바꾸는 훈련으로 이어진다. 복잡한 문제를 단순하게 만드는 것이 아니라, 작게 나누어 깊이 있게 해결하는 사고 훈련이 바로 이 전략의 핵심이다.

❷ 컴퓨터 활용 문제

문제를 쪼갤 수 있다면, 코드도 쪼갤 수 있다. 컴퓨터 과제나 실습을 할 때, 종종 마주하는 오류 중 하나는 처음부터 전체 문제를 한 번에 처리하려 한다는 것이다. 그 결과, 어디서 잘못됐는지도 모른 채 코드는 꼬이고, 출력은 엉키며, 디버깅은 끝나지 않는다. 이럴 때, 분할 정복 전략은 문제를 나누고 구조화하여 해결 흐름을 명확하게 만들도록 도와준다.

- **문제**: 100개의 정수가 섞여 있는 리스트가 있다. 이 리스트를 오름차순으로 정렬하라. 단, 리스트에는 중복된 수가 있을 수 있으며, 가능한 한 효율적인 정렬 알고리즘을 사용하라.

이 문제는 정렬 문제 중에서도 가장 빈번하게 사용되는 비교 기반 정렬 알고리즘의 최적화 예제로, 단순 반복 기반인 버블 정렬이나 선택 정렬보다 훨씬 빠른 성능이 요구된다. 분할 정복 전략을 기반으로 한 빠른 정렬(Quick Sort)은 입력 크기가 커질수록 성능에서 큰 차이를 보이며, 재귀 호출을 통해 구조적으로 문제를 분해하고 해결할 수 있다는 점에서 학습적으로도 매우 중요하다.

- **작동 원리**: 빠른 정렬은 다음 세 단계로 이루어진다.
  1. 피벗(Pivot) 선택
     - 리스트에서 기준이 되는 원소(pivot)를 선택한다.
     - 일반적으로 맨 앞, 맨 뒤, 중간값 등을 사용한다.
  2. 분할(Divide)
     - 피벗보다 작은 값은 왼쪽 리스트,
     - 큰 값은 오른쪽 리스트에 배치한다.
  3. 정복(Conquer) + 병합(Combine)
     - 나뉜 왼쪽/오른쪽 리스트에 대해 동일한 방법을 재귀적으로 적용한다.
     - 마지막에는 정렬된 하위 리스트와 피벗을 결합하여 결과를 구성한다.

이 구조는 분할 정복 전략의 대표적인 구현 사례이며, 리스트의 크기가 클수록 효율이 극대화된다.

- **Python 코드**: 함수 선언 — 1
  단순히 피벗을 적용하여 작은 수와 큰 수로 분류한 다음, 재귀적으로 함수를 호출하여 정렬 결과를 확인하는 방법에 대한 코드이다.

```python
1 def quick_sort(arr):
2     if len(arr) <= 1:
3         return arr
4     pivot = arr[0]
5     left = [x for x in arr[1:] if x <= pivot]
6     right = [x for x in arr[1:] if x > pivot]
7     return quick_sort(left) + [pivot] + quick_sort(right)
```

● 함수 실행 예시 — 1

함수 선언 1의 경우에 대한 실행 예시이다.

```python
1 data = [29, 10, 14, 37, 13, 25, 7, 42]
2 sorted_data = quick_sort(data)
3 print(sorted_data)
```

[7, 10, 13, 14, 25, 29, 37, 42]

● Python 코드: 함수 선언 — 2

각 단계의 피벗 값을 확인하고, 피벗 값을 기준으로 왼쪽과 오른쪽의 리스트를 확인하
는 방법에 따른 빠른 정렬 함수 선언에 해당한다.

```python
1 def quick_sort_verbose(arr, depth=0):
2     indent = "  " * depth  # 재귀 깊이에 따라 들여쓰기 조절
3
4     if len(arr) <= 1:
5         print(f"{indent}Returning: {arr}")
6         return arr
7
8     pivot = arr[0]
9     left = [x for x in arr[1:] if x <= pivot]
10    right = [x for x in arr[1:] if x > pivot]
11
12    print(f"{indent}Current list: {arr}")
13    print(f"{indent}Pivot: {pivot}")
14    print(f"{indent}Left: {left}")
15    print(f"{indent}Right: {right}")
16
17    sorted_left = quick_sort_verbose(left, depth + 1)
18    sorted_right = quick_sort_verbose(right, depth + 1)
19
20    combined = sorted_left + [pivot] + sorted_right
```

```
21        print(f"{indent}Combined: {combined}")
22        return combined
```

● 함수 실행 예시 ― 2

함수 선언 2에 해당하는 실행 예시이다.

```
1 data = [29, 10, 14, 37, 13, 25, 7, 42]
2 sorted_data = quick_sort_verbose(data)
3 print("\n최종 정렬 결과:", sorted_data)
```

```
Current list: [29, 10, 14, 37, 13, 25, 7, 42]
Pivot: 29
Left: [10, 14, 13, 25, 7]
Right: [37, 42]
  Current list: [10, 14, 13, 25, 7]
  Pivot: 10
  Left: [7]
  Right: [14, 13, 25]
    Returning: [7]
    Current list: [14, 13, 25]
    Pivot: 14
    Left: [13]
    Right: [25]
      Returning: [13]
      Returning: [25]
    Combined: [13, 14, 25]
  Combined: [7, 10, 13, 14, 25]
  Current list: [37, 42]
  Pivot: 37
  Left: []
  Right: [42]
    Returning: []
    Returning: [42]
  Combined: [37, 42]
Combined: [7, 10, 13, 14, 25, 29, 37, 42]

최종 정렬 결과: [7, 10, 13, 14, 25, 29, 37, 42]
```

- **활용 분야**: 빠른 정렬은 정렬 알고리즘 중에서도 가장 널리 쓰이며 실무성과 효율성을 동시에 갖춘 전략이다. 속도가 중요한 정렬 상황, 대용량 데이터를 다루는 환경, 반복 가능한 구조 구현 등 다양한 조건에서 활용된다. 다음은 빠른 정렬이 사용되는 대표적인 활용 분야다.

문제 해결의 전략, 알고리즘

1. **웹 로그 데이터 분석**: 대규모 로그 데이터를 처리하는 서버나 웹 애널리틱스 환경에서 빠른 정렬은 시간 내에 많은 데이터를 효율적으로 정리할 수 있는 핵심 알고리즘이다.
   - ☑ 방문자 IP 주소 정렬: 가장 많이 방문한 사용자 순으로 나열
   - ☑ 접속 시간 정렬: 최근 접속 순서대로 데이터 재구성
   - ☑ 페이지뷰 수 정렬: 인기 페이지 우선순위 추출

   수십만 건의 로그 파일을 실시간으로 처리해야 하므로, O(n log n) 평균 성능을 갖는 빠른 정렬이 가장 적합하다.

2. **대용량 시험 성적 처리 시스템**: 수백~수천 명의 시험 성적 데이터를 빠르게 정렬해야 할 때 빠른 정렬은 반복이 적고, 시간 복잡도가 낮아 적절하다.
   - ☑ 전체 성적을 높은 점수 순으로 정렬
   - ☑ 동일 점수일 경우 이름 순 정렬
   - ☑ 학년별로 그룹화 후 내부 정렬 수행

   Python, 자바 등 실무 프로그래밍 환경에서도 기본 정렬 함수가 빠른 정렬 기반으로 구현되어 있다.

3. **전자상거래 상품 정렬**: 수천 개의 상품을 조건에 따라 실시간 정렬해야 하는 온라인 쇼핑몰 환경에서도 빠른 정렬은 핵심 도구로 사용된다.
   - ☑ 상품 가격 순 정렬
   - ☑ 사용자 평점 순 정렬
   - ☑ 판매량 기준 정렬

   정렬 조건이 자주 바뀌고, 정렬 대상이 많을 때 빠르게 재구성할 수 있는 유연한 구조가 필요하다. 빠른 정렬은 다양한 정렬 기준에도 쉽게 적용 가능하다.

4. **시각화 도구 및 애니메이션에서의 정렬 연산**: 프로그래밍 교육용 시각화 도구나 인터랙티브 애니메이션에서 빠른 정렬은 재귀적 사고를 가르치기 위한 대표 사례로 쓰인다.
   - ☑ 알고리즘 시각화 애플리케이션 구현
   - ☑ 정렬 과정 애니메이션 프레임 처리
   - ☑ 사용자 입력에 따라 실시간 데이터 재정렬

   정렬 과정이 분할 → 정복 → 결합이라는 시각적 흐름을 따라가므로 시각화와 인터랙션 설계에서 매우 효과적이다.

5 **데이터 전처리 및 알고리즘 전 단계 처리**: 다양한 알고리즘에서 입력 데이터를 정렬한 후 사용해야 하는 경우가 많다. 이때 빠른 정렬은 선처리 단계에서 핵심적인 역할을 한다.

- ☑ 이진 탐색 적용 전 리스트 정렬
- ☑ 중복 제거 전 데이터 정렬
- ☑ 간단한 통계 처리(중앙값, 최빈값 등) 전 데이터 정렬

전처리가 빠를수록 전체 알고리즘의 실행 효율도 높아지므로, 빠른 정렬은 사전 준비 단계에서 가장 자주 사용되는 정렬 전략이다.

이처럼 빠른 정렬은 단순한 알고리즘을 넘어 실행 속도와 적용 범위 모두에서 우수한 정렬 도구로 자리잡고 있다. 현실 문제 해결을 위한 실용적 정렬 전략을 체득하고자 한다면, 가장 먼저 만나고 가장 오래 써야 할 정렬법이 바로 Quick Sort라 할 수 있다.

- **알고리즘의 효율성과 한계**: 빠른 정렬의 시간 복잡도는 다음과 같다.

경우	시간 복잡도
평균	O(n log n)
최악	O(n²)
공간 복잡도	O(log n)(재귀 깊이 기준)

빠른 정렬의 장단점은 다음과 같이 정리 가능하다.

- **장점**
  - ☑ 평균적으로 매우 빠름
  - ☑ 재귀 기반으로 코드가 간결하고 구조가 명확함
  - ☑ 보조 공간 사용이 적음(in-place 구현도 가능)
- **단점**
  - ☑ 피벗 선택이 나쁘면 시간 복잡도 최악

☑ 같은 값이 많거나 이미 정렬된 데이터에 대해 성능 저하

☑ 안정 정렬이 아니므로 값의 순서 유지가 필요할 땐 부적합

빠른 정렬은 단순히 속도가 빠른 알고리즘이 아니라, 문제를 나누고 해결하며 조합하는 분할 정복 전략을 실제로 구현해보는 학습의 장이다. 리스트의 구조를 분석하고, 피벗을 중심으로 사고 흐름을 설계하며, 재귀적 구조 속에서 문제를 해결해가는 이 과정은 단순한 정렬 이상의 가치를 가진다. 정렬을 넘어, 사고를 정렬하는 훈련으로 기억하자.

분할 정복 전략을 활용한 정렬 알고리즘 — 병합 정렬(Merge Sort)

- **문제**: 정수로 이루어진 리스트가 주어졌을 때, 이 데이터를 오름차순으로 정렬하라. 단, 데이터의 순서가 이미 거의 정렬되어 있거나, 중복 값이 많을 수 있다. 구현 시 안정 정렬이 보장되어야 하며, 동일한 값의 순서를 유지할 수 있어야 한다.

이 문제는 빠른 정렬과 유사하게 분할 정복 전략을 활용하지만, 중요한 차이점이 존재한다. 빠른 정렬(Quick Sort)은 피벗을 기준으로 리스트를 분할한 뒤, 재귀적으로 정렬하고 병합하는 방식이지만, 병합 정렬(Merge Sort)은 리스트를 균등하게 나눈 뒤, 각 부분을 정렬하고 정확한 순서로 병합함으로써 결과를 완성한다.

병합 정렬은 항상 일정한 시간 복잡도 O(n log n)을 보장하며, 안정 정렬이 필요한 환경에서 특히 유용하다. 또한 재귀적 사고 구조를 훈련하는 데 적합한 학습 전략이기도 하다.

- **작동 원리**: 병합 정렬은 다음의 단계로 구성된다.

    ☑ 분할(Divide)

    — 최소 단위까지 리스트를 절반으로 나눈다.

    — n은 n/2과 n/2로 분할

    ☑ 정복(Conquer)

    — 나뉜 하위 리스트에 병합 정렬을 재귀적으로 적용한다.

    ☑ 병합(Combine)

─ 두 개의 정렬된 하위 리스트를 하나의 정렬된 리스트로 병합한다.

─ 이 병합 과정에서는 각 리스트의 앞쪽부터 비교하여 작은 값을 차례대로 모은다.

병합 정렬은 피벗을 사용하지 않으며, 항상 균등한 분할 + 병합 중심의 전략을 따른다.

● Python 코드: 함수 선언

```python
1 def merge_sort(arr):
2     if len(arr) <= 1:
3         return arr
4
5     mid = len(arr) // 2  # 중간 위치
6     left = merge_sort(arr[:mid])  # 왼쪽 부분 리스트 재귀 정렬
7     right = merge_sort(arr[mid:])  # 오른쪽 부분 리스트 재귀 정렬
8
9     return merge(left, right)
10
11 def merge(left, right):
12     result = []
13     i = j = 0
14
15     # 두 리스트를 병합하면서 정렬 수행
16     while i < len(left) and j < len(right):
17         if left[i] <= right[j]:
18             result.append(left[i])
19             i += 1
20         else:
21             result.append(right[j])
22             j += 1
23
24     # 남은 요소 추가
25     result.extend(left[i:])
26     result.extend(right[j:])
27     return result
```

● 함수 실행 예시

```python
1 data = [38, 27, 43, 3, 9, 82, 10]
2 sorted_data = merge_sort(data)
3 print("최종 정렬 결과:", sorted_data)
```

최종 정렬 결과: [3, 9, 10, 27, 38, 43, 82]

분할 및 병합 과정은 다음의 단계를 참고할 수 있다.

분할: [38, 27, 43, 3, 9, 82, 10]

— [38, 27, 43] / [3, 9, 82, 10]

— [38] / [27, 43] / [3, 9] / [82, 10]

— [38] / [27] / [43] / [3] / [9] / [82] / [10]

병합: [38] / [27, 43] / [3, 9] / [10, 82]

— [27, 38, 43] / [3, 9, 10, 82]

— 최종 병합 결과 [3, 9, 10, 27, 38, 43, 82]

- **활용 분야**: 병합 정렬은 입력의 상태에 영향을 받지 않고 항상 일정한 성능을 유지할 수 있으며, 정렬 안정성이 보장되는 특징 덕분에 정렬 후에도 원래 순서를 유지해야 하는 상황이나 대용량 정렬이 필요한 다양한 컴퓨팅 환경에서 활용된다. 다음은 병합 정렬이 효과적으로 사용되는 대표적 상황이다.

1 **대형 시험 성적 처리 시스템**: 수천 명의 학생 점수를 정렬할 때, 동일 점수가 존재하면 이름 순으로 정렬하거나, 학급, 학년별로 순서를 유지해야 할 수 있다.

- ✔ 시험 성적 정렬: 점수 순으로 정렬하면서, 같은 점수는 원래 순서 유지
- ✔ 학년별 정렬: 학년 내에서 이름순 정렬 유지
- ✔ 성적표 출력: 중간 점수, 최빈값 계산을 위한 사전 정렬

정확성과 공정성이 중요한 교육 행정 시스템에서 안정 정렬 특성을 활용하기에 적합하다.

2 **CSV 데이터 정렬 및 전처리 자동화**: 병합 정렬은 구조화된 텍스트 데이터나 로그 파일을 정렬할 때 사용된다.

- ✔ 대용량 CSV 파일에서 날짜, 이름 순 정렬
- ✔ 동일 키 값에서 입력 순서 유지 필요

☑ 필터링 후, 중간 결과 정렬 시 누락 없이 결과 유지 가능

자동화 스크립트나 데이터 정제 파이프라인에서 안정적이면서 예측 가능한 정렬 흐름이 필요할 때 유용하다.

3. **클라우드 환경에서의 외부 정렬**: RAM보다 큰 데이터를 정렬해야 하는 경우, 데이터를 여러 파일로 나누어 정렬한 후, 디스크에서 다시 병합하는 방식의 외부 정렬에 병합 정렬이 활용된다.

☑ 파일 단위 분할 정렬 → 병합

☑ 네트워크 분산 환경에서 정렬된 블록 결합

☑ 하둡, 스파크 등 빅데이터 프레임워크에서 필수 전략

디스크 접근과 네트워크 병합이 포함된 환경에서 예측 가능한 성능과 안정성을 확보할 수 있다.

4. **우선순위 병합 및 다단계 분류 문제**: 다단계로 분류된 데이터를 합쳐 정렬할 때, 병합 정렬은 정렬 기준을 우선 적용하고, 기존 순서를 유지하는 방식으로 병합할 수 있다.

☑ 부서별 성과 정렬 → 부서 내 성과순

☑ 기사 랭킹 → 동일 점수 시 게시 순서 유지

☑ 복수 정렬 기준이 필요한 통계 분석 시스템

이처럼 2차 기준, 3차 기준이 있는 정렬 문제에서 병합 정렬은 기준별 병합 정렬 구조를 그대로 적용하기에 좋다.

이처럼 병합 정렬은 단순히 데이터를 빠르게 정렬하는 기술을 넘어서, 안정성과 구조적 예측 가능성을 필요로 하는 다양한 문제 상황에서 강력한 해법이 된다. 특히 입력 순서의 보존이 중요한 상황, 대용량 데이터의 정렬 처리, 정렬 흐름의 명확한 학습이 필요한 교육 환경 등에서 병합 정렬은 효율성과 신뢰성을 동시에 만족시키는 전략으로 폭넓게 활용된다. 단순한 성능 경쟁보다 정확한 흐름과 사고력 훈련을 중시하는 맥락에서는 병합 정렬만큼 균형 잡힌 선택은 드물다. 바로 이 점이 병합 정렬이 지금도, 앞으로도 꾸준히 선택받는 이유다.

• **알고리즘의 효율성과 한계**: 합병 정렬의 시간 복잡도는 다음과 같다.

경우	시간 복잡도
모든 경우	O(n log n)
공간 복잡도	O(n)(보조 배열 필요)

합병 정렬의 장단점은 다음과 같다.

- **장점**
  - ☑ 항상 안정적인 성능: 입력 형태에 관계없이 O(n log n) 보장
  - ☑ 안정 정렬: 동일한 값의 기존 순서 보존
  - ☑ 구현 흐름이 명확하고 논리적
- **단점**
  - ☑ 추가 메모리 공간 필요(보조 리스트)
  - ☑ 피벗이 없는 대신 병합 단계 구현이 더 복잡
  - ☑ 작은 데이터에서는 Quick Sort보다 느릴 수 있음

병합 정렬은 빠른 정렬보다 약간 더 복잡한 구조를 가지고 있지만, 입력 크기나 형태에 관계없이 안정적인 성능을 보장하고, 입력 순서를 유지해야 하는 상황에서 최고의 정렬 알고리즘이 된다.

이 알고리즘을 통해 재귀적으로 문제를 나누고, 논리적으로 결합하고, 결과를 안정적으로 구성하는 사고 흐름을 자연스럽게 익히게 된다. 병합 정렬은 단순히 정렬을 배우는 것을 넘어서 "예측 가능한 사고 구조"를 설계하는 법을 배우는 전략이다.

분할 정복 전략을 활용한 탐색 알고리즘 — 이진 탐색(Binary Search)

- **문제**: 정렬된 수열이 주어졌을 때, 특정 값을 가장 빠르게 찾는 탐색 알고리즘을 구현하라. 단, 탐색 대상이 많은 경우에도 성능이 급격히 떨어지지 않아야 하며, 중복된 값이 있는 경우 첫 번째 등장 위치를 찾아야 한다.

이 문제는 수많은 데이터 중에서 원하는 값을 효율적으로 찾는 탐색 전략을 요구한다. 일반적인 순차 탐색은 데이터가 많아질수록 속도가 느려지기 때문에, 탐색 대상이 정렬되어 있을 경우에는 이진 탐색(Binary Search)을 사용하는 것이 훨씬 유리하다. 이진 탐색은 전체 데이터를 반으로 나누어 확인하는 방식을 반복하며, 분할 정복 전략의 대표적인 탐색 알고리즘으로 분류된다.

- **작동 원리**: 이진 탐색은 다음의 단계로 구성된다.
  1. 시작 위치(start)와 끝 위치(end)를 설정한다.
  2. 시작과 끝의 중간 인덱스를 구하여, 그 위치의 값과 목표 값을 비교한다.
  3. 중간값이 목표보다 크면 왼쪽 절반으로, 작으면 오른쪽 절반으로 탐색 범위를 줄인다.
  4. 값을 찾거나 탐색 범위가 없을 때까지 반복한다.

  이 구조는 정렬된 리스트를 전제로 하며, 한 번의 비교마다 전체 범위를 절반으로 줄일 수 있는 점에서 높은 효율을 자랑한다.

- **Python 코드**: 함수 선언

  이진 탐색을 진행하며 단계별 상태 출력을 포함한 코드이다. 탐색에 성공한 경우 12줄과 같이 mid 값을 반환하고, 실패한 경우는 21줄과 같이 -1을 반환한다.

```python
1 def binary_search(arr, target):
2     start = 0
3     end = len(arr) - 1
4     step = 1
5
6     while start <= end:
7         mid = (start + end) // 2
8         print(f"[{step}단계] 범위: arr[{start}:{end+1}], mid: {mid}, 값: {arr[mid]}")
9
10        if arr[mid] == target:
11            print(f"→ 값 {target}을(를) {mid}번째 인덱스에서 찾음Wn")
12            return mid
13        elif arr[mid] < target:
14            start = mid + 1
15        else:
16            end = mid - 1
17
18        step += 1
19
```

```
20      print(f"→ 값 {target}을(를) 찾을 수 없음Wn")
21      return -1
```

- **함수 실행 예시**: 정렬된 리스트를 대상으로 실행하며, 만약 정렬되지 않은 경우는 순차 탐색을 실행 또는 정렬 후 이진 탐색을 실행한다.

```
1 data = [3, 9, 12, 17, 23, 31, 44, 58, 66, 72]
2 result = binary_search(data, 31)
```

```
[1단계] 범위: arr[0:10], mid: 4, 값: 23
[2단계] 범위: arr[5:10], mid: 7, 값: 58
[3단계] 범위: arr[5:7], mid: 5, 값: 31
→ 값 31을(를) 5번째 인덱스에서 찾음
```

- **활용 분야**: 이진 탐색은 정렬된 데이터에서 필요한 값을 빠르게 찾기 위한 최적의 전략으로 널리 활용된다. 비교 연산 횟수를 획기적으로 줄일 수 있어, 반복 탐색이 많은 시스템, 조건 필터링, 실시간 처리 환경 등에서 속도와 효율성, 안정성을 모두 만족시키는 탐색 알고리즘으로 채택되고 있다.

① **학생 정보 시스템에서 조건 탐색**: 학교나 교육기관에서 학생 데이터를 학번, 이름, 점수 등으로 정렬한 후, 특정 조건을 만족하는 학생을 빠르게 찾아야 할 때 활용된다.
- ☑ 학번순 정렬 데이터에서 특정 학생 정보 조회
- ☑ 평균 점수 이상인 학생의 첫 인덱스 탐색
- ☑ 출석 횟수가 기준 이상인 학생 중 가장 먼저 등록된 학생 찾기
- ☑ 동일 이름을 가진 학생 중 학번이 가장 빠른 사람 검색

이진 탐색은 정렬 조건이 보장된 시스템에서 빠른 조건 필터링 도구로 적합하다.

② **온라인 쇼핑몰의 실시간 조건 검색**: 정렬된 가격, 평점, 리뷰 수, 등록일 순 상품 목록에서 사용자 조건을 만족하는 항목을 빠르게 탐색하는 데 사용된다.
- ☑ 5만원 이하 상품 중 가장 비싼 상품 찾기
- ☑ 평점 4.8 이상 제품 중 등록일이 가장 오래된 상품
- ☑ 리뷰 1,000건 이상인 상품 중 첫 번째 항목
- ☑ 배송비 무료 조건을 만족하는 상품 탐색

복잡한 조건이 아닌 단일 기준의 상한/하한 경계 조건 탐색에 특히 유리하다.

3 **로그 파일 분석에서 이벤트 경계 탐색**: 시간순 정렬된 로그 파일에서 특정 시점 이후 또는 이전의 첫 이벤트를 탐색할 때 매우 효과적이다.

- ✔ 서버 재시작 이후 첫 오류 발생 시각 찾기
- ✔ 특정 사용자 로그인 이후 처음 등장하는 이상 패턴
- ✔ 접속자 수가 임계값을 초과한 첫 시점
- ✔ 특정 이벤트 이전 마지막 정상 로그 탐색

수십만 건 이상의 로그 중 조건을 만족하는 시간 기반 임계 시점을 탐색하는 데 강력하다.

4 **금융 데이터에서 이상 시점 탐색**: 정렬된 금융 트랜잭션 데이터에서 조건을 만족하는 최초 시점을 찾아야 하는 경우 활용된다.

- ✔ 잔액이 마이너스가 된 첫 거래 시점
- ✔ 특정 금액 이상의 입금이 처음 발생한 날
- ✔ 동일한 금액이 반복된 시작 지점
- ✔ 평균 수익률 이하 구간 진입 시점 찾기

정렬된 시계열 데이터에서 빠르게 경계 조건을 탐색하는 데 매우 적합하다.

5 **검색 엔진의 단어 사전 탐색**: 사전순으로 정렬된 키워드 데이터에서 특정 단어나 접두사에 해당하는 단어를 찾아야 할 때 사용된다.

- ✔ 사전 데이터에서 특정 단어의 존재 여부 검색
- ✔ 자동완성 추천을 위한 키워드 접두사 탐색
- ✔ 오타 교정 시 근접 단어 후보 필터링
- ✔ 검색 결과 정렬 순서 기반 추천어 추출

문자열 기반 검색 시스템의 내부 핵심 탐색 알고리즘으로 활용된다.

6 **추천 시스템에서 우선순위 콘텐츠 선별**: 정렬된 사용자 평점, 조회 수, 업로드 시간 등 데이터를 기준으로 콘텐츠를 선별할 때 사용된다.

- ✔ 인기 순 정렬된 콘텐츠 중 최소 조회수 기준 초과 콘텐츠 탐색
- ✔ 최근 업로드된 콘텐츠 중 첫 추천 대상 콘텐츠 찾기
- ✔ 평점 4.0 이상 콘텐츠 중 첫 번째 영상 탐색
- ✔ 유사 키워드 추천 콘텐츠 중 가장 먼저 등록된 콘텐츠 찾기

빠른 콘텐츠 필터링과 사용자 조건 기반 선별에 적합하다.

7 **시계열 센서 데이터 경계값 감지**: 정렬된 센서 측정값 중 특정 임계값을 초과하는 구간이나 시점을 찾아야 할 때 사용된다.

- ☑ 온도가 80도 이상으로 처음 상승한 시점
- ☑ 습도 값이 30% 이하로 처음 떨어진 구간
- ☑ 센서 오차가 기준치 이상이 된 첫 순간
- ☑ 전압이 정상 범위를 벗어난 최초 시간

이진 탐색은 임계 조건이 명확한 시점을 빠르게 탐색해야 하는 실험 환경에 적합하다.

8 **회원 관리 시스템에서 선별 필터링**: 회원 ID, 가입일, 생년월일 등으로 정렬된 데이터를 기반으로 조건에 맞는 첫/마지막 대상자를 선별할 때 사용된다.

- ☑ 가입일 기준 특정 시점 이전 회원 탐색
- ☑ 생년월일 순으로 정렬된 명단에서 특정 연도 이상 대상 찾기
- ☑ 출석 일수 기준 목표 도달 회원 확인
- ☑ 이메일 주소 사전순으로 첫 번째 알파벳 그룹 찾기

사용자 특성 기반 선별 탐색 로직으로 활용도가 높다.

9 **코딩 교육에서 알고리즘 학습 실습**: 이진 탐색은 구조가 단순하고 효율적이며, 다양한 유형의 문제에 응용 가능하기 때문에 알고리즘 기초 교육에서 필수 전략이다.

- ☑ 배열 탐색 기본기 실습
- ☑ 탐색 경로 시각화 활동
- ☑ 값 vs 인덱스 구분 연습
- ☑ 조건 경계값 판단 문제

정답 범위 이분 결정 구조 실습

이진 탐색은 학생들이 문제를 절반으로 나누며 해결하는 경험을 자연스럽게 체득할 수 있는 알고리즘이다.

이처럼 이진 탐색은 정렬된 데이터만 있다면 거의 모든 분야에서 빠르고 정확한 판단을 가능하게 한다. 단순한 구조 속에서 효율, 논리, 확장성을 모두 갖춘 이 알고리즘은 실용성과 교육적 가치 모두를 충족시키는 대표적인 탐색 전략이다.

● **알고리즘의 효율성과 한계**: 이진 탐색의 시간 복잡도는 다음과 같다.

경우	시간 복잡도
평균/최악	O(log n)
전제 조건	입력이 정렬되어 있어야 함

이진 탐색의 장단점은 다음과 같이 정리 가능하다.

- **장점**
  - ☑ 빠른 속도: 탐색 대상이 수십만 개여도 $\log_2(n)$만큼의 비교로 충분
  - ☑ 구현이 간단하며, 재귀/반복 모두 가능
  - ☑ 조건 탐색/범위 탐색 등 응용 폭이 넓음
- **단점**
  - ☑ 정렬되지 않은 리스트에는 사용 불가
  - ☑ 중복값이 있을 경우 첫 번째 등장 위치를 찾으려면 추가 로직 필요
  - ☑ 삽입/삭제가 잦은 자료구조에는 부적합

- **절반만 봐도 정답에 다가가는 사고 훈련**: 이진 탐색은 단순히 값을 찾는 알고리즘이 아니라, 탐색 범위를 줄여가며 의사결정의 정확도를 높이는 전략적 사고의 구현이다. 웹 검색, 로그 분석, 추천 시스템, 실험 데이터 해석, 교육 정보 시스템에 이르기까지, 활용 분야는 실로 다양하며, 그 공통점은 모두 "정렬된 상태에서 조건을 만족하는 요소를 빠르게 찾아야 한다는 점"이다.

특히 시간 기반 시계열 데이터, 조건 필터링, 경계값 판별, 최적 해의 범위 탐색처럼 현실의 많은 문제는 이진 탐색 구조에 자연스럽게 대응된다. 사용자는 자신이 마주하는 데이터나 문제 상황에서 정렬 조건이 보장된다면, 지금 당장 이진 탐색을 적용해볼 수 있다. 탐색을 반복하고 있거나, 원하는 조건을 만족하는 시점을 빠르게 찾고 싶을 때, 모든 경우를 훑기 전에 한 번 생각해보자. "절반만 봐도 충분히 판단할 수는 없을까?"

그 질문을 던질 수 있는 순간, 우리는 이미 사고의 수준을 한 단계 끌어올린

문제 해결의 전략, 알고리즘

것이다. 이진 탐색은 단순한 코드 한 줄이 아닌, 효율적 사고를 실현하는 강력한
도구다.

그 외의 다양한 컴퓨터 활용 Divide and Conuqer 문제 예시　　분할 정복 전략은
단지 정렬과 탐색 알고리즘에만 국한되지 않는다. 문제를 나누고, 각각을 해결하
며, 최종적으로 결과를 병합하는 사고의 구조는 현실 세계의 다양한 문제에 유연
하게 적용될 수 있다. 특히 복잡한 조건, 반복 가능한 구조, 부분 결과의 통합이 요
구되는 문제에서 Divide and Conquer 방식은 단순한 반복보다 훨씬 빠르고 안정
적인 해결을 가능하게 한다. 다음은 분할 정복 전략이 효과적으로 적용되는 실제
컴퓨터 활용 문제 사례들이다.

- **문서 내용 병합 및 유사도 분석 문제**: 문서나 파일이 여러 개로 나뉘어 있는 경우, 각각
  의 내용을 분석하고 전체 흐름이나 유사도를 비교하여 하나의 결과로 정리해야 할 때
  가 있다. 특히 뉴스 기사, 학생 보고서, 온라인 게시글 등의 분석에서는 이 과정이 필수
  적이다.
  - ☑ 문제 예시: "뉴스 기사 10개를 요약하여 하나로 병합하시오."
  - ☑ Divide and Conquer 방식: 문서들을 둘씩 병합 → 부분 요약 → 최종 병합
  - ☑ 활용: 뉴스 요약 시스템, 중복 콘텐츠 감지, 자동 보고서 작성 등

- **병렬 처리 기반 연산 작업 분할 문제**: 대용량 데이터를 처리할 때, 여러 코어 혹은 분산
  시스템에서 작업을 나누어 동시에 실행하고, 그 결과를 통합해야 한다.
  - ☑ 문제 예시: "1000만 개 로그 파일을 4개의 서버에 나눠 처리하시오."
  - ☑ Divide and Conquer 방식: 전체 로그 → 4개로 분할 → 병렬 처리 → 결과 통합
  - ☑ 활용: 멀티코어 환경, 클라우드 분산 처리, GPU 연산 등

- **다단계 의사결정 문제 시뮬레이션**: 복잡한 결정 구조에서 하위 옵션들을 분석하고, 결
  과를 계층적으로 비교해 최선의 선택을 도출해야 할 때 사용된다.
  - ☑ 문제 예시: "다양한 조건에 따른 가격 정책을 비교하여 가장 합리적인 옵션을 제시
    하시오."

☑ Divide and Conquer 방식: 조건별 시뮬레이션 → 부분 결과 비교 → 상위 정책 도출

☑ 활용: 정책 시뮬레이터, 옵션 추천 시스템, 전략 게임 설계 등

- **시계열 데이터 분할 및 이상치 탐색 문제**: 시간 흐름에 따라 기록된 데이터를 구간별로 나누고, 각 구간의 이상값을 분석해 전체 추세를 파악하는 데 활용된다.

  ☑ 문제 예시: "온도 센서 기록에서 이상 급등 현상이 나타난 구간을 분석하시오."

  ☑ Divide and Conquer 방식: 시계열을 구간별로 나눔 → 구간별 패턴 분석 → 결과 통합

  ☑ 활용: 환경 데이터 분석, 주식 시세 감지, 헬스케어 모니터링 등

- **재귀 구조를 활용한 그래픽 처리 문제**: 이미지를 분할하고, 각 부분을 처리한 후 다시 전체 이미지를 구성하는 방식은 컴퓨터 그래픽 분야에서도 널리 사용된다.

  ☑ 문제 예시: "이미지를 4등분하여 각기 다른 효과를 적용한 후 병합하시오."

  ☑ Divide and Conquer 방식: 이미지 영역 분할 → 부분 처리 → 재구성

  ☑ 활용: 이미지 필터링, 압축 알고리즘, 프랙탈 렌더링 등

- **외부 정렬 기반 파일 정렬 및 병합 문제**: 메모리에 올릴 수 없는 대용량 데이터를 정렬할 때, 작은 단위로 나눠 정렬한 후 결과를 병합하는 방식으로 외부 정렬이 진행된다.

  ☑ 문제 예시: "2GB 크기의 로그 파일을 정렬하시오. 단, 메모리는 100MB 제한."

  ☑ Divide and Conquer 방식: 100MB 단위로 정렬 → 병합 → 최종 정렬

  ☑ 활용: 대용량 로그 정렬, 데이터베이스 인덱싱, 텍스트 마이닝 등

- **일정 자동 정렬 및 병합 문제**: 여러 사람의 일정을 비교해 공통 가능한 시간을 도출할 때, 각자의 데이터를 나누어 분석하고 결과를 병합하는 방식이 효과적이다.

  ☑ 문제 예시: "5명의 일정을 병합해 회의 가능 시간을 도출하시오."

  ☑ Divide and Conquer 방식: 개인 일정 → 짝별 병합 → 전체 병합

  ☑ 활용: 일정 관리자, 팀 프로젝트 일정 조율, 다중 사용자 시스템 등

- **멀티뷰 평가 병합 문제**: 여러 평가자 혹은 여러 기준에 따라 평가된 결과를 병합해 최

종 점수를 도출하는 문제에서도 Divide and Conquer 전략이 유용하게 쓰인다.

　　☑ 문제 예시: "3명의 평가자가 채점한 보고서 결과를 통합하시오."

　　☑ Divide and Conquer 방식: 평가자별 결과 병합 → 기준별 정렬 → 평균/중앙값 계산

　　☑ 활용: 채점 자동화, 인터뷰 평가 병합, 멀티 리뷰 기반 상품 점수 시스템 등

- **구조화된 텍스트 분해 및 요약 문제**: 긴 텍스트를 단락 또는 의미 단위로 나누고, 각각 요약한 뒤 전체 흐름을 잃지 않도록 다시 하나로 구성하는 작업에서도 사용된다.

　　☑ 문제 예시: "연설문을 3단락으로 나눈 후 요약하고 전체 내용을 연결하시오."

　　☑ Divide and Conquer 방식: 단락별 분해 → 부분 요약 → 연결 요약

　　☑ 활용: 보고서 요약, 교육 자료 정리, AI 문서 생성 등

- **반복 가능한 실험 비교 및 결과 병합**: 동일 실험을 여러 조건 하에 반복한 뒤, 각 결과를 정리하고 조건별 차이를 분석해 결론을 도출하는 실험 설계에서도 활용된다.

　　☑ 문제 예시: "온도 3가지, 압력 3가지 조건 실험 결과를 병합하여 비교하시오."

　　☑ Divide and Conquer 방식: 조건별 데이터 분석 → 범주별 병합 → 최종 비교

　　☑ 활용: 과학 실험 보고서, 공정 최적화, 시뮬레이션 결과 요약 등

이처럼 Divide and Conquer 전략은 단순한 코딩 패턴이 아니라 문제를 설계하고 해체하며, 결과를 구조적으로 재조합하는 사고 방식이다. 실제 문제 해결의 흐름 속에서 이 전략을 적용해본다면, 분할 정복은 알고리즘이 아니라 논리적 설계의 언어가 된다. 문제를 나누고 해결할 수 있다면, 어떤 복잡한 상황도 정복할 수 있다.

문제를 작게 나누어 해결하는 연습을 해보자. 처음부터 완벽한 해결책을 떠올리기란 어렵다. 하지만 문제를 여러 조각으로 쪼개고, 각각을 풀 수 있다면 전체 문제는 어느새 손에 잡히는 크기로 다가온다. 분할 정복 알고리즘은 그 자체가 '어떻게 접근할 것인가'에 대한 힌트다. 현실의 문제를 이 알고리즘처럼 바라보고 '작게 나누고, 각 부분을 해결한 뒤, 결과를 모은다'는 관점을 스스로 적용해보자.

지금부터 생각하기의 상황들은 우리 주변에서 흔히 마주치는 장면들에 해당한다. 이 문제들을 'Divide and Conquer' 전략으로 바라볼 수 있을까?

생각하기 1: 친구 생일 파티를 위한 사진 정리! 생일 파티가 끝난 후, 스마트폰에는 수백 장의 사진이 남아 있다. 친구들과 함께 찍은 단체 사진, 케이크 컷팅, 축하 영상까지, 모두 소중한 기억이라 버릴 수는 없지만, 그대로 두자니 너무 많다. 친구들은 말한다. "우리가 같이 나온 사진만 따로 골라서, 예쁜 앨범 만들어줘!" 처음부터 모든 사진을 하나하나 살펴보며 분류하고 편집하려니 막막하다. 하지만 이렇게 접근해보자. 전체 사진을 날짜별, 인물별, 장소별로 먼저 나눈다. 각 분류 안에서 쓸 사진만 골라서 편집하고, 마지막에 하나의 앨범으로 병합하면 어느새 깔끔하고 의미 있는 결과물이 만들어진다. 지금 내가 해야 할 일은 무엇일까?

- ✔ 사진을 어떻게 나눌까?
- ✔ 각각의 그룹 안에서 어떤 기준으로 골라야 할까?
- ✔ 최종적으로 어떻게 하나의 앨범으로 정리할까?

단순히 파일을 정리하는 일이 아니다. 이 문제를 해결하는 과정에서 우리는 분할 정복의 핵심 논리를 스스로 실행하고 있는 것이다.

이제 Python으로 사진 리스트를 반으로 나누고, 각각을 확인하여 조건을 만족하는 사진만 추려내는 코드를 구현하기 위한 생각하기에 도전해보자. 다음은 해당 코드의 일부다. 이 코드를 확장하여 최종적으로 친구가 함께 나온 사진만 따로 정리된 앨범을 만들 수 있도록 완성해보자.

```python
1  # 사진을 반으로 나누고 확인하는 기본 구조
2  def select_photos(photo_list):
3      if len(photo_list) <= 1:
4          return photo_list
5
6      mid = len(photo_list) // 2
7      left = select_photos(photo_list[:mid])
8      right = select_photos(photo_list[mid:])
9
10     # 여기에 조건을 적용하여 친구가 나온 사진만 선택
11     return merge_selected(left, right)
```

위 상황에서 photo_list를 어떻게 나누고, 어떤 기준으로 필터링하며, 최종적으로 하나의 앨범으로 병합할지에 대한 설계는 훌륭한 문제 해결 훈련이 된다. 다음의 질문에 대한 해답을 고민해보자.

- ☑ 친구가 등장한 사진인지 확인하는 조건은 어디에 적용하면 좋을까?
- ☑ 분할된 결과들을 어떤 방식으로 병합하면 최종 앨범을 완성할 수 있을까?

이 작업은 단순한 정렬이나 필터링을 넘어서 문제를 나누고 해결하며 결과를 통합하는 분할 정복의 흐름을 직접 체험할 수 있는 실습 예제가 될 수 있다.

전체를 한 번에 해결하려 하지 말자. 나누고, 정리하고, 결합하는 구조적 사고는 복잡한 문제를 단순하게 만든다. 이 사진 정리 미션은 바로 분할 정복 알고리즘이 실생활 문제 해결에 적용되는 사례임을 기억하자.

생각하기 2: 시험 채점 도우미 만들기　　선생님은 말한다. "시험을 다 봤으니 채점 도와줄 사람?" 학생들은 눈을 피한다. 하지만 우리에겐 Python이 있다. 객관식 문제의 정답은 리스트에 저장되어 있고, 학생들이 작성한 답안도 리스트로 입력되어

있다. 100명 이상의 채점을 일일이 비교하며 하는 건 너무 번거롭다. 이럴 땐 이렇게 접근해보자.

전체 문제를 반으로 나눈다. 각 절반을 정답과 비교하여 채점한 후, 그 결과를 합쳐 전체 점수를 구한다. 문제를 분할하고, 정답 비교를 수행하며, 결과를 병합하는 구조. 바로 분할 정복 알고리즘의 흐름과 닮아 있다. 지금 내가 해야 할 일은 무엇일까?

- ☑ 문제지를 어떻게 분할할까?
- ☑ 각 문제에 대해 정답을 확인하고 점수를 부여하는 조건은 어디에 들어가야 할까?
- ☑ 부분 점수를 어떻게 더해 전체 점수를 계산할 수 있을까?

단순 반복을 넘어서, 문제 해결 과정을 구조화하는 훈련이 될 수 있다. 이제 Python으로 정답 리스트와 학생 답안 리스트를 반으로 나누고, 각각을 비교하여 점수를 계산하는 코드를 구현하는 생각하기에 도전해보자. 다음은 해당 코드의 일부다. 이 코드를 확장하여 학생의 전체 점수를 계산할 수 있도록 완성해보자.

```python
1 def score_answers(answer_key, student_answers):
2     if len(answer_key) <= 1:
3         return [1 if answer_key == student_answers else 0]
4
5     mid = len(answer_key) // 2
6     left_score = score_answers(answer_key[:mid], student_answers[:mid])
7     right_score = score_answers(answer_key[mid:], student_answers[mid:])
8
9     return left_score + right_score
```

위 코드에서 answer_key와 student_answers 리스트를 어떻게 나누고, 어떤 조건으로 비교하며, 부분 점수를 합산하여 최종 점수를 계산할지에 대한 설계는 채점이라는 단순한 작업을 문제 해결 사고로 바꾸는 기회가 된다.

다음의 질문에 대한 해답을 고민해보자.

- ☑ 점수 외에 틀린 번호나 오답 수를 출력하고 싶다면 어디를 수정해야 할까?

☑ 여러 학생의 답안을 한 번에 처리하는 구조로 확장할 수 있을까?

이 작업은 단순 반복이 아니라, 문제를 나누고 정답을 비교하며 결과를 결합하는 분할 정복 알고리즘의 사고 흐름을 실생활 문제에 적용하는 경험이 될 것이다. 전체 채점을 한 번에 해결하려 하지 말자. 나누고, 비교하고, 합산하면 채점도 훨씬 간단해진다. 이 채점 도우미 프로그램은 바로 분할 정복 전략이 교육 환경 속에서 실질적으로 쓰일 수 있는 사례에 해당한다.

생각하기 3: 친구들과 함께 영화 시간 정리하기　　“우리 이번 주말에 영화 볼까?” 말은 쉽게 했지만, 정작 영화 시간을 정하는 건 전쟁이다. 모두 가능한 시간대가 다르고, 상영관 시간표도 제각각. “서로 가능한 시간만 모아서 겹치는 시간대를 뽑자!”누군가는 엑셀을 펼치고, 누군가는 캘린더를 열지만 우리는 Python으로 생각해본다. 친구들의 개별 시간표를 나누고, 각각을 비교하여 가능한 시간대를 뽑아낸 뒤, 결과를 병합하면 가장 이상적인 시간을 찾을 수 있다. 시간 조율이라는 문제를 정보 병합의 구조화된 흐름으로 바꾸면 복잡했던 고민이 훨씬 명확하게 정리된다.

전체 시간표를 비교하는 대신,

☑ 어떻게 분할하여 비교할까?

☑ 공통 시간대를 판별하는 조건은 어디에 들어가야 할까?

☑ 최종 후보를 병합하여 하나의 시간으로 결정하려면 어떤 흐름이 적절할까?

이 구조는 바로 문제를 나누고 비교하며 결론을 병합하는, 분할 정복 알고리즘의 흐름과 닮아 있다. 이제 각자의 시간표를 정리한 리스트를 받아 공통 시간대를 탐색하는 코드로 확장해보자. 아래는 그 Python 코드의 일부다.

```python
1 def merge_available_times(a_times, b_times):
2     if not a_times or not b_times:
3         return []
4
5     mid = len(a_times) // 2
6     left = merge_available_times(a_times[:mid], b_times)
7     right = merge_available_times(a_times[mid:], b_times)
8
9     return left + right  # 실제 비교 및 공통 필터링은 이 뒤에 추가
```

지금 이 코드에서

- ☑ 어떤 방식으로 공통 시간을 판별해야 할까?
- ☑ 세 명 이상의 시간표도 이 구조로 처리할 수 있을까?

우리가 찾는 건 단지 영화 시간이 아니라, 다른 사람들과 조율하며 문제를 해결하는 방법이다. 즉, 논리적으로 병합하는 사고 훈련이다. 모두가 편리한 결과를 얻기 위해 정보를 구조화하고 조율하는 능력, 그 시작은 언제나 코드보다 생각이다. 이렇게 문제를 구조화해나가는 흐름은, 곧 생각을 정리하고 삶을 설계하는 힘이기도 하다.

생각하기 4: 도시 속 교통 경로, 어떤 길이 가장 빠를까? 등교 시간 08:00. 버스는 막히고, 지하철은 환승이 많다. 도보, 자전거, 택시, 킥보드, 지하철, 버스... 수많은 경로 중 가장 빠른 길을 어떻게 찾아야 할까?

하나하나 비교하기엔 경로가 너무 많고, 모두를 시뮬레이션하기엔 시간이 부족하다. 이럴 땐 전체 경로를 나누고, 각 구간의 소요 시간을 계산해 가장 효율적인 경로만 남기는 방식으로 접근해보자. 소요 시간이 짧은 경로만 계속 남기고, 다른 경로는 비교와 동시에 제거해나가는 방식이다. 이러한 흐름은 단순 비교를 넘어, 최적값을 구조적으로 도출하는 사고 훈련이 될 수 있다. 지금 내가 해야 할 일은 무엇일까?

- ☑ 경로 리스트를 어떻게 나눌까?
- ☑ 각 경로에 대한 소요 시간은 어떤 조건으로 비교할까?
- ☑ 최종 선택은 어떤 기준으로 결정해야 할까?

이 구조는 바로 경로를 나누고 평가하며 결과를 선택하는, 분할 정복 알고리즘의 흐름과 닮아 있다. 이제 Python으로 각 경로를 분할하고, 시간을 비교하여 최적의 경로를 선택하는 코드를 구현해보자. 아래는 코드의 일부에 해당한다.

문제 해결의 전략, 알고리즘

```python
1 def find_shortest_path(paths):
2     if len(paths) == 1:
3         return paths[0]
4
5     mid = len(paths) // 2
6     left = find_shortest_path(paths[:mid])
7     right = find_shortest_path(paths[mid:])
8
9     return left if left['time'] <= right['time'] else right
```

이 코드를 활용하여

☑ 요금이나 정차 횟수까지 고려하려면 구조를 어떻게 바꿔야 할까?

☑ 시간 외 다양한 조건을 함께 평가하려면 어떤 추가 정보가 필요할까?

우리가 찾는 건 단지 빠른 길이 아니라, 효율적인 선택의 사고 구조다. 도시 속에서 길을 찾듯, 정보 속에서도 가장 빠른 해답을 찾을 수 있어야 한다.

지금 우리가 탐색하는 건 '길'이지만, 사실은 문제를 바라보는 방식 그 자체인 것이다. 여러 가지 조건을 분석하고, 선택지를 구조화하며, 스스로 판단을 내릴 수 있다면 그것은 단순한 경로 탐색이 아니라 복잡한 문제를 분해하고 통제할 수 있다는 증거다. 길 찾기는 연습일 뿐, 진짜 목적지는 스스로 설계하고 결정할 수 있는 사고의 힘이다.

생각하기 5: 분리수거 도우미, 인공지능 없이 가능할까? 플라스틱, 종이, 캔, 유리… 분리수거는 단순해 보이지만 막상 쓰레기통 앞에 서면 헷갈린다. AI 기술 없이도 쓰레기 사진을 보고 자동으로 분류할 수 있다면 어떨까? 이런 상황에선 데이터를 나누고, 각 이미지에 조건을 적용해 분류한 뒤 전체 분류 결과를 하나로 모으는 구조로 접근할 수 있다.

사진이 많아질수록 이 구조는 점점 유용해진다. 하나의 사진이 아닌, 수백 장의 이미지를 효율적으로 분류하기 위해

☑ 어떤 조건으로 분류할까?

☑ 이미지를 어떻게 나누고, 어떤 기준으로 결과를 모을까?

이러한 구조는 바로 이미지를 분할하여 분석하고, 결과를 통합하는 분할 정복 알고리즘의 흐름과 닮아 있다. 다음은 이미지 리스트를 분할하고, 각 항목을 분류하여 결과를 합치는 Python 코드 일부다.

```
1 def classify_waste(images):
2     if len(images) == 1:
3         return [classify(images[0])]
4
5     mid = len(images) // 2
6     left = classify_waste(images[:mid])
7     right = classify_waste(images[mid:])
8
9     return left + right
```

이미지 리스트를 만드는 것 또한 도전이 될 수 있다. 스스로 직접 촬영하여 데이터를 생성할 수 있고, TrashNet 공개 이미지를 활용할 수도 있으며, 딕셔너리 기반 시뮬레이션을 코딩으로 할 수 있다. TrashNet 데이터셋은 Stanford University의 수업 프로젝트에서 수집된 데이터셋으로, 총 2,527장의 이미지로 구성되어 있으며, 6가지 분류로 쓰레기를 나누었다. TrashNet 데이터셋은 GitHub에서 확인할 수 있으며, url은 https://github.com/garythung/trashnet 이다.

이미지 리스트가 적절하게 생성되었다면, 위의 코드를 활용하여

☑ classify() 함수에 어떤 분류 조건을 설정해야 정확도가 높아질까?
☑ 오분류된 항목을 보완하는 구조를 만들 수 있을까?

쓰레기를 분류하는 과정도, 문제를 분해하고 판단하는 훈련이 될 수 있다. 생활 속 작은 일도 알고리즘처럼 구조화할 수 있다면, 우리는 어떤 문제도 가볍게 분류하고 정리해낼 수 있다.

우리는 쓰레기를 분류하는 것이 아니라, 세상을 더 질서 있게 바라보는 연습

을 하고 있는 것이다. 문제를 나누고, 판단하고, 정리하는 이 사고의 흐름은 환경 문제든, 데이터 문제든 그 본질은 같다. 복잡함 속에서 규칙을 찾고, 정보 속에서 질서를 만드는 힘. 그 힘은 바로 우리의 사고 속에 있다. 이제는 분리수거를 넘어서, 세상의 문제도 분할하고 정복해보자.

복잡한 문제 앞에서 주저하는 순간, 우리는 멈춰 있는 것이 아니라 전략을 찾고 있는 것이다. 생각하기 활동을 통해 우리는 단순히 코드를 작성한 것이 아니라, 문제를 구조화하고, 쪼개고, 해결한 뒤 다시 하나로 연결하는 사고의 전술을 훈련했다.

사진을 정리하고, 경로를 탐색하고, 데이터를 분류하는 그 모든 과정은 바로 분할 정복 알고리즘의 철학이 실생활과 만나는 순간이었다. 처음부터 완벽한 해답을 찾으려 하지 않아도 된다. 잘게 나누고, 차례차례 해결하며, 마침내 스스로 해답을 설계해보는 그 흐름 속에서 진짜 문제 해결자의 사고력이 자란다. 분할하고 정복하는 힘은 이미 여러분의 사고 속에 있다. 이제 더 복잡한 문제 앞에서도, 한 걸음씩 설계해 나가 보자. 생각은 전략이 되고, 전략은 해답이 된다.

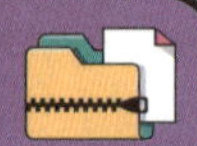

문제를 해결하기 위해 전체를 들여다보다 막막했던 순간, '그냥 나눠보면 어떨까?'라는 단순한 발상이 가장 강력한 전략이 될 수 있다는 것을 이번 단원을 통해 경험했다. 분할 정복 알고리즘은 단지 큰 문제를 작게 나누는 것이 아니라, 문제를 바라보는 관점 자체를 바꾸는 사고 전략이었다. 이번 단원에서는 Divide and Conquer 전략을 중심으로 다음과 같은 내용을 살펴보았다.

- 분할 정복은 문제를 나누고 해결한 뒤 다시 합치는 전략임을 이해했다.
- 이 전략이 정렬, 탐색, 분류 등 다양한 알고리즘에 어떻게 적용되는지를 구체적으로 학습했다.
- 퀵 정렬, 병합 정렬, 이진 탐색 등의 문제를 Python 코드로 직접 구현하며, 이 전략의 작동 원리를 체험했다.
- 문제를 분해하고, 각각을 해결하고, 결과를 병합하는 흐름이 실제 문제 해결의 구조적 사고와 연결됨을 느꼈다.
- 실생활과 컴퓨터 활용 문제를 연계하여, 이 전략이 현실의 복잡한 문제에도 효과적으로 적용된다는 사실을 확인했다.
- 문제 해결 과정에서 컴퓨팅 사고력의 다양한 요소들이 어떻게 작동하는지를 분석하고 훈련했다.

Divide and Conquer는 단지 '효율적인' 알고리즘이 아니다. 그것은 복잡함을 정리하고, 문제를 구조적으로 바라보게 만드는 사고의 틀이다. 전체를 통으로 해결하려 하지 않고, 나눌 수 있는 단위를 찾고, 각 단위의 해답을 조합함으로써 더 큰 문제를 명확하게 해결할 수 있도록 도와준다. 특히 이 전략은 다음과 같은 상황에서 빛을 발한다.

- 문제의 구조가 명확하고, 동일한 연산을 반복할 수 있을 때
- 데이터가 정렬되어 있거나, 재귀적으로 처리 가능한 형태일 때
- 전체 문제를 한 번에 해결하기엔 너무 복잡하거나 방대할 때

분할 정복은 복잡한 문제를 '작은 문제의 집합'으로 바라보게 하며, 문제 해결의 시작점과 끝점을 동시에 설계할 수 있게 해준다. 또한 이 전략을 통해 우리는 단순한 코딩 능력을 넘어서,

☑ 정보를 나누고,
☑ 판단 기준을 적용하며,
☑ 결과를 통합하는 사고 과정 전반을 훈련할 수 있었다.

문제를 '조각'으로 보고, 그 조각을 '이해 가능한 단위'로 만들어 최종적으로 해답을 설계해나가는 흐름은 컴퓨팅 사고력의 가장 실질적인 모습이기도 하다.

이제 여러분은 Divide and Conquer를 단순한 알고리즘 기술로만 기억하지 않을 것이다. 그것은 문제를 정면으로 마주하기 위한 가장 전략적인 사고 도구다. 복잡한 문제를 작은 조각으로 나누고, 각각을 해결하며, 전체를 다시 정리하는 이 과정은 단순한 구현을 넘어선 문제 해결의 진짜 힘, 그리고 사고력의 정수를 경험하게 해줄 것이다.

기억하자. 복잡한 문제는 나누는 순간 단순해지고, 작은 해답은 연결될 때 강력한 해결책이 된다. Divide and Conquer는 언제나 구조적 사고의 출발점이 될 수 있다. 이제 여러분의 문제를 나누고, 스스로 해결하고, 정리해보자. 그 치밀한 연결 속에서, 진짜 컴퓨팅 사고력은 자라날 것이다.

그리디 알고리즘

Algorithm

☑ 빠르고 단순하게, 그러나 전략적으로 문제를 푼다는 것은 가능할까? 복잡한 문제를 마주했을 때, 모든 경우의 수를 고려하지 않고도 정답에 가까운 해답을 찾을 수 있다면 얼마나 좋을까? 바로 이런 상상을 현실로 만들어주는 것이 그리디 알고리즘(Greedy Algorithm)이다.

☑ 그리디 알고리즘은 이름 그대로 '탐욕스럽게' 문제를 해결해나가는 방식이다. 문제를 해결하는 매 순간, 가장 좋아 보이는 선택을 반복한다. 중요한 것은 '지금 이 순간의 최선'이라는 점이다. 이러한 방식이 전체적으로도 최선의 결과로 이어질 수 있을까? 그리디 알고리즘은 바로 이 질문에 '조건부로 가능하다'는 대답을 건넨다.

☑ 그리디 알고리즘은 단순하고 구현이 쉬우며, 시간과 자원이 부족한 상황에서도 빠르게 해답을 제시한다. 하지만 항상 최적의 결과를 보장하지는 않는다. 그래서 그리디 알고리즘을 이해하는 데에는 단순한 원리 이상의 사고력이 요구된다. 이 알고리즘이 '왜', '언제', '어떻게' 효과적인지 파악하는 것은 문제 해결 전략의 핵심 중 하나다.

☑ 이 단원에서는 그리디 알고리즘의 기본 개념부터 시작해, 그것이 왜 중요한지, 어떤 전략적 가치가 있는지를 살펴본다. 또한 실제 생활에서 적용할 수 있는 문제와 컴퓨터과학에서 자주 등장하는 최단 경로, 배낭 문제, 허프만 코딩과 같은 예시를 통해 그리디 알고리즘의 활용 가능성을 넓혀갈 것이다.

☑ 그리디 알고리즘은 단순한 계산 방법이 아니다. 그것은 제한된 정보 속에서도 합리적인 결정을 내려야 하는 인간의 사고방식을 닮아 있다. 그 속에서 우리는 컴퓨팅 사고력의 본질에 조금 더 다가가게 된다. 이제, 가장 탐욕스러운 선택이 가장 현명한 전략이 될 수 있는지를 함께 탐색해보자.

어떤 문제를 마주했을 때, 그 순간 가장 좋아 보이는 선택만 반복해도 전체 문제를 해결할 수 있다면 얼마나 편리할까? 그리디 알고리즘은 이런 단순하지만 강력한 질문에서 출발한다. 마치 산길에서 가장 오르기 완만한 길을 선택하며 정상으로 향하는 것처럼, 문제 해결을 위해 '현재 최선'이라는 기준으로 해결해 나간다.

그리디 알고리즘은 선택의 순간마다 가장 '탐욕스럽게' 보이는 결정을 내리는 방식이다. 욕심을 부리는 방식이 과연 전체적으로도 좋은 결과를 낳을 수 있을까? 이 알고리즘은 특정한 조건에서 놀라운 효율성과 최적의 해답을 동시에 보장하며, '지금 당장 최선의 선택'이 때때로 전체의 최선이 될 수 있다는 교훈을 준다.

① 그리디 알고리즘이란?

그리디 알고리즘은 문제를 해결하는 과정에서 매 순간 가장 최선의 선택을 반복적으로 수행하는 알고리즘이다. 여기서 말하는 '최선'이란, 그 시점에서 가장 좋아 보이는 선택이다. 이는 전체를 미리 계산하지 않고도, 현재의 상태에서 가장 유리한 결정을 내리는 방식으로 전개된다. 예를 들어, 산 정상까지 가는 등산 경로를 찾을 때 전체 지도를 보지 않고, 발아래 가장 완만한 경사를 가진 길만 계속 선택하는 방식과 유사하다. 전체적으로는 최단 거리나 최소 에너지를 요구하는 최적의 경로가 아닐 수도 있지만, 때로는 이처럼 '국소적으로 최선의 선택'을 반복하는 방식이 전체 문제에서도 좋은 결과를 낳을 수 있다. 이 알고리즘은 다음과 같은 특징을 지닌다.

☑ 현재 상태에서 가장 유리한 선택만을 기준으로 다음 단계로 이동한다.

☑ 전체 최적의 해답을 보장하지는 않지만, 특정 조건을 만족할 경우에는 최적의 해를 도출할 수 있다.

☑ 단순하고 빠른 구현이 가능하여, 복잡한 문제를 신속하게 처리해야 할 때 유용하다.

☑ 부분 문제의 최적해가 전체 문제의 최적해로 연결되는 구조를 갖는 경우, 그리디 알고리즘은 매우 효과적이다.

그러나 이 단순함 속에는 한계도 존재한다. 그리디 알고리즘은 데이터 간의 전체적인 관계를 고려하지 않는다. 오직 눈앞의 최선만을 바라보기에, 잘못된 선택이 누적될 경우 전체 결과는 전혀 기대에 미치지 못할 수 있다. 따라서 이 알고리즘이 효과적으로 작동하기 위해서는 반드시 '그리디 선택 속성(Greedy Choice Property)'과 '최적 부분 구조(Optimal Substructure)'라는 두 가지 조건을 만족해야 한다.

그리디 알고리즘은 탐욕스럽다. 그러나 그 탐욕은 계산된 전략이자, 제한된 정보 속에서 최선의 길을 모색하는 합리적 선택이다. 이는 단지 컴퓨터 알고리즘을 넘어서, 우리의 일상 속 결정 과정을 되돌아보게 만드는 하나의 사고 방식이기도 하다.

② 그리디 알고리즘의 전략적 가치

그리디 알고리즘은 단순히 '지금 좋은 선택'을 반복하는 방식 그 이상이다. 빠른 계산과 직관적인 구현, 그리고 실시간 판단이 필요한 다양한 문제에서 전략적 가치가 드러난다. 다음은 그리디 알고리즘이 갖는 핵심적 전략적 가치를 구조화하여 정리한 내용이다.

- **빠른 의사결정과 반응 속도**
  - ☑ 전체 상황을 파악하지 않아도 지금 당장의 선택만으로 문제 해결 가능
  - ☑ 실시간 경로 탐색, 로봇 제어, 게임 AI 등에서 즉각적인 선택이 가능
- **단순성과 구현의 용이성**

- ☑ 코드 구조가 직관적이며 반복문과 조건문만으로 쉽게 구현 가능
  - ☑ 복잡한 알고리즘보다 빠르게 작성할 수 있어 알고리즘 대회나 코딩 테스트에 유리
- **시간 복잡도의 감소와 처리 속도 향상**
  - ☑ 전체 탐색보다 훨씬 적은 계산으로 결과 도출
  - ☑ 특정 상황에서는 $O(n)$ 또는 $O(n \log n)$의 효율적인 성능 확보
- **문제 해결을 위한 전략적 사고 훈련**
  - ☑ 선택 순간마다 조건을 평가하고 판단하는 훈련이 가능
  - ☑ 전체 최적보다는 '조건부 최적'을 판단하는 사고력 향상
- **특정 조건에서 최적해 보장**
  - ☑ '탐욕적 선택 속성(Greedy Choice Property)'과 '최적 부분 구조(Optimal Substructure)'를 만족하는 경우
    - **예** 2거스름돈 문제, 최소 신장 트리(MST), 허프만 코딩 등
- **폭넓은 활용 가능성**
  - ☑ 정렬, 탐색 외에도 자원 배분, 경로 최적화, 재무 설계, 스케줄링 등에 적용 가능
  - ☑ 문제의 성격이 달라도 동일한 전략을 반복적으로 적용할 수 있음

이러한 전략적 가치는 그리디 알고리즘이 단순한 계산 공식을 넘어, 현실 문제 해결에 가까운 인간적인 사고방식을 닮아 있다는 점에서도 더욱 특별하다.

③ 장단점

모든 전략에는 명확한 강점이 존재하는 한편, 한계도 함께 따라온다. 그리디 알고리즘 역시 단순하고 빠르다는 장점이 있지만, 문제의 구조에 따라 전혀 엉뚱한 해답으로 이어질 수 있는 위험도 존재한다. 그리디 알고리즘의 장점과 단점은 다음과 같이 정리할 수 있다.

- **장점**
  - ☑ 실행 속도가 매우 빠르다. 현재의 선택만 고려하기 때문에 불필요한 계산을 줄이

고, 전체 탐색에 비해 시간 복잡도가 낮다.

☑ 구현이 간단하고 직관적이다. 복잡한 논리보다 매 순간 가장 나은 선택을 반복하는 방식으로, 초보자도 쉽게 구현할 수 있다.

☑ 실시간 반응이 필요한 문제에 적합하다. 즉시 판단과 실행이 요구되는 내비게이션, 로봇 경로 설정 등에 효과적이다.

☑ 특정 문제에서는 최적해를 보장한다. 거스름돈, 허프만 코딩, MST처럼 탐욕적 선택과 최적 부분 구조가 보장된 문제에 강력하다.

☑ 다양한 문제에 빠르게 적용할 수 있다. 정렬, 경로 탐색, 자원 배분 등 복잡하지 않으면서도 효과적인 해법이 필요한 문제에서 유용하다.

- **단점**

☑ 항상 최적해를 보장하지 않는다. 일부 문제에서는 그리디 방식이 국소적으로는 옳아 보여도 전체적으로는 비효율적인 해를 도출할 수 있다.

☑ 선택이 누적될수록 오류 가능성이 커진다. 초기에 잘못된 선택을 할 경우, 그 영향이 다음 단계에 연쇄적으로 미치게 된다.

☑ 문제 구조에 대한 깊은 이해가 필요하다. 아무 문제에나 적용할 수 없으며, 최적해 조건을 사전에 분석해야 한다.

☑ 전체적인 문제 상황을 고려하지 않는다. 미래 상황을 예측하거나, 전체 조합을 고려해야 하는 문제에는 부적합하다.

☑ 복잡한 문제일수록 오류를 감지하기 어렵다. 빠르고 간단한 코드일수록 문제의 본질을 놓칠 수 있고, 테스트 케이스에서만 정답처럼 보일 위험이 있다.

그리디 알고리즘은 눈앞의 이득에 집중하는 '탐욕적' 방식이지만, 그것이 언제나 어리석은 선택은 아니다. 특정한 조건을 만족하는 문제 앞에서, 이 단순한 전략은 가장 똑똑하고 효율적인 해결책이 된다. 그러나 그만큼 문제를 보는 눈과 전략의 적합성을 판단하는 안목이 중요하다. 그리디 알고리즘의 장점과 단점을 스스로 구별하고, 그에 맞는 전략을 선택할 수 있을 때, 우리는 더욱 강력한 문제 해결 능력을 갖추게 된다.

❹ 그리디 알고리즘을 위한 컴퓨팅 사고력(CT)

그리디 알고리즘은 단지 빠르게 답을 구하는 기법이 아니라, 제한된 정보와 시간 속에서 가장 유리한 선택을 도출하는 사고의 전략이다. '지금 이 순간의 최선'을 판단하며 문제를 해결하는 이 방식은, 눈앞의 상태를 빠르게 분석하고 결정하는 훈련이자, 복잡한 문제 상황에서 실용적인 해결을 찾아가는 사고의 근육을 키우는 과정이 된다. 매 선택의 순간마다 조건을 계산하고, 결과를 예측하며, 반복적인 판단을 수행하는 그리디 알고리즘의 구조는 컴퓨터처럼 논리적으로 사고하는 훈련, 즉 컴퓨팅 사고력(Computational Thinking, CT)의 핵심 요소들과 밀접하게 맞닿아 있다.

CT 요소별 연계

- **문제 분해(Decomposition)**: 그리디 알고리즘은 문제를 전체적으로 분석하기보다, 한 단계씩 나누어 처리하는 방식으로 접근한다. 이는 자연스럽게 문제를 상태별로 분해하고, 각 단계의 해결 방안을 따로 설계하는 사고로 이어진다. 예를 들어 최단 경로 문제에서 각 정점까지 가는 길을 따로 평가하는 방식은, 하나의 큰 경로 문제를 수많은 작은 이동 판단으로 분할하는 과정이다.

- **패턴 인식(Pattern Recognition)**: 각 선택의 기준은 일정한 규칙을 따른다. '가장 짧은 거리', '가장 큰 가치', '가장 낮은 비용' 등 탐욕적 선택 조건이 반복되는 구조 속에서 우리는 문제마다 반복되는 판단 패턴을 자연스럽게 인식하게 된다. 예를 들어, 허프만 코딩에서 가장 빈도수가 낮은 두 값을 반복해서 묶는 방식은 고정된 패턴 인식의 대표 사례다.

- **추상화(Abstraction)**: 그리디 알고리즘은 구체적인 값보다는 우선순위 기준만을 남기고 나머지는 제거하는 방식으로 사고한다. '어떤 선택이 지금 가장 좋을까'라는 판단 기준만 유지한 채, 수치나 항목의 정체성을 단순화하여 사고하는 과정은 CT의 추상화 능력을 기르는 데 매우 효과적이다.

- **알고리즘 설계(Algorithm Design)**: 탐욕적 선택을 기준으로 문제를 단계별로 해결하기 위해서는 선택 조건을 정하고, 종료 기준을 설정하며, 결과를 누적하는 일련의 과정 설계가 필요하다. 단순히 반복하는 것이 아니라, '어떤 순서로 어떤 조건에 따라 선택

할 것인가'를 설계하는 능력이 알고리즘적 사고의 핵심이 된다.

그리디 알고리즘은 앞서 살펴본 CT 4요소 외에도, 다음과 같은 다차원적 사고력과도 깊은 관련이 있다.

사고력 범주	연결 예시 및 설명
직관적 사고력	가장 유리한 선택을 빠르게 판단하고 결정하는 능력. 직관에 기반한 판단 반복.
조건분기 사고력	현재 상태에서의 조건에 따라 선택 방향을 바꾸는 능력. 예: 가치가 높은 순, 거리 짧은 순 등.
계층적 사고력	여러 단계를 순차적으로 거치는 판단 흐름 구성. 예: 우선순위 설정 → 선택 → 누적 처리.
최적화 사고력	동일한 문제에서 선택 조건을 조정하여 더 좋은 결과를 도출하는 반복적 개선 사고.
조건적 사고력	그리디 조건이 성립하는 문제인지 여부를 분석하고 적용 가능성 판단.
탐색적 사고력	다양한 조건에 따라 선택 결과를 비교하고 가장 효율적인 경로를 탐색하는 사고.
통합적 사고력	각 선택의 결과를 누적하여 전체 결과로 통합하는 구조 구성. 예: 배낭에 담은 물건들의 총 가치 계산.
비판적 분석 사고력	잘못된 탐욕적 선택이 전체 해에 어떤 영향을 미치는지 판단하고 수정 방향 모색.
Code적 사고력	실제 코드로 구현하면서 로직의 반복성과 선택 조건을 명료하게 표현하는 능력.
적응적 사고력	문제나 조건이 바뀌었을 때 다른 탐욕 기준으로 재설계 가능한 유연한 사고.
정책적 사고력	어떤 기준(정책)으로 판단을 내릴 것인지 스스로 설계하고 정당화하는 능력. 예: 효율 우선 vs 비용 우선.

이처럼 그리디 알고리즘은 복잡한 계산보다 빠른 판단과 전략적 조건 설정을 통해 문제를 해결하는 접근 방식이며, 사고력 훈련의 장으로도 매우 적합하다. 지금 할 수 있는 최선의 선택을 판단하고 반복하며, 전체 결과에 도달하는 이 알고리즘의 여정 속에서 학습자는 '사고의 탐욕'이 때로는 가장 실용적인 도구가 될 수 있음을 체험하게 된다. 결국, 단순해 보이는 이 전략은 스스로 생각하고 결정하는 능력을 단단히 길러주는 지름길이 되어준다.

혼란 속에서 방향을 잡는 전략 "모든 경우를 생각할 수 없다면, 지금 당장 가장 좋아 보이는 걸 선택해보자." 그리디 알고리즘은 이런 생각에서 출발한다. 전체를 고려하기엔 시간도, 자원도 부족할 때 우리는 가장 빠르고 실용적인 선택을 해야 한다. 이 전략은 '정답'이 아니라 '결정 기준'을 세우는 데에 초점이 있다. 문제를 작게 나누지 않아도, 전체 구조를 설계하지 않아도, 순간의 최선만으로 전체 해결을 향해 나아갈 수 있다는 것. 바로 이 점이 그리디 알고리즘의 놀라운 매력이다.

왜 그리디 알고리즘이 필요한가? 다음과 같은 상황에서 그리디 알고리즘은 매우 강력한 전략이 된다.

- **문제의 조건이 실시간으로 변할 때**
  - ☑ 전체를 미리 예측할 수 없기 때문에, 현재 조건만 보고 판단해야 함.
- **시간이나 자원이 부족할 때**
  - ☑ 탐색 여유가 없는 상황에서 빠르게 결정을 내려야 함.
- **최적의 해가 보장되지 않아도 괜찮을 때**
  - ☑ 실용적인 수준에서 '좋은 해'면 충분한 경우.
- **단순하고 빠른 구현이 필요할 때**
  - ☑ 복잡한 설계보다 간단한 코드와 직관적 판단이 더 중요할 때.

반복이 아닌 '선택'의 사고 훈련 그리디 알고리즘은 단순히 반복하는 전략이 아니다. 그 순간 가장 이득이 되는 것을 선택하고, 그 선택을 누적하며 전체 문제를 해결해나간다. 이러한 과정은 다음과 같은 사고력을 훈련시킨다.

사고 훈련 요소	설명
우선순위 판단	어떤 조건이 가장 중요한지를 판단하는 능력
조건 분기 설계	선택 조건을 코드나 로직으로 구체화
결과 누적 구조화	개별 선택의 결과를 전체 해에 반영하는 방식

이처럼 '선택 → 판단 → 누적'이라는 구조적 흐름을 반복하며, 단순한 반복문을 넘어서 논리적 선택 설계 능력을 기르게 된다.

예측 불가능한 상황에서 더 강하다 예를 들어보자. 배달 기사가 한정된 연료로 가장 많은 배달지를 들러야 할 때, 모든 경로를 탐색하는 것은 현실적으로 불가능하다. 이때 그리디 알고리즘은 "지금 가장 가까운 곳부터 가자"라는 판단을 통해 복잡한 탐색 없이도 효율적인 해답을 제시할 수 있다. 이런 식으로 그리디는 '전체 최적'보다 현실적 최선을 빠르게 찾는 데 탁월하다.

단순함 속의 강력한 확장성 그리디 알고리즘이 적용되는 대표적 문제들은 다음과 같다.

- ☑ 거스름돈 문제 — 가장 큰 단위의 동전부터 선택
- ☑ 허프만 코딩 — 빈도수가 낮은 문자부터 병합
- ☑ 최소 신장 트리(MST) — 비용이 낮은 간선부터 선택
- ☑ 다익스트라 알고리즘 — 현재 가장 가까운 정점부터 확장

이 문제들의 공통점은, 각 선택이 전체 결과에 누적되며, 한 번 결정되면 되돌릴 필요가 없는 구조라는 점이다.

교육적 관점에서의 전략 가치 그리디 알고리즘은 단순 구현 이상의 사고 훈련 도구다. 학습자는 다음과 같은 방식으로 사고력을 훈련할 수 있다.

- ☑ 조건을 비교하고 우선순위를 판단하는 능력

☑ 선택의 결과를 누적하고 평가하는 사고

☑ 코드와 로직을 통해 전략을 구조화하는 훈련

특히 코딩 입문자에게는 "복잡하지 않지만 논리적인 문제 해결 방식"으로서 컴퓨팅 사고력(CT)의 출발점이 되어준다.

우리 삶 속의 그리디 알고리즘　　사실 그리디 알고리즘은 이미 일상 속에 자연스럽게 스며들어 있다.

☑ 마트에서 가장 싼 제품 고르기

☑ 기말고사 공부할 때, 가장 점수가 큰 과목부터 공부하기

☑ 우선순위가 높은 메일부터 답장 보내기

☑ 배터리가 부족할 때, 가장 중요한 앱만 실행하기

이처럼 우리는 복잡한 판단 대신 '지금 가장 중요하거나 유리한 것부터 처리하는 방식'을 자연스럽게 사용하고 있다. 이게 바로 그리디 알고리즘이다.

지금을 선택하는 힘　　그리디 알고리즘은 모든 것을 아는 사람이 아니라, 지금 결정할 수 있는 사람의 전략이다. 정답을 미리 계산하지 않아도, 순간의 선택이 전체 해를 향해 나아가게 한다. 정보가 많고 조건이 복잡한 세상 속에서, 지금 할 수 있는 선택을 빠르게 내리고 그 선택을 구조화할 수 있는 사고력, 그것이야말로 오늘날 우리가 꼭 가져야 할 '그리디한 지혜'이다.

문제를 푼다는 것은 단순히 계산을 수행하는 것이 아니라, 무엇을 기준으로 선택할 것인가를 정의하고, 그 선택을 반복하며 결과를 누적해가는 사고의 여정을 설계하는 일이다. 그리디 알고리즘은 이 여정을 아주 단순하면서도 논리적으로 전개한다. '지금 당장 가장 좋은 선택이 무엇인가?'라는 질문 하나로 문제 전체를 풀어내는 이 전략은, 문제 해결을 선택과 판단, 그리고 조건의 누적으로 구조화하는 방식이다. 다음은 그리디 알고리즘이 문제를 해결하는 일반적인 사고 흐름과 과정이다.

1단계: 탐욕적 선택 기준을 설정한다   그리디 알고리즘의 시작은 선택의 기준을 세우는 데 있다. 모든 판단은 이 기준에 따라 반복되며, 이 기준이 문제 해결의 방향을 결정짓는다.

- **핵심 질문**
  - ☑ 어떤 조건이 가장 유리한 선택을 만드는가?
  - ☑ 최대 가치인가? 최소 비용인가? 가장 짧은 거리인가?
- **실행 포인트**
  - ☑ 문제 조건을 다시 읽고, 선택의 기준을 도출한다
  - ☑ 조건이 단일 기준인지, 복합 조건인지 구분한다
  - ☑ 기준이 정해졌다면, 문제의 절반은 이미 해결된 셈이다

2단계: 가능한 선택지 중에서 현재 최선의 해를 고른다   설정한 기준에 따라 모든 선택지 중 '현재 가장 유리한 것'을 하나 골라낸다. 이 단계는 매 순간 새로운 정보를 기반으로 판단하는 현실적인 결단의 반복이다.

- **핵심 질문**
  - ☑ 지금 이 순간, 가장 좋은 선택은 무엇인가?
  - ☑ 조건을 만족하면서, 최대 효과를 내는 선택지는 무엇인가?
- **실행 포인트**
  - ☑ 전체 데이터 중에서 선택지 리스트를 만든다
  - ☑ 선택지들에 대해 기준을 적용하고, 우선순위를 매긴다
  - ☑ 가장 우선순위가 높은 하나를 선택한다
  - ☑ 정렬, 힙, 우선순위 큐 등을 활용하면 이 작업이 효율적이다

3단계: 선택 결과를 누적하거나 결정에 반영한다　선택한 결과를 단순히 기록하는 데 그치지 않고, 문제 해결 과정의 다음 단계에 직접 반영하고 누적한다. 이 과정을 통해 점차적으로 전체 해결을 향해 나아가게 된다.

- **핵심 질문**
  - ☑ 방금 한 선택은 전체 문제 해결에 어떻게 기여하는가?
  - ☑ 이 선택의 결과를 어떻게 저장하고 활용할 것인가?
- **실행 포인트**
  - ☑ 선택의 결과를 별도의 리스트나 변수에 저장
  - ☑ 선택으로 인해 문제의 조건이 어떻게 바뀌는지 반영
  - ☑ 이미 선택된 요소를 제거하거나 마킹 처리
  - ☑ 결과를 누적하면서 종료 조건을 점검

4단계: 더 이상 선택할 수 없을 때까지 반복한다　선택할 수 있는 후보가 없거나, 선택의 필요성이 사라질 때까지 이 과정을 계속 반복하는 것이 그리디 알고리즘의 핵심 구조다. 반복이 종료된 시점에서 전체 문제에 대한 해답이 도출된다.

- **핵심 질문**
  - ☑ 선택 가능한 항목이 더 남아 있는가?
  - ☑ 종료 조건은 충족되었는가?

- **실행 포인트**
  - ☑ 데이터 리스트가 비었는가?
  - ☑ 배낭이 더 이상 물건을 담을 수 없는가?
  - ☑ 최종 값(예: 최소 비용, 최대 이익)을 계산할 수 있는가?

그리디 알고리즘의 사고 흐름 　매 순간 최선의 선택을 반복한다고 해서, 아무 기준 없이 행동하는 것은 아니다. 오히려 그리디 알고리즘은 명확한 선택 기준을 설정하고, 그 기준에 따라 지속적으로 판단하고 누적하며, 언제 멈출지를 아는 구조적인 사고 체계를 요구한다.

그렇다면 이 알고리즘의 문제 해결 과정은 어떤 사고 단계를 거쳐 이뤄지는 것일까? 단순히 코드를 작성하기 전에, 사고의 흐름부터 정리할 수 있다면 문제 해결은 훨씬 명확하고 효율적으로 이뤄질 수 있다. 아래는 그리디 알고리즘의 핵심 사고 단계를 질문과 함께 정리한 것이다. 각 단계는 단순한 구현을 넘어, 문제를 판단-선택-반영-종료의 흐름으로 이끌며 문제 해결을 위한 실제 훈련이 된다.

사고 단계	질문 예시	전략적 사고 전환
선택 기준 설정	무엇을 기준으로 선택할 것인가?	판단의 구조화
현재 최선 선택	지금 이 순간 가장 유리한 것은 무엇인가?	판단의 구체화
결과 반영 및 누적	이 선택은 전체 해답에 어떤 영향을 미치는가?	흐름의 연결
반복 및 종료 판단	언제까지 선택을 반복해야 하는가?	종료 조건 판단

선택이 모여 전략이 되다 　그리디 알고리즘은 '단순히 선택을 반복하는 방식'이 아니다. 그것은 문제를 바라보는 새로운 시선이며, 현재의 판단을 통해 미래를 설계하는 구조적 사고다. 어떻게 선택할 것인지, 그 선택이 전체에 어떤 영향을 미치는지를 끊임없이 점검하며 우리는 '생각하는 문제 해결자'가 되어간다. 정답은 보장되지 않지만, 그리디한 사고는 효율과 판단, 그리고 전략을 설계하는 힘이 된다.

단순한 선택, 복잡한 문제를 뚫다　　그리디 알고리즘은 복잡한 문제 속에서도 '지금 가장 좋아 보이는 선택'을 반복하며 전체 해답을 만들어가는 전략이다. 이 방식은 마치 거대한 미로 속에서도 "지금 가장 넓고 밝은 길"부터 걸어보는 인간의 본능적인 판단처럼 단순하고도 실용적이다. 코딩 테스트나 알고리즘 문제에서만 쓰이는 것처럼 보이지만, 그리디 알고리즘은 이미 우리의 일상 속에서 무의식적으로 반복되는 판단 방식으로 자리 잡고 있다. 우리는 항상 최적의 정답을 추구할 수는 없다. 대신 제한된 정보 속에서 지금 할 수 있는 가장 나은 결정을 반복하며 문제를 해결하려 한다. 그런 점에서 그리디 알고리즘은 단순하지만 본능에 가까운 전략이다. 지금부터 그리디 알고리즘이 실생활 문제와 컴퓨터 활용 문제에서 어떻게 적용될 수 있는지를 구체적으로 살펴보자.

① 실생활 문제 해결

"가장 좋아 보이는 선택부터 한다" — 알고리즘은 이미 우리 안에 있다　　생각해보면 우리는 어떤 문제를 마주했을 때 완벽한 계획을 세우기보다는 지금 당장 할 수 있는 최선의 선택부터 시작한다. 시간이 없을 때 가장 중요한 일을 먼저 처리하고, 할인 행사를 보면 가장 싸고 많이 주는 제품부터 고른다. 이렇게 우리가 조건 없이 직관적으로 선택하는 방식, 바로 그것이 그리디 알고리즘이다. 여기에 알고리즘적인 사고와 구조가 더해질 때, 이 단순한 전략은 문제 해결의 강력한 도구가 된다.

거스름돈을 가장 적은 동전으로 거슬러주고 싶을 때　　편의점에서 760원을 거슬러

줘야 할 때, 점원은 본능적으로 이렇게 판단한다. "일단 가장 큰 동전부터 주자."
500원 → 100원 2개 → 50원 1개 → 10원 1개. 총 5개의 동전이면 끝이다.

- **문제 상황**
  - ☑ 고객에게 최소 개수의 동전으로 거스름돈을 줘야 한다.
- **전략 적용**
  - ☑ 가장 큰 단위의 동전부터 차례로 선택
- **적용 결과**
  - ☑ 500 + 100 + 100 + 50 + 10 = 760, 단 5개의 동전 사용
- **그리디 구조**
  - ☑ 한 번 선택한 동전 단위는 되돌리지 않으며, 선택이 누적되며 해답을 구성한다.

주의할 점은 단위가 배수 구조가 아닐 경우엔 최적의 해가 되지 않을 수도 있다. 참고로 여기서 배수 구조란 모든 단위들이 서로 정수배 관계를 이루고 있어서 큰 단위 → 작은 단위 순으로 선택하는 그리디 전략이 항상 최적해를 보장할 수 있는 경우를 의미한다. 그리디는 항상 '조건부 최적'을 보장할 뿐이다.

하루 공부시간이 3시간일 때, 어떤 과목부터 공부해야 할까? 기말고사를 앞두고 4과목을 공부해야 한다. 그런데 남은 시간은 3시간. 이럴 땐 과목별 시험 비중이나 예상 점수를 고려해서 가장 점수 상승 여지가 높은 과목부터 선택하는 것이 일반적이다.

- **문제 상황**
  - ☑ 모든 과목을 공부할 수는 없고, 일부만 선택해야 할 때
- **전략 적용**
  - ☑ 점수 향상률이 가장 높은 과목부터 선택
- **적용 결과**
  - ☑ 제한된 시간으로 가장 높은 성적 향상을 기대할 수 있음
- **그리디 구조**

☑ 매번 남은 시간 내에서 가장 이득이 되는 과목을 우선 선택하고, 시간에서 차감하며 반복

이 선택은 감각적이지만 전략적이다. 제한된 자원(시간)을 가장 효과적으로 사용하는 방식으로, 바로 그리디 알고리즘의 철학이다.

인터넷 쇼핑 — 장바구니에 무엇을 먼저 담을까? 배송비는 무료, 단 구매 총액 3만원 이상. 이때 우리는 어떻게 판단할까? "할인율이 크거나, 가장 절실한 물건부터 먼저 담자." → 할인율이 높은 제품부터 순서대로 선택하다 보면 어느 순간 3만원을 넘기고, 만족도 높은 장바구니가 완성된다.

- **문제 상황**
  - ☑ 총액 조건을 맞추면서 최대 만족도를 얻고 싶을 때
- **전략 적용**
  - ☑ 가격 대비 만족도가 높은 상품부터 선택
- **적용 결과**
  - ☑ 같은 예산으로 더 많은 만족을 얻는 조합 구성
- **그리디 구조**
  - ☑ 가치/가격 비율 기준으로 반복 선택하며 조건(총액)을 만족시킴

여행 일정 짜기 — 어디를 먼저 갈까? 도시 A에서 B, C, D 도시를 모두 들러야 할 때, 우리는 교통편을 보며 "지금 가장 가까운 곳부터 들르자"고 결정한다. 이는 전체 최적 경로는 아닐 수 있어도, 지금 가장 이동 시간이 짧은 경로를 반복해서 선택하는 전략이다.

- **문제 상황**
  - ☑ 여러 도시를 모두 방문해야 할 때
- **전략 적용**
  - ☑ 현재 위치에서 가장 가까운 도시부터 선택

- **적용 결과**
  - ☑ 전체 이동 경로를 단순화하면서 시간 손실을 최소화
- **그리디 구조**
  - ☑ 방문지 미정 상태에서 매번 가장 짧은 거리의 도시를 선택하고, 방문 리스트에서
    제외하며 반복

지금 선택하는 능력, 그것이 전략이다 우리의 일상은 사실상 그리디 알고리즘의 연속이다. '가장 이득이 큰 것', '가장 손해가 적은 것', '가장 빠르게 끝나는 일'부터 처리하려는 우리의 습관은, 알고리즘적으로 보면 완벽한 그리디 전략이다. 중요한 것은 이러한 선택이 전체 결과에 어떤 영향을 미치는지 파악하고, 그 선택을 조건과 우선순위에 따라 전략적으로 구조화하는 능력이다.

그리디 알고리즘은 복잡한 상황 속에서도, "지금 당장 무엇을 선택해야 하는가?"라는 단 하나의 질문에 대한 답으로 복잡함을 단순하게 바꾸고, 혼란을 판단으로 전환시키는 힘을 제공한다. 이 단순하지만 강력한 전략은, 오늘도 우리의 삶 곳곳에서 작동하고 있다.

❷ 컴퓨터 활용 문제

문제를 쪼개는 것이 아니라, 선택을 구조화하는 전략 코딩 실습에서 흔히 겪는 오류 중 하나는 모든 데이터를 한 번에 처리하려는 시도에서 비롯된다. 특히 경로 탐색 문제나 최적화 문제를 다룰 때, 전체를 다 탐색하고 나서 판단하려 하면 연산량이 기하급수적으로 증가하고, 코드 구조는 복잡해지며, 디버깅은 어려워진다. 이런 상황에서 그리디 알고리즘은 구조를 간결하게 만들며 판단의 기준을 명확히 설정하도록 돕는다.

그리디 알고리즘의 핵심은 반복이 아니라 선택의 전략화다. 모든 경우를 탐색하지 않아도, 지금 이 순간 가장 좋아 보이는 선택을 반복하는 것만으로도 충분히 해답에 도달할 수 있다는 점은 많은 문제 해결에서 실용적이고 강력한 접근 방식이 된다. 이제부터는 그리디 알고리즘이 컴퓨터 기반 문제 해결에서 어떻게 적용

  문제 해결의 전략, 알고리즘

될 수 있는지, 대표적인 알고리즘인 최단 경로 문제, 배낭 문제, 허프만 코딩을 중심으로 살펴보자.

최단 경로 찾기

- **문제**: A 도시에서 출발하여 B, C, D, E, F 도시에 도달하는 가장 짧은 경로를 계산하라. 어떤 도시들로 이루어진 지도에서, 출발지로부터 다른 모든 도시에 도달하는 최단 경로를 계산하고자 한다. 각 도시는 간선(도로)으로 연결되어 있으며, 도로마다 이동 비용(가중치)이 다르다. 단, 간선의 가중치는 모두 양수이며, 되돌아가는 경로를 계산하지 않는다.

이 문제 해결의 목표는 출발지에서 각 도시에 도달할 수 있는 최소 비용 거리 테이블을 구하는 것이다. 이 문제는 현실에서 교통 경로 최적화, 물류 배송, 통신망 구성 등에서 자주 등장하며, 그리디 알고리즘의 전형적인 구조인 '가장 짧은 거리부터 선택 → 누적 → 반복' 방식으로 해결된다.

- **작동 원리**: 다익스트라(Dijkstra) 알고리즘은 현재까지 발견한 가장 짧은 거리를 기준으로 정점을 하나씩 선택하며, 연결된 이웃 정점으로의 거리를 갱신해나가는 방식으로 작동한다. 이 과정에서 이미 확정된 경로는 다시 방문하지 않으며, 우선순위 큐(Heap)를 활용하면 성능이 향상된다.

  1. 초기화
     — 모든 정점의 거리를 ∞로 설정하고, 출발점은 0으로 초기화한다.
  2. 우선순위 선택(그리디 선택)
     — 아직 방문하지 않은 정점 중 거리 값이 가장 작은 정점을 선택한다.
  3. 인접 노드 거리 갱신
     — 선택한 정점에서 연결된 모든 이웃 정점에 대해,
     — 새롭게 계산된 거리가 기존보다 짧다면 거리 값을 갱신한다.
  4. 반복 및 종료
     — 모든 정점을 방문할 때까지 위 과정을 반복한다.

이 구조는 모든 판단을 "지금 가장 좋은 선택"이라는 탐욕적 기준에 따라 전개하며, 각 선택이 전체 해답을 향한 누적된 판단으로 연결된다는 점에서 그리디 알고리즘의 대표 사례로 간주된다.

● **Python 코드**: 함수 선언

```python
1  import heapq
2
3  def dijkstra(graph, start):
4      distances = {node: float('inf') for node in graph}
5      distances[start] = 0
6      queue = [(0, start)]
7
8      while queue:
9          current_dist, current_node = heapq.heappop(queue)
10
11         if current_dist > distances[current_node]:
12             continue
13
14         for neighbor, weight in graph[current_node]:
15             distance = current_dist + weight
16             if distance < distances[neighbor]:
17                 distances[neighbor] = distance
18                 heapq.heappush(queue, (distance, neighbor))
19
20     return distances
```

● **함수 실행 예시**

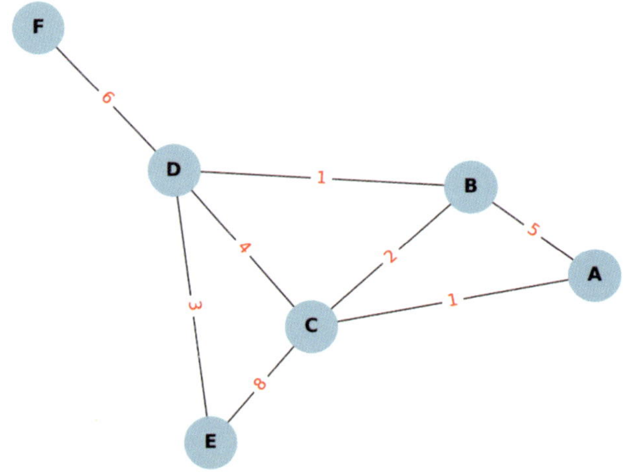

이와 같은 그래프를 Python에서 구조화 하여 A로부터 각 정점에 대한 최단 거리를 찾는 실행 결과는 다음과 같다.

```
 1 graph = {
 2     'A': [('B', 5), ('C', 1)],
 3     'B': [('A', 5), ('C', 2), ('D', 1)],
 4     'C': [('A', 1), ('B', 2), ('D', 4), ('E', 8)],
 5     'D': [('B', 1), ('C', 4), ('E', 3), ('F', 6)],
 6     'E': [('C', 8), ('D', 3)],
 7     'F': [('D', 6)]
 8 }
 9
10 print(dijkstra(graph, 'A'))
```

{'A': 0, 'B': 3, 'C': 1, 'D': 4, 'E': 7, 'F': 10}

각 정점으로의 최단 거리를 계산하는 과정은 다음의 표에서 확인할 수 있다.

정점	시작 정점과의 최단거리	최소 거리 정점
A(-,0)	B(A,5) C(A,1) D(A,∞) E(A,∞) F(A,∞)	C
C(A,1)	B(C,1+2=3) D(C,1+4=5) E(C,1+8=9)	B
B(C,3)	D(B,3+1=4) E(B,∞) F(B,∞)	D
D(B,4)	E(D,4+3=7) F(D,4+6=10)	E
E(D,7)	F(D,4+6=10)	F
F(D,10)	완료	end

- **활용 분야**: 가장 먼저 해야 할 일은 무엇일까? 정답을 알고 있는 것이 아니라, 지금 가장 좋아 보이는 선택을 반복하는 것만으로도 해답에 도달할 수 있다면, 그 전략은 충분히 가치 있다. 그리디 알고리즘은 모든 것을 아는 대신, 지금 당장의 조건 속에서 가장 유리한 선택을 반복하는 방식으로 문제를 해결한다. 이는 단순한 욕심이 아니라, 복잡한 상황에서 판단을 단순화하고 실행 가능한 전략을 선택하는 현실적 문제 해결 방법이다.

그리디 알고리즘은 속도와 간결함, 효율성이라는 세 가지 가치를 고루 갖춘 전략이다. 매번 가장 유리한 조건을 선택하고, 그 결과를 누적하면서 점차 전체 문제를 해결하는 구조는 복잡한 계획보다 실시간 판단이 필요한 환경에서 훨씬 더 유용하게 작동한다. 특히 다음과 같은 상황에서 그리디 알고리즘은 매우 강력한 도구가 된다.

- ☑ 전체를 고려할 시간이나 자원이 부족한 경우
- ☑ 실시간으로 반응하고 결정해야 하는 시스템
- ☑ 최적의 해가 아니더라도 '충분히 좋은' 해를 빠르게 도출해야 하는 문제
- ☑ 반복 구조와 선택 기준이 명확히 존재하는 데이터 처리 상황

그리디 전략은 단순히 빠르기만 한 알고리즘이 아니다. 우리는 이미 일상 속에서 자연스럽게 그리디한 선택을 반복하고 있으며, 현업의 수많은 시스템에서도 이 전략이 놀라운 효과를 발휘하고 있다. 지금부터 그리디 알고리즘이 어떤 현실 문제 속에서 어떻게 활용되는지, 실제 적용 사례들을 통해 하나씩 살펴보며 "선택만으로도 문제를 해결할 수 있다"는 믿음이 어떤 구조로 구현되는지 경험해보자.

1. **내비게이션 경로 탐색**: 도로가 복잡하게 얽혀 있는 도심에서, 목적지까지 가장 빠른 길을 안내해주는 내비게이션은 최단 경로 알고리즘의 대표적인 응용 사례다. 실시간 교통 정보, 우회 경로, 신호등까지 반영한 경로 탐색은 다익스트라 알고리즘에 기반해 실행된다.
   - ☑ GPS 기반 지도 서비스(카카오맵, Google Maps 등)의 경로 안내
   - ☑ 실시간 교통량을 반영한 경로 재탐색
   - ☑ 유류비 최소화 또는 거리 최소화 옵션 선택

   다익스트라 알고리즘은 지도상의 노드(교차로)와 엣지(도로) 사이의 비용을 기준으로, 가장 효율적인 이동 경로를 계산한다.
2. **컴퓨터 네트워크 경로 설정**: 패킷이 인터넷을 통해 목적지까지 도달할 때, 라우터는 가장 짧은 경로로 패킷을 전송해야 한다. 이때 라우팅 프로토콜에서 최단 경로 알고리즘을 사용해 지연 시간이나 홉 수가 최소가 되는 경로를 계산한다.
   - ☑ 라우터 간 연결 비용 최소화

☑ 패킷 손실률 감소를 위한 안정적 경로 설정

☑ OSPF, IS-IS 등의 프로토콜 기반 최적화

네트워크 라우팅은 실제로 매초마다 수천만 건의 최단 경로 계산이 이루어지는 영역으로, 알고리즘의 정확도와 속도가 핵심이다.

3 **로봇의 이동 경로 설정**: 창고에서 물건을 운반하는 로봇이 여러 위치를 돌아다니며 경로를 선택할 때, 가장 빠르고 충돌이 없는 경로를 찾아야 한다. 로봇 내비게이션에서는 장애물을 회피하면서 최단 경로를 찾는 알고리즘이 핵심이다.

☑ 창고 내 경로 설정 시 최단 거리 기반 우선 이동

☑ 충돌을 피하기 위한 우회 경로 탐색

☑ 다수 로봇의 경로 최적화를 위한 동적 계산

최단 경로 알고리즘은 로봇이 목표 지점에 신속하게 도달할 수 있게 하는 실시간 판단의 기반이 된다.

4 **물류 배송 경로 설계**: 택배 물류 시스템에서는 배송 차량이 여러 목적지에 방문해야 하며, 이동 거리와 시간을 최소화하는 경로가 중요하다. 이때 최단 경로 알고리즘은 출발점에서 각 배송지까지 최적의 순서를 결정하는 데 활용된다.

☑ 한 번에 여러 지점에 물건을 배송해야 하는 경우

☑ 각 배송지 간 거리/시간을 최소화

☑ 물류 센터와 배송 지역 간 효율적 연결 경로 설정

경로 탐색은 단순히 최단 거리를 찾는 데 그치지 않고, 물류 효율 전체를 높이는 전략으로 발전한다.

5 **게임 캐릭터의 자동 이동 경로**: RPG 게임이나 시뮬레이션 게임에서 캐릭터가 자동으로 목적지까지 이동할 때, 게임 맵의 구조를 분석하고 가장 효율적인 경로를 따라 움직이게 만든다. 이는 최단 경로 알고리즘의 전형적인 활용이다.

☑ 타겟 위치까지의 자동 경로 탐색

☑ 장애물 우회 및 동적 지형 대응

☑ 다중 경로 중 가장 짧은 거리 우선 적용

게임 로직 속에 숨겨진 경로 계산은 플레이어의 몰입감을 결정짓는 핵심 요소가 된다.

6 **사회적 관계망 분석**: 소셜 네트워크 분석(SNA)에서는 한 사람에서 다른 사람까지의 관계 단계를 파악할 때, 최단 경로 알고리즘이 활용된다. 연결 강도나 정보 확산

속도를 계산하는 데 핵심이 된다.

- ✅ 'A가 B를 몇 단계를 거쳐 알게 되는가?' 분석
- ✅ 정보 전달의 경로 수 계산
- ✅ 네트워크 중심성과 영향력 평가에 사용

사회 연결망에서 최단 경로는 '가장 빠른 영향력 전달'의 경로와도 같다.

7 **위급 상황 시 대피 경로 안내**: 건물 화재나 지진 등 재난 상황에서 가장 빠르게 대피할 수 있는 출구를 안내하기 위해, 건물 내 구조를 기반으로 최단 대피 경로를 실시간 계산하는 시스템이 활용된다.

- ✅ 각 구역별 대피 시간 예측
- ✅ 가장 가까운 출구를 기준으로 분산 대피 유도
- ✅ 엘리베이터 금지, 막힌 통로 회피 설정

이 시스템은 생명을 지키는 실시간 경로 판단 알고리즘으로 중요한 역할을 한다.

8 **전기회로 및 PCB 설계 경로 최적화**: 전자 제품의 회로 설계 과정에서 신호가 전달되어야 할 경로를 최소 거리로 연결하는 과정이 필요하다. 이때 최단 경로 알고리즘은 전기적 노이즈를 줄이고 공간을 절약하는 데 기여한다.

- ✅ 트랙 간 간섭 최소화
- ✅ 최소 길이 배선 설계
- ✅ 칩 간 데이터 전달 지연 최소화

물리적 경로 최적화는 설계 품질과 제조 비용을 동시에 좌우한다.

9 **알고리즘 기반 교육 경로 안내**: 교육 플랫폼에서 학생의 성취도를 기반으로 '어떤 학습 단계를 먼저 거쳐야 할지'를 경로처럼 구성할 수 있다. 이때 최단 경로는 '목표 도달까지 최소 학습량'을 뜻할 수 있다.

- ✅ 목표 시험 대비 가장 빠른 학습 경로 안내
- ✅ 부족한 주제에 대한 보완 루트 제시
- ✅ 실시간 피드백 기반 경로 재조정

개인화 학습 경로 설계는 지식 그래프와 최단 경로 탐색을 결합한 형태로 진화하고 있다.

10 **파일 전송 및 동기화 최적화**: 대규모 파일을 여러 서버에 분산 전송할 때, 네트워크 부하와 거리, 응답 시간 등을 고려해 가장 효율적인 전송 경로를 찾는다. 이는 클라

우드, CDN, P2P 등에서 빈번히 사용된다.

✔ 서버 간 연결 속도 기반 최적 라우팅

✔ 병목 현상 회피 경로 적용

✔ 중복 전송 최소화 및 지연 시간 감소

최단 경로 알고리즘은 데이터가 최적의 루트를 통해 안정적으로 이동할 수 있도록 한다.

이처럼 최단 경로 알고리즘은 길을 찾는 기술을 넘어, 복잡한 연결 속에서 효율적인 의사결정을 설계하는 사고 도구로 쓰이고 있다. 목적지를 향해 갈 수 있는 수많은 길 중에서, 지금 가장 빠르고 정확한 경로를 스스로 설계할 수 있는 힘. 그것이 바로 최단 경로 알고리즘이 주는 통찰이다.

- **알고리즘의 효율성과 한계**: 최단 경로 찾기의 효율을 위한 시간 및 공간 복잡도는 다음과 같다.

구분	내용
시간 복잡도	$O(E \log V)$(heap 사용 시)
공간 복잡도	$O(V)$

$O(E \log V)$에서 E는 그래프의 간선 수(Edges)를 의미하며, V는 그래프의 정점 수(Vertices)를 의미한다. 최단 경로 찾기의 장단점은 다음과 같이 정리 가능하다.

- **장점**
  - ✔ 음의 가중치가 없을 경우 항상 최단 경로 보장
  - ✔ 탐색 범위를 줄이면서도 최적 경로 도출 가능
  - ✔ 우선순위 큐 적용 시 매우 빠른 성능 발휘
- **단점**
  - ✔ 음수 간선이 존재하면 사용 불가
  - ✔ 모든 경로를 탐색하는 것이 아니므로, 도달 불가능한 노드 처리 필요

☑ 동일 가중치가 많은 경우, 단일 최적해 외에 대안 경로를 제공하지 못함

- 지금 가장 가까운 길부터 가는 것, 그것이 전략이다. 다익스트라 알고리즘은 단순히 최단 거리를 찾는 도구가 아니다. 그것은 '지금 가장 나아 보여 보이는 방향으로 먼저 움직여본다'는 인간적인 판단을 알고리즘으로 구조화한 예시다. 복잡한 그래프 속에서도 현재 가장 좋은 선택부터 출발하여 전체 최적을 만들어가는 이 방식은 그리디 알고리즘이 단순히 욕심 많은 선택이 아니라, 명확한 전략이 될 수 있다는 것을 증명해준다.

우리는 항상 전체를 다 알 수 없다. 하지만 지금의 판단이 쌓여 전체 해답이 된다면, 그 선택은 단순한 선택이 아니라 하나의 전략이 된다. 바로 그것이 그리디 알고리즘의 힘이다.

배낭 문제　제한된 자원으로 최대 이익을 얻으려면?
우리는 일상에서 수많은 선택의 순간을 마주한다. 모든 걸 담고 싶지만, 시간도 공간도 한정되어 있다. 이럴 때 반드시 필요한 것이 '선택 전략'이다. 그리디 알고리즘은 이처럼 제한된 조건 아래에서 최대한의 가치를 얻고자 할 때 놀라운 효과를 발휘한다. 배낭 문제는 이러한 상황을 대표하는 알고리즘 문제로, 최적이 아닐 수도 있지만 충분히 효율적인 현실적인 선택 전략을 제공해준다. 시간도 없고 계산도 복잡한 상황에서, 가장 빠르게 '좋은 선택'을 하고 싶다면 바로 이 전략이 필요하다.

- **문제**: 무게와 가치를 가진 여러 개의 물건이 있다. 총 무게 한도(W)를 넘기지 않으면서, 가치의 합이 최대가 되도록 물건을 선택하라. 단, 여기서는 Fractional Knapsack(분할 가능 배낭) 문제를 다룬다. 즉, 물건을 일부 쪼개어 배낭에 넣을 수 있다.

- **작동 원리**: 그리디 알고리즘은 "가치가 높은 물건을 우선으로 선택"한다. 하지만 절대적인 가치가 아니라, 무게당 가치(value/weight)가 높은 순으로 정렬한다는 점이 핵심이다. 알고리즘 절차는 다음과 같다.
  1. 모든 아이템의 가치/무게 비율(value/weight)을 계산
  2. 그 비율이 높은 순으로 정렬

③ 배낭의 남은 용량이 허락하는 한 해당 물건을 최대한 넣기

④ 더 이상 전부 넣을 수 없는 물건은 일부만 넣어 채우기

이 전략은 매 순간 가장 '좋은 선택'을 한다는 점에서 전형적인 그리디 방식이다.

● **Python 코드**: 함수 선언

```python
1 def fractional_knapsack(capacity, items):
2     # items: (value, weight) 리스트
3     items.sort(key=lambda x: x[0]/x[1], reverse=True)
4     total_value = 0
5     result = []
6
7     for value, weight in items:
8         if capacity == 0:
9             break
10        if weight <= capacity:
11            total_value += value
12            capacity -= weight
13            result.append((value, weight))
14        else:
15            fraction = capacity / weight
16            total_value += value * fraction
17            result.append((value * fraction, capacity))
18            capacity = 0
19    return total_value, result
```

● **함수 실행 예시**

item에 대한 무게당 가치가 다음과 같은 경우, 실행 예시에 해당한다.

가치	무게	무게당 가치
90	10	9
80	10	8
120	20	6
60	10	6
150	30	5
200	50	4

```python
1 # 예시 데이터: (value, weight)
2 items = [ (90, 10), (120, 20), (60, 10), (150, 30),
3     (200, 50), (80, 10) ]
4
5 capacity = 50    # 배낭 용량
6
7 max_value, chosen = fractional_knapsack(capacity, items)
8
9 print(f"최대 가치: {max_value:.2f}")
10 print("선택된 항목:")
11 for val, wt in chosen:
12     print(f"  - 가치: {val:.2f}, 무게: {wt}")
```

```
최대 가치: 350.00
선택된 항목:
  - 가치: 90.00, 무게: 10
  - 가치: 80.00, 무게: 10
  - 가치: 120.00, 무게: 20
  - 가치: 60.00, 무게: 10
```

즉, 전체 가치를 350만큼 주어진 무게 50에서 취할 수 있다.

- **활용 분야**: 그리디 알고리즘의 배낭 문제는 '제한된 자원으로 최대한의 성과를 달성하는 문제'에 적합한 전략이다. 특히 물건을 쪼개어 선택할 수 있는 상황, 즉 연속적이고 유연한 자원 선택이 가능한 상황에서 더욱 강력한 효율을 발휘한다. 다음은 배낭 문제의 전략을 실제 현실과 정보 시스템에 어떻게 적용할 수 있는지를 보여주는 사례들이다.

① **디지털 광고 예산 분배**: 광고 마케팅에서는 주어진 예산을 다양한 채널에 어떻게 분배하느냐가 전체 캠페인의 성패를 좌우한다. 모든 광고를 동일하게 집행할 수 없다면, 예산 대비 효율이 높은 광고부터 선택하는 전략이 필요하다. 이때 클릭당 비용 대비 전환율이 높은 광고부터 예산을 채워가는 방식은 전형적인 그리디 알고리즘의 배낭 전략과 일치한다.

☑ 클릭율이 높은 광고부터 예산 분배

☑ 특정 제품군에 집중하여 광고 효율 극대화

☑ ROI(투자 수익률)가 높은 광고에 남은 예산 우선 투입

이 전략은 예산을 전부 소진하더라도, 성과가 극대화되도록 유도하는 실질적 선택 기준을 제공한다.

문제 해결의 전략, 알고리즘

2 **투자 포트폴리오 구성**: 한정된 자본으로 여러 자산에 투자할 때, 기대 수익률이 높은 항목부터 자금을 배분하는 것이 기본 전략이다. 특히 일부만 투자 가능한 상황에서는, 수익률 대비 단위 비용이 높은 종목부터 투자 비율을 결정하는 방식이 배낭 문제 전략과 유사하다.

- ☑ 수익률이 높은 펀드부터 투자
- ☑ 투자 금액에 따라 분할 매수
- ☑ 위험이 낮고 효율이 높은 자산부터 우선 편입

전체 수익을 극대화하기 위해서 제한된 자본을 가장 가치 있는 항목에 먼저 분배하는 방식은 배낭 문제의 이상적인 활용 모델이다.

3 **클라우드 자원 할당**: 서버 자원이나 네트워크 대역폭이 제한된 상황에서, 성능 대비 자원 사용량이 높은 애플리케이션부터 우선 배치하는 전략이 요구된다. 각 서비스의 성능 효율성을 고려해 자원을 점진적으로 배분하는 방식은 분할 가능한 배낭 문제의 구조와 동일하다.

- ☑ 요청량 대비 처리 효율이 높은 서비스부터 할당
- ☑ 중요 서비스에 리소스를 집중
- ☑ 처리량 단위당 자원 소비가 적은 애플리케이션 우선 배치

자원의 낭비를 줄이고 전체 서비스 품질을 유지하기 위한 전략적 자원 관리 방식이다.

4 **물류 및 수송 전략 최적화**: 화물차나 항공기의 적재 용량이 제한된 상황에서, 단위 무게당 운송 가치가 높은 상품부터 실어 나르는 전략이 필요하다. 이때 상품을 부분적으로 나누어 실을 수 있다면, 배낭 문제의 그리디 전략이 정확하게 적용된다.

- ☑ 단위 중량당 이익이 높은 물품 우선 탑재
- ☑ 일정 이상 공간이 남을 경우 일부 물품 분할 실어 나름
- ☑ 응급 물자, 의약품 우선 탑재

전체 이윤과 생존율을 극대화하는 유연하고 효율적인 수송 전략이다.

5 **교육 콘텐츠 자동 추천 시스템**: 학생에게 제공할 수 있는 학습 시간이나 주의력은 한정되어 있다. 이때 학습 효과 대비 소요 시간이 적은 콘텐츠부터 자동 추천하는 방식은 유사한 선택 문제로 볼 수 있다.

- ☑ 학습 효율이 높은 콘텐츠 먼저 배치
- ☑ 집중력 유지 가능한 길이 중심 콘텐츠 추천

☑ 우선순위 높은 학습 목표 콘텐츠에 시간 배정

학습의 질을 유지하면서 시간 자원을 최대한 효율적으로 활용할 수 있게 한다.

6 **생산 공정 내 작업 우선순위 결정**: 제한된 시간 안에 최대의 생산성과 효율을 내야 할 경우, 작업 단위당 가치가 높은 작업부터 처리하는 전략이 필요하다. 이때 생산 단위가 일정 수준까지 쪼갤 수 있다면, 그리디 배낭 전략이 그대로 적용된다.

☑ 이익률이 높은 공정부터 우선 가동

☑ 자원 소비가 적은 순으로 일정 구성

☑ 생산 시간 대비 산출물이 높은 작업 먼저 배치

생산성을 극대화하기 위한 실행 전략을 자동화된 알고리즘으로 치환 가능하게 해 준다.

7 **통신 네트워크 대역폭 분배**: 네트워크 대역이 제한되어 있을 때, 정보량 대비 우선순위가 높은 데이터부터 전송하는 것이 효율적이다. 이는 배낭 문제처럼 단위 자원 대비 가치를 기준으로 선택하는 전략과 유사하다.

☑ 영상회의 데이터 우선 전송

☑ 응급 시스템 패킷 우선

☑ 대용량 백업은 대역이 여유 있을 때 전송

중요도에 따른 선별적 전송으로 안정성과 반응성을 동시에 확보할 수 있다.

8 **데이터 전처리 우선순위 설정**: 머신러닝이나 통계 분석 전에 대용량 데이터를 정제할 때, 데이터 품질 대비 처리 시간 효율이 높은 항목부터 정제하는 전략이 유용하다. 처리 시간이 제한된 상황에서 특히 효과적이다.

☑ 결측값 비율이 낮은 항목 우선 전처리

☑ 이상치 영향도가 높은 열 우선 정제

☑ 모델 성능에 영향이 큰 변수 먼저 처리

전체 성능을 위한 선택과 집중 방식으로 분석 정확도를 높일 수 있다.

9 **이벤트 티켓 최적 가격 정책**: 입장 인원이 제한된 행사에서, 단위 가격당 고객 반응이 좋은 좌석부터 우선 판매하는 전략은 매출 극대화에 직접 연결된다.

☑ VIP 좌석 선점 우선 유도

☑ 인기 아티스트의 공연은 고가부터 소진

☑ 위치별 가성비 분석 후 배치

고객 선호도를 고려한 실시간 티켓 정책 조정이 가능해진다.

10 **게임 내 자원 분배 전략**: 게임 설계에서는 한정된 아이템이나 체력, 시간 등을 어떻게 분배할지가 핵심 전략이다. 성공률 대비 소모 자원이 낮은 선택지를 우선 제시하는 방식은 배낭 문제의 전형적 구조이다.

- ☑ 체력 소모가 적고 성공률이 높은 퀘스트 우선 제시
- ☑ 제한된 골드로 효율 높은 아이템 구매 우선
- ☑ 레벨 상승에 기여도가 높은 행동 먼저 안내

사용자 만족도와 게임 몰입도를 동시에 높이는 전략 설계 방식이 된다.

이처럼 배낭 문제는 단순한 알고리즘 예제를 넘어, 실생활의 수많은 의사결정 상황에서 직접적으로 활용 가능한 강력한 전략이다. 전체가 아닌 '일부라도 가치 있는 선택'을 실현할 수 있다는 점이 이 알고리즘의 가장 실용적인 장점이라 할 수 있다.

- **알고리즘의 효율성과 한계**: 분할 가능 배낭 문제는 정렬 기반의 그리디 알고리즘을 적용하여, 최대 가치를 가장 빠르게 계산할 수 있는 전략으로 널리 활용된다. 그 효율성과 한계는 다음과 같이 정리할 수 있다.

경우	시간 복잡도
평균 / 최적	O(n log n)(정렬 기준)
공간 복잡도	O(1) 또는 O(n)(선택 저장 시)

분할 가능 배낭 문제의 장단점은 다음과 같이 정리할 수 있다.

- **장점**
- ☑ 전체 물건을 정렬 후 한 번만 순회하면 되므로 매우 빠름
- ☑ 무게당 가치 기준이 명확해 구현이 직관적이고 코드가 간결함
- ☑ 일부만 선택 가능한 유연한 구조로 현실 문제에 적용 가능
- ☑ 물건을 쪼갤 수 있는 조건에서 항상 최적해를 보장함

☑ 자원 분배, 예산 할당, 생산 최적화 등 실제 활용도가 높음
- **단점**
  - ☑ 물건을 나눌 수 없는 상황(0/1 배낭)에서는 최적해를 보장하지 않음
  - ☑ 무게당 가치만 고려하므로 전체 조합 최적성은 무시됨
  - ☑ 정렬 기반이므로 아이템 수가 많아질 경우 사전 처리 비용 발생
  - ☑ 가치의 총합보다 개별 물건의 의미가 중요한 경우에는 부적합
  - ☑ 가치와 무게가 모두 동일한 경우, 정렬 기준 효과가 떨어짐

배낭 문제는 단순히 물건을 담는 알고리즘이 아니다. 제한된 자원, 제한된 시간, 제한된 공간 속에서 최적의 선택을 고민하는 사고 전략이다. 무게당 가치라는 기준은 단순하지만, 이 기준을 통해 얻는 선택의 구조는 매우 강력하다. 물건을 나눠 담을 수 있다는 조건이 허락되는 순간, 그리디 전략은 가장 합리적이며 빠른 해결책이 된다. 그리디는 정답보다 결정의 흐름을 중요시한다. 그렇기에 배낭 문제는 단지 하나의 알고리즘이 아니라, '선택을 설계하는 훈련'으로 기억하자.

허프만 코딩

- **문제**: 문자열을 저장하거나 전송할 때, 문자마다 같은 길이의 코드를 사용하는 것은 비효율적일 수 있다. 예를 들어 'e'가 수백 번 등장하고 'z'는 한 번 등장하는 상황이라면, 두 문자에 같은 길이의 코드를 부여하는 것은 저장 공간 낭비로 이어진다. 허프만 코딩(Huffman Coding)은 이런 문제를 해결하기 위해 등장한 가변 길이 부호화 알고리즘이다. 등장 빈도가 높은 문자는 짧은 코드, 등장 빈도가 낮은 문자는 긴 코드를 할당하여 전체 문자열의 압축 효율을 극대화하는 전략을 구현한다.

문제 정의는 다음과 같다. 주어진 각 문자와 해당 빈도를 바탕으로,

1. 전체 평균 코드 길이를 최소화하는
2. 접두어 코드(prefix code)를 생성하라.

- **작동 원리**: 허프만 코딩은 그리디 전략을 기반으로 작동한다. 매 단계에서 가장 빈도가

문제 해결의 전략, 알고리즘

낮은 두 노드를 선택하여 하나의 상위 노드로 병합해나가며, 최종적으로 이진 트리를 완성한다.

알고리즘 절차 요약

1. 빈도 기반 노드 생성: 각 문자를 빈도와 함께 노드로 생성
2. 우선순위 큐에 삽입: 빈도 기준으로 최소 힙 구성
3. 최소 두 개 노드 병합 반복: 가장 작은 두 노드를 꺼내어 하나의 부모 노드로 병합, 다시 힙에 삽입
4. 루트 노드 완성: 하나의 노드가 남을 때까지 반복 → 허프만 트리 완성
5. 코드 할당: 루트에서 리프 노드까지의 경로를 따라 0과 1로 이진 코드 부여(좌측은 0, 우측은 1)

이 과정을 통해 만들어진 허프만 코드는 접두어가 중복되지 않고, 압축률이 높으며, 전체 부호화 길이를 최소화한다.

- **Python 코드**: 함수 선언

```python
import heapq
from collections import Counter, namedtuple

class Node(namedtuple("Node", ["char", "freq", "left", "right"])):
    def __lt__(self, other):
        return self.freq < other.freq

def build_huffman_tree(text):
    counter = Counter(text)
    heap = [Node(char, freq, None, None) for char, freq in counter.items()]
    heapq.heapify(heap)

    while len(heap) > 1:
        left = heapq.heappop(heap)
        right = heapq.heappop(heap)
        merged = Node(None, left.freq + right.freq, left, right)
        heapq.heappush(heap, merged)

    return heap[0]

def generate_codes(node, prefix="", code_dict=None):
    if code_dict is None:
        code_dict = {}
    if node.char is not None:
```

```python
25      code_dict[node.char] = prefix
26   else:
27      generate_codes(node.left, prefix + "0", code_dict)
28      generate_codes(node.right, prefix + "1", code_dict)
29   return code_dict
```

● 함수 실행 예시

```python
1 text = "beep boop beer!"
2
3 # 트리 생성
4 root = build_huffman_tree(text)
5
6 # 코드 생성
7 codes = generate_codes(root)
8
9 # 결과 출력
10 print("허프만 코드:")
11 for char in sorted(codes):
12    print(f"'{char}': {codes[char]}")
13
14 # 압축 결과 출력
15 encoded = ''.join(codes[char] for char in text)
16 print("\n압축된 문자열 길이:", len(encoded))
```

```
허프만 코드:
' ': 111
'!': 0110
'b': 00
'e': 10
'o': 110
'p': 010
'r': 0111

압축된 문자열 길이: 40
```

위의 내용을 트리 구조로 확인하면 다음과 같다.

   문제 해결의 전략, 알고리즘

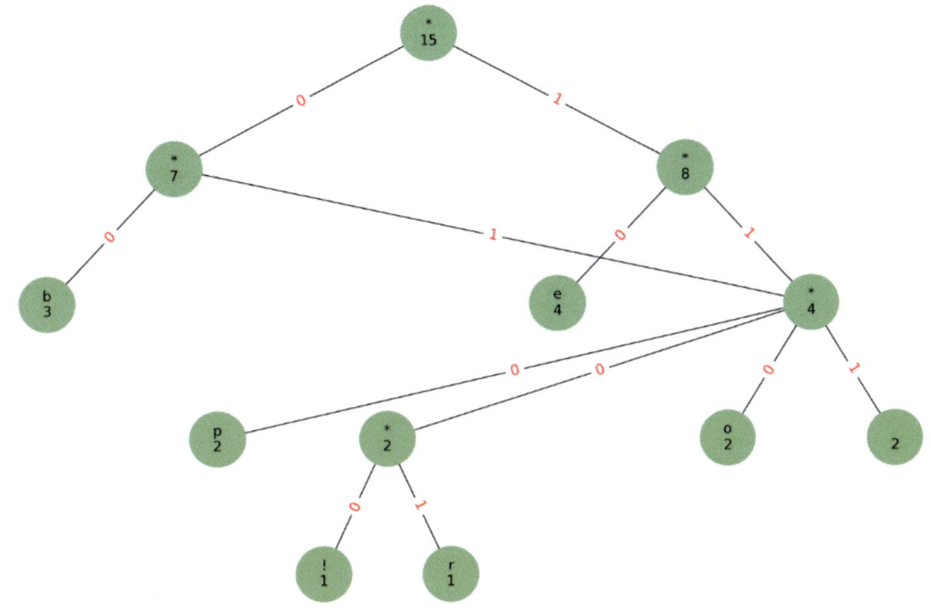

　왼쪽으로 이동하면 0, 오른쪽으로 이동하면 1이 부여되므로, 'b' 값에 도달하려면 00이라는 이진 코드가 적용된다. 각 노드 안에 표시된 숫자는 빈도 수이며, 이 빈도 정보는 허프만 코딩에서 가장 핵심적인 요소이다. 빈도가 낮은 문자는 트리의 아래쪽 깊은 노드에 위치해 더 긴 코드가 할당되며, 빈도가 높은 문자는 상위 노드에 위치해 더 짧은 코드가 부여된다. 이 구조는 전체 인코딩 길이를 최소화하는 데 기여한다.

　문자가 없는 노드에는 별표(*)가 붙고, 그 안의 숫자는 하위 노드에 포함된 문자 빈도의 총합을 나타낸다. 이 노드는 실제 문자를 가지지 않으며, 모든 문자 노드를 하나의 트리로 연결하는 상위 노드, 즉 구조의 중심점 역할을 한다. 연결선을 따라 루트에서 리프까지 내려가며 경로를 추적하면, 각 문자에 대한 허프만 코드가 시각적으로 직접 드러난다.

　입력 텍스트 "beep boop beer!"에 대해 허프만 코딩 알고리즘을 적용하면, 각 문자의 등장 빈도에 따라 최적의 가변 길이 코드가 부여된다. 이 과정을 거쳐 생성된 인코딩 결과는 다음과 같다.

"00101001011100110110010111001010011110110"

이진 문자열 형태로 압축된 이 결과는, 처음 생성된 허프만 트리 구조에 따라 정확하게 복원된다. 허프만 트리는 접두어 코드(prefix code)의 특성을 가지므로, 하나의 코드가 다른 코드의 시작 부분이 되는 일이 없어 디코딩 경로가 절대 중복되지 않는다. 따라서 위와 같은 인코딩 결과를 같은 트리 구조로 디코딩하면, 반드시 다음과 같은 원래 문장이 복원된다.

이는 허프만 코딩이 무손실 압축 알고리즘이라는 것을 입증하는 대표적인 사례이다. 같은 트리를 사용한다면, 인코딩 결과로부터 나올 수 있는 디코딩 결과는 오직 하나뿐이며, 다른 결과가 나올 가능성은 원천적으로 차단되어 있다. 허프만 코딩의 강점은 바로 이 압축과 복원의 일대일 대응성(one-to-one correspondence)에 있다. 이는 데이터의 신뢰성, 전송 안정성, 그리고 정밀한 복원 가능성을 보장한다.

- **활용 분야**: 데이터의 효율을 결정짓는 핵심 알고리즘

  허프만 코딩은 단순한 문자 압축을 넘어서, 다양한 산업과 기술 영역에서 정보의 효율적인 저장과 전송을 가능하게 해주는 핵심 알고리즘이다. 무손실 압축이라는 장점 덕분에 텍스트, 이미지, 음성, 생체 데이터에 이르기까지 활용 영역이 무궁무진하며, 특히 공간 제약이나 대역폭 제한이 있는 환경에서 그리디 전략의 진가를 발휘한다. 아래에서는 실제로 허프만 코딩이 적용되는 대표적인 사례를 살펴보자.

1. **텍스트 압축**: 문자열에서 특정 문자가 반복되는 빈도가 높을수록, 허프만 코딩은 최적의 압축 효과를 발휘한다. 자주 등장하는 문자에는 짧은 코드를, 드물게 등장하는 문자에는 긴 코드를 부여함으로써 전체 메시지의 크기를 줄이는 방식이다.
   - ☑ 뉴스 기사, 소설 텍스트 압축
   - ☑ 이메일 본문 저장 공간 절약
   - ☑ 대량 채팅 기록 저장

   문자 기반 데이터의 양이 많은 환경에서는, 허프만 코딩을 통해 놀라운 저장 효율을 달성할 수 있다.
2. **파일 압축 포맷**: ZIP, GZIP 등 다양한 압축 파일 형식에서 허프만 코딩은 핵심 알고

리즘으로 작동한다. 데이터 블록 내에서의 반복 패턴을 분석해 최적의 코드로 인코 딩함으로써, 전송 속도와 저장 용량을 동시에 향상시킨다.

- ☑ .zip, .tar.gz 포맷의 내부 텍스트 압축
- ☑ 소프트웨어 배포 파일 압축
- ☑ 운영체제의 기본 압축 도구

허프만 코딩은 가장 범용적이면서도 믿을 수 있는 압축 방법으로, 현대 컴퓨팅 환 경 전반에 깊이 녹아 있다.

3. **이미지 포맷의 무손실 압축**: 이미지 파일에서도 픽셀 값이나 색상 정보의 빈도 차 이를 활용해 허프만 코딩이 적용된다. 이는 이미지의 품질 손상을 막으면서도 파일 용량을 줄이는 데 유리하다.

- ☑ PNG 포맷의 색상 인코딩
- ☑ TIFF에서 메타데이터 압축
- ☑ 디지털 스캔 파일 정리

시각 정보의 품질을 보존해야 하는 상황에서, 허프만 코딩은 효과적이고 신뢰도 높 은 전략이다.

4. **음성 신호 압축**: 음성 데이터에는 높은 중복성과 패턴이 존재한다. 허프만 코딩은 이러한 반복적 패턴을 짧은 코드로 대체하여 음성 데이터를 효율적으로 저장하고 전송할 수 있게 한다.

- ☑ VoIP 음성 패킷 압축
- ☑ 디지털 보이스레코더의 저장 최적화
- ☑ 모바일 앱의 음성 메시지 저장

음성 품질을 유지하면서 용량을 줄이는 데 유용한 알고리즘으로, 실제 응용 범위가 매우 넓다.

5. **영상 코덱 및 스트리밍**: 영상의 압축 과정에서는 프레임 내 중복되는 밝기나 색상 정보를 압축해야 한다. 허프만 코딩은 그 과정에서 정적인 부분의 정보를 줄이고, 움직이는 부분의 부하만을 줄이는 데 기여한다.

- ☑ MPEG-4, H.264의 엔트로피 코딩
- ☑ 실시간 영상 스트리밍에서 압축 부하 감소
- ☑ 저화질 통신환경에서의 데이터 전송 최적화

허프만 코딩은 고화질과 실시간성을 모두 요구하는 영상 환경에서 필수적인 알고리즘으로 작동한다.

6. **컴파일러 및 프로그램 분석기**: 프로그래밍 언어를 처리할 때, 자주 등장하는 키워드나 연산자는 짧은 코드로, 드물게 나타나는 특수 기호나 변수는 긴 코드로 처리함으로써 컴파일 성능을 높일 수 있다.
   - ☑ 언어 파서에서의 키워드 압축
   - ☑ 바이트코드 최적화
   - ☑ 중간 코드 파일 크기 감소

   코드의 구조를 효율적으로 바꾸는 데에도 허프만 코딩이 기여할 수 있음을 보여주는 사례다.

7. **생체 의료 데이터 전송**: 의료 환경에서는 정확하고 빠른 데이터 전송이 필요하다. 허프만 코딩은 생체 신호의 반복 패턴을 분석해 압축하며, 환자의 생명과 직결되는 정보도 손실 없이 처리할 수 있다.
   - ☑ 심전도(ECG) 신호의 무손실 압축
   - ☑ EEG(뇌파) 기록 저장
   - ☑ 웨어러블 디바이스의 센서 신호 압축

   생명과학과 디지털 기술이 만나는 접점에서도, 허프만 코딩은 중요한 역할을 수행한다.

8. **머신러닝 모델 및 AI 경량화**: AI 모델이 커질수록, 모델의 파라미터나 학습 데이터의 압축이 중요해진다. 허프만 코딩은 임베딩 벡터나 토큰 데이터를 압축해 모델 용량을 줄이면서도 성능을 유지하게 해준다.
   - ☑ 자연어 처리(NLP) 토큰 사전 압축
   - ☑ 파라미터 양자화 이후의 코딩
   - ☑ Edge AI 디바이스에서의 모델 최적화

   허프만 코딩은 AI가 더 가볍고 빠르게 동작할 수 있는 기반을 만들어준다.

9. **유전체 데이터 저장**: 생명정보학에서는 A, T, G, C로 구성된 DNA 염기서열이 매우 길고 반복적이다. 허프만 코딩은 이처럼 문자 조합이 한정되어 있는 데이터를 압축하는 데 탁월하다.
   - ☑ 유전체 서열 데이터베이스 압축

문제 해결의 전략, 알고리즘

☑ 염기서열 비교 및 검색 성능 향상

☑ 개인 맞춤 의학정보 저장

생명 데이터를 효율적으로 저장하고 분석하기 위한 전략으로 활용된다.

10. **저대역폭 네트워크 전송**: 데이터 전송 환경이 열악하거나, IoT와 같은 초저전력 기기에서는 압축된 데이터 전송이 필수적이다. 허프만 코딩은 데이터를 줄이고 전송 에너지까지 절약할 수 있는 방법이다.

☑ IoT 센서 데이터 무손실 전송

☑ 위성 간 통신 메시지 압축

☑ 소형 기기의 배터리 효율 향상

저전력과 고효율이 요구되는 환경에서, 허프만 코딩은 전송 최적화의 최전선에 있다.

허프만 코딩은 단순한 알고리즘을 넘어, 현실의 무거운 데이터를 가볍고 빠르게 바꾸는 전략적 도구로 자리 잡고 있다. 텍스트, 이미지, 음성, AI, 생명과학까지 그 활용 영역은 계속해서 확장되고 있으며, 그리디 전략이 실세계 문제 해결에서 얼마나 강력한지를 가장 명확하게 보여주는 대표 사례이다.

- **알고리즘의 효율성과 한계**: 허프만 코딩은 데이터 압축 알고리즘 중에서 가장 널리 사용되는 방식 중 하나이며, 특히 문자의 등장 빈도에 따라 코드 길이를 다르게 부여함으로써 전체 데이터를 효율적으로 표현할 수 있다. 그 효율성과 제약 조건은 다음과 같이 정리할 수 있다.

경우	시간 복잡도
코드 생성	$O(n \log n)$(우선순위 큐 기반)
압축 / 복원	$O(n)$
공간 복잡도	$O(n)$(노드 수 또는 트리 깊이 기준)

허프만 코딩의 장단점은 다음과 같이 정리할 수 있다.

- **장점**
  - ☑ 등장 빈도 기반으로 코드를 압축하여 전체 데이터의 크기를 획기적으로 줄일 수 있음
  - ☑ 자주 쓰이는 문자일수록 짧은 코드, 드물게 쓰이는 문자일수록 긴 코드로 표현되어 효율성 극대화
  - ☑ 이진 트리를 통해 코드 구조가 명확하고, 디코딩도 트리 탐색으로 간단히 구현 가능
  - ☑ 압축과 복원이 모두 빠르고 안정적이며, 데이터 손실이 없음(무손실 압축)
  - ☑ 문자뿐 아니라 이미지, 오디오 등 다양한 포맷의 기본 압축 기술로 활용됨
- **단점**
  - ☑ 문자 빈도 수를 미리 알아야 하므로 실시간 스트리밍에는 적합하지 않음
  - ☑ 트리 구조 저장을 위한 메타데이터가 추가되어야 함(단순한 데이터에는 오히려 비효율)
  - ☑ 모든 문자가 동일한 빈도로 등장할 경우, 압축 효율이 거의 없음
  - ☑ 가변 길이 코드이므로 정렬된 인덱싱이 어렵고, 무작위 접근에 불리함
  - ☑ 트리 구조에 따라 디코딩 속도가 달라질 수 있어, 균형 유지가 중요함

허프만 코딩은 단순한 압축 기법을 넘어, 데이터 안에 숨겨진 패턴을 인식하고 구조화하는 사고의 도구다. 어떤 정보가 얼마나 중요한지를 판단하고, 그 중요도를 기준으로 자원을 분배하는 방식은 그리디 알고리즘의 핵심 철학과도 깊이 연결되어 있다.

자주 등장하는 것에는 더 짧은 길이를, 드물게 등장하는 것에는 더 긴 길이를 할당하는 이 알고리즘은 정보의 가치를 코드의 길이로 변환하는 전략이라 할 수 있다. 압축 알고리즘으로 시작했지만, 허프만 코딩은 결국 정보를 분류하고, 순서를 만들고, 효율을 설계하는 구조적 사고의 훈련이 되어야 한다.

그 외의 다양한 컴퓨터 활용 그리디 알고리즘 문제 예시　그리디 알고리즘은 단지 정렬이나 배낭 문제, 허프만 코딩에만 한정되지 않는다. "지금 가장 좋아 보이는 선택"을 반복하는 전략은 다양한 실제 컴퓨터 문제 해결 상황에 자연스럽게 녹아들 수 있다. 그리디 알고리즘이 효과적으로 적용되는 현실 기반 컴퓨팅 사례는 다음과 같다.

- **CPU 작업 스케줄링 최적화 문제**: 여러 개의 작업이 동시에 대기 중일 때, 전체 평균 대기 시간을 줄이기 위해 어떤 작업을 먼저 처리할지를 결정해야 한다. 작업 시간이 짧은 순서로 정렬하여 실행하는 방식은 그리디 알고리즘 전략에 속한다.
  - ☑ 문제 예시: "작업 10개의 처리 시간을 줄이기 위해 어떤 순서로 실행할까?"
  - ☑ Greedy 방식: 작업 소요 시간이 짧은 순 → 작업 배치 결정
  - ☑ 활용: 운영체제의 프로세스 스케줄링, 프린터 큐 처리, 대기열 최적화 등
- **광고 시간 슬롯 배정 문제**: 방송 시간이나 영상 중간의 광고 슬롯에 어떤 광고를 배치해야 전체 수익이 최대가 되는지를 결정하는 문제이다.
  - ☑ 문제 예시: "수익이 서로 다른 광고 5개를 3칸의 시간 슬롯에 어떻게 배치할까?"
  - ☑ Greedy 방식: 광고 단가가 높은 순 → 슬롯에 우선 배정
  - ☑ 활용: TV 광고, 유튜브 영상 광고, 온라인 광고 자동 삽입 시스템 등
- **캐시 교체 알고리즘 최적화 문제**: 메모리 공간이 제한된 상황에서 어떤 데이터를 제거하고 어떤 데이터를 유지할지를 결정해야 하는 문제이다.
  - ☑ 문제 예시: "캐시에 최대 3개만 유지할 수 있을 때, 어떤 항목을 제거해야 할까?"
  - ☑ Greedy 방식: 가장 오래 전에 사용된 항목부터 제거(LRU)
  - ☑ 활용: 웹 브라우저 캐시, 운영체제의 페이지 교체, 데이터베이스 쿼리 캐시 등
- **에너지 절약형 경로 탐색 문제**: 에너지가 제한된 기기(드론, 전기차 등)가 목표 지점까지 도달할 수 있도록 경로를 설계해야 하는 문제이다.
  - ☑ 문제 예시: "배터리 20%로 목적지까지 도달 가능한 가장 효율적인 경로는?"
  - ☑ Greedy 방식: 매 순간 소비 전력이 가장 낮은 경로 반복 선택
  - ☑ 활용: 스마트 내비게이션, 친환경 물류 경로 설계, 전기차 주행 최적화 등
- **실시간 랭킹 갱신 문제**: 사용자의 점수 변화가 실시간으로 발생할 때, 상위 순위 정보를 빠르게 갱신해야 하는 문제이다.
  - ☑ 문제 예시: "점수가 지속적으로 변할 때, 상위 10명의 순위를 유지하려면?"
  - ☑ Greedy 방식: 가장 낮은 점수를 기준으로 상위권 유지 → 새로운 참가자와 비교
  - ☑ 활용: 온라인 게임 랭킹 시스템, 실시간 대회 점수판, 시험 응시 순위 관리 등
- **압축 블록 우선 처리 문제**: 압축률이 서로 다른 데이터 블록을 처리할 때, 제한된 시간 내에 최대 압축 효과를 얻도록 순서를 결정하는 문제이다.
  - ☑ 문제 예시: "압축 효과가 높은 블록을 먼저 처리해 전체 용량을 줄이려면?"

☑ Greedy 방식: 압축률이 높은 순으로 정렬하여 우선 처리

☑ 활용: 대용량 파일 백업, 병렬 압축 프로그램, 자동 저장 최적화 등

- **회의 일정 배정 문제**: 여러 회의가 겹치지 않도록 배정하면서 가능한 많은 회의를 효율적으로 배치해야 하는 문제이다.

  ☑ 문제 예시: "시간이 겹치는 회의들 중 최대한 많이 배정하려면 어떤 순서로 골라야 할까?"

  ☑ Greedy 방식: 종료 시간이 빠른 회의부터 순차 선택

  ☑ 활용: 회의실 예약 시스템, 학회 발표 일정 배정, 인터뷰 스케줄 조율 등

- **최근접 수 선택 문제**: 정렬되지 않은 수 목록에서 목표값에 가장 가까운 수를 빠르게 찾아야 하는 문제이다.

  ☑ 문제 예시: "숫자 20에 가장 가까운 수를 정렬되지 않은 목록에서 찾아라."

  ☑ Greedy 방식: 각 수와의 차이를 계산 → 가장 작은 차이를 갖는 수 선택

  ☑ 활용: 추천 시스템, 거리 기반 검색, 실시간 응답 최적화 등

- **작업자-작업 배정 최소 비용 문제**: 여러 작업자에게 작업을 배정할 때, 전체 작업 시간이 최소가 되도록 배정 순서를 결정하는 문제이다.

  ☑ 문제 예시: "5명의 작업자와 5개의 작업이 있을 때, 총 소요 시간이 가장 짧은 배정 방식은?"

  ☑ Greedy 방식: 각 작업에 가장 효율이 높은 작업자를 우선 배정

  ☑ 활용: 제조업 생산 공정 설계, 인력 스케줄링, 다중 팀 협업 할당 등

- **제한 대역폭 환경의 전송 우선순위 결정 문제**: 통신 대역폭이 제한된 상황에서 어떤 데이터를 먼저 전송할지 결정해야 하는 문제이다.

  ☑ 문제 예시: "전송량이 제한된 상황에서 우선 전송해야 할 데이터는 무엇인가?"

  ☑ Greedy 방식: 중요도가 높은 데이터부터 전송

  ☑ 활용: IoT 센서 데이터 송신, 재난 통신망, 위성 통신 우선 패킷 처리 등

이처럼 그리디 알고리즘은 단순한 구조처럼 보이지만, 복잡한 판단을 빠르게 단순화하고 현실 문제를 즉시 해결할 수 있는 가장 직관적인 전략 중 하나로 자리 잡고 있다. 현재 상황에서 가장 좋아 보이는 선택을 기반으로, 복잡함을 통제하고 선택을 구조화하는 사고 전략—그것이 바로 그리디 알고리즘이 가진 진짜 가치다.

    문제 해결의 전략, 알고리즘

지금 당장 결정해야 한다면, 어떤 선택을 할 것인가? 문제 앞에서 멈추는 이유는 언제나 '전체를 다 알아야만 한다'는 부담 때문이다. 하지만 눈앞에 있는 것부터 하나씩, 가장 좋아 보이는 걸 선택하는 방식은 의외로 강력하다. 그것이 바로 Greedy, 탐욕 알고리즘이다. 그리디 알고리즘은 항상 "지금 가장 좋은 선택"을 한다. 문제 전체의 정답을 미리 아는 것이 아니라, 매 순간 최선이라고 판단되는 값을 고르고, 그 선택을 쌓아가며 전체 문제를 해결해나간다. 때론 이상적이지 않을 수 있지만, 놀랍게도 많은 현실 문제에서 이 전략은 빠르고 효율적인 결과를 만들어낸다. 이번 생각하기에서는 우리가 일상에서 마주칠 수 있는 문제들을 그리디 알고리즘 전략의 시선으로 바라보고, 직접 그 논리를 구성해보자. 빠른 판단, 조건 중심의 선택, 누적된 결정이 어떤 식으로 문제 해결로 이어지는지 스스로 체험해보는 시간이 될 것이다.

생각하기 1: 운동회 준비물 구매 미션! 학교 운동회를 앞두고 준비물 리스트가 도착했다. 풍선 100개, 고무줄 300개, 간식 박스 20세트, 점수판 5개… 생각보다 양이 많고, 예산은 한정돼 있다. 더구나 다양한 상점이 제시하는 가격도 제각각이다. 한 상점은 풍선이 싸지만 간식이 비싸고, 다른 상점은 간식이 저렴한 대신 나머지는 전부 평균가다. 학생회 담당자는 고민에 빠진다. "전체를 비교하려니 복잡해. 그냥 지금 눈에 가장 싸 보이는 걸 먼저 사자!"

이런 방식은 그리디 알고리즘의 전형적인 접근이다. 매 순간 가장 저렴한 항목을 골라 예산 내에서 최대한 많은 준비물을 구매하는 전략. 모든 상점의 조합을 고려하는 건 무리다. 눈앞의 최선부터 선택하고, 그 선택이 전체에 어떤 결과를 줄지 확인해보는 사고 실험이 바로 그리디 알고리즘의 핵심이다. 이제 Python으로

운동회 준비물 리스트를 작성하여, 각 항목에 대해 가장 저렴한 상점의 가격을 기준으로 예산을 배분하는 간단한 코드를 구현해보자. 이것이 그리디 알고리즘을 이해하는 작은 출발점이 될 수 있다.

```
1 items = {'balloon': 100, 'rubber_band': 300, 'snack_box': 20, 'score_board': 5}
2 stores = {
3     'store1': {'balloon': 20, 'rubber_band': 5, 'snack_box': 200, 'score_board': 300},
4     'store2': {'balloon': 25, 'rubber_band': 4, 'snack_box': 150, 'score_board': 290},
5     'store3': {'balloon': 19, 'rubber_band': 6, 'snack_box': 180, 'score_board': 310}
6 }
```

이제 각 품목마다 가장 저렴한 상점의 가격을 선택하여 총 예산 내에서 얼마나 많은 물품을 확보할 수 있는지 계산해보면 문제를 해결할 수 있다. 문제 해결을 위하여 다음의 질문에 대한 해답을 고민해보자.

- ☑ 각 품목마다 가장 저렴한 가격을 찾으려면 어떤 반복 구조가 필요할까?
- ☑ 현재 남은 예산에 따라 어떤 품목부터 구매해야 할까?
- ☑ 전체 구매가 예산을 초과할 경우, 어떤 항목을 먼저 제외해야 할까?

이 활동은 단순한 가격 비교를 넘어서, 순간의 최선이 전체 결과에 어떤 영향을 주는지에 대한 판단력과 전략적 선택의 흐름을 훈련하게 해준다. 우리는 문제 전체를 통제할 수 없을지라도, 지금의 결정을 더 잘할 수는 있다. 그리디 알고리즘은 '지금 선택'을 '전체 해결'로 연결하는 사고 방식이다. 당장은 최선처럼 보여도, 결국 그 선택들이 모여 최적의 결과가 되는지를 고민하게 만드는 전략. 이번 운동회 준비물 정리 미션을 통해, 빠르고 합리적인 선택이 때론 완벽한 계획보다 더 강력하다는 것을 느껴보자. 결국 우리는 지금 이 순간, 무엇을 선택할지를 결정해야 한다. 그것이 문제 해결의 첫걸음이다.

생각하기 2: 택배 기사님의 최적 동선은? 하루 수십 곳의 배송지를 돌아다녀야 하는 택배 기사님에게 최적의 이동 경로는 업무 효율과 체력 안배의 핵심이다. 처음부터 전체 경로를 계산하기보다는, 현재 위치에서 가장 가까운 주소부터 순차적으로 방문하는 방식이 훨씬 빠를 수 있다. 이 간단한 전략은 놀랍게도 그리디 알고리즘의 핵심 원리와 맞닿아 있다. 당장의 최적 선택이 전체의 좋은 결과를 만들어 내는 것이다.

- ☑ 현재 위치에서 다음 배달지를 어떤 기준으로 정해야 가장 효율적일까?
- ☑ 멀리 있는 곳을 먼저 방문하는 것과 어떤 차이가 있을까?
- ☑ 전체 동선을 그리디 전략으로 얼마나 단순화할 수 있을까?

```python
1 def nearest_location(current, unvisited):
2     return min(unvisited, key=lambda loc: distance(current, loc))
```

위 코드는 현재 위치에서 가장 가까운 곳을 선택하는 기본 구조다. 이제 프로그램의 완성을 위하여 distance() 함수와 unvisited 목록을 구성하고, 이 과정을 반복하여 전체 경로를 완성하는 구조를 직접 설계해볼 수 있다.

이 문제는 현재 위치에서 가장 가까운 배송지를 선택하는 단순한 기준을 반복함으로써 전체 동선을 완성한다. 이처럼 매 단계에서 가장 짧은 거리라는 국소 최적 해를 선택하면서 전체 경로를 만들어내는 방식은 전형적인 그리디 전략이다. 복잡한 경로를 계산하거나 모든 경우를 탐색하지 않고도 빠르게 전체 계획을 수립할 수 있다는 점에서, 현실적인 문제 해결 방식으로도 탁월하다.

또한 이 문제는 단순한 거리 계산 이상의 사고를 유도한다. 리스트 구조, 반복 처리, 조건 기반 선택 등 실제 코드를 작성하면서 그리디 알고리즘의 구조적 사고 흐름을 체득할 수 있다. 따라서 코딩 연습과 사고 훈련을 동시에 제공하는 훌륭한 생각하기 주제가 된다.

생각하기 3: 강의실 배정, 순서가 답이다　　수십 개의 강의 요청이 들어왔을 때, 같은 시간에 겹치지 않도록 가능한 많은 강의를 배정하는 것이 목표다. 가장 빠르게 시작하는 강의부터 처리하는 것이 맞을까? 아니면 가장 일찍 끝나는 강의부터 고려해야 할까? 종료 시간이 빠른 순으로 선택하는 것이 그리디 전략의 핵심이다. 하나의 결정이 이후의 선택 가능성을 넓히기 때문이다.

- ☑ 시작 시간이 빠른 것과 종료 시간이 빠른 것 중 어떤 기준이 효율적일까?
- ☑ 겹치지 않게 배정하려면 어떤 방식으로 정렬해야 할까?
- ☑ 전체 수용률을 높이기 위한 전략은 무엇인가?

```python
1 # 예시 강의 리스트: (시작 시간, 종료 시간)
2 lectures = [(1, 4), (2, 5), (3, 6), (5, 7), (6, 8), (8, 9)]
3
4 lectures.sort(key=lambda x: x[1])  # 종료 시간 기준 정렬
5 schedule = []
6 end_time = 0
7 for start, end in lectures:
8     if start >= end_time:
9         schedule.append((start, end))
10         end_time = end
```

이 코드에서 lectures는 (시작시간, 종료시간) 튜플의 리스트다. 사용자는 다양한 시간대 데이터를 넣어보고 실제로 몇 개의 강의가 배정되는지 실험해보며 전략의 효과를 확인할 수 있다.

겹치지 않는 가장 많은 강의를 배정하려면, 가장 빠르게 끝나는 강의를 먼저 선택해야 한다. 이는 이후에 배정 가능한 강의 수를 최대화하는 전략이기 때문이다. 매 순간에서 가장 빠르게 끝나는 강의를 선택하는 그리디 전략은 전체 해의 최적성까지 보장하는 경우로, 그리디 알고리즘의 대표적 문제 유형 중 하나다. 강의실 배정은 현실적인 조건이 명확하고, 문제 조건(시작/종료 시간)과 결과(최대 배정 수)가 구체적으로 연결되므로, 시간 정렬, 조건 판단, 반복 구조를 직접 적용해보며 문제 해결의 흐름을 스스로 설계해볼 수 있다. 알고리즘의 개념을 현실 문제와 연결하는 데 효과적인 생각하기 주제이다.

생각하기 4: 문제지 인쇄, 기다리지 않으려면?   여러 시험 과목의 문제지를 한 대의 프린터로 인쇄해야 할 때, 어떤 순서로 출력해야 전체 대기 시간이 가장 짧을까? 오래 걸리는 과목부터 처리한다면 뒤에 대기하는 인쇄물들의 총 대기 시간이 크게 늘어난다. 짧은 작업부터 먼저 처리하는 전략이 효율적이며, 이는 'Shortest Job First'라는 그리디 전략의 실제 적용 예다.

문제 해결의 전략, 알고리즘

☑ 총 대기 시간을 줄이기 위한 작업 순서는 어떤 기준이어야 할까?

☑ 작업 시간이 긴 것부터 먼저 처리하면 어떤 문제가 생길까?

☑ 그리디 전략은 어떤 점에서 최적해를 제공할까?

```python
1 tasks = [5, 1, 8, 3]  # 각 과목의 인쇄 시간
2 tasks.sort()
3 wait_time = 0
4 total_wait = 0
5 for task in tasks:
6     total_wait += wait_time
7     wait_time += task
```

이 코드에서 전체 대기 시간을 최소화하기 위한 핵심은 tasks.sort()에 있다. 작업 시간 기준으로 정렬한 후, 누적 대기 시간을 계산하며 효과를 직접 체험해볼 수 있다.

전체 대기 시간을 줄이기 위해 매번 가장 짧은 작업을 먼저 선택하는 전략은 그리디 알고리즘의 핵심이다. 각 선택이 다음 선택의 대기 시간을 결정하기 때문에, 한 번의 잘못된 선택이 전체 성능에 큰 영향을 미친다. 이처럼 국소 최적이 전체 최적을 보장하는 상황에서, 그리디는 매우 효과적인 전략이 된다.

또한 대기 시간 합산, 누적 계산, 리스트 정렬 등을 포함하고 있어 단계별 알고리즘 사고 훈련에 적합하다. 실생활 문제에 이론적 전략을 직접 매칭해보며, 알고리즘 선택의 기준과 설계 능력을 함께 키울 수 있는 이상적인 생각하기 주제에 해당한다.

생각하기 5: 동아리 홍보, 언제가 골든 타임일까? 동아리 박람회에서 제한된 홍보 시간 동안 최대 효과를 내고 싶다면, 어느 시간대에 집중해야 할까? 사람들의 방문 빈도와 관심도가 높은 시간대를 먼저 확보하고, 그 이후 순위로 홍보 시간을 배치하는 것이 효과적이다. 홍보 시간별 기대 효과를 기준으로 정렬하고, 상위 시간부터 순차적으로 배정하는 방식은 그리디 전략을 기반으로 한다.

☑ 시간대별 효과는 어떻게 정량화할 수 있을까?

☑ 자원이 제한된 상황에서 어떤 기준으로 우선순위를 설정할까?

☑ 효과적인 홍보 시간 배정을 위한 구조는 어떻게 설계할 수 있을까?

```python
1 time_slots = [(10, 30), (11, 50), (12, 20), (13, 40)]  # (시간, 예상 효과)
2 time_slots.sort(key=lambda x: x[1], reverse=True)
3 selected = time_slots[:2]  # 가장 효과 높은 시간 2개 선택
```

이 예시는 예상 효과를 기준으로 정렬한 후, 주어진 자원(예: 두 시간대)에 맞춰 선택하는 구조다. 사용자는 시간당 효과를 바꾸며 다양한 시나리오를 실험해볼 수 있다. 홍보 효과가 높은 시간대부터 순차적으로 선택하는 방식은, 그리디 알고리즘의 전형적인 적용 방식이다. 가장 높은 효과라는 즉시 최적의 선택을 반복함으로써 전체 목표(홍보 효과 극대화)를 달성하려는 구조는, 예산이나 자원이 제한된 상황에서도 자주 등장하는 문제 해결 전략이다.

이 생각하기는 정렬, 조건 선택, 리스트 슬라이싱과 같은 프로그래밍 기법을 함께 훈련할 수 있어 코드 구현과 전략적 사고를 동시에 자극한다. 제한 자원 속에서 최고의 결과를 끌어내야 하는 전략적 판단 훈련으로도 매우 효과적인 생각하기 과제가 일 것이다.

복잡한 문제를 마주할 때, 우리는 종종 전체를 이해한 다음에야 해결이 가능하다고 생각한다. 하지만 이번 단원을 통해 우리는 알게 되었다. 지금 당장 가장 나아 보이는 선택을 반복하는 단순한 전략이 오히려 실질적인 해법이 될 수 있다는 사실을 말이다. 그리디 알고리즘은 문제를 '지금 이 순간'이라는 기준으로 해석하며, 복잡한 결정 과정을 놀라울 만큼 간결하게 만든다.

이번 단원에서는 그리디 알고리즘 전략을 중심으로 다음과 같은 내용을 학습하고 체험했다.

☑ 그리디 알고리즘이 '현재 가장 최적인 선택'을 반복하는 전략임을 이해했다.

☑ 전체 최적해가 보장되지 않더라도 빠르게 근사 해답을 찾는 방식의 장점을 경험했다.

☑ 선택 기준에 따라 완전히 다른 결과가 도출된다는 점에서, 판단의 기준이 중요하다는 사실을 체감했다.

☑ 활동 선택, 작업 스케줄링, 파일 압축, 허프만 코딩과 같은 다양한 문제에 이 전략이 어떻게 적용되는지를 확인했다.

☑ Python 코드로 그리디 알고리즘을 직접 구현하며, 조건 판단과 반복 구조의 설계력을 길렀다.

☑ 일상의 문제와 정보 환경 속에서 그리디 전략이 어떻게 작동하는지를 분석하고 응용해보았다.

그리디 알고리즘은 단지 빠른 알고리즘이 아니다. 그것은 '선택'에 대한 훈련이며, 순간의 판단이 전체 흐름을 어떻게 바꾸는지를 탐색하는 사고 훈련이다. 모든 상황을 고려하지 않고, '지금 이 순간 무엇이 최선인가?'라는 기준으로 문제를 압축해나가는 이 방식은, 실제 의사결정의 세계에서도 유효하다. 이 전략은 다음과 같은 상황에서 효과를 발휘한다.

☑ 문제를 구성하는 요소들이 독립적이고, 각 단계의 결정이 이후 결과에 직접 반영될 때

☑ 복잡한 계산보다는 빠른 판단이 요구되는 상황에서

☑ 근사 해법이 충분한 가치를 가지며, 제한된 자원으로 결과를 만들어야 할 때

☑ 그리디 알고리즘은 문제 해결의 속도와 단순함을 동시에 추구할 수 있는 실용적 접근이다.

☑ 이번 단원을 통해 우리는 다음과 같은 사고 과정을 훈련할 수 있었다.

☑ 지금 필요한 판단이 무엇인지 빠르게 추출하고,

☑ 조건을 수립하여 기준을 만들며,

☑ 각 결정이 전체 구조에서 어떤 의미를 가지는지 되돌아보는 과정까지.

그리디 알고리즘은 단순한 반복을 넘어, 선택의 원칙과 사고 흐름을 설계하는 능력을 기르는 데 유익한 전략이었다. 그리디 알고리즘 전략은 '계산'이 아닌 '결정'의 알고리즘이다. 문제 전체를 통제하지 않고도, 지금 할 수 있는 가장 나은 선택을 누적함으로써 현실적인 해결을 추구한다. 이 과정에서 우리는 결과뿐 아니라, 문제를 바라보는 관점과 사고 방식 자체가 바뀌는 경험을 하게 된다.

기억하자. 완벽함을 위한 기다림보다, 가능한 최선의 선택이 더 강력할 수 있다. 그리디 알고리즘은 판단과 실행 사이를 좁히는 전략이며, 복잡한 문제를 빠르고 구조적으로 정리할 수 있는 효과적인 도구다. 이제 여러분은 문제를 앞에 두고 질문할 수 있어야 한다. 지금, 가장 나은 선택은 무엇일까? 이 물음에 주저하지 않고 답할 수 있다면, 여러분은 이미 문제 해결을 위한 전략의 중요한 문을 연 것이다.

6장
동적 계획법 전략

Algorithm

☑ 문제를 푸는 방식에는 분명한 '흐름'이 있다. 그 흐름이 단순 반복과 선택의 구조였다면, 이제는 한 걸음 더 나아가, '과거의 해결 경험'을 축적하여 미래의 결정을 최적화하는 전략을 마주할 차례다. 그것이 바로 동적 계획법(Dynamic Programming, DP)이다.

☑ 동적 계획법은 복잡한 문제를 단순한 하위 문제들로 나누고, 그 각각의 해답을 기억해두었다가 다시 조합함으로써 전체 문제를 해결한다. 이 방식은 '과거를 기억하고, 중복을 피하며, 최적을 향해 나아가는 전략' 이다. 마치 길을 걸을 때 지나온 발자국을 참고해 가장 효율적인 경로를 찾는 것처럼, 이미 계산한 결과를 토대로 다음 단계를 결정해 나간다.

☑ 이 단원에서는 먼저 동적 계획법의 핵심 개념과 전략적 사고의 전환이 왜 필요한지를 살펴본다. 그리고 이어지는 문제 해결 과정에서는 동적 계획법이 어떤 과정을 거쳐 복잡한 문제를 단계적으로 정복하는지 실제 예시를 통해 탐구할 것이다.

☑ 마지막으로, 일상 속 문제와 컴퓨터 알고리즘 문제에 동적 계획법을 어떻게 적용할 수 있는지, 그 실제적인 가치와 가능성을 경험하게 된다. '기억'은 단순한 저장이 아니다. 다음 문제를 위한 디딤돌이 된다. 그렇게 문제를 풀어가는 과정 속에서 우리는 하나의 패턴을 배우게 된다. 과거를 분석하고 미래를 계획하는 사고, 그것이 바로 동적 계획법이 우리에게 전하는 가장 깊은 통찰이다.

복잡한 문제를 마주했을 때, 어디서부터 풀어야 할지 막막한 순간이 있다. 그럴 때 동적 계획법은 새로운 시야를 제시한다. 바로 문제를 작은 조각으로 쪼개고, 그 조각들의 해결 경험을 기억하면서 전체 문제를 차근차근 해결해가는 방식이다.

　'Dynamic Programming'이라는 이름은 흔히 '계획적으로 문제를 해결한다'는 의미로 오해되곤 한다. 하지만 이 전략은 문제를 단계별로 나누고, 각 단계에서 얻은 정보를 축적하며 다음 단계에 반영하는 사고 구조를 가리킨다. 결국, 중요한 것은 '계산'이 아니라 '기억'이다. 같은 문제를 두 번 풀지 않고, 이전에 풀었던 하위 문제의 결과를 그대로 활용해 전체 문제를 해결한다. 이 전략은 단순히 문제를 나누는 것에 그치지 않는다. 문제를 바라보는 방식 자체를 재구성하는 사고법이다. 큰 문제를 무조건 분할하는 것이 아니라, 그 하위 문제가 서로 중복되고 연관되어 있을 때, 그 반복을 최대한 줄이고 효율을 끌어올리는 데 집중한다.

　동적 계획법이 필요한 이유는 명확하다.

- ✅ 같은 하위 문제가 반복되기 때문에
- ✅ 그 하위 문제의 해답이 전체 문제 해결에 핵심이기 때문에
- ✅ 그리고 그 해답을 다시 사용함으로써 불필요한 연산을 줄일 수 있기 때문에

　즉, 동적 계획법은 복잡함을 피하지 않고 정면으로 마주하되, 기억하고 누적하며, 가장 효과적인 흐름을 찾아내는 전략이다. 문제 해결이 단순한 계산의 반복이 아니라, 이전의 흐름을 바탕으로 더 나은 결정을 내리는 사고의 구조임을 이 전략은 보여준다.

① 동적 계획법이란?

동적 계획법(Dynamic Programming)은 복잡한 문제를 여러 개의 작은 하위 문제로 나누고, 그 하위 문제의 결과를 저장하여 반복 계산을 피하면서 전체 문제를 해결하는 알고리즘 전략이다. 이름 속의 '프로그래밍(programming)'은 흔히 코딩을 의미하는 것이 아니라, 일련의 절차를 계획하고 최적화한다는 의미의 수학적 표현에서 비롯된 용어다. 이 전략의 핵심은 단 두 가지 원칙에 있다.

- ☑ 중복 부분 문제(Overlapping Subproblems): 동일한 하위 문제가 여러 번 반복되어 등장하는 경우
- ☑ 최적 부분 구조(Optimal Substructure): 하위 문제의 최적 해답이 전체 문제의 최적 해에 직접적으로 기여하는 구조

이러한 구조가 갖춰진 문제라면, 동적 계획법을 통해 모든 경우를 탐색하지 않고도 최적의 해결을 이끌어낼 수 있다. 이는 단순하게 문제 풀기(Brute Force) 방식이나 분할 정복(Divide and Conquer) 방식과 구별되는 결정적인 특징이다. 특히 동적 계획법은 하향식(Top-Down) 또는 상향식(Bottom-Up) 으로 구현이 가능하다.

- ☑ 하향식 접근은 재귀 호출에 메모이제이션을 결합하여 이미 해결한 문제는 다시 계산하지 않는다.
- ☑ 반대로 상향식 접근은 작은 문제부터 차근차근 해결해가며, 테이블을 채우는 방식으로 전체 문제를 해결한다.

동적 계획법을 적용하기 위한 전제 조건은 명확하다.

- ☑ 문제가 하위 문제로 분할 가능할 것
- ☑ 동일한 하위 문제가 반복되어 나타날 것
- ☑ 하위 문제의 최적 해가 전체 문제의 최적 해를 구성할 것

　　결국, 동적 계획법은 복잡한 문제를 단순화하는 기법이 아니라, 반복되는 문제 속에서 규칙성과 최적의 흐름을 찾아내는 사고 전략이다. 따라서 단순한 구조가 아닌, 종속성과 누적 효과가 중요한 문제일수록 그 진가를 발휘하게 된다.

② 동적 계획법의 전략적 가치

동적 계획법은 단순히 알고리즘의 한 종류가 아니다. 그것은 복잡한 상황을 체계적으로 정리하고, 최적의 해결을 추구하는 전략적 사고의 한 방식이다. 문제를 무작정 해결하려 하는 것보다는, 문제의 구조를 먼저 파악하고, 그 속의 반복과 규칙을 찾아내는 것. 이 점에서 동적 계획법은 사고의 질서를 세우는 도구다.

　　그리디 알고리즘이 '그 순간 가장 좋아 보이는 선택'을 하고, 분할 정복이 '독립적인 문제로 나누는 방식'이라면, 동적 계획법은 서로 연결되고 중첩되는 문제 속에서 효율을 극대화하는 전략이다. 앞선 선택이 이후 결과에 영향을 주는 상황, 다시 말해 문제 간의 '종속성'이 존재하는 문제일수록 동적 계획법의 전략적 가치는 더욱 빛난다. 특히 다음과 같은 상황에서 동적 계획법은 다른 어떤 전략보다 효과적이다.

- ☑ 결정이 누적되어 전체 결과를 만드는 문제
- ☑ 중복된 계산이 많은 문제
- ☑ 최적의 해를 반드시 찾아야 하는 문제

　　예를 들어, 경로 탐색 문제에서 단순히 짧은 길을 선택하는 것만으로는 전체 최단 경로를 찾을 수 없다. 또한, 피보나치 수열과 같이 단순한 재귀 구조가 수많은 중복 연산을 낳는 문제에서는 계산된 결과를 기억하고 재활용하는 방식이 필수적이다. 이처럼 동적 계획법은 단계적 사고와 누적적 최적화를 기반으로 한다. 문제를 정면으로 돌파하는 힘도 중요하지만, 그보다 중요한 것은 전체 흐름을 보고 결정 하나하나를 신중하게 쌓아가는 능력이다. 이 점에서 동적 계획법은 단순한 계산 기술이 아니라, 문제 해결을 위한 고차원적 전략이라 할 수 있다.

③ 장단점

어떤 전략이든 강력한 무기에는 그만큼의 무게가 따르기 마련이다. 동적 계획법도
마찬가지다. 최적의 해를 보장하고 계산량을 획기적으로 줄일 수 있는 장점을 갖
고 있으면서도, 그만큼 신중한 설계와 메모리 자원이 요구된다.

- **장점**: 반복을 줄이고 최적을 향한다.
  - ☑ 중복 계산 제거를 통한 시간 절약
    - 이미 구한 하위 문제의 해답을 저장하고 재사용하므로, 불필요한 연산을 획기적
      으로 줄일 수 있다. 특히 재귀 함수와 결합된 경우, 지수 시간 복잡도가 선형 또
      는 다항식으로 개선되기도 한다.
  - ☑ 최적의 해를 보장하는 안정성
    - 문제 전체를 단계적으로 해결하고, 이미 계산된 하위 문제의 결과를 활용하여
      최적의 해를 구성하므로, 그리디 알고리즘처럼 국소 최적 해에 머무르지 않고
      전체 최적 해(global optimum)에 도달할 수 있다.
  - ☑ 다양한 문제에 적용 가능
    - 피보나치 수열, 최단 경로, 배낭 문제, 문자열 정렬 등 다양한 문제에 광범위하게
      활용되며, 텍스트 처리, 생물정보학, 물류 시스템 등 실생활 문제 해결에도 매우
      유용하다.
- **단점**: 효율의 대가로 드러나는 무게
  - ☑ 메모리 사용량 증가
    - 하위 문제의 해답을 저장하기 위한 DP 테이블이나 캐시 공간이 필요하다. 이로
      인해 메모리 제한이 있는 환경에서는 적용에 제약이 생길 수 있다.
  - ☑ 문제 설계 복잡성 증가
    - 단순한 구조의 문제에는 오히려 과한 설계가 될 수 있으며, 어떤 상태를 저장해
      야 하는지, 어떤 조건에서 중복을 제거할 것인지에 대한 면밀한 분석이 필요하
      다. 이 때문에 잘못된 설계는 오히려 성능을 저하시킬 수도 있다.
  - ☑ 모든 문제에 적용 가능한 것은 아니다
    - 하위 문제 간에 중복이 없거나, 최적 부분 구조를 이루지 않는 문제에는 동적 계

획법이 적절하지 않다. 따라서 먼저 문제의 특성과 구조를 정확히 분석해야 하며, 전략의 전제 조건을 만족하지 않으면 다른 방식이 더 나은 선택이 될 수 있다.

동적 계획법은 강력한 해결 전략인 동시에, 적절한 조건을 갖춘 문제에만 빛을 발하는 전략적 도구다. 장점만 보고 무작정 적용하기보다, 언제 어떤 방식으로 활용하는 것이 최적인지를 판단하는 문제 해결자의 통찰이 무엇보다 중요하다.

④ 동적 계획법을 위한 컴퓨팅 사고력(CT)

동적 계획법은 단지 반복을 줄이기 위한 계산 기술이 아니다. 이는 문제 속에서 중복을 1감지하고, 최적의 경로를 찾아내며, 미래의 결정을 위해 과거를 기억하는 구조적 사고 방식이다. 복잡한 문제 상황에서, 어디를 기억해야 하고, 어디에서 결정을 내려야 하는지 판단하는 능력은 단순한 연산 이상의 사고력을 요구한다. 동적 계획법을 학습하고 구현하는 과정은 곧 논리적 사고와 전략적 판단, 그리고 기억을 활용하는 컴퓨팅 사고력(Computational Thinking, CT)을 기르는 여정이 된다.

CT 요소별 연계

- **문제 분해(Decomposition)**: 동적 계획법의 출발은 문제를 작고 독립적인 하위 문제로 나누는 데 있다. 하지만 단순한 분해가 아니라, 하위 문제 간의 연결 관계와 재사용 가능성까지 고려한 분해가 이루어진다. 예를 들어 피보나치 수열을 계산할 때,
F(n) = F(n-1) + F(n-2)
라는 관계를 통해 반복되는 부분을 분해하여 해결한다.
- **패턴 인식(Pattern Recognition)**: 문제마다 반복적으로 등장하는 하위 문제는 동적 계획법의 핵심 단서가 된다. 하위 문제의 결과가 전체 문제에서 어떻게 재사용되는지를 관찰하는 과정은 패턴을 인식하고 일반화하는 능력을 키워준다. 예컨대 행렬 경로 문제에서 위쪽 또는 왼쪽에서 오는 최대 값을 선택하는 구조는 일관된 패턴을 기반으로 한다.
- **추상화(Abstraction)**: 동적 계획법에서는 '무엇을 저장할 것인가'를 추상적으로 정의

해야 한다. 단순히 값을 저장하는 것이 아니라, 문제의 상태를 표현하는 구조 — 예: 위치, 단계, 누적 값 등 — 를 필요한 정보만 남기고 추상화한다. 예를 들어 자원 배분 문제에서는 선택한 항목이 아니라, 현재까지 사용한 자원량과 남은 가치만 저장한다.

- **알고리즘 설계(Algorithm Design)**: 동적 계획법은 '문제를 어떤 순서로, 어떤 상태를 유지하면서 해결할 것인가'를 정교하게 설계해야 한다. 상태 정의 → 초기 조건 설정 → 점화식 구성 → 결과 누적이라는 체계적인 설계 과정은 알고리즘 설계 역량을 직접적으로 훈련시킨다. 특히, 재귀적 사고와 반복 구조를 동시에 구성할 수 있는 능력을 키운다.

동적 계획법은 앞서 살펴본 CT 4요소 외에도, 다음의 사고력 범주와도 연관이 있다.

사고력 범주	연결 예시 및 설명
캐시적 사고력	이미 계산된 값을 저장하고 재사용하는 구조를 설계하는 능력. 메모이제이션과 DP 테이블 활용이 대표적 예.
계층적 사고력	하위 문제 → 상위 문제로 단계를 구성하고, 각 계층의 상태 변화를 추적하며 누적하는 사고.
조건분기 사고력	하위 문제의 조건(이전 경로, 누적 값 등)에 따라 다른 연산 경로를 선택해야 하는 상황을 처리하는 능력.
최적화 추론	전체 결과를 최적화하기 위해 각 단계에서 비교, 판단, 선택을 반복하며 점진적으로 개선하는 사고 구조.
비판적 분석 사고력	중복된 계산이나 비효율적인 구조를 인식하고 개선 방안을 설계하는 평가적 사고.
통합적 사고력	각 하위 문제의 결과를 종합하여 전체 해답을 구성하는 능력. 누적식 구조나 테이블 기반 통합에 활용.
계산 능력	연산량 분석, 반복 구조 효율화, 시간/공간 복잡도 추론을 통해 문제 해결 구조를 수치적으로 평가하는 능력.
재귀적 사고력	문제를 자기 자신을 호출하는 방식으로 해결하며, 탈출 조건과 재귀 깊이 등을 조정하는 사고.
Code적 사고력	동적 계획법의 점화식을 코드로 구현하고, 배열 인덱스와 조건 흐름을 명확히 제어하는 능력.
시뮬레이션 사고력	상태 변화의 흐름을 테이블 또는 단계별로 시뮬레이션하며 전체 결과를 예측하고 확인하는 능력.

사고력 범주	연결 예시 및 설명
조건적 사고력	DP 적용 가능 조건(최적 부분 구조, 중복 부분 문제 등)을 사전에 분석하고 전략을 판단하는 능력.
적응적 사고력	문제의 입력 조건이 달라졌을 때 점화식이나 테이블 구조를 새롭게 조정하는 유연한 전략 설계 능력.
선형적 사고력	일정한 순서대로 진행되는 점화식 기반 문제에서 시간 흐름에 따른 누적 구조를 인식하는 능력.
병렬화 처리 능력	상향식 구현 시 여러 하위 문제를 동시에 계산하거나 저장된 결과를 병렬적으로 접근하는 처리 구조 설계 능력.
논리적 사고력	동적 계획법 전체 구조를 정확히 이해하고, 점화식→ 테이블 → 결과 복원으로 이어지는 흐름을 논리적으로 추론하는 능력.

이처럼 동적 계획법은 문제를 단순히 '푸는 방식'을 넘어, 문제를 '바라보는 방식'을 바꾸는 사고의 전환점이 된다. 중복된 계산을 피하고, 이전의 선택을 기억하며, 최적의 해답을 향해 나아가는 과정 속에서 계산보다 더 중요한 것을 배우게 된다. 바로 기억하고, 연결하며, 전략적으로 사고하는 힘이다.

단계적으로 쌓아 올린 사고의 흐름은 어느새 하나의 정교한 구조로 완성되고, 그 구조는 새로운 문제를 마주할 때마다 더 단단한 기반이 되어준다. 동적 계획법은 반복을 줄이는 기술이 아니라, 반복을 이기는 지혜다. 이제 여러분의 머릿속에도 점화식처럼 연결되는 사고의 길이 생겨날 것이다. 그리고 그 길은 언제나, 가장 최적의 해답으로 여러분을 안내할 것이다.

문제 해결에는 항상 '효율'이라는 변수가 따라붙는다. 단순히 정답을 구하는 것만으로는 충분하지 않다. 어떻게 가장 적은 노력으로 가장 좋은 해답에 도달할 수 있을까? 이 질문에 정면으로 답하는 전략이 바로 동적 계획법이다. 문제의 구조를 분석하고, 반복을 줄이며, 최적의 흐름을 설계하는 이 방식은 오늘날 우리가 마주하는 복잡한 문제들에 꼭 필요한 해결 도구로 자리 잡았다.

중복 계산 방지: 시간의 낭비를 줄이다　　많은 문제는 같은 계산을 반복한다. 예컨대 피보나치 수열을 단순 재귀로 계산할 경우, 동일한 계산이 수십, 수백 번 반복된다. 동적 계획법은 이러한 중복된 연산을 '기억'으로 대체한다. 이미 한 번 구한 해답은 다시 구하지 않고 재활용함으로써, 전체 연산 시간을 획기적으로 줄일 수 있다. 즉, 불필요한 연산을 줄이고, 계산의 효율을 극대화하는 전략이 동적 계획법의 첫 번째 힘이다.

최적의 해 보장: 지역 최선이 아닌 전체 최선　　그리디 알고리즘은 순간순간의 최선에 집중한다. 하지만 그것이 전체적으로 최선이 되리라는 보장은 없다. 반면 동적 계획법은 모든 경우를 비교하고 누적된 판단을 통해 전체 최적 해(Global Optimum) 에 도달하도록 설계된다.

　　이는 복잡한 선택 구조를 가진 문제, 즉 경로 탐색이나 자원 분배와 같은 문제에서 특히 유리하다. 일시적 선택이 아니라 전체 맥락을 고려한 결정이 필요할 때, 동적 계획법은 가장 신뢰할 수 있는 전략이 된다.

 문제가 복잡하다고 해서 반드시 어렵게 풀 필요는 없다. 동적 계획법은 문제를 여러 단계로 나누고, 단계별 해결을 통해 전체 문제를 정복하는 방식을 택한다. 이는 단순 반복이나 재귀로는 도달할 수 없는 문제까지도 접근 가능하게 만든다. 예를 들어, 그래프의 최단 경로나 물류 경로 최적화 문제는 그 복잡성 때문에 일반적인 방식으로는 해결이 어렵다. 하지만 동적 계획법은 이를 테이블 기반 구조나 점화식으로 환원시켜 복잡한 문제를 단순하게 풀어낼 수 있는 전략적 사고를 제공한다.

다양한 분야에서의 적용 가능성 동적 계획법은 단지 수학이나 알고리즘 문제에만 국한되지 않는다. 텍스트 유사도 측정, 유전자 서열 정렬, 음성 인식, 금융 모델링, 물류 시스템 설계 등 현실 세계의 다양한 문제에서도 효과적으로 활용된다. 즉, 동적 계획법은 학교를 넘어서 현실 문제를 해결할 수 있는 실전적 사고 도구이기도 하다. 한 번 익히면, 컴퓨터 앞에서뿐만 아니라 일상 속에서도 문제를 구조화하고 효율적으로 풀어나가는 능력이 생긴다.

동적 계획법은 반복을 줄이고 효율을 높이며, 최적의 흐름을 따라가는 전략이다. 단순한 알고리즘 이상의 가치가 있는 이 방식은, 복잡한 세상 속에서 '무엇을 기억할 것인가', '어디서부터 시작할 것인가', '어떤 흐름으로 나아갈 것인가' 를 스스로 결정하게 만든다. 그 물음에 답할 수 있을 때, 우리는 문제를 단순히 푸는 사람이 아니라, 문제를 설계하고 이끄는 사고의 주체가 되어가는 것이다.

동적 계획법은 전략이다. 그 전략은 단지 "코드를 어떻게 짜야 할까?"를 묻기 전에, "문제를 어떤 구조로 바라보고 풀어나갈 것인가?"에 먼저 답한다. 이 전략은 세 가지 주요 단계로 구성된다. 문제를 나누고, 답을 저장하고, 그 답을 이용해 전체 문제를 해결하는 흐름이다.

1단계: 문제 나누기 — 구조를 읽어내는 힘　동적 계획법의 시작은 전체 문제를 '작은 단위'로 나누는 데 있다. 하지만 무작정 나누는 것이 아니다.

- ☑ 그 하위 문제가 서로 중복되며
- ☑ 각 하위 문제의 해답이 전체 해답에 직결되는 구조여야 한다.

예를 들어 행렬 경로 문제에서는 (i, j) 지점까지 도달하기 위한 최적 경로를 계산할 때, $(i-1, j)$와 $(i, j-1)$ 두 위치의 값을 활용하게 된다. 즉, 현재 문제는 반드시 이전의 두 문제의 해답에 의존한다는 구조를 파악해야 한다.

이 과정을 통해 문제는 단지 작아지는 것이 아니라, 해결의 방향이 명확해지고, 연산의 경로가 시각화된다. 이것이 동적 계획법의 출발점이다.

2단계: 답 저장하기 — 기억을 도구로 삼다　동적 계획법의 핵심은 '기억'이다. 한 번 해결한 하위 문제의 해답은 동적 계획법 테이블 또는 메모이제이션 공간에 저장한다. 이를 통해 동일한 문제를 다시 계산하지 않고, 저장된 값을 꺼내 사용함으로써 시간 복잡도를 획기적으로 줄일 수 있다.

☑ Top-Down 방식: 재귀 호출과 함께, 계산된 값을 캐시에 저장하며 중복을 피한다.

☑ Bottom-Up 방식: 작은 문제부터 테이블을 채워가며, 큰 문제를 순차적으로 해결한다.

이 단계에서 중요한 것은 '무엇을 저장할 것인가'다. 단순히 결과값만 저장할 수도 있고, 경우의 수, 최적 경로, 누적 비용 등 문제에 따라 상태를 구성하는 방식이 달라진다. 이 판단이 전략의 핵심이다.

3단계: 상위 문제 해결 — 구조를 따라 정답에 이르다　하위 문제의 해답이 저장되면, 이제 그 값을 바탕으로 상위 문제를 해결해나간다. 이 단계는 마치 블록을 쌓아가는 것과 비슷하다. 이미 완성된 블록이 기반이 되어, 점점 더 복잡한 구조를 만들 수 있게 된다.

결과적으로 우리는 다음과 같은 흐름을 갖게 된다.

상태 정의 → 초기값 설정 → 점화식 구성 → 테이블 채우기 → 최종 결과 도출

이 과정을 마스터하면, 단지 코딩 능력을 넘어서 문제를 구조화하고 최적화하는 사고 능력을 기를 수 있다. 동적 계획법은 단순한 구현 방식이 아니라, 생각의 방식 그 자체를 바꾸는 도구가 된다.

문제를 작은 단위로 나누고, 그 단위를 기억하며, 흐름을 따라가 최적의 해답에 도달하는 것. 이 일련의 과정은 마치 큰 퍼즐을 맞추는 과정과도 닮아 있다. 각 조각을 정확한 위치에 놓는 연습을 반복하다 보면, 어느새 복잡한 문제도 자연스럽게 해결할 수 있는 능력이 생긴다. 동적 계획법은 단지 문제를 푸는 기술이 아니라, 문제를 바라보는 시야를 확장시키는 전략적 훈련인 것이다.

이제 우리는 동적 계획법의 정의와 원리를 넘어서, 실제 문제에 어떻게 적용되는지를 탐험할 차례다. 동적 계획법은 단순히 교과서 속 알고리즘이 아니라, 실생활의 복잡한 문제를 체계적으로 해결하는 도구로서 놀라운 가능성을 보여준다. 물류, 경로 탐색, 자원 관리, 정보 처리 등 반복과 최적화가 요구되는 모든 영역에서 이 전략은 유효하다.

문제를 쪼개고, 중복을 피하고, 저장된 결과를 활용하여 최적의 결정을 내리는 이 방식은, 컴퓨터의 연산 논리뿐 아니라 인간의 전략적 사고와도 맞닿아 있다. 이제 몇 가지 대표적인 실생활 사례를 통해, 동적 계획법이 실제로 어떻게 작동하며, 어떤 방식으로 문제를 풀어나가는지 확인해보자.

① 실생활 문제 해결

동적 계획법은 현실의 복잡한 상황에서도 강력한 힘을 발휘한다. 우리가 일상에서 마주치는 많은 문제들이 사실은 중복된 판단, 제한된 자원, 최적의 선택을 필요로 하는 구조를 갖고 있기 때문이다. 아래는 실생활에서 동적 계획법이 활용되는 대표적인 세 가지 영역이다.

가장 빠르게, 가장 효율적으로 이동하려면?　아침 출근길, 지도 앱이 여러 경로를 제안한다. 한 길은 짧지만 신호가 많고, 다른 길은 멀지만 막히지 않는다. 게다가 실시간 교통 정보까지 반영해야 한다면, 어느 경로를 선택하는 게 최선일까?

- **문제 상황**
  - ✅ 출발지에서 목적지까지 도달하는 가장 빠른 경로를 선택하려는 이 문제는, 단순히 '지금 보기엔 괜찮아 보이는 길'을 택하는 것이 아니라, 과거의 이동 정보와 현재의 상황을 모두 고려해 최적의 흐름을 찾아야 하는 문제다.

- **전략 적용**
  - ✅ 각 지점까지 도달하는 최소 시간을 계산해 저장하고,
  - ✅ 다음 지점 계산 시 이미 구한 결과를 재사용하여 중복 계산을 줄인다.
  - ✅ 이전 단계에서 얻은 최적 경로 정보를 바탕으로 다음 위치의 최적값을 결정한다.
  - ✅ 최종적으로는 전체 이동 경로 중 누적 소요 시간이 가장 짧은 경로를 도출한다.

- **적용 결과**
  - ✅ A→B→C→D로 이동할 때, 각 구간의 시간이 A→C→D보다 짧다는 것이 사전 계산으로 드러나면 그 경로를 선택
  - ✅ 한 번 계산한 경로 정보는 다시 활용되므로, 실시간 재탐색이 가능
  - ✅ 전체 이동 시간이 최소가 되는 경로를 시스템이 자동으로 안내할 수 있다

- **동적 계획법 구조**
  - ✅ 이 문제는 '현재 위치에서 다음 위치로 이동하는 모든 경우'를 고려해야 하며,
  - ✅ 매 순간 결정이 다음 경로에 영향을 주는 구조다.
  - ✅ 따라서 매번 "현재 상황에서 가장 나아 보이는 길"만 선택하는 그리디 방식이 아니라,

지금까지 온 경로의 누적 효과를 저장하고, 그중 최적의 흐름을 선택하는 동적 계획법이 적합하다. 이때 모든 지점까지의 최적 시간을 테이블에 저장하고, 다음 단계에서는 그 테이블의 값을 재활용해 전체 이동 경로를 점진적으로 완성한다.

이 문제는 단지 내비게이션의 기술이 아니라, 우리 일상 속에서 "무엇을 기억하고, 어디서부터 다시 계산할 것인가"를 묻는 전략적 문제 해결의 대표 사례다. 복잡한 도시, 변화무쌍한 도로 상황, 실시간 데이터가 주어졌을 때, 우리는 더 이상 단순한 감에 의존해서는 안 된다. 이럴 때 필요한 것이 바로 기억에 기반한 전략적 사고—동적 계획법이다.

데이터는 어떻게 가장 빠른 경로로 전송될까?　사용자가 유튜브 영상을 클릭하는

순간, 수많은 데이터가 여러 서버와 경로를 거쳐 화면에 도달한다.

이때 어떤 경로는 빠르지만 혼잡하고, 어떤 경로는 안정적이지만 오래 걸린다.

- **문제 상황**
  - ☑ 네트워크가 데이터를 어떻게 효율적으로 전달할 수 있을까? 모든 서버 간 연결 상태가 주어졌을 때, 최단 지연 시간으로 목적지까지 도달할 수 있는 최적 전송 경로를 선택해야 한다.
- **전략 적용**
  - ☑ 각 서버 간 연결 지연 시간을 그래프 형태로 구성하고,
  - ☑ 모든 경로를 일일이 시도하지 않고,
  - ☑ 한 번 계산한 지연 시간은 저장하고 재활용한다.
  - ☑ 이전까지의 최단 시간 경로를 기반으로 다음 노드까지의 최소 경로를 점진적으로 계산해나간다.
- **적용 결과**
  - ☑ 데이터가 A → B → C 경로보다 A → D → C 경로에서 더 빠르게 도달할 수 있다는 점을 사전 계산으로 파악
  - ☑ 각 노드에서 도달 가능한 최소 지연 시간이 저장되므로
  - ☑ 실시간 트래픽 상황이 변하더라도 전체 최적 전송 경로를 빠르게 재탐색 가능
- **동적 계획법 구조**
  - ☑ 이 문제는 각 서버에서 도달 가능한 경로가 다른 경로와 중복되거나 종속된 구조를 가지므로,
  - ☑ 모든 가능한 경로를 저장하고 그중 최적 경로를 선택하는 구조가 필요하다.
  - ☑ 이는 탐욕적으로 한 경로만 선택하는 방식으로는 전체 최적을 보장할 수 없기에, 동적 계획법이 반드시 필요한 문제다.

매 경로에서의 최소 지연 시간은 DP 테이블에 저장되고, 이후의 경로 선택은 그 테이블을 기반으로 누적 최적화를 수행한다.

데이터 전송은 '무조건 빠른 길'을 찾는 것이 아니다. 모든 경우의 수를 고려하고, 그중 최적의 조합을 찾아야 한다. 이런 구조는 사람이 손으로 계산할 수 없

을 만큼 복잡하지만, 동적 계획법은 한 번 계산한 정보를 기억하고, 그 기억을 활용해 다음 결정을 이끌어내는 효율적인 전략을 제시한다. 우리의 디지털 일상 속 속도와 효율은 결국, 기억에 기반한 선택의 힘에서 나온다.

물류창고의 수많은 상품을 어떻게 가장 효율적으로 이동시킬까? 대형 물류창고에서는 수천 개의 상품이 진열돼 있고, 매일 수백 건의 주문이 들어온다.

한 명의 직원이 물건을 픽업하기 위해 A지점에서 B지점으로 이동하면서 여러 상품을 순서대로 담는다.

- **문제 상황**
  - ☑ 이동 거리를 최소화하면서, 최대한 많은 상품을 효율적으로 수거할 수 있으려면 어떻게 해야 할까? 무작정 가까운 위치만 고르면 전체 동선이 비효율적일 수 있다.
- **전략 적용**
  - ☑ 창고를 격자 형태로 나누고, 각 칸의 이동 비용(거리/시간)을 할당한다.
  - ☑ 출발점부터 각 위치까지 도달하는 최소 비용을 계산하고 저장한다.
  - ☑ 이미 계산한 경로 정보는 다시 활용하여 전체 동선을 누적 계산한다.
  - ☑ 모든 상품 위치까지의 최적 경로를 테이블로 관리하며, 최적 조합을 구한다.
- **적용 결과**
  - ☑ A → C → D → E로 이동 시, A → B → D → E보다 이동 거리/시간이 적다면 그 조합을 선택
  - ☑ 창고 재배치 없이, 현재 구조에서 가장 효율적인 픽업 순서를 자동 계산
  - ☑ 물류 동선의 반복 계산 없이, 이전 이동 경로의 누적 정보를 바탕으로 다음 선택 결정
- **동적 계획법 구조**
  - ☑ 이 문제는 상품 위치 간 이동 경로가 서로 영향을 주며, 부분 경로의 효율이 전체 결과에 결정적 기여를 한다.
  - ☑ 즉, 현재 선택이 이후 동선에 영향을 주는 구조이므로, 과거 계산 결과를 저장하고, 그 정보를 바탕으로 전체 최적 경로를 구성하는 방식이 필요하다.

단순히 '가까운 상품'만 골라 이동하는 탐욕적 선택으로는 전체 동선을 최적

화할 수 없다. 동적 계획법은 전체 구조를 고려하여 가장 효율적인 상품 수거 루트를 설계한다.

물류 시스템은 단순 반복의 문제가 아니라, 구조화된 효율과 전략적 선택의 문제다. 동적 계획법은 매번의 판단을 더 빠르고 정확하게 만들며, 결정의 축적이 최고의 결과로 이어지도록 만든다. 아마존, 쿠팡 등 글로벌 물류 기업들이 동적 계획법을 채택한 이유는 분명하다. 복잡한 물류 상황을 푸는 열쇠는, 결국 '지금까지의 선택을 기억하고, 그 기억을 최적으로 연결하는 것'이기 때문이다.

스마트폰 배터리, 어떻게 오래 쓰는가? — 앱 전력 소비 최적화　스마트폰 배터리가 30% 남았다. 앱마다 소비 전력이 다르고, 어떤 앱은 1분만 켜도 배터리를 많이 소모한다. 하지만 해야 할 일은 많다. 이메일도 확인해야 하고, 사진도 전송하고, 지도도 써야 한다.

- **문제 상황**
  - ☑ 이 배터리로 할 수 있는 작업을 최대한 많이 하려면 어떻게 선택해야 할까?
- **전략 적용**
  - ☑ 각 앱의 배터리 소모량과 기능 중요도를 테이블로 정리하고,
  - ☑ 사용 가능한 배터리 용량 범위에서 필요한 상태만을 기반으로 최적 조합을 점진적으로 구성한다.
  - ☑ 이전 조합의 결과는 저장하고 재활용하며,
  - ☑ 배터리를 초과하지 않으면서 가장 높은 '우선도 총합'을 갖는 앱 조합을 선택한다.
- **적용 결과**
  - ☑ 카메라와 SNS를 동시에 쓰는 것보다, 카카오톡과 지도 앱을 선택했을 때 더 오래 사용 가능
  - ☑ 최적의 조합은 '직감'이 아닌 계산 결과로 도출
  - ☑ 배터리 사용량 내에서 가장 많은 기능을 수행하는 전략적 선택 가능
- **동적 계획법 구조**
  - ☑ 이 문제는 각 앱의 전력 사용량과 중요도를 고려한 조합 최적화 문제이다.
  - ☑ 배터리 잔량을 기준으로 가능한 조합을 모두 계산하되, 한 번 계산한 결과는 저장

　　　　　　　　　　　　문제 해결의 전략, 알고리즘

하여 중복 계산을 피한다.

  ☑ 부분 조합의 최적 결과를 기반으로 전체 최적 조합을 도출한다.

이는 전형적인 0-1 배낭 문제(Knapsack Problem) 와 유사하며, 동적 계획법으로 해결하는 대표 사례 중 하나다.

스마트한 선택은 '직감'이 아니라 '계산'이다. 동적 계획법은 주어진 자원을 가장 잘 활용하기 위한 전략적 사고를 가능하게 한다. 제한된 자원 속에서 최대의 결과를 끌어내는 훈련, 바로 현대 디지털 라이프에서 가장 현실적인 문제 해결 방식이다.

영상 편집 시간 줄이기 — 장면 전환 최적화 한 편의 유튜브 영상을 편집 중이다. 배경 음악의 리듬에 맞춰 장면을 전환해야 하는데, 어떤 시점은 적절한 전환 포인트이고, 어떤 시점은 부자연스럽다.

- **문제 상황**
  ☑ 영상 전체의 자연스러운 흐름을 유지하면서, 가장 많은 장면을 안정적으로 전환하려면 어떻게 해야 할까?
- **전략 적용**
  ☑ 영상의 타임라인을 초 단위로 나누고, 각 구간의 전환 가능 여부를 배열에 기록한다.
  ☑ 전환 가능한 위치만을 고려하며,
  ☑ 이전 전환 지점에서부터 다음 전환까지의 최소 시간 간격을 유지하며 최적 경로를 찾는다.
  ☑ 각 위치까지 도달 가능한 최댓값을 테이블에 저장하고, 반복적으로 누적한다.
- **적용 결과**
  ☑ 무작위 전환 대신, 일정한 간격과 리듬에 맞춘 전환 시점 구성
  ☑ 영상 전체 흐름이 부드럽고 몰입도 상승
  ☑ 작업 시간 단축 + 시청자 만족도 향상
- **동적 계획법 구조**
  ☑ 이 문제는 부분 영상 클립을 어떻게 연결할 것인가를 결정하는 연속 최적 선택 문

제이다.

- ☑ 각 시점에서 가능한 전환 여부를 DP 테이블로 구성하고,
- ☑ 이전 계산 결과를 활용해 다음 전환 포인트를 누적 비교하여 전체 최적 흐름을 도출한다.

한 번 전환한 결과를 다시 확인할 필요 없이, 테이블을 바탕으로 빠르게 결정 가능하다.

좋은 영상 편집은 감에 의존하지 않는다. 전환의 흐름을 기억하고 누적하면서 최적의 타이밍을 선택하는 사고, 그것이 바로 동적 계획법의 핵심이다. 단순한 반복이 아니라, 구조 속에서 흐름을 만들어가는 이 전략은 창작에서도 유용하게 쓰이는 문제 해결의 또 다른 차원을 보여준다.

❷ 컴퓨터 활용 문제

동적 계획법은 단지 이론적 개념에 머무르지 않는다. 복잡한 계산이 필요한 컴퓨터 문제들—최적 경로 탐색, 문자열 유사도 판별, 자원 조합 문제 등—은 모두 동적 계획법 전략으로 해결되는 문제에 해당한다. 중복되는 연산을 피하고, 한 번 구한 결과를 저장하여, 전체 문제를 효율적으로 푸는 이 전략은 프로그래밍에서 가장 실용적인 사고법 중 하나로 손꼽힌다. 이제 대표적인 컴퓨터 활용 문제를 통해 동적 계획법이 어떻게 실전 문제를 해결하는지 살펴보자.

피보나치 수열 계산

- **문제**: 다음의 식에서 n이 커질수록 계산량이 기하급수적으로 늘어나는 피보나치 수열을 효율적으로 구하라.

$$f(n) = f(n-1) + f(n-2),\ f(1) = f(2) = 1$$

문제 해결의 전략, 알고리즘

재귀 방식은 중복 호출이 많아 매우 비효율적이다. 동적 계획법에서는 이전 값을 저장해두고 재사용함으로써 선형 시간 안에 문제 해결이 가능하다.

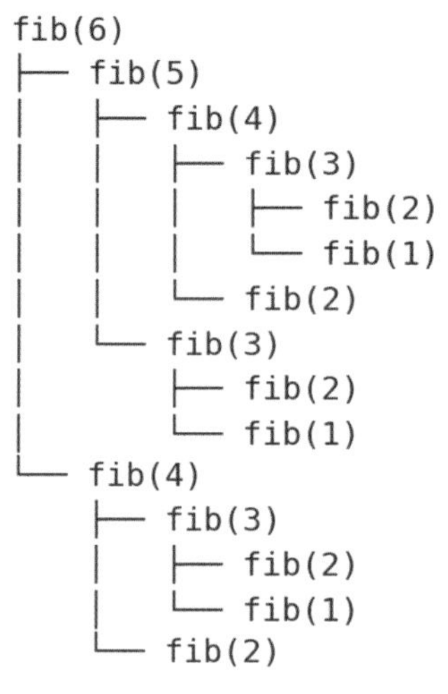

fib(6)을 재귀적으로 계산하는 구조는 마치 하위 문제를 계속해서 복사해가는 트리 형태의 분기 구조를 보여준다. 이때 fib(6)은 fib(5)와 fib(4)를 각각 호출하고, fib(5)는 다시 fib(4)와 fib(3)을 호출하며 이 구조는 계속해서 확장된다. 이러한 트리 구조의 핵심 문제는 동일한 함수 호출이 여러 번 중복된다는 점이다.

예를 들어 fib(2)는 다섯 번, fib(3)은 세 번 이상 호출되며, 각 호출은 똑같은 계산을 다시 반복하게 된다. 이는 결과적으로 전체 계산량을 지수적으로 증가시키는 비효율적인 구조를 낳는다. 트리의 깊이가 증가할수록 반복은 더 심해지고, fib(10) 이상이 되면 수백에서 수천 번의 동일한 함수 호출이 발생하게 된다.

결과적으로 이와 같은 재귀 방식은 구조적으로 아름다워 보일 수 있지만, 계산 효율성 측면에서는 심각한 낭비를 초래한다. 이러한 이유로 동적 계획법은 재귀 호출 구조의 약점을 보완하는 전략으로 도입된다. 한 번 계산한 결과를 저장하고, 동일한 호출을 다시 하지 않도록 하는 방식은, 바로 이 트리 구조의 중복을 제거함으로써 $O(2^n)$ 수준의 계산량을 $O(n)$ 으로 바꿔주는 결정적 도구가 된다.

● **Python 코드**: 함수 선언

```python
1 def fibonacci(n):
2     if n <= 2:
3         return 1
4     dp = [0] * (n + 1)
5     dp[1] = dp[2] = 1
6     for i in range(3, n + 1):
7         dp[i] = dp[i-1] + dp[i-2]
8         print(f"dp[{i}] = dp[{i-1}] + dp[{i-2}] = {dp[i-1]} + {dp[i-2]} = {dp[i]}")
9     return dp[n]
```

```
1 num = int(input("계산할 피보나치 수 n을 입력하세요: "))
2 result = fibonacci(num)
3 print(f"Wn결과: fibonacci({num}) = {result}")
```

```
계산할 피보나치 수 n을 입력하세요: 10
dp[3] = dp[2] + dp[1] = 1 + 1 = 2
dp[4] = dp[3] + dp[2] = 2 + 1 = 3
dp[5] = dp[4] + dp[3] = 3 + 2 = 5
dp[6] = dp[5] + dp[4] = 5 + 3 = 8
dp[7] = dp[6] + dp[5] = 8 + 5 = 13
dp[8] = dp[7] + dp[6] = 13 + 8 = 21
dp[9] = dp[8] + dp[7] = 21 + 13 = 34
dp[10] = dp[9] + dp[8] = 34 + 21 = 55

결과: fibonacci(10) = 55
```

● **활용 분야**: 동일 문제의 반복을 줄이는 사고의 혁신

피보나치 수열은 단순한 숫자 나열이 아니다. 같은 하위 문제를 반복 계산하지 않기 위한 전략의 본질을 담은 구조다. 그 핵심인 동적 계획법은 다양한 분야에서 반복성과 누적성을 기반으로 최적의 흐름을 구축하는 데 사용된다. 단지 수학적 개념을 넘어, 실제로 컴퓨터가 기억하고 활용하는 방식과 직접적으로 연결된다. 아래에서는 피보나치 수열의 구조가 직접적으로 응용되는 대표적인 사례를 살펴본다.

1 **계산 최적화 기반 수학 모델링**: 동일한 계산을 여러 번 반복하는 구조에서는 계산 순서를 기억하고 누적하는 방식이 중요하다.

- ☑ 금융 시뮬레이션의 복리 계산 최적화
- ☑ 인구 성장 예측 시나리오에서 세대별 추이 누적
- ☑ 건설 공정 소요 시간 추산

재귀 구조를 반복으로 전환하는 사고의 전형적 사례로, 계산 구조가 복잡할수록 동적 계획법의 효과가 두드러진다.

2 **알고리즘 기초 학습 및 시험 문제**: 재귀, 반복, 메모이제이션의 차이를 보여주는 대표적인 구조에 해당한다.

- ☑ CS 교과의 필수 알고리즘 입문 예제

☑ 프로그래밍 대회 초급 난이도의 정규 문제

☑ 교과서 예제로 재귀 트리와 DP 테이블 비교

피보나치는 초보자에게 사고 흐름을 직관적으로 체득하게 만드는 최고의 문제 구조다.

3. **로봇 경로 탐색 및 단계별 동작 프로그래밍**: 로봇이 목표 지점에 도달하는 경로 수나 단계별 조합 계산에 사용된다.

☑ 격자형 공간에서 도달 가능한 경로 수 계산

☑ 특정 조건을 충족하는 반복 동작 수열 생성

☑ 정해진 시간 내 최대 효율 동작 조합 찾기

순차적인 단계 구성과 조건 누적이라는 구조에서 피보나치 기반 사고가 자연스럽게 적용된다.

4. **자원 분배 및 시간 계획 최적화**: 누적되는 시간, 자원, 비용의 최적 분배를 위한 기본 구조에서 활용된다.

☑ 프로젝트 일정 시뮬레이션에서의 단계별 작업 시간

☑ 제한된 자원에서 수행 가능한 최대 작업 계산

☑ 생산 공정에서 단계별 병목 최소화

피보나치 수열처럼 이전 결과에 의존하며 점진적으로 누적되는 구조는 복잡한 스케줄링 문제에 자주 활용된다.

5. **클라우드 컴퓨팅 및 캐시 최적화**: 중복 계산을 줄이기 위한 데이터 저장 전략의 논리 모델에서 적용된다.

☑ 동일 요청을 캐시에 저장해 빠르게 처리하는 웹 시스템

☑ 반복 작업이 많은 클라우드 기반 분석 모델에서의 연산 절감

☑ API 연속 호출 최적화

동일 요청 중복 제거와 응답 시간 최소화라는 문제에 피보나치형 누적 구조가 효과적이다.

6. **UI 애니메이션 및 시각 효과 제어**: 움직임의 패턴이 점진적으로 증가하거나 누적되는 경우에 활용 된다.

☑ 애니메이션 단계별 속도 변화 조절

☑ 인터페이스 요소의 등장 순서 간 간격 조절

☑ 피보나치 간격에 따른 사용자의 시선 유도

시각적 디자인에서도 리듬과 반복이 중요할 때 피보나치 패턴은 의외로 활용도가 높다.

7 **자연 언어 처리에서의 순열 계산**: 문장을 생성하거나 조합하는 과정에서의 경우의 수 처리에 활용된다.

☑ 단어 순열 조합에서의 최대 생성 수 계산

☑ 문장 길이별 누적 구조로 확장

☑ 토큰 기반 반복문 해석 구조 내 최적 처리

단어, 문장, 구문이 순차적으로 조합될 때, 피보나치 구조는 언어 생성 로직의 기초 단위로 기능한다.

8 **생물학적 모형 및 자연현상 시뮬레이션**: 자연계의 순환 구조나 유기체 증식 모델에서 직접 등장한다.

☑ 토끼 번식 모형(피보나치 수열의 고전 사례)

☑ 세포 분열 시나리오

☑ 자연수열 기반 생태계 변화 추산

피보나치 수열은 자연의 구조 자체를 설명하는 근본 모형으로 활용된다.

9 **데이터 압축 및 구조 예측**

☑ 반복되는 데이터 구조에서 길이 또는 패턴 예측에 사용된다.

☑ 연속되는 블록 수 예측

☑ 반복 데이터 전송 시 최소 단위 결정

☑ 압축 파일 내 블록 증가량 추정

동적 계획 기반의 길이 추론이나 압축률 예측에서 피보나치 기반 누적 예측이 논리 모델로 활용된다.

10 **AI 학습 단계 설계 및 보상 구조 구성**

☑ 학습 단계가 반복되면서 점점 보상이 누적되는 시나리오에 활용 가능하다.

☑ 보강학습에서 이전 단계 보상 누적 구조 설계

☑ 에포크 기반 학습 손실 변화 그래프 구조 예측

☑ 강화학습 에이전트의 행동결정 누적 패턴

누적성과 반복성, 그리고 이전 선택이 다음 선택에 영향을 주는 구조에서 피보나치 사고는 AI 설계와도 닮아 있다.

피보나치 수열은 단지 수학적으로 아름다운 수열이 아니다. 이는 반복되는 구조 속에서 동일한 문제를 낭비 없이 처리하기 위한 전략적 사고의 출발점이다. 데이터 구조, 자원 배분, 언어 모델, AI 설계, 자연 모사까지 ― 동일한 문제를 다시 풀지 않는 법을 알려주는 이 수열은 동적 계획법이 현실에서 어떻게 힘을 발휘하는지를 가장 단순하면서도 명확하게 보여준다.

- **알고리즘의 효율성과 한계**: 피보나치 수열은 가장 단순한 형태의 점화 관계를 가지고 있으면서도, 그 계산 방식에 따라 극적인 효율성 차이를 보이는 대표적인 사례이다. 특히 재귀를 그대로 적용할 경우 중복 호출로 인한 시간 폭발이 발생하지만, 동적 계획법을 활용하면 이 문제를 효과적으로 해결할 수 있다. 피보나치 수열 문제에 대한 구현 방식에 따른 복잡도는 다음과 같이 정리할 수 있다.

구현 방식	시간 복잡도	공간 복잡도	특징
재귀(Naive)	$O(2^n)$	$O(n)$	중복 계산 다수 발생
DP(Memoization)	$O(n)$	$O(n)$	재귀 구조 유지, 캐싱 활용
DP(Bottom-up)	$O(n)$	$O(n)$ or $O(1)$	반복 구조, 테이블 또는 두 변수로 구현 가능

피보나치 수열의 장단점은 다음과 같이 정리할 수 있다.

- **장점**
  - ☑ 중복 계산을 방지함으로써 계산 속도를 획기적으로 개선할 수 있음
  - ☑ 메모이제이션이나 반복문 기반으로 구현이 쉬우며, 코드 가독성도 높음
  - ☑ 작은 문제의 결과를 저장하여 큰 문제를 해결하는 동적 계획법의 핵심 원리를 학습하기에 적합
  - ☑ 수학적 규칙을 코드화하고, 이를 체계적으로 확장하는 사고를 훈련할 수 있음
- **단점**
  - ☑ 수열 값이 너무 커지면, 계산 결과가 정수 범위를 초과할 수 있어 별도의 처리 필요

- ☑ 모든 수열 항을 저장하는 방식은 불필요한 공간 낭비를 초래할 수 있음
- ☑ 단순한 구조에는 효율적이지만, 조건이 복잡해지거나 가지치기가 필요한 경우에는 부적합
- ☑ 메모이제이션 방식은 함수 호출 스택이 깊어질 경우 오히려 성능 저하 발생 가능

피보나치 수열의 DP 구현은 '작은 결과를 모아 큰 결과를 만든다'는 누적의 사고 구조를 가장 직관적으로 보여주는 문제다. 단순한 수학 공식에서 출발하지만, 알고리즘적으로 해석하고 구조화함으로써 컴퓨팅 사고력의 첫 단계를 훈련할 수 있다. 특히 반복문 기반의 Bottom-up 방식은, 미래의 더 복잡한 최적화 문제(예: 배낭 문제, LCS:Longest Common Subsequence 등)에 대비한 탐색과 저장 전략의 원형이 된다. 작은 수열의 계산이 아닌, 큰 문제를 해결하기 위한 사고의 연습장으로 피보나치 수열은 지금도 많은 교육 현장에서 유용하게 활용되고 있다.

워샬 알고리즘 — 모든 노드 간 연결 가능 여부 확인

- **문제**: 한 연구소에는 다양한 실험 장비가 복잡하게 연결되어 있다. 하지만 모든 장비가 직접 연결된 것은 아니며, 중간 장비를 통해 간접적으로 연결된 경우도 많다. 이제 실험 효율을 높이기 위해, 어느 장비에서든 다른 장비로 신호를 전달할 수 있는지 여부를 미리 계산하려 한다. 모든 장비 간의 직접 연결 정보가 주어졌을 때, 간접 경로까지 고려한 연결 가능성 테이블을 완성하라.

- **작동 원리**: Warshall 알고리즘은 모든 정점 쌍(i, j)에 대해 경로가 존재하는지 판단한다. 처음에는 직접 연결된 노드만 1로 표시한 인접 행렬을 구성한 뒤, 하나의 노드를 경유하여 다른 두 노드 간 간접 경로가 존재할 경우에도 연결 표시를 갱신하는 방법이다.
  - ☑ 핵심 아이디어
    - — reachable[i][j] = reachable[i][j] or(reachable[i][k] and reachable[k][j])
  - ☑ 결과
    - — 직접 또는 경유하여 "갈 수 있는가?"의 여부를 확인하는 불리언(1 또는 0) 행렬 형태

- **Python 코드**: 함수 선언

```
1 def floyd_warshall(n, graph):
2     dist = [row[:] for row in graph]  # 거리 테이블 복사
3     for k in range(n):
4         for i in range(n):
5             for j in range(n):
6                 dist[i][j] = min(dist[i][j], dist[i][k] + dist[k][j])
7     return dist
```

- **함수 실행 예시**

```
 1 graph = [
 2     [0, 1, 0, 0],
 3     [0, 0, 1, 0],
 4     [0, 0, 0, 1],
 5     [1, 0, 0, 0]
 6 ]
 7
 8 result = warshall(4, graph)
 9
10 for row in result: print(row)
```

```
[1, 1, 1, 1]
[1, 1, 1, 1]
[1, 1, 1, 1]
[1, 1, 1, 1]
```

실행 예시에서 주어진 그래프는 다음과 같이 표현된다.

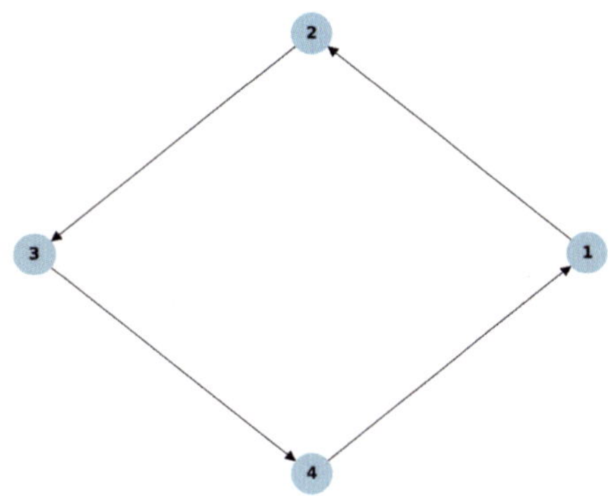

실행 후 확인할 수 있듯이 워샬 알고리즘을 통하여 transitive closure를 확인하면, 다음과 같다.

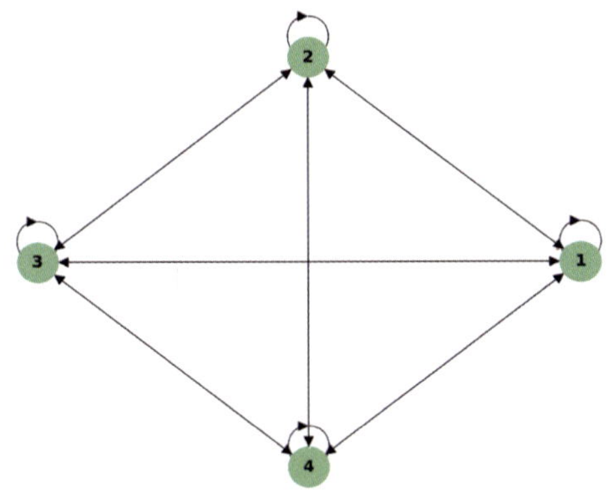

처음 입력한 1→2→3→4→1 구조에 워샬 알고리즘을 적용하여 얻은 결과는 각 노드에서 자기 자신으로 가는 루프도 포함하여 모든 정점에서 다른 모든 정점으로 도달 가능한 완전 연결 그래프가 생성되었다. 처음 제시된 그래프가 1→2→3→4→1의 순환 구조이기 때문에 나타난 결과이다.

이는 단 한 방향의 연결만 존재하더라도 전체적으로 순환이 가능하면 모든 경로가 열리며 개방되는 특성을 명확히 보여준다.

- **활용 분야**: 연결의 유무를 판단하는 가장 강력한 도구

  Warshall 알고리즘은 단순한 연결 관계가 아닌, 간접 경로를 통한 도달 가능성까지 계산해 전체 시스템의 구조를 파악하게 해주는 핵심 도구다. 이는 네트워크, 시스템 설계, 의존성 분석 등 다양한 분야에서 '경로 존재 여부'라는 단순하지만 강력한 판단 기준을 제공한다. 다음은 Warshall 알고리즘이 실제로 유용하게 활용되는 대표적인 예시다.

1. **소프트웨어 모듈 간 의존성 분석**: 복잡한 소프트웨어는 수많은 모듈이 서로 참조 관계를 갖는다. Warshall 알고리즘을 사용하면, 어떤 모듈이 간접적으로 다른 모듈에 의존하는지 자동으로 파악할 수 있다.
   - ☑ 컴파일 시 A 모듈이 B를 거쳐 C에 의존하는지 분석
   - ☑ 라이브러리 충돌 검사에서 간접 종속 경로 탐색
   - ☑ 시스템 업그레이드 전 의존성 트리 점검

   이를 통해 모듈 간 순환 참조를 사전에 차단하고, 안정적인 소프트웨어 구조를 유지할 수 있다.

2. **조직 내부 커뮤니케이션 경로 분석**: 조직 내에서 상하 관계나 협업 라인을 통해 간접적으로 소통이 가능한지를 분석할 수 있다. 워샬 알고리즘을 통해 직접적인 연결이 없어도 중간 단계를 거쳐 소통이 가능한지를 도출할 수 있다.
   - ☑ 팀장 A가 직원 C와 직접 연결되어 있지 않아도, B를 통해 전달 가능한지 확인
   - ☑ 프로젝트 리더가 각 부서에 명령을 내릴 수 있는 간접 체계 존재 여부 분석
   - ☑ 부서 간 간접 보고 경로가 존재하는지 검토

   이를 통해 조직 내 보고 체계의 병목 구간이나 단절된 의사소통 흐름을 사전에 파악할 수 있다.

3. **디지털 콘텐츠 승인 체계 확인**: 콘텐츠나 문서가 여러 단계를 거쳐 승인되는 시스템에서, 최종 승인권자에게 문서가 도달 가능한지를 판단할 수 있다.
   - ☑ 작성자 → 팀장 → 본부장 → 이사 순으로 승인 체계 구성
   - ☑ 중간 단계 부재 시 최종 승인이 불가능한지 여부 판별

☑ 다단계 승인 시스템 내 누락된 경로 확인

승인을 위한 전체 흐름이 닫혀 있는지 확인함으로써, 프로세스 상의 구조적 결함을 사전에 수정할 수 있다.

4 **학교 교육과정 선수과목 구조 점검**: 어떤 과목을 듣기 위해 선행 과목을 수강해야 한다면, 워샬 알고리즘을 통해 전체 수강 가능성을 추론할 수 있다.

☑ 수학 I → 수학 II → 미적분 구조 내에서 전체 경로 분석

☑ 특정 과목에서 원하는 최종 과목까지 도달 가능한가 확인

☑ 선후수 관계가 중복되거나 단절된 과목군 검출

학생들이 합리적인 수강 계획을 세울 수 있도록 교육과정 구조를 보다 투명하게 분석할 수 있다.

5 **사이버 보안 침투 경로 탐색**: 해커가 시스템에 침입할 때, 직접 연결된 포트 외에도 간접 경로를 통해 접근 가능한지를 분석하는 데 유용하다.

☑ 인터넷망 → 공유기 → 개인 PC → 사내망 서버 경로 존재 여부 분석

☑ 방화벽 설정 이후 우회 가능한 경로 존재 여부 검토

☑ 공격자가 접근 가능한 모든 노드 간 간접 경로 확인

네트워크 보안 취약점을 간접 접근 방식까지 고려해 정밀하게 진단할 수 있다.

6 **국방 시스템의 경로 분석**: 군사 통신 보안 네트워크에서는 경로의 존재 자체가 정보 전파의 가능성을 의미한다. Warshall 알고리즘은 경로 노출 여부를 확인하고, 전략적 차단 지점을 설정하는 데 활용된다.

☑ 유사시 특정 지휘소 간 연결 존재 여부 확인

☑ 네트워크 간 간접 접근 차단 분석

☑ 군 통신망의 연결성 시뮬레이션

전략적 방어 계획 수립과 정보 차단 정책 수립에 핵심적인 분석 도구다.

7 **지하철·버스 경로 연결성 확인**: 대중교통 시스템에서 특정 지점에서 다른 지점으로 갈 수 있는지 여부는 승객의 계획에 큰 영향을 미친다. 직접 노선뿐 아니라 환승을 통한 간접 경로까지 확인하는 데 Warshall 알고리즘이 사용된다.

☑ 역삼역 → 왕십리역 환승 가능성 탐색

☑ 첫차 기준 도달 가능한 전체 노드 추론

☑ 노선 변경 시 연결성 변화 평가

이용자 경험 향상과 노선 설계 시 중요 지표로 작용한다.

8 **게임 퀘스트 또는 스테이지 해금 구조 설계**: 게임에서 특정 퀘스트를 완료해야 다음 콘텐츠가 열리는 구조를 설계할 때, 모든 콘텐츠가 정상적으로 해금되는지를 Warshall 알고리즘으로 점검할 수 있다.

- ☑ 퀘스트 A → B → C로 이어지는 흐름 확인
- ☑ 중복되거나 막힌 해금 구조 탐색
- ☑ 패치 후 전체 퀘스트 맵 연결성 재검토

버그를 줄이고, 사용자의 몰입감을 높이는 설계가 가능해진다.

9 **논문 인용 네트워크에서의 영향력 탐색**: 논문이나 연구보고서가 서로를 인용하는 관계는 매우 복잡하게 얽혀 있다. Warshall 알고리즘은 간접 인용 구조까지 포함하여 한 논문의 영향 범위를 추정하는 데 활용된다.

- ☑ A 논문 → B → C로 이어진 간접 인용 탐색
- ☑ 특정 연구자의 학문적 파급력 분석
- ☑ 키워드 기반 연구 클러스터 시각화

학술 네트워크 분석 및 인용 기반 평가에 과학적 기준을 제시한다.

10 **데이터 흐름 설계 및 전파 분석**: 컴퓨터 시스템 내부에서 데이터가 어떻게 전달되는지는 시스템 효율과 보안에 직결된다. Warshall 알고리즘은 어느 데이터가 다른 데이터에 영향을 미치는지, 또는 전달 가능한 구조인지를 확인하는 데 적합하다.

- ☑ 시스템 A에서 입력한 값이 어느 연산 모듈까지 도달하는지
- ☑ 이벤트 발생 시 연쇄 반응 경로 추적
- ☑ 보안 취약점 전파 경로 사전 차단

시스템 설계자와 보안 관리자가 신뢰성 있는 시스템 구조를 유지하는 데 필수적인 분석 도구다.

11 **자동화 생산 공정 내 공정 흐름 판단**: 공장 자동화 시스템에서 각 생산 공정은 특정 조건 하에만 다음 단계로 연결된다. Warshall 알고리즘을 적용하면 전체 공정망에서 특정 자재나 작업이 최종 생산까지 연결 가능한지를 파악할 수 있다.

- ☑ A-부품 조립 → B-검수 → C-포장 연결 여부 판단
- ☑ 공정 중단 시 전체 흐름 영향도 분석
- ☑ 재설계 전 흐름 경로 재구성

생산 라인의 최적화와 장애 대응 시나리오 수립에 매우 유용하다.

12 **통신 장비의 연결 구조 점검**: 네트워크 구성에서 직접 연결이 없어도 중계 장비를 통해 통신이 가능한지를 파악할 수 있다.

☑ 서버 A와 C가 직접 연결되어 있지 않지만, 라우터 B를 통해 간접 연결

☑ 스마트 센서 → 허브 → 메인서버 연결 가능 여부 검증

☑ 위성 통신망의 간접 연결 체크

장비 간 물리적 또는 논리적 연결 경로를 사전에 파악하여 시스템 구축의 안정성을 높일 수 있다.

이처럼 Warshall 알고리즘은 간접적인 연결성까지 모두 밝혀내는 통찰의 도구로서 다양한 분야에서 구조적 오류를 방지하고, 복잡한 시스템을 명확하게 파악하는 데 강력한 역할을 수행한다. 그 자체로는 단순한 행렬 계산일 수 있지만, 그 결과는 현실의 복잡한 네트워크를 보다 효율적으로 운영하기 위한 결정적인 단서가 된다.

- **알고리즘의 효율성과 한계**: 워샬(Warshall) 알고리즘은 그래프 내에서 모든 정점 쌍 간의 도달 가능성을 판별하는 알고리즘으로, 이른바 전이 폐쇄(Transitive Closure)를 구하는 데 매우 효과적이다. 특히 복잡한 연결 관계가 얽힌 구조에서, 직접 경로뿐 아니라 간접 연결까지 파악하는 것이 중요한 상황에서 핵심 도구로 활용된다. 워샬 알고리즘의 성능 특성은 다음과 같이 정리할 수 있다.

분석 항목	복잡도	설명
시간 복잡도	$O(n^3)$	세 개의 중첩 반복문을 통해 모든 정점 간 연결성 검사
공간 복잡도	$O(n^2)$	인접 행렬로 도달 가능 여부 저장
적용 대상		방향성 그래프 / Boolean 관계 / 도달성 분석 등

워샬(Warshall) 알고리즘의 장단점은 다음과 같다.

- **장점**
  ☑ 하나의 실행으로 모든 정점 쌍 간의 경로 존재 여부를 파악할 수 있음

☑ 단순한 행렬 연산 구조로 구현이 매우 직관적이며, 실수 가능성이 적음

☑ 전이 폐쇄를 통해 간접 연결까지 명확하게 파악 가능

☑ 조직 구조, 커뮤니케이션 체계, 교육과정 등 다양한 실생활 구조 분석에 적용 가능

☑ 연산 결과가 이진 행렬(1 또는 0) 형태로 명확하게 해석되어 분석에 용이함

- **단점**

  ☑ 입력 정점 수가 많을 경우, 시간 복잡도가 급격히 증가하여 연산 부담이 큼

  ☑ 모든 정점 쌍을 검사하므로 불필요한 계산이 포함될 수 있음

  ☑ 간선의 가중치를 고려하지 않으므로 최단 거리 계산에는 부적합(Warshall 사용 필요)

  ☑ 그래프 구조가 희소(sparse)할 경우에도 전체 정점 간 계산을 수행하여 비효율적

  ☑ 대규모 그래프에는 특화된 도달성 알고리즘(BFS, DFS + 캐싱)이 더 적합할 수 있음

워샬 알고리즘은 단순한 코드 구조를 가지지만, 도달 관계 분석에서는 강력한 구조 파악 능력을 발휘한다. 한 번의 분석으로 전체 시스템의 흐름과 연결성을 구조적으로 이해할 수 있게 해주는 이 알고리즘은, 복잡한 현실 시스템의 흐름을 정리하고 예측하는 사고 도구로도 매우 유용하다. 특히 전이 관계(transitivity)를 중심으로 한 판단 구조는, 단순한 수학 계산이 아닌 정보의 확장, 관계의 구조화, 시스템 설계에 필요한 사고력을 동시에 훈련할 수 있도록 도와준다. 워샬 알고리즘은 코드보다 사고의 이해가 더 요구되는 알고리즘이다.

0/1 Knapsack — 제한된 자원 속에서 최대 가치를 계산하는 문제

- **문제**: 여행을 떠나는 당신은 최대 10kg의 배낭을 가지고 갈 수 있는 상황이며, 가져갈 수 있는 짐은 여러 가지가 있지만, 각 짐은 고유한 무게와 가치가 있다. 배낭에 넣을 수 있는 물건의 조합 중 가치의 합이 최대가 되도록 짐을 선택하라. 단, 각 물건은 반드시 전부 선택하거나(1) 전부 포기해야(0) 하며, 이전에 배운 Fractional Knapsack과는 달리 나눌 수 없다.

이 문제는 제한된 자원 속에서 최적의 조합을 찾아야 하는 동적 계획법의 대표적인 전략 사례이다.

- **작동 원리**: 배낭 문제는 모든 물건의 조합을 하나하나 다 계산해보는 것은 매우 비효율

문제 해결의 전략, 알고리즘

적이다. 그래서 이미 계산한 결과를 저장해두고, 그걸 다시 활용하면서 점점 더 큰 문제로 확장해가는 방식이 필요하다. 이것이 바로 동적 계획법(Dynamic Programming, DP)의 핵심이다.

- ☑ 먼저, '이 물건을 담을까 말까?'를 하나씩 결정하면서 경우의 수를 비교한다.
- ☑ 지금 물건을 담았을 때와 안 담았을 때의 가치 중 더 큰 쪽을 선택한다.
- ☑ 그리고 이 결과를 표(테이블)에 저장해두면, 나중에 같은 계산을 반복하지 않아도 된다.

이런 방식으로 하나하나 쌓아가다 보면, 가장 가치가 큰 조합을 효율적으로 찾을 수 있다. 즉, 모든 물건 조합을 일일이 확인해보는 게 아니라, 앞에서 계산해놓은 결과를 참고하여 '지금 선택이 더 좋을지'를 확인하는 방식이라고 이해하면 된다.

- **상태 정의**
  - dp[i][w]는 i번째까지 물건을 고려했을 때, 배낭의 남은 용량이 w일 때의 최대 가치
- **반복 규칙**
  - dp[i][w] = dp[i-1][w](i번째 물건을 안 담는 경우)
  - dp[i][w] = max(dp[i-1][w], dp[i-1][w — weight[i]] + value[i])(담는 경우)

- **Python 코드**: 함수 선언

```python
def knapsack(weights, values, capacity):
    n = len(weights)
    dp = [[0] * (capacity + 1) for _ in range(n + 1)]

    print("=== DP 테이블 채우는 과정 ===")
    for i in range(1, n + 1):
        for w in range(capacity + 1):
            if weights[i - 1] <= w:
                include = dp[i - 1][w - weights[i - 1]] + values[i - 1]
                exclude = dp[i - 1][w]
                dp[i][w] = max(exclude, include)
                print(f"물건 {i} (무게={weights[i-1]}, 가치={values[i-1]}) | 무게 제한 {w}")
                print(f"Wt포함:{include}, 제외:{exclude} → 선택:{dp[i][w]}")
            else:
                dp[i][w] = dp[i - 1][w]
                print(f"물건 {i} (무게={weights[i-1]}, 가치={values[i-1]}) | 무게 제한 {w}")
                print(f"Wt→ 포함 불가, 이전 값 유지:{dp[i][w]}")
    print("Wn최종 DP 테이블:")
```

```
19    for row in dp:
20        print(row)
21
22    return dp[n][capacity]
```

위의 코드는 두 가지 경우를 비교하면서 최적의 선택을 테이블에 기록해나간다.
weights는 각 짐의 무게, values는 각 짐의 가치, capacity는 배낭의 최대 무게를 의미
한다. 결과적으로 dp[n][capacity]에는 가능한 조합 중 최대 가치가 저장된다.

● 함수 실행 예시

```
1 weights = [2, 3, 4, 5]
2 values = [3, 4, 5, 8]
3 capacity = 10
4
5 result = knapsack(weights, values, capacity)
6 print("최대 가치:", result)
```

출력 결과는 다음과 같다.

=== DP 테이블 채우는 과정 ===
물건 1(무게=2, 가치=3) | 무게 제한 0
　　　→ 포함 불가, 이전 값 유지:0
물건 1(무게=2, 가치=3) | 무게 제한 1
　　　→ 포함 불가, 이전 값 유지:0
물건 1(무게=2, 가치=3) | 무게 제한 2
　　　포함:3, 제외:0 → 선택:3
물건 1(무게=2, 가치=3) | 무게 제한 3
　　　포함:3, 제외:0 → 선택:3
물건 1(무게=2, 가치=3) | 무게 제한 4
　　　포함:3, 제외:0 → 선택:3
물건 1(무게=2, 가치=3) | 무게 제한 5
　　　포함:3, 제외:0 → 선택:3

물건 1(무게=2, 가치=3) | 무게 제한 6
　　　포함:3, 제외:0 → 선택:3
물건 1(무게=2, 가치=3) | 무게 제한 7
　　　포함:3, 제외:0 → 선택:3
물건 1(무게=2, 가치=3) | 무게 제한 8
　　　포함:3, 제외:0 → 선택:3
물건 1(무게=2, 가치=3) | 무게 제한 9
　　　포함:3, 제외:0 → 선택:3
물건 1(무게=2, 가치=3) | 무게 제한 10
　　　포함:3, 제외:0 → 선택:3
물건 2(무게=3, 가치=4) | 무게 제한 0
　　　→ 포함 불가, 이전 값 유지:0
물건 2(무게=3, 가치=4) | 무게 제한 1

→ 포함 불가, 이전 값 유지:0

물건 2(무게=3, 가치=4) | 무게 제한 2

　　→ 포함 불가, 이전 값 유지:3

물건 2(무게=3, 가치=4) | 무게 제한 3

　　포함:4, 제외:3 → 선택:4

물건 2(무게=3, 가치=4) | 무게 제한 4

　　포함:4, 제외:3 → 선택:4

물건 2(무게=3, 가치=4) | 무게 제한 5

　　포함:7, 제외:3 → 선택:7

물건 2(무게=3, 가치=4) | 무게 제한 6

　　포함:7, 제외:3 → 선택:7

물건 2(무게=3, 가치=4) | 무게 제한 7

　　포함:7, 제외:3 → 선택:7

물건 2(무게=3, 가치=4) | 무게 제한 8

　　포함:7, 제외:3 → 선택:7

물건 2(무게=3, 가치=4) | 무게 제한 9

　　포함:7, 제외:3 → 선택:7

물건 2(무게=3, 가치=4) | 무게 제한 10

　　포함:7, 제외:3 → 선택:7

물건 3(무게=4, 가치=5) | 무게 제한 0

　　→ 포함 불가, 이전 값 유지:0

물건 3(무게=4, 가치=5) | 무게 제한 1

　　→ 포함 불가, 이전 값 유지:0

물건 3(무게=4, 가치=5) | 무게 제한 2

　　→ 포함 불가, 이전 값 유지:3

물건 3(무게=4, 가치=5) | 무게 제한 3

　　→ 포함 불가, 이전 값 유지:4

물건 3(무게=4, 가치=5) | 무게 제한 4

　　포함:5, 제외:4 → 선택:5

물건 3(무게=4, 가치=5) | 무게 제한 5

　　포함:5, 제외:7 → 선택:7

물건 3(무게=4, 가치=5) | 무게 제한 6

　　포함:8, 제외:7 → 선택:8

물건 3(무게=4, 가치=5) | 무게 제한 7

　　포함:9, 제외:7 → 선택:9

물건 3(무게=4, 가치=5) | 무게 제한 8

　　포함:9, 제외:7 → 선택:9

물건 3(무게=4, 가치=5) | 무게 제한 9

　　포함:12, 제외:7 → 선택:12

물건 3(무게=4, 가치=5) | 무게 제한 10

　　포함:12, 제외:7 → 선택:12

물건 4(무게=5, 가치=8) | 무게 제한 0

　　→ 포함 불가, 이전 값 유지:0

물건 4(무게=5, 가치=8) | 무게 제한 1

　　→ 포함 불가, 이전 값 유지:0

물건 4(무게=5, 가치=8) | 무게 제한 2

　　→ 포함 불가, 이전 값 유지:3

물건 4(무게=5, 가치=8) | 무게 제한 3

　　→ 포함 불가, 이전 값 유지:4

물건 4(무게=5, 가치=8) | 무게 제한 4

　　→ 포함 불가, 이전 값 유지:5

물건 4(무게=5, 가치=8) | 무게 제한 5

　　포함:8, 제외:7 → 선택:8

물건 4(무게=5, 가치=8) | 무게 제한 6

　　포함:8, 제외:8 → 선택:8

물건 4(무게=5, 가치=8) | 무게 제한 7

　　포함:11, 제외:9 → 선택:11

물건 4(무게=5, 가치=8) | 무게 제한 8

포함:12, 제외:9 → 선택:12

물건 4(무게=5, 가치=8) | 무게 제한 9

포함:13, 제외:12 → 선택:13

물건 4(무게=5, 가치=8) | 무게 제한 10

포함:15, 제외:12 → 선택:15

최종 DP 테이블:

[0, 0, 0, 0, 0, 0, 0, 0, 0, 0, 0]

[0, 0, 3, 3, 3, 3, 3, 3, 3, 3, 3]

[0, 0, 3, 4, 4, 7, 7, 7, 7, 7, 7]

[0, 0, 3, 4, 5, 7, 8, 9, 9, 12, 12]

[0, 0, 3, 4, 5, 8, 8, 11, 12, 13, 15]

최대 가치: 15

코드는 모든 가능한 무게 제한(0부터 10까지)에 대해, 각 물건을 담을지 말지를 선택하며 가치 최댓값을 테이블에 채워간다. 각 셀은 "이 무게 제한에서 이 물건까지 고려했을 때 얻을 수 있는 최댓값"을 의미한다.

- ☑ 만약 물건의 무게가 현재 제한보다 작거나 같으면,
  - "담는다" vs "안 담는다"의 경우를 비교해서 더 큰 값을 선택
- ☑ 담을 수 없으면,
  - 이전 단계의 값을 그대로 유지

이 과정에서 모든 선택지는 앞에서 언급한 반복 규칙의 논리에 따라 계산된다. 즉, "담았을 때의 이익"과 "안 담았을 때의 유지" 중에서 더 나은 쪽을 고르는 전략이다. 실행 결과는 동적 계획법의 계산 규칙에 따라 모든 경우의 수를 효율적으로 탐색한 최적해이며, 중간 계산 과정을 통해 최적의 선택이 어떻게 누적되었는지를 명확하게 확인할 수 있다. 위의 실행 예시를 표로 정리하면 다음과 같다.

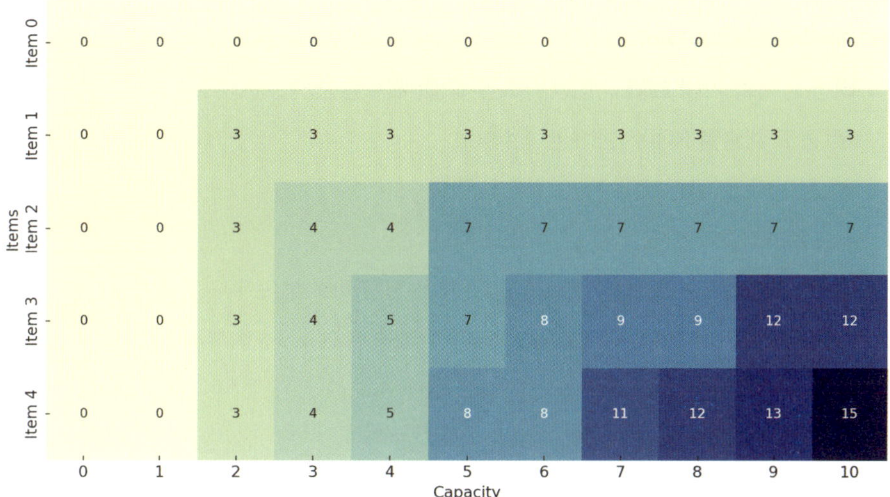

- **활용 분야**: 동적 계획법을 활용한 0/1 배낭 문제는 단순히 '짐을 고르는 문제'를 넘어, 제한된 자원에서 최적의 선택을 도출해야 하는 모든 문제에 응용된다. 특히 '부분 집합 선택', '이익의 최대화', '용량 제약'이 동시에 존재하는 상황에서 가장 강력한 전략으로 활용된다.

1. **교육 콘텐츠 최적 배치**: 온라인 강의 플랫폼에서는 학생들이 선택할 수 있는 콘텐츠 수에 제한이 있다. 그 안에서 학습 효과를 극대화할 콘텐츠 조합을 고르는 데 배낭 알고리즘이 쓰인다.
   - ☑ 학습 시간 대비 학습 효과를 최대로 구성
   - ☑ 특정 시간 안에 들을 수 있는 콘텐츠 선택
   - ☑ 시험 대비용 콘텐츠 조합 최적화

   학생의 학습 경험을 개인화하고 효율화하는 핵심 전략으로 작용한다.

2. **의료 자원 분배**: 병원에서는 제한된 수의 의료 장비나 의약품을 최적으로 배치해야 하는 상황이 많다. 이때 효과성과 제한 수량을 고려한 조합을 계산한다.
   - ☑ 긴급 수술실 자원 최적 분배
   - ☑ 백신 보유 수량 대비 접종 우선순위 조정
   - ☑ 환자별 맞춤 의료기기 조합 최적화

의료 현장의 효율과 생존률을 동시에 높이는 데 기여한다.

3 **마케팅 예산 활용**: 광고나 프로모션 전략을 짤 때, 한정된 예산으로 최대 효과를 내려면 항목별 기대 효과와 비용을 모두 고려해야 한다.

- ✅ 광고 채널별 ROI 기반 예산 분배
- ✅ 할인/쿠폰 이벤트의 구성 전략 최적화
- ✅ 브랜드 캠페인 조합 결정

적은 비용으로 큰 효과를 내는 정밀 마케팅 전략의 핵심 도구다.

4 **여행 일정 구성**: 여행 시간과 이동 거리의 제한 속에서 가장 흥미롭고 가치 있는 장소만을 선택하는 것이 필요하다.

- ✅ 하루 일정 내 최대 관광지 만족도 구성
- ✅ 교통 소요 시간과 체력 제약을 고려한 일정
- ✅ 가족 여행을 위한 최적 코스 선택

제한된 시간에서 최고의 추억을 만들기 위한 전략적 선택에 유용하다.

5 **학생 시간표 최적화**: 수강 신청 시 각 과목의 중요도, 만족도, 시간 중복 여부 등을 고려한 최적 조합이 필요하다.

- ✅ 수업 만족도 기반 선택
- ✅ 졸업 필수 과목 포함 우선 배정
- ✅ 피로도 대비 집중 과목 조절

학생의 목표와 환경에 맞는 시간표를 구성하는 데 도움이 된다.

6 **스타트업 MVP 구성**: 제한된 인력과 자금으로 핵심 기능만 구현한 제품(MVP)을 구성할 때 어떤 기능을 먼저 포함할지 결정하는 데 사용된다.

- ✅ 사용자 선호 기반 핵심 기능 우선 배치
- ✅ 개발 시간과 기술 난이도 고려
- ✅ 시장 반응에 따라 기능 축소/확장 판단

불확실한 시장에서 최적의 출발점을 만드는 전략적 도구다.

7 **스마트 가전의 전력 배분**: 스마트홈 환경에서는 모든 기기를 동시에 작동시키기 어렵기 때문에 제한된 전력을 가장 효과적으로 활용해야 한다.

- ✅ 전력량 대비 편익이 높은 기기 우선 작동
- ✅ 냉난방/조명/가전 우선순위 재배치

    ☑ 야간/주간 시간대에 따른 스케줄링

에너지 효율을 높이면서도 편의성을 유지하는 데 기여한다.

8 **공장 생산 라인 운영**: 생산 가능한 시간과 자원이 제한된 상황에서, 가장 수익성이 높은 제품 조합을 결정하는 데 배낭 알고리즘이 적용된다.

    ☑ 원재료 대비 제품 이윤 최대화

    ☑ 재고 수량에 따른 생산 라인 배정

    ☑ 생산 목표와 납기 일정 균형 조정

비용 절감과 생산성 향상을 동시에 달성할 수 있다.

9 **디지털 저장소 관리**: 클라우드 환경이나 로컬 디스크에서 제한된 용량 내에서 가장 중요하거나 자주 쓰이는 데이터를 남겨야 할 때도 적용된다.

    ☑ 최근 사용 빈도 기반 파일 잔존 결정

    ☑ 중요도 점수 기반 백업 우선순위 설정

    ☑ 캐시 데이터 교체 정책 구성

저장 효율성을 높이는 동시에 사용자 만족도를 유지한다.

10 **이벤트 좌석 배치 최적화**: 콘서트나 전시회 등에서 좌석 배치는 수익과 관람 만족도에 큰 영향을 미친다. VIP석, 일반석 등의 등급과 수요를 반영한 최적 배치에 배낭 문제가 활용된다.

    ☑ 수익 대비 좌석 등급 조합 결정

    ☑ 시야 확보와 동선 고려한 배치 설계

    ☑ 인원 제한 내 최대 수익 구성

현장의 만족도와 수익을 동시에 높이는 전략 수단이다.

이처럼 0/1 배낭 문제는 '모두 가져갈 수 없다'는 제약 속에서, 최선의 선택을 만드는 사고 훈련이다. 컴퓨터 코드로 구현되는 이 알고리즘은 현실에서 선택을 설계하고, 효율을 최적화하는 결정 도구로 널리 활용되고 있다. 이 알고리즘을 통해 단순 계산을 넘어 전략적 사고와 자원 최적화의 본질을 배워갈 수 있을 것이다.

- **알고리즘의 효율성과 한계**: 0/1 배낭 문제는 제한된 자원(무게) 안에서 가치의 최대화를 추구하는 최적화 문제로, 동적 계획법(DP)을 가장 잘 활용할 수 있는 대표 사례 중

하나다. 각 아이템을 '담는다' 또는 '담지 않는다'라는 이진 선택을 기반으로, 현재 상태에서의 최적 선택을 테이블에 누적하여 전체 최적값을 도출해낸다. 0/1 배낭 문제의 동적 계획법 기반 구현 특성은 다음과 같다.

분석 항목	복잡도	설명
시간 복잡도	$O(nW)$	n: 물건 수, W: 배낭 최대 무게
공간 복잡도	$O(nW)$ 또는 $O(W)$	2차원 또는 1차원 DP 테이블 사용 가능
적용 대상		조합 최적화 문제, 자원 분배 전략 등

0/1 배낭 문제의 장단점은 다음과 같이 정리할 수 있다.

- **장점**
  - ✔ 복잡한 조합 문제를 테이블 기반으로 구조화함으로써 최적값을 명확하게 도출
  - ✔ 단순한 반복과 조건 판단으로 구현이 가능하며, 메모이제이션과도 자연스럽게 결합
  - ✔ 자원과 효용의 균형을 설계하는 훈련으로 연결되어 실제 의사결정 역량 강화
  - ✔ DP 테이블을 시각화함으로써 의사결정 과정을 추적 가능하고, 교육 효과가 뛰어남
  - ✔ 탐욕 알고리즘으로 해결되지 않는 문제에 대해 명확한 해답을 제시함
- **단점**
  - ✔ 물건 수(n)와 배낭 용량(W)이 커질수록 계산량이 급증함
  - ✔ 실수형 무게나 가치에 대한 처리가 어렵고, 정수 기반 문제에만 효과적
  - ✔ 배낭 내 물건의 일부분을 선택하는 fractional 문제에는 적용 불가능
  - ✔ 문제 조건이 복잡해지면(예: 다차원 배낭, 조건 제한 추가 등) 테이블 설계가 어려워짐
  - ✔ 구현이 쉽다고 느껴질 수 있지만, 테이블 해석과 복원 과정은 초보자에게 어려움이 될 수 있음

배낭 문제는 단순한 물건 선택이 아닌, 의사결정 시나리오의 정량화된 구현이라고 볼 수 있다. '제한된 자원 속에서 무엇을 선택해야 하는가?'라는 고전적 문제의 컴퓨팅적 해석을 통해, 가치, 우선순위, 조합 가능성을 수치적으로 판단하고 논리적으로 설계하는 능력을 키우게 된다. 동적 계획법은 이 과정에서 탐색이 아닌

저장과 비교의 전략으로 문제를 푸는 새로운 사고방식을 제시한다. 따라서 배낭 문제는 단순한 수학적 접근을 넘어서, 효율성과 전략적 판단을 기르는 두뇌 훈련의 장이 되는 것이다.

그 외의 다양한 컴퓨터 활용 동적 계획법 문제 예시 동적 계획법(Dynamic Programming)은 피보나치 수열이나 배낭 문제, 최단 경로 문제 해결에만 국한되지 않는다. 작은 문제의 해답을 재활용하고, 중복 계산을 피하며, 복잡한 문제를 단계적으로 해결하는 이 전략은 다양한 현실 문제 속에서 구조적인 해결책을 제공하는 데 탁월하다. 아래는 동적 계획법이 적용되는 다양한 컴퓨팅 문제들을 정리한 것이다.

- **부분 문자열 유사도 분석 문제**: 문자열 A와 B가 얼마나 유사한지를 측정할 때, 가장 긴 공통 부분 문자열(LCS)을 구하는 것이 핵심이 된다.
  - ☑ 문제 예시: "학생이 작성한 답안과 모범 답안 사이의 공통 단어 수는 몇 개인가?"
  - ☑ DP 적용 방식: 두 문자열의 길이를 기준으로 2차원 테이블을 구성하여, 일치 여부에 따라 점진적으로 최장 길이를 확장
  - ☑ 활용: 텍스트 자동 채점, 문서 표절 검출, 챗봇 유사 질문 응답 등
- **최적 화폐 교환 조합 문제**: 제한된 금액에 대해 최소 개수의 동전으로 정확한 금액을 만드는 방법을 찾는 문제다.
  - ☑ 문제 예시: "760원을 만들기 위해 10원, 50원, 100원, 500원 중 어떤 동전을 몇 개 써야 할까?"
  - ☑ DP 적용 방식: 0~760까지의 모든 금액을 배열로 구성하고, 각 금액에서 가능한 최소 동전 수를 저장
  - ☑ 활용: 금융 시스템, 자동화 기기 거스름돈 설계, 편의점 POS 시스템 등
- **문자열 맞춤 정렬 문제**: 다른 길이의 문자열을 맞추기 위해 삽입, 삭제, 대체 등의 최소 연산으로 변환해야 하는 문제다.
  - ☑ 문제 예시: "'kitten'을 'sitting'으로 바꾸기 위한 최소 연산 횟수는?"
  - ☑ DP 적용 방식: 편집 거리(Edit Distance) 알고리즘을 활용하여 2차원 테이블에 각 변환 비용을 기록
  - ☑ 활용: 문법 교정 도구, 음성 인식 후 교정, OCR 글자 보정 시스템 등

- **최장 증가 부분 수열 문제**: 정렬되지 않은 수열에서 숫자들이 증가하는 가장 긴 부분 수열의 길이를 찾는 문제이다.
  - ☑ 문제 예시: "수열 [10, 22, 9, 33, 21, 50, 41, 60]에서 증가하는 가장 긴 부분 수열은?"
  - ☑ DP 적용 방식: 각 숫자를 기준으로 앞의 숫자와 비교하여 증가 여부 판단 → 가장 긴 증가 수열 길이를 누적 저장
  - ☑ 활용: 주식 시장 분석, 알고리즘 문제 평가, 성능 평가 데이터 분석 등
- **매트릭스 곱셈 연산 최적화 문제**: 여러 개의 행렬을 곱할 때, 곱셈 연산 횟수를 최소화하는 곱셈 순서를 찾는 문제이다.
  - ☑ 문제 예시: "행렬 A(10x30), B(30x5), C(5x60)를 곱할 때 최소 연산 횟수의 곱셈 순서는?"
  - ☑ DP 적용 방식: 가능한 행렬 곱셈 순서 조합을 DP 테이블에 저장하여 최소 연산 횟수 계산
  - ☑ 활용: 대규모 데이터 분석, 그래픽 처리 시스템, 기계학습 계산 최적화 등
- **데이터 전송 오류 복구 문제**: 데이터 전송 과정에서 발생한 오류를 최소 비용으로 수정하여 원본 데이터로 복구하는 문제이다.
  - ☑ 문제 예시: "전송된 데이터가 일부 손상되었을 때, 최소 변경 횟수로 원본 복원 방법은?"
  - ☑ DP 적용 방식: 이전 상태에서 현재 상태까지의 수정 비용을 DP 테이블로 구성 → 최적 복구 경로 계산
  - ☑ 활용: 네트워크 통신 오류 복구, 데이터 복원 시스템, 무선 통신 장치 등
- **파일 병합 비용 최소화 문제**: 여러 개의 작은 파일을 하나의 큰 파일로 병합할 때, 병합에 드는 비용을 최소화하는 최적 순서를 찾는 문제이다.
  - ☑ 문제 예시: "파일 4개를 병합할 때 비용이 가장 적게 드는 순서는?"
  - ☑ DP 적용 방식: 파일 병합 비용을 누적하는 DP 테이블 구성 → 최소 병합 비용 결정
  - ☑ 활용: 데이터 압축 관리, 빅데이터 파일 처리, 클라우드 스토리지 관리 등
- **자동 번역 품질 최적화 문제**: 여러 가지 번역 후보 문장 중 문법적 오류와 의미 오차를 최소화하여 최상의 번역을 선택하는 문제이다.
  - ☑ 문제 예시: "다양한 번역 문장 중에서 가장 적절한 문장은 무엇인가?"
  - ☑ DP 적용 방식: 번역 후보 문장들의 평가 점수를 누적 계산 → 가장 적합한 문장 선택

문제 해결의 전략, 알고리즘

☑ 활용: 자동 번역 시스템, 글로벌 커뮤니케이션 툴, AI 기반 번역 도구 등

- **다중 작업 스케줄링 효율화 문제**: 여러 작업이 자원을 공유하며 실행될 때, 가장 효율적인 순서로 작업을 완료하는 문제이다.

  ☑ 문제 예시: "5개의 작업을 3개의 자원으로 수행할 때 가장 빨리 끝내는 방법은?"

  ☑ DP 적용 방식: 자원 사용량과 작업 완료 시간을 DP로 기록 → 작업 스케줄 최적화

  ☑ 활용: 병렬 처리 시스템, 운영체제 작업 관리, 클라우드 컴퓨팅 환경 등

- **이미지 경로 압축 및 탐색 문제**: 이미지에서 픽셀 단위의 최적 경로를 선택하여 특정 부분을 탐색하거나 압축할 때 사용되는 문제이다.

  ☑ 문제 예시: "이미지 내에서 경로를 최소 비용으로 추적하여 객체를 인식하는 방법은?"

  ☑ DP 적용 방식: 픽셀 단위 탐색 비용을 DP 테이블에 저장 → 최소 비용 경로 탐색

  ☑ 활용: 이미지 압축 알고리즘, 얼굴 인식 시스템, 의료 영상 분석 등

- **네트워크 트래픽 최소화 문제**: 서버 간 데이터 전송 시 트래픽을 최소화하는 최적의 라우팅 경로를 설정하는 문제이다.

  ☑ 문제 예시: "네트워크 내 트래픽이 가장 적은 데이터 전송 경로는?"

  ☑ DP 적용 방식: 각 서버 간 트래픽 비용 누적 계산 → 최적 데이터 경로 설정

  ☑ 활용: 데이터 센터 관리, CDN 서비스 최적화, 네트워크 관리 시스템 등

- **자동 맞춤법 교정 문제**: 텍스트 입력 시 오타나 오류가 있을 때, 최소 편집으로 정확한 문장을 생성하는 문제이다.

  ☑ 문제 예시: "'안뇽하세요'를 최소 편집으로 '안녕하세요'로 바꾸는 방법은?"

  ☑ DP 적용 방식: 단어 간 최소 편집 거리를 DP로 계산하여 교정 단어 선택

  ☑ 활용: 텍스트 편집기, 메시징 앱 자동 교정 기능, 이메일 작성 보조 등

이처럼 동적 계획법은 단순히 이론적이고 수학적인 알고리즘이 아니라, 실제 복잡한 현실 문제를 명쾌하게 해결하는 강력한 문제 해결 도구다. 문제를 작게 나누고, 기억하며, 최적의 값을 누적해 나가는 이 과정은 결국 문제 해결을 위한 구조화된 사고 전략 그 자체이다.

동적 계획법은 현실에서 겪게 될 수많은 복잡하고 제약이 많은 문제 상황 속에서도, 가장 효율적이고 논리적인 길을 찾아내는 컴퓨팅 사고력의 핵심을 훈련할 수 있는 최고의 전략이라 할 수 있다.

지금까지 동적 계획법(Dynamic Programming)의 핵심은 작은 문제의 답을 기억하고 누적하여 큰 문제를 해결하는 것이었다. 하지만 이 설명만으로는 여전히 추상적으로 느껴질 수 있다. 동적 계획법은 결국 미래를 위해 과거를 기억하는 전략이다. 모든 선택을 기억하고 활용하는 이 방식은 우리 일상 속에서도 자주 등장하는 문제 해결의 본질과 연결된다.

동적 계획법은 작은 선택을 하나씩 누적하고 비교해 나가면서 점차 더 큰 문제의 답을 완성해가는 과정이다. 우리가 일상생활에서 겪는 많은 문제도 이와 같다. 전체를 한 번에 해결하려고 하면 어렵지만, 이전까지의 선택과 결과를 기억하면서 점차 최적의 선택을 찾아갈 수 있다. 이제 여러분은 동적 계획법이 일상의 구체적인 문제 상황에서 어떻게 작동하는지 직접 느껴볼 것이다. 이번 생각하기를 통해 문제를 나누고, 기억하고, 누적하여 최적의 결정을 내리는 경험을 하게 된다. 이 과정은 논리적이면서도 흥미로운 사고력의 훈련이 될 것이다.

생각하기 1: 효율적인 시험공부 계획 세우기! 기말고사가 다가왔다. 과목은 많고, 시험까지 남은 시간은 한정돼 있다. 하지만 과목마다 공부를 해야 하는 시간과 그에 따른 예상 성적 향상이 다르다. 예를 들어 수학은 3시간 공부하면 성적이 10점 오르고, 영어는 2시간에 8점이 오른다. 국어는 1시간에 3점씩 꾸준히 오르지만, 오르는 폭이 점점 줄어든다. 게다가 전체 공부 시간은 총 10시간으로 제한되어 있다. 이때 가장 중요한 문제는 어떤 과목을 얼마나 공부해야 최대한의 성적 향상을 얻을 수 있는가 하는 것이다. 전체 문제를 한 번에 해결하기에는 복잡하지만, 이런 문제야말로 동적 계획법의 전략이 빛을 발한다. 이전까지의 결과를 기억하고, 다음 선택에 활용하여 최적의 공부 계획을 수립하는 것이다.

이제 Python으로 간단한 동적 계획법을 활용하여, 제한된 10시간의 공부 시간 내에서 최대 성적 향상을 이끌어낼 수 있는 효율적인 공부 계획을 구성해보자. 과목별 공부 시간과 성적 향상 데이터를 리스트로 정리한 후, 각 시간별 최대 점수를 테이블에 저장하며 점진적으로 최적값을 찾아가는 방식이다. 각 시간 단위마다 이전까지의 결과를 활용해 최적의 조합을 선택함으로써, 최종적으로 가장 높은 점수를 얻는 방법을 찾아낼 수 있다.

이 문제를 해결하기 위해서는 다음과 같은 질문들에 대해 고민할 필요가 있다.

- ✔ 제한된 시간(10시간) 안에서 과목별 공부 시간과 성적 향상 데이터를 어떻게 활용할 수 있을까?
- ✔ 이미 선택한 과목의 공부 시간이 다른 과목 선택에 어떤 영향을 줄까?
- ✔ 각 과목별 성적 향상이 감소하거나 증가하는 패턴을 어떻게 반영할 수 있을까?
- ✔ Python에서 반복문과 배열을 어떻게 구성해야, 각 시간별 최적의 성적을 저장하고 누적할 수 있을까?

```python
1 # DP 테이블 초기화
2 dp = [0] * (총_공부_시간 + 1)
3
4 # 각 과목의 공부 시간과 점수 향상치를 기반으로 DP 테이블 갱신
5 for 공부시간, 점수 in 과목들:
6     for t in range(총_공부_시간, 공부시간 - 1, -1):
7         dp[t] = max(dp[t], dp[t - 공부시간] + 점수)
```

제시된 코드는 동적 계획법에서 흔히 쓰이는 "무언가를 포함할 때와 포함하지 않을 때의 선택 비교" 구조이다.

- ✔ for t in range(...): 현재 시간 기준으로 역순 순회
- ✔ dp[t] = max(...): 점수 누적을 최댓값으로 갱신

이 핵심 패턴을 이해하면, 다양한 DP 문제에서도 비슷한 방식으로 문제를 풀 수 있다는 감각을 익힐 수 있을 것이다. 물론 제시된 코드는 핵심 코드의 일부이며

전체 문제 해결을 못한다. 이 코드는 제한된 시간이라는 자원 안에서 최적의 선택을 해야 하는 문제를 어떻게 구조화할 수 있는지 만을 보여준다. 각 과목을 공부할지 말지를 결정할 때, 단순히 점수가 높은 과목만을 고르는 것이 아니라, 현재 남은 시간 내에서 점수의 누적 효과를 가장 크게 만드는 선택을 반복적으로 비교한다. 이 과정을 통해 "어떤 조합이 전체적으로 가장 높은 점수를 만들 수 있는가"라는 문제로 확장되며, 이는 곧 모든 과목을 평가하고 전략적으로 선택하는 전체 학습 계획의 설계 문제로 연결된다. 한 줄 한 줄의 코드가 단순한 반복이 아니라, 복잡한 조합의 가능성을 효율적으로 탐색하는 논리의 축소판인 것이다. subject(과목들) 변수를 구체적으로 정의하고, 총 공부 시간 값을 적용하여 문제를 해결할 수 있도록 도전해보자.

이 활동은 단순히 시험 점수를 올리는 것을 넘어서, 한정된 자원을 최적의 결과로 바꾸는 전략적 사고를 길러준다. 즉, 동적 계획법이 가진 누적적 선택, 기억과 활용, 최적화의 과정이 실제 생활에서 얼마나 유용하게 작동할 수 있는지를 경험하게 해준다. 우리는 언제나 완벽한 계획을 세울 수는 없지만, 지금까지의 경험과 기억을 바탕으로 다음 선택을 더 현명하게 할 수 있다. 이 과정이 바로 동적 계획법을 통한 문제 해결의 시작이다.

생각하기 2: 급식 선택, 오늘 점심은 뭐 먹지? 학교 식당은 매일 다양한 급식 메뉴를 제공한다. 하지만 모든 메뉴가 매일 나오는 것은 아니다. 일주일 동안 제공되는 총 7가지 급식 중에서, 하루에 한 가지씩만 선택할 수 있다. 문제는, 어떤 날에 어떤 메뉴를 선택하느냐에 따라 전체 만족도가 달라진다는 점이다. 어떤 메뉴는 인기도 높고 만족도도 높지만, 전날에 먹은 메뉴와 겹치면 만족도가 떨어진다. 또 어떤 메뉴는 연속해서 먹으면 질린다는 이유로 점수가 낮게 평가된다.

- ☑ "어제 먹은 걸 생각하면 오늘은 다른 걸 먹는 게 좋겠지?"
- ☑ "이번 주엔 가장 맛있는 날이 언제일까?"

이런 고민은 곧 최적의 선택을 고민하는 문제로 이어진다. 하루하루 가장 만족스러운 급식을 고르는 게 아니라, 7일간의 전체 급식 스케줄을 설계하는 문제.

이때 필요한 것이 바로 동적 계획법이다. 오늘의 선택이 내일의 결과에 영향을 주기 때문에, 각 날마다 누적 만족도를 고려한 선택이 필요하다.

이 문제를 동적 계획법으로 접근하면, 아래와 같은 구조를 만들 수 있다.

- ☑ dp[i][j]: i번째 날에 j번 메뉴를 선택했을 때, 그날까지의 누적 만족도 최댓값
- ☑ 이전 날의 선택을 고려하여 현재 메뉴의 점수를 조정
- ☑ 매번 가능한 메뉴 중에서 최적의 선택을 계산하여 누적

이제 Python으로 간단한 구조를 먼저 살펴보자.

```python
1 for day in range(1, 7):
2     for today_menu in range(3):  # 0: A, 1: B, 2: C
3         for prev_menu in range(3):
4             if today_menu != prev_menu:
5                 dp[day][today_menu] = max(
6                     dp[day][today_menu],
7                     dp[day - 1][prev_menu] + score[day][today_menu]
8                 )
```

이 코드는 '같은 메뉴를 연속해서 선택하지 않기'라는 조건을 만족시키며, 각 날마다 가능한 선택지 중 최대 만족도를 갱신하는 핵심 로직이다. 이 코드를 기반으로 다음과 같은 질문을 던지며 전체 문제로 확장해보자.

- ☑ 오늘의 선택이 내일에 어떤 영향을 줄 수 있을까?
- ☑ 특정 메뉴가 연속되면 만족도가 떨어질 경우, 어떻게 이를 코드에 반영할 수 있을까?
- ☑ 전체 주간 급식 스케줄 중 최대 만족도를 어떻게 계산해야 할까?

이 생각하기를 통해 우리는 하루하루의 선택을 전체 흐름 안에서 조율하는 전략을 배우게 된다. 동적 계획법은 단순한 반복이 아니라, 과거의 선택을 기억하고 그 위에 새로운 선택을 쌓아가는 사고의 흐름이다. 이번 급식 선택 문제를 통해, 선택의 누적과 조절이 어떤 방식으로 전체 최적화를 만들어내는지를 직접 느껴보자.

결국 '오늘 뭐 먹지?'라는 질문도, 알고 보면 문제 해결 사고의 훈련이 될 수 있다. 동적 계획법은 그 질문에 가장 똑똑한 해답을 주는 방식일 것이다.

 여름방학 동안 찍은 수백 장의 사진이 폴더에 가득하다. 여행 사진, 일상 사진, 학교 행사 사진, 친구들과의 셀카까지 종류도 다양하다. 이제 문제는 이 사진들을 한 장 한 장 넘길 수 있는 디지털 앨범으로 만들려는 것이다. 그런데 단순히 시간순으로 배열하기엔 너무 지루하고, 너무 비슷한 사진이 연속되면 감동이 줄어든다.

- ☑ "이 장면 다음에는 뭔가 분위기를 바꾸고 싶은데…"
- ☑ "여기서 감정이 절정에 도달했으면 좋겠어!"

분할 정복 알고리즘에서 사진 정리에 대하여 생각해보았지만, 이 앨범은 단순한 기록이 아니라, 보는 사람에게 감정을 전하는 하나의 이야기에 해당한다. 즉, 감정의 흐름이 너무 올라갔다가 떨어지지 않도록 조율하고, 비슷한 분위기의 사진이 반복되지 않게 구성해야 한다. 사진마다 '감정 점수'와 '분위기 유사도'가 주어진다고 하자. 그렇다면, 앨범 전체의 감정 흐름을 최적화하는 방법은 무엇일까?

이 문제를 해결하기 위해선 다음과 같은 동적 계획법의 사고가 필요하다.

- ☑ 사진 i까지 앨범에 포함했을 때 누적 감정 점수의 최댓값을 저장하는 dp[i] 테이블을 구성
- ☑ 각 사진을 넣을지 말지 결정할 때, 이전 사진과의 분위기 유사도에 따른 감점 요소를 고려
- ☑ 단순히 높은 점수의 사진을 넣는 게 아니라, 전체 앨범의 구성과 흐름을 고려한 전략적 선택이 중요

다음은 핵심 구조만 구현한 간단한 Python 코드 예시이다.

 문제 해결의 전략, 알고리즘

```
1 for i in range(1, n):
2     for j in range(i):
3         if not similar(photo[i], photo[j]):  # 유사한 분위기 피하기
4             dp[i] = max(dp[i], dp[j] + emotion[i])
```

이 코드의 핵심은 앞의 사진들과 비교하며 흐름이 겹치지 않도록 감정 점수를 누적한다는 점이다. 이 문제 해결을 완성하려면, emotion[] 값과 similar() 조건 정의가 우선 되어야 한다. 충분한 생각하기를 통하여 이 문제가 완성할 수 있을 것이다.

이 문제를 통해 우리가 얻는 통찰은 다음과 같다.

- ✅ 좋은 선택 하나가 전체 결과를 보장하지 않는다. 오히려 연속적인 선택의 조화가 중요하다.
- ✅ 지금 넣을지 말지를 매 순간 비교하고 판단하는 과정은 곧 누적 최적화의 사고방식이며, 이것이 동적 계획법의 본질이다.
- ✅ 감정의 흐름을 고려한 앨범 구성처럼, 현실의 많은 선택 문제들도 과거 선택을 기억하고 다음을 설계하는 과정이라는 걸 배울 수 있다.

지금 이 순간 정리할 수 있는 가장 감동적인 앨범은 무엇일까? 그것은 바로 어떻게 사진을 배열하고, 감정을 엮어가는가에 달려 있다. 기억을 최적화하고, 이야기를 설계하는 능력―그것이 동적 계획법이 삶에 주는 또 하나의 의미다.

생각하기 4: 출퇴근 경로, 매일 다른 선택의 누적 도시에서 출퇴근하는 사람이라면 누구나 느낀다. 교통은 늘 예측할 수 없고, 매일 조금씩 다르다. 지하철이 빠를까? 버스를 탈까? 오늘은 비가 오니 환승이 적은 경로가 낫지 않을까?

김 대리는 매일 아침 회사까지 가는 다양한 경로를 고민한다. 지하철은 빠르지만 붐비고, 버스는 느리지만 편하다. 어떤 날은 1호선이 고장 나기도 하고, 어떤 날은 환승이 너무 많아 지쳐버리기도 한다. 문제는 단순히 오늘 가장 빠른 길이 아니라, 일주일 전체를 고려했을 때 가장 효율적인 출퇴근 계획을 세우는 것이다.

월요일: 교통량 많음

화요일: 날씨 흐림

수요일: 2호선 공사

목요일: 우산 잃어버림

금요일: 회식 있음

이 상황에서 김 대리는 고민한다. "오늘만 생각하면 버스지만, 내일 환승 구간이 줄어드는 전철을 타는 게 좋지 않을까?" 단순히 하루의 판단이 아니라, 이전 선택이 다음 경로에 영향을 주는 누적적인 사고가 필요해진다.

이 문제는 경로의 선택이 누적되어 전체 효율을 좌우하는 전형적인 동적 계획법 문제로 바뀔 수 있다.

- ☑ 각 요일별 교통수단(버스, 지하철, 환승 포함)에 따른 점수를 부여
- ☑ 이전 요일의 선택 결과를 기억하여, 그 주 전체의 최소 스트레스 점수를 만드는 방식
- ☑ dp[요일][수단] 형태로 구성하여, 각 선택지의 이전 결과와 현재 선택의 조합을 비교

다음은 핵심 동작 구조만 간단히 구현한 예시 코드이다.

```
1 for day in range(1, 5):
2     for cur in ['bus', 'subway']:
3         for prev in ['bus', 'subway']:
4             dp[day][cur] = min(dp[day][cur], dp[day - 1][prev] + cost[day][cur])
```

이 코드는 바로 동적 계획법의 핵심, 이전 상태를 바탕으로 현재 최적을 선택하는 반복적 비교를 구현하고 있다. 즉, 일주일 동안의 출퇴근 경로를 최적화하기 위한 동적 계획법의 핵심 구조만을 보여주고 있다. 여기서 전체 코드를 완성하기 위해서는 다음과 같은 사고가 필요하다.

- ☑ 먼저 각 요일과 교통수단(버스, 지하철 등)에 대한 cost 값을 어떻게 설정할지를 고민해야 한다. 날씨, 교통 상황, 환승 횟수 등 다양한 요소를 수치로 표현하여 테이블로 구성해야 한다.

☑ 다음으로는 dp 배열의 초기값 설정이 중요하다. 첫 날에는 이전 선택이 없기 때문에, 모든 교통수단에 대해 고정된 시작 비용을 지정하거나, 동일한 초기값으로 설정해야 한다.

☑ 그리고 매 요일마다 가능한 교통수단 조합을 비교하면서, 이전 요일에서 어떤 수단을 선택했을 때 현재 수단으로의 전환 비용이 가장 작은지를 판단하는 반복 로직을 완성해야 한다.

☑ 마지막으로는 일주일이 끝났을 때의 dp 배열에서 최소 비용을 선택하여, 최적의 전체 출퇴근 경로와 그 누적 점수를 도출해야 한다.

이러한 구조를 이해하고, 자신의 문제 상황에 맞게 구현해보는 과정은 단순한 코드 작성이 아니라, 시간에 따른 변화와 선택의 누적 결과를 체계적으로 설계하는 사고 훈련으로 이어질 것이다.

이 활동은 단순한 출퇴근 경로 문제를 넘어서, 다음과 같은 사고 훈련을 돕는다.

☑ 즉흥적 선택이 아닌, 누적 최적화의 관점으로 사고하는 능력

☑ 비용, 시간, 감정 등의 요소가 반복적 선택에 어떤 영향을 주는지 판단하는 능력

☑ 지속적인 변화 속에서도 가장 안정적이고 효율적인 결과를 설계하는 전략적 사고

우리의 일상도 동적 계획의 연속이다. 매일의 선택이 누적되어 주간 리듬을 만들고, 더 나아가 삶의 패턴을 결정한다. 오늘이 내일을 바꾸고, 어제의 판단이 오늘의 효율을 만든다. 단지 빠른 길이 아니라, 지속가능한 여정이 되는 경로를 선택할 수 있는 사람이 되자.

생각하기 5: 도시 간 이동 계획표 최적화하기 다음 달, 친구들과 함께 유럽 도시 여행을 떠나려고 한다. 프랑크푸르트에서 출발하여 파리, 암스테르담, 로마, 프라하 등 여러 도시를 순서 없이 방문할 수 있는데, 문제는 교통비가 도시간에 따라 전혀 다르다는 것이다. 직항도 있지만, 어떤 도시를 경유하면 비용이 훨씬 저렴해지기도 한다. 여행 일정표를 짜기 위해 교통비 리스트를 만들었지만, 도시간 직접 연결 여부도 복잡하고 경유지를 거쳐야 하는 경우도 많아 단순한 판단으로는 어떤

도시에서 어떤 도시로 이동할지 쉽게 결정할 수 없다. 이럴 땐 어떻게 해야 할까?

워샬(Warshall) 알고리즘처럼 모든 도시 간 이동 가능성과 최소 비용 경로를 한 번에 파악할 수 있는 방법이 있다면, 여행 전체를 훨씬 효율적으로 계획할 수 있다. 이제 Python으로 다음과 같은 행렬을 구성해보자. 각 도시를 노드로 설정하고, 직접 연결된 도시 간 비용을 행렬 형태로 나타낸 후, 이를 기반으로 모든 쌍의 최소 이동 비용을 갱신하는 코드를 작성해보는 것이다.

```python
cities = ["Paris", "Rome", "Amsterdam", "Prague"]
INF = 99999
dist = [
    [0,     10,    INF,    30],
    [INF,   0,     50,    INF],
    [20,    INF,   0,      60],
    [INF,   INF,   5,       0]
]
```

이제 해야 할 일은 다음과 같다.

- ✔ 각 도시에서 다른 도시로 가는 최소 경로를 어떻게 계산해야 할까?
- ✔ 중간 도시를 거쳤을 때 비용이 줄어드는 경우는 어떤 방식으로 갱신할 수 있을까?
- ✔ 여행 전체에서 가장 저렴한 이동 경로로 일정표를 구성하려면 어떤 정보를 추가로 도출해야 할까?

이 활동은 단순한 여행 경로 구성이 아니다. 모든 가능성 중 최적의 선택을 찾는 전이 폐쇄(Transitive Closure) 기반 사고 방식을 체험하는 것이며, 정보의 흐름을 구조적으로 파악하고, 복잡한 상황에서 패턴을 찾는 능력을 키우는 전략적 훈련이 된다. 동적 계획법은 바로 이런 구조적 반복과 누적된 비교의 힘으로, 혼란스러운 문제를 선명하게 풀어내는 도구다. 유럽 여행을 최적화하는 이 작은 실험이, 앞으로의 더 큰 문제 해결을 위한 출발점이 될 것이다.

다양한 생각하기 활동을 통해 우리는 동적 계획법이 단순한 코딩 기법을 넘어, 복잡한 문제를 단순한 조각으로 나누고, 그 조각들을 기억하며 다시 조립하는 강력한 전략임을 체험했다. 각각의 활동은 제한된 자원, 경로 최적화, 시간 관리, 공간 활용 등 실제로 마주할 수 있는 문제들을 담고 있었고, 우리는 그 안에서 현재 상태를 기억하고 최적의 선택을 반복함으로써 전체 문제를 해결하는 과정을 연습했다.

무엇보다 중요한 것은 이 알고리즘이 언제나 "가장 좋아 보이는" 선택이 아닌, 이전에 계산된 값과의 비교와 누적을 통해 최선의 결과를 구성해낸다는 점이다. 그리고 이 패턴은 학습, 여행, 시험, 데이터 관리, 경로 탐색 등 어떤 문제에도 확장될 수 있는 보편적 사고 방식이 된다.

이제 우리 앞에 펼쳐진 문제들을 마주할 때, 전체를 한 번에 해결하려는 부담에서 벗어나자. 과거의 선택을 기억하고, 현재를 비교하고, 미래를 설계하는 동적 계획법의 사고는 단순한 프로그래밍 기술이 아니라, 스스로 문제를 다루는 방식 그 자체를 바꾸는 전환점이 될 수 있다. 선택은 지금 이 순간부터다. 과거를 기억하고, 미래를 위한 최적의 한 걸음을 내디뎌보자.

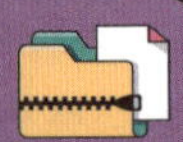

문제 해결은 언제나 선택의 연속이다. 그리고 그 선택이 앞선 결정과 연결되어 있다면, 우리는 기억하고, 비교하고, 누적하는 전략이 필요하다. 이번 단원을 통해 만난 동적 계획법 (Dynamic Programming)은 바로 그러한 전략적 사고의 결정체였다. 하나의 해답이 또 다른 해답의 기반이 되는 순환 속에서, 우리는 문제를 풀어내는 또 다른 시야를 열게 되었다.

이번 단원에서는 Dynamic Programming 전략을 중심으로 다음과 같은 내용을 체험했다.

- ☑ DP가 반복되는 하위 문제를 기억하고 재활용함으로써, 계산을 줄이고 성능을 높이는 전략임을 이해했다.
- ☑ 피보나치 수열, 최단 경로 탐색, 배낭 문제와 같은 대표 문제를 통해 알고리즘의 구조와 흐름을 익혔다.
- ☑ Memoization(상향식)과 Tabulation(하향식) 방식의 차이점을 직접 구현해보며, 각각의 효율성을 비교했다.
- ☑ 반복 구조 안에서 최적의 선택을 누적해가는 코드를 작성하며, 그 안에 담긴 논리적 사고를 훈련했다.
- ☑ 문제를 단순히 푸는 것이 아닌, 어떤 선택이 다음 문제 해결에 가장 도움이 될지를 구조적으로 판단하는 사고를 경험했다.
- ☑ 다양한 컴퓨터 활용 문제를 통해, 이 알고리즘이 실제 생활과 시스템 설계에 어떻게 연결되는지를 체감했다.

Dynamic Programming은 단순한 '계산 절약 기법'이 아니다. 그것은 기억을 바탕으로 한 전략적 누적이다. 지금의 선택이 미래의 선택을 가볍게 하고, 전체 해답을 더 빠르고 정확하게 만든다. 이 과정에서 우리는 중요한 질문 하나를 던지게 된다. "과거의 결정을 기억하고, 그것을 활용할 수 있는가?" 이 질문에 '예'라고 대답할 수 있다면, 당신은 이미 DP의 철학을 이해한 것이다.

특히 DP는 다음과 같은 상황에서 강력한 도구가 된다.

- ☑ 문제가 반복되는 구조를 가질 때

☑ 하위 문제가 중복되어 계산이 낭비될 우려가 있을 때
☑ 최적화된 선택을 반복해서 누적해야 할 때

이 전략은 눈앞의 선택만을 보는 것이 아니라, 과거의 흐름과 미래의 구조를 함께 고려하는 복합적 사고를 요구한다. 그 속에서 우리는 문제 해결이 단순한 기교가 아닌, 논리의 설계임을 깨닫게 된다.
이번 단원을 통해 우리는 다음과 같은 사고의 성장을 이루었다.

☑ 문제를 분해하고 하위 상태를 정의하는 능력
☑ 조건에 따라 결과를 기억하고 비교하는 판단력
☑ 결과를 누적하여 전체 해답을 이끌어내는 조합의 사고

이제 여러분은 DP를 단지 "복잡한 알고리즘"으로 기억하지 않을 것이다. 그것은 기억과 비교, 그리고 전략적 선택을 반복하는 사고의 예술이다. 단기적인 이익보다 장기적인 최적을 추구하고, 한 번의 계산이 아니라 전체 흐름을 설계하는 태도. 그것이 바로 동적 계획법이 우리에게 가르쳐준 진짜 힘이다.
기억하자. 지금의 선택이 미래의 비용을 줄이고, 하나의 해답이 전체 문제를 단순하게 만든다. DP는 문제 해결을 위한 메모리와 논리의 합주다. 이제 여러분이 선택할 차례다. 그 선택은 단지 정답을 향한 길이 아니라, 보다 나은 문제 해결자로 성장해가는 여정의 시작이다.

7장

되추적 기법 전략

Algorithm

☑ 모든 길이 정답처럼 보이는 순간, 우리는 어떤 길을 선택해야 할까? 그리고 그 길이 막혔을 때, 돌아갈 수 있는 용기를 가질 수 있을까? 되추적(Backtracking)은 그런 질문에서 출발한다. 선택은 자유롭지만, 모든 선택이 성공으로 이어지는 것은 아니다. 때로는 정답을 향해 가는 여정에서 '이 길이 아니었구나'를 깨닫고, 한 걸음 물러나는 것이야말로 문제 해결의 핵심 전략이 된다.

☑ 되추적 기법은 바로 그런 사고의 구조를 갖는다. 이 전략은 단순히 시행착오를 반복하는 것이 아니다. 되추적은 단순한 반복이 아닌, 논리적 후퇴와 전략적 재도전이 결합된 정교한 기법이다.

☑ 이번 단원에서는 되추적 기법의 기본 개념에서 출발하여, 다양한 알고리즘 문제에 어떻게 적용되는지를 살펴보고, 그 과정 속에서 필요한 컴퓨팅 사고력까지 함께 탐구한다. 돌아가는 것 같지만 결국 정답을 향해 가장 빠르게 나아가는 이 전략 속에서, 문제 해결의 또 다른 아름다움을 발견해보자.

문제를 푸는 데 있어 가장 답답한 순간은 '이제 어디로 가야 할지 모를 때'다. 처음에는 뭔가 될 것 같아 길을 따라갔는데, 점점 갈수록 조건에 맞지 않고 막혀버린다. 그럴 때 우리는 어떤 선택을 해야 할까? 포기? 아니면 다시 처음부터? 아니다. 되추적은 그 순간, '조금 전의 선택'으로 돌아가 다른 가능성을 시험해보는 전략이다.

되추적 기법은 처음부터 끝까지 무작정 전부를 탐색하는 전략이 아니다. 일단 가능한 선택 중 하나를 골라 해답을 향해 나아가되, 조건이 맞지 않으면 바로 직전 단계로 돌아가 새로운 길을 다시 시도한다. 이 전략이 특별한 이유는 여기에 있다. 모든 경로를 다 가보되, 불필요한 반복은 최소화한다는 점. 선택의 수가 많고, 제약 조건이 복잡한 문제일수록, 이 전략은 빛을 발한다. 단순히 정답을 맞히는 것이 아니라, 실패의 순간마다 '다른 길도 있지 않을까?'를 질문하며 문제를 해결해나가는 과정 자체가 되추적의 본질이다.

누구나 다음과 같은 경험이 있을 것이다. 시험 문제를 풀다가 어떤 풀이를 쭉 따라갔는데, 끝에서 뭔가 잘못되었음을 깨닫는다. 당황해서 처음부터 다시 풀기보다는, 방금 전에 놓친 전개를 되짚으며 어디서 잘못됐는지를 추적하고 수정하는 과정. 바로 이것이 되추적이다.

이제 되추적 기법이 무엇인지 그 개념을 정확히 정의하고, 알고리즘 전략으로서 이 방식이 어떤 구조를 가지며 어떻게 작동하는지를 하나씩 확인해보자. 되돌아감은 실패가 아니라, 더 나은 선택을 위한 준비라는 관점을 배우는 순간이기도 하다. 지금부터 그 전략적 사고의 여정을 함께 시작해보자.

① 되추적 기법이란?

되추적(Backtracking) 기법은 하나의 문제 해결 과정을 단계적으로 따라가다가, 특정 조건을 만족하지 못하여 더 이상 진행할 수 없는 상황이 되면 '직전 선택 지점'으로 돌아가 다른 선택지를 시도하는 전략이다. 말 그대로, 문제 해결 경로를 되짚어 올라가(backtrack) 새로운 가능성을 탐색하는 방식이다.

이 전략은 완전탐색(Brute Force)처럼 모든 경우를 탐색하는 구조를 갖지만, 무작정 전체를 시도하지 않는다. 현재까지의 선택이 올바르지 않다고 판단되면, 그 지점에서 탐색을 중단하고 바로 이전 단계로 돌아간다. 다시 말해, 하나의 해를 구성해가는 과정에서 조건을 만족하지 못하는 순간 즉시 포기하고 되돌아가는 것이다.

되추적은 상태공간트리(state-space tree) 형태로 구성되며, 보통 깊이 우선 탐색(DFS) 방식으로 탐색이 진행된다. 각 노드는 현재까지의 선택 상태를 의미하고, 자식 노드는 그다음 선택 가능성을 나타낸다. 되추적의 핵심은 다음 두 가지에 있다.

- ☑ 하나의 경로를 끝까지 따라가며 조건을 점검
- ☑ 조건이 만족되지 않으면, 직전 선택 단계로 되돌아가 다른 선택을 시도

즉, 선택 → 점검 → 실패 시 복귀 → 새로운 선택이라는 순환 구조를 갖는다. 다음과 같은 조건이 있는 문제에서 특히 유용하다.

- ☑ 선택의 수가 많고 각 선택이 문제 해결의 조건을 만족해야 할 때
- ☑ 정답이 하나가 아니라 여러 해답 중 조건에 맞는 것을 찾아야 할 때
- ☑ 단계마다 다양한 분기가 존재하며, 해답이 경로 끝에 있는 경우

되추적은 Branch and Bound와 구조가 유사하지만, 중간 결과에 대한 bound 값을 사용하지 않는다. 대신, 현재의 선택이 조건을 충족하는지만 판단한다. 또한, 가지치기(pruning)는 해당 노드의 유망성(promising)을 평가하여 더 이상 진행할 필요가 없을 때 되돌아가는 의미이며, 최적해를 보장하기 위한 하한선 기준(bounding)을 사용하는 Branch and Bound와 구별된다.

되추적은 복잡한 조건의 조합이나 제약이 많은 문제에서 매우 강력한 도구이며, 모든 가능성을 탐색 대상으로 두되, 조건을 만족하지 않는 경로는 조기에 제거하는 "선택적 완전탐색 전략"으로 이해할 수 있다. 단순히 돌아가는 것이 아니라, 논리적으로 가장 빠른 재시도 경로를 찾는 사고 구조이기에 컴퓨팅 사고력의 중요한 훈련 도구로도 매우 효과적이다. 되추적 기법의 탐색 단계는 다음과 같다.

단계	내용	특징
1단계	초기 상태에서 시작	상태공간 트리의 루트
2단계	한 가지 선택 시도	자식 노드로 이동
3단계	조건 점검	계속 확장 가능한 경우에만 진행
4단계	조건 불만족 시 즉시 되돌아감	pruning(단순 조건 기반)
5단계	다른 선택지 재시도	직전 단계의 다음 노드로 이동
6단계	반복하며 해답 도달	하나 또는 여러 해 가능

상태공간 트리 기반의 되추적 기법의 작동 구조에 대한 도식화 예는 다음과 같다.

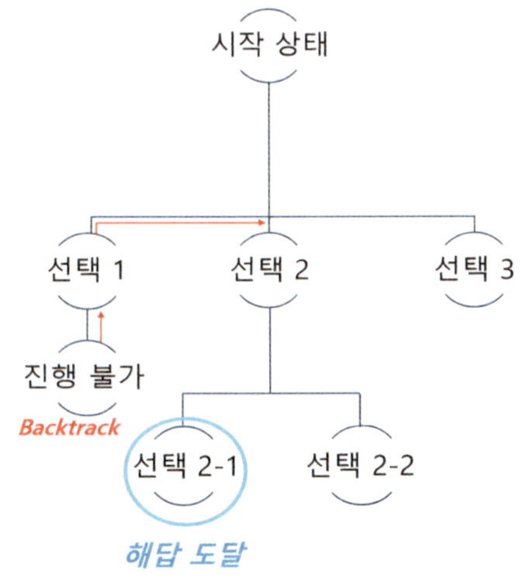

- **[시작 상태]**: 문제 해결을 위한 첫 번째 단계. 아무것도 선택하지 않은 초기 상태.
- **[선택1]**, **[선택2]**, **[선택3]**: 가능한 여러 가지 선택지 중 하나를 택해 진행.
- **[조건 불만족]**: 이 선택으로는 조건을 만족하지 않음 → 즉시 되돌아감(Backtrack)
- **[선택2-1]**, **[선택2-2]**: 다음 선택지인 선택 2의 하위 선택지를 계속 탐색.
- **[해답 도달]**: 유효한 선택들을 거쳐 최종 해답에 도달하는 상태.

되추적 기법은 단순히 '돌아가는' 기술이 아니다. 그것은 모든 가능성을 열어두되, 더 이상 갈 수 없는 길에서는 단호히 방향을 틀 수 있는 판단력을 의미한다. 그래서 이 기법은 알고리즘의 전략으로서 매우 특별한 가치를 가진다. 가장 큰 전략적 가치는 탐색의 유연성과 통제력의 균형이다. 되추적은 완전탐색처럼 모든 경우의 수를 검토할 수 있지만, 그 과정이 무작위적이지 않다. 매 순간의 선택은 조건에 기반해 점검되고, 더 이상 유망하지 않으면 즉시 후퇴한다. 이처럼 '필요할 때는 과감히 물러서고, 가능성이 있다면 끝까지 밀어붙이는' 방식은 문제 해결에서 가장 합리적인 전략적 사고다.

되추적은 문제 해결을 위한 선택의 과정을 단계별로 시뮬레이션할 수 있는 도구이기도 하다. 특히 다음과 같은 상황에서 강력한 전략으로 작동한다.

- ☑ 복수의 선택지 중 어떤 것이 최선인지 정보가 부족할 때
- ☑ 조건이 많고 해답이 특정 조건을 만족해야 할 때
- ☑ 하나의 해가 아닌, 가능한 모든 해를 찾아야 할 때

예를 들어 스도쿠나 체스의 수읽기, 퍼즐 조합 문제, 문자열 조합, 지도 색칠, 경로 탐색 등 다양한 문제에서 되추적은 '논리적 시행착오'를 모델링하는 최적의 전략이 된다.

이 기법의 전략적 가치가 특히 빛나는 순간은 '포기하지 않는 탐색'이 가능해진다는 것이다. 어떤 선택이 실패로 끝났다고 해도, 그 실패는 다른 선택으로 이어지는 출발점이 된다. 단순히 시도하고 실패하는 것이 아니라, 실패를 다음 선택으로 연결하는 구조적 사고가 되추적의 본질이다.

되추적은 또한 문제의 구조를 트리로 시각화하게 만들어, 복잡한 선택 문제를 계층적으로 바라보게 한다. 이는 상태공간을 구조화하여 문제를 분해하고 조립하는 능력을 기르는 데 매우 효과적이다. 즉, 되추적은 문제 해결의 '직선적 사고'가 아니라, 선택과 판단의 나선형 구조를 경험하게 한다. 무엇보다 중요한 전략적 가치는 다음과 같이 정리된다.

　　　　　　　　　　　　　　　　　　　　

"정답으로 가는 길은 하나가 아닐 수 있다." 상황에 따라 유연하게, 그러나 논리적으로 길을 찾아갈 수 있는 것이다. 이것이 바로 되추적이 강력한 전략이 되는 이유이며, 프로그래밍을 넘어 컴퓨팅 사고력을 기르는 데 필수적인 탐색 전략이 되는 이유다.

❸ 장단점

어떤 전략이든 똑똑하게 모든 경우를 시도할 수 있다는 것은 큰 장점이지만, 그만큼의 계산 비용과 구조적 부담을 함께 안게 된다. 되추적 기법도 마찬가지다. 가능한 모든 해를 살펴보고, 조건을 만족하지 않는 경로에서는 즉시 방향을 바꾸는 유연성과 철저함을 갖춘 전략이지만, 그만큼의 시간과 자원을 요구한다. 문제를 끝까지 풀고자 하는 사람에게는 강력한 무기가 되지만, 그 무기의 무게 또한 결코 가볍지 않다.

- **장점**: 모든 경우를 똑똑하게 살핀다.
  - ☑ 완전 탐색이지만 무작정은 아니다.
    - 되추적 기법은 가능한 모든 경우를 누락 없이 탐색하지만, 각 단계마다 조건을 점검하고, 가능성이 없는 선택지는 빠르게 탈락시킨다. 이를 통해 정답을 놓치지 않으면서도 탐색 효율을 확보할 수 있다.
  - ☑ 구현이 직관적이고 코드가 간결하다.
    - 재귀 함수를 중심으로 구성되기 때문에 구현 구조가 단순하다. 복잡한 문제도 상태공간 트리로 표현할 수 있어, 알고리즘 구조를 명확히 이해하고 설계할 수 있다.
  - ☑ 다양한 문제에 적용 가능하다.
    - 스도쿠, 체스, 미로 탐색, N-Queens, 조합 및 순열 생성, 지도 색칠 문제 등 다양한 제약 조건 문제에 효과적으로 적용된다. 단지 수학적 계산뿐 아니라, 현실의 복잡한 제약 상황을 코드로 모델링하는 데 유리하다.
  - ☑ 유망성 판단을 통한 전략적 후퇴

— 단순히 실패하면 처음부터 다시 하는 것이 아니라, 직전 선택으로만 돌아간다. 이처럼 과거의 선택을 비판적으로 되짚는 구조는 '논리적 시행착오'로서 매우 합리적인 문제 해결 방식에 해당한다.

- **단점**: 정답을 위한 시간과 공간의 희생

  ☑ 시간 복잡도의 폭발 가능성

  — 탐색 공간이 커질수록 경우의 수는 기하급수적으로 증가한다. 유망성 판단이 명확하지 않으면 거의 모든 경로를 탐색하게 되어, 실행 시간이 지나치게 길어질 수 있다.

  ☑ 재귀 호출에 따른 메모리 부담

  — 깊은 재귀 호출이 계속될 경우 스택 메모리 사용량이 증가하며, 경우에 따라 Stack Overflow가 발생할 수 있다. 특히 해답이 깊은 노드에 위치한 경우, 이 문제가 더욱 심각해진다.

  ☑ 조건 설계 실패 시 비효율

  — 되추적 기법의 효과는 '조건에 따라 빠르게 포기할 수 있느냐'에 달려 있다. 조건이 불분명하거나 가지치기가 잘 되지 않으면, 오히려 단순 완전탐색보다도 비효율적인 결과를 낳을 수 있다.

  ☑ 모든 문제에 적합한 전략은 아니다.

  — 최적해를 빠르게 찾아야 하는 문제에서는 그리디나 동적 계획법이 더 효율적일 수 있다. 되추적 기법은 복잡한 조건과 모든 가능성을 살펴봐야 하는 문제에 적합하며, 전략 선택에 있어 문제의 구조 분석이 필수적이다.

되추적 기법은 '실패한 선택도 하나의 데이터로 삼는' 전략이다. 모든 경로를 시도하면서도, 실패를 곧바로 학습하고 다음 선택으로 연결해간다는 점에서 매우 인간적인 알고리즘이다. 하지만 그만큼 치밀한 조건 설계와 탐색 관리가 전제되어야만 진정한 전략적 도구로 기능할 수 있다. 무기가 강력할수록, 그것을 다루는 사고력도 함께 단단해져야 하는 것이다. 되추적을 단지 "다 해보는 방식"이 아닌, "논리로 실패를 추적하며 해답을 좁혀가는 기술"로 바라보는 태도가 필요하다.

　　　　　　　　　　　　　　　　　　　　문제 해결의 전략, 알고리즘

④ 되추적 기법을 위한 컴퓨팅 사고력(CT)

되추적 기법은 단지 뒤로 돌아가는 알고리즘이 아니라, 실패를 감지하고, 과감히 포기하며, 새로운 선택으로 문제를 다시 설계하는 전략적 사고 방식이다. 문제를 풀다 막히는 순간, 대부분의 사람은 좌절하거나 처음부터 다시 시작하려 한다. 그러나 되추적은 말한다. "그 선택이 틀렸다면, 그 직전의 갈림길로 돌아가 다시 시도해보자."

이러한 사고는 단순한 반복이 아니라, 선택과 조건, 판단과 후퇴가 함께 작동하는 고도의 논리적 탐색이다. 되추적 기법을 구현하고 이해하는 과정은 바로 조건 기반 판단, 실패 인식, 구조적 탐색의 사고력을 키우는 여정이다. 이 과정은 컴퓨팅 사고력(Computational Thinking)의 핵심과 자연스럽게 맞닿아 있다. 이제 되추적 기법이 요구하는 CT 요소들을 하나씩 살펴보기로 하자.

CT 요소별 연계

- **문제 분해(Decomposition)**: 되추적 기법의 첫 단계는 복잡한 문제를 '선택 가능한 단계'로 나누는 것이다. 각 단계는 하나의 결정 포인트이며, 선택지에 따라 다음 문제가 결정된다. 예를 들어 체스의 N-Queens 문제는 "각 행마다 여왕을 어디에 놓을 것인가"라는 작은 문제들의 조합이다. 복잡한 문제를 선택 단위로 나누고, 그 선택들을 이어가는 흐름을 구성하는 힘이 요구된다.

- **패턴 인식(Pattern Recognition)**: 되추적 기법은 실패를 반복하면서도 같은 실수를 줄이는 전략이다. 이 과정에서 어떤 조건이 실패로 이어지는지를 감지하고, 유사한 상황에서는 미리 판단하여 탐색을 줄인다. 예를 들어, 특정 위치에 여왕을 놓았을 때 항상 대각선 충돌이 발생한다면, 그 패턴은 이후 탐색에서 제거할 수 있다. 실패의 패턴을 읽는 능력이 성공의 열쇠가 된다.

- **추상화(Abstraction)**: 되추적 기법은 조건 검사를 통해 유망성(promising)을 판단한다. 이때, '이 선택이 해답이 될 수 있는가'를 판단하는 기준은 문제마다 달라진다. 예를 들어 미로 찾기에서는 방문 여부와 장애물 유무가 중요하고, 지도 색칠 문제에서는 인접 노드의 색이 기준이 된다. 조건 판단 기준을 일반화하고 구조화하는 능력이 필요하다.

• **알고리즘 설계(Algorithm Design)**: 되추적 기법은 순차적 탐색과 조건 기반 가지치기를 하나의 흐름으로 연결하는 알고리즘이다. 상태공간 트리를 구성하고, 깊이 우선 탐색(DFS)으로 각 가지를 탐색하며, 조건이 만족되지 않으면 즉시 돌아간다. 이를 위해 조건 점검 위치, 백트래킹 조건, 탐색 종료 조건을 명확히 설계해야 한다. 즉, "어디서 결정하고, 언제 되돌아갈 것인가"를 명확히 정의하는 설계 사고력이 중요하다.

되추적 기법은 앞서 살펴본 기본적인 CT 4요소 외에도, 다음의 사고력 범주와 연관이 있다.

사고력 범주	연결 예시 및 설명
조건분기 사고력	현재 상태에서 조건을 점검하고, 유효하지 않으면 바로 다른 경로로 분기하는 판단 과정. 유망성 판단과 백트래킹의 핵심 기반.
계층적 사고력	상태공간 트리에서 각 선택 단계가 상위-하위 관계로 연결되며, 깊이에 따라 탐색을 계층적으로 구성.
추론적 사고력	특정 선택이 실패했을 때, 왜 실패했는지 분석하고 다른 선택을 도출하는 사고 과정. 실패를 학습하는 구조.
비판적 분석 사고력	조건이 부족하거나 구조가 비효율적일 때 가지치기 기준을 조정하고, 알고리즘 설계를 수정하는 판단력.
시뮬레이션 사고력	현재 선택이 이후 어떤 영향을 미칠지 미리 예측하고, 가능성 있는 경로만 탐색하려는 구조적 예측 능력.
공간지각 능력	체스판, 미로 등 공간 기반의 문제에서 위치 변화와 경로 조건을 인식하고 구성하는 시각적 사고력.
논리적 사고력	되돌아가기(backtrack), 조건 판단(prune), 성공 여부 판단(success)의 전체 흐름을 논리적으로 구성하고 추적.
탐색적 사고력	가능한 모든 해를 대상으로 조건을 탐색해보며 해답을 구성하는 적극적 탐색 전략.
재귀적 사고력	자기 자신을 호출하는 구조 속에서 문제를 축소하며 해를 찾는 재귀 기반의 사고 구조.
통합적 사고력	실패와 성공, 조건과 결과를 통합적으로 연결하여 문제 전체의 해답을 구성해내는 능력.
적응적 사고력	문제 조건이 바뀔 때, 조건 점검 방식이나 탐색 순서를 유연하게 수정할 수 있는 전략 설계 능력.

사고력 범주	연결 예시 및 설명
비선형적 사고력	문제 해결 과정이 선형적이 아니라, 여러 경로로 분기되고 다시 합쳐지는 다중 경로 탐색 사고.
Code적 사고력	조건과 선택, 반복 구조를 코드로 구현하고 흐름을 명확히 제어하는 프로그래밍적 사고 능력.
패턴 인식 사고력	실패한 경로들에서 반복적으로 나타나는 조건을 감지하고, 미래의 탐색 경로에서 이를 배제.
단순화 사고력	복잡한 문제를 단계별 선택 구조로 분해하여 각각의 탐색 단위로 단순화하는 능력.
병렬화 처리 능력	여러 선택지를 동시에 고려하고, 각 가지에 대해 독립적인 판단을 수행하는 병렬적 사고 기반.
최적화 추론	모든 경로 중에서 조건을 만족하는 가장 우수한 경로(최적해)를 탐색하기 위한 비교-판단-선택 과정.
상호작용적 사고력	이전 단계의 선택이 다음 탐색에 미치는 영향을 고려하며, 경로 간 상호작용을 통합적으로 판단.

이처럼 되추적 기법은 단순한 되돌아가기의 구조를 넘어서, 복잡한 조건 판단과 전략적 판단을 요하는 고차원적 사고 훈련 도구임을 CT 프레임 기반으로 증명할 수 있다. 이제 여러분은, 하나의 선택이 어떻게 전체 문제 해결을 이끌어가는지, 실패가 왜 중요한지, 그리고 되돌아감이 곧 다음 도전이라는 것을 사고력을 활용하여 깊이 체험하게 될 것이라 기대한다.

문제를 해결한다는 것은 단순히 정답을 찾아내는 일이 아니다. 때로는 문제의 조건이 너무 복잡하거나, 정답이 무엇인지 알 수 없어 "해답을 찾아가는 탐색" 자체가 문제 해결의 중심이 되는 경우가 있다. 그럴 때, 가장 먼저 떠올려야 할 전략이 바로 되추적 기법이다. 되추적은 모든 가능성을 열어두고, 조건에 맞는 길만을 따라가는 탐색의 기술이다. 무엇보다 중요한 건, 실패했다고 끝이 아니라는 것이다. 실패를 발판 삼아, 다시 돌아가 새로운 가능성을 시험하는 유연한 사고다. 모든 문제에 정해진 해답이 있는 것은 아니다. 어떤 문제는 수많은 가능성 중 하나를 찾아야 하고, 어떤 문제는 정답이 무엇인지조차 알 수 없는 상태에서 출발해야 한다. 되추적 기법은 바로 그런 순간에 빛을 발하는 전략인 것이다. 해답이 명확하지 않을 때, 가능한 모든 길을 따라가며 하나씩 조건을 점검해가는 방식, 되추적 기법은 선택이 많은 문제에서 가장 체계적이고 합리적인 접근을 가능하게 한다.

모든 경우의 수를 탐색해야 하는 문제에 적합　　때로는 해답을 찾기 위해 모든 경우를 탐색해야 하는 문제를 만난다. N-Queens 문제, 스도쿠 퍼즐, 문자열 조합 생성 등은 단순히 정답을 유추하는 것이 아니라, 가능한 모든 해를 시도해보며 조건에 맞는 해를 찾아야 한다. 이러한 문제에서 되추적 기법은 완전탐색의 구조를 유지하면서도, 조건에 따라 필요 없는 경로를 일찍 포기할 수 있는 유연함을 갖춘 전략이다. 이러한 특성 덕분에 모든 가능한 해를 찾아야 하는 문제에 매우 적합하다.

효율적인 탐색 구조를 제공　　되추적 기법은 완전탐색과 달리 무작정 끝까지 가지 않는다. 선택한 경로가 조건을 만족하지 않으면, 곧바로 이전 선택으로 되돌아가 다른 길을 시도한다. 이러한 유망성 판단(promising)과 가지치기(pruning)는 탐색 공간에서 불필요한 연산을 제거하고, 유효한 경로에만 집중할 수 있게 해준다. 즉, 되추적 기법은 모든 경로를 시도할 수 있지만, 반드시 모두 시도하지는 않아도 되는 구조를 가진다. 이는 특히 조건이 많고 복잡한 제약을 포함한 문제에서 효율적인 탐색 흐름을 설계하는 데 핵심적이다.

최적화 문제와 조건 만족 문제에 효과적 되추적 기법은 단순히 해답 하나를 찾는 데서 그치지 않고, 여러 조건을 동시에 만족하면서 최적의 해를 찾아야 하는 경우, 그 진가를 발휘한다. 탐색 공간 전체를 구조적으로 따라가며, 조건을 만족하는 모든 해를 탐색하거나, 최적의 해를 선택할 수 있다. 예를 들어, 경로 탐색 문제에서 도착 지점에 도달할 수 있는 모든 경로 중, 가장 짧거나 가장 적은 비용의 경로를 찾아야 할 때, 되추적 기법은 단순 완전탐색보다 훨씬 강력한 전략적 도구가 된다.

다양한 분야에 적용 가능한 범용 전략 되추적 기법은 단지 이론적인 알고리즘이 아니다. 수학적 문제, 게임 설계, 인공지능 경로 탐색, 자원 배치, 시간표 편성, 네트워크 라우팅 등 현실의 다양한 문제에 활용되고 있으며, 복잡한 상황을 코드로 모델링하는 데 매우 유용한 전략이다. 특히 문제를 상태공간 트리로 시각화하고, 그 구조를 탐색하는 방식은 문제를 구조화하고 분석하는 능력을 길러주는 강력한 학습 도구가 될 수 있다. 되추적 기법은 실패하지 않는 전략이 아니라, 실패를 감지하고 빠르게 돌아와 새로운 길을 시도하는 전략이다. 모든 가능성을 열어두고, 조건을 통해 가능하지 않은 길을 하나씩 걷어내며, 해답을 찾아가는 이 전략은 최적화, 탐색, 제약 해결 등 다양한 영역에서 핵심적인 문제 해결 도구가 된다.

문제를 푼다는 것은 단순히 해답을 적는 것이 아니라, 어디에서 실패하고, 어디서 되돌아가며, 어디서 다시 시작할지를 아는 과정이다. 되추적 기법은 그 과정을 가장 정교하고 체계적으로 훈련할 수 있는 전략이며, 문제 해결자에게 필요한 유연한 사고력, 조건 판단력, 구조적 탐색 능력을 동시에 길러준다. 되추적 기법은 단순한 알고리즘이 아니라 다시 시작할 줄 아는 사고, 새로운 선택을 설계할 수 있는 전략적 두뇌를 만드는 도구다.

되추적 기법은 선택을 통하여 문제를 푸는 전략이다. 이 전략은 단지 "가능한 경로가 얼마나 있을까?"를 묻기 전에, "그중 어떤 경로가 조건을 만족하며, 어떻게 그것을 빠르게 찾아낼 수 있을까?"를 먼저 묻는다. 또한, 되추적 기법은 무작정 모든 경우를 시도하지 않는다. 조건을 기준으로 갈 길과 가지 말아야 할 길을 가려내며, 해답을 향해 길을 좁혀가는 과정이다. 그 전략은 세 가지 주요 단계로 구성된다. 선택을 따라가고, 조건을 점검하고, 실패하면 되돌아가는 흐름이다.

1단계: 선택 따라가기 — 상태공간 구성　되추적 기법의 시작은 문제를 '선택의 연속'으로 모델링하는 데 있다. 전체 문제는 다양한 분기점으로 구성된 상태공간 트리로 표현되며, 각 단계마다 가능한 선택지 중 하나를 골라 다음 단계로 이동한다.

이 탐색은 일반적으로 깊이 우선 탐색(DFS, Depth First Search) 방식으로 이루어진다. 즉, 한 가지 경로를 끝까지 따라가며 해답을 찾되, 조건을 충족하지 않으면 이전 선택지로 돌아가 다른 길을 시도한다. 예를 들어 N-Queens 문제에서는 각 행마다 하나의 여왕을 두는 것이 선택이며, 해당 위치가 다른 여왕과 충돌하지 않는지를 매 선택마다 점검하게 된다. 이처럼 문제를 트리 구조로 나누고, 각 분기에서 하나씩 탐색해나가는 구조화된 선택 흐름이 이 전략의 출발점이다.

2단계: 조건 점검 — 유망한 선택인가?　되추적 기법의 핵심은 조건 기반의 판단, 즉 유망성(promising)의 점검이다. 각 노드에서 현재까지의 선택이 문제의 조건을 만족하는지, 그리고 앞으로도 해답으로 이어질 가능성이 있는지를 판단해야 한다. 이때 조건을 만족하지 않는 경로는 더 탐색하지 않고 즉시 중단한다. 이를 가지치기(pruning)라고 하며, 상태공간 전체를 탐색하지 않으면서도 불필요한 분기를 줄여 효율성을 높이는 기법이다. 즉, 되추적 기법은 무조건 다 해보는 방식이 아니라, 조건 기반으로 유효한 경로만 남기고 나머지는 과감히 잘라내는 전략인 것이다.

3단계: 되돌아가기 — 실패는 끝이 아니라 전환점　되추적 기법은 단지 앞으로 가는 전략이 아니라 오히려 되돌아가는 능력 자체가 전략의 핵심이다. 어떤 노드가 조건을 만족하지 않거나, 더 이상 진행이 불가능할 경우, 해당 노드의 탐색을 중단하고, 직전의 부모 노드로 되돌아간다(backtracking). 그리고 아직 탐색하지 않은 다른 자식 노드가 있다면, 그 경로를 새롭게 시도한다.

이러한 실패 후 후퇴 → 재선택 → 재탐색의 흐름이 반복되며, 결국 정답이 존재하는 경로를 만나게 된다. 이러한 방식은 단순한 반복이 아니라, 조건 기반 탐색과 실패 회복 전략이 결합된 구조화된 탐색 과정이다.

되추적 기법의 3단계 절차를 요약하면 다음과 같이 정리 가능하다.

1. 상태공간 트리에서 깊이 우선 탐색(DFS) 수행
2. 각 노드에서 조건을 점검하고 유망성(promising) 판단
3. 유망하지 않다면 즉시 되돌아가(backtracking) 다른 노드 탐색

이 과정의 흐름을 순서도 형식으로 표현하면 다음과 같다.

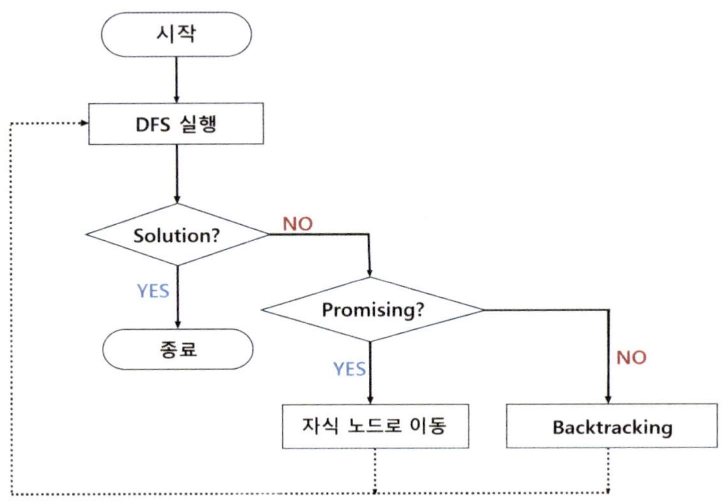

되추적 기법은 다음과 같은 작업으로 정리된다.

상태 정의 → 초기 선택 → 조건 점검 → 실패 시 복귀
  → 다른 선택 재시도 … 반복 작업 → 해답 도달

이 구조를 이해하고 적용할 수 있다면, 문제를 구조적으로 설계하고, 조건 기반의 전략을 세우는 사고 방식을 갖출 수 있게 될 것이다. 되추적 기법은 조건 기반 분기, 논리적 회귀, 전략적 시도를 결합한 고차원적 탐색 전략이다. 문제를 트리로 나누고, 매 선택마다 조건을 점검하며, 실패하면 그 원인을 분석하고 다른 가능성으로 이동하는 이 구조는 단지 해답을 찾는 기술이 아니라, 문제를 통제하며 해결할 수 있는 구조적 사고력을 키워주는 것이다.

되추적 기법을 반복하는 순간마다 우리는 깨달을 수 있다. 모든 선택은 답이 아닐 수 있지만, 실패 역시 답에 이르는 과정이라는 것을. 그리고 어느새, 복잡한 문제를 설계하고 이끌어가는 능력이 우리 안에 쌓여갈 것이다. 되추적 기법은 '되돌아감'이 아니라, 다시 시작할 수 있는 가장 논리적인 방법인 것이다.

04 | 되추적 기법 활용 문제 해결

수많은 조건, 복잡한 선택, 그리고 실패 후 다시 시작해야 하는 문제 속에서, 되추적 기법은 실전 전략으로서의 진가를 발휘한다. 우리의 삶과 학습 속에는 다양한 결정의 순간들이 있다. 하나의 선택이 다음 흐름에 영향을 주고, 잘못된 선택은 되돌아가 다시 조정해야 할 때, 되추적 기법은 가장 논리적이고 유연한 해법이 된다.

그것은 반복을 두려워하지 않고, 실패를 낭비로 여기지 않으며, '지금 이 선택이 아니라면, 다시 돌아가 다른 가능성을 탐색하면 된다'는 사고의 방식이다. 문제를 탐색할 때마다, 조건을 검토하고, 실패를 받아들이고, 새로운 선택으로 나아가는 이 과정은 단순한 시행착오가 아니라, 구조화된 전략인 것이다.

이제부터 되추적 기법이 어떻게 현실 문제를 해결하는 강력한 도구로 활용되는지 살펴보기로 하자. 복잡한 조합, 제약이 많은 선택, 여러 해답 중 조건에 맞는 최선의 선택을 해야 하는 문제—이 모든 상황에서 되추적 기법은 정답을 찾는 지도이자, 실패를 딛고 앞으로 나아갈 수 있는 나침반이 되어줄 것이다.

1 실생활 문제 해결

되추적 기법은 수학 문제나 알고리즘 교과서에만 머무르지 않는다. 우리의 일상 속에도 수많은 선택과 판단의 순간들이 존재하고, 그중 많은 문제들이 되추적 기법의 전략을 요구한다. 조건이 복잡하고, 해답이 하나가 아닐 때, 또는 한 번의 실패가 다른 선택으로 이어져야 할 때—되추적 기법은 그 흐름 속에서 가장 합리적인 문제 해결 방식으로 작동한다.

아래는 되추적 기법이 실생활 문제에 어떻게 적용될 수 있는지를 보여주는 대표적인 사례이다.

여행 일정 짜기 — 최적 경로를 향한 유연한 계획 수립　　여행은 기대와 선택의 연속이다. 방학을 맞아 유럽 여행을 계획하는 대학생은, 한정된 일정 속에서 최대한 많은 명소를 보고 싶어 한다. 하지만 도시 간 이동 시간은 제각각이고, 특정 장소는 정해진 시간에만 입장할 수 있으며, 하루에 소화할 수 있는 거리에도 한계가 있다. 어떤 도시에 먼저 들를지, 어떤 순서로 이동해야 시간을 아끼고 체력도 아낄 수 있을까?

- **문제 상황**
  - ☑ 방학을 맞아 유럽 여행을 계획하는 학생이 있다. 각 도시마다 보고 싶은 명소가 있고, 도시 간 이동 시간도 제각각이다. 하지만 일정은 제한되어 있고, 하루에 방문할 수 있는 장소의 수에도 제약이 있다.
  - ☑ 어떤 경로를 선택해야 가장 많은 명소를 효율적으로 볼 수 있을까?
- **전략 적용**
  - ☑ 일단 한 경로를 선택해 일정표를 작성해보되, 시간이나 거리 제약을 초과하면 즉시 중단하고 다른 조합을 시도한다.
  - ☑ 각 도시에서 다음 도시로의 이동을 재귀적으로 탐색하며, 조건을 만족하지 않으면 이전 도시로 되돌아가 다른 경로를 구성한다.
- **적용 결과**
  - ☑ 모든 조합을 무작위로 시도하는 것이 아니라, 유망한 여정만을 중심으로 효율적인 일정을 완성할 수 있다.
  - ☑ 동선이 꼬이는 경로는 초기에 제외되어, 시간과 체력을 아낄 수 있다.
- **알고리즘 구조**
  - ☑ 도시를 노드로 보고 상태공간 트리를 구성,
  - ☑ 각 경로에 대해 조건 충족 여부를 평가하며 탐색하는 구조.
  - ☑ 경로의 유효성 판단이 곧 가지치기의 기준이 된다.

위와 같은 상황에서는 단순히 "보기 좋게 정렬된 도시 리스트"만으로는 해답을 찾을 수 없다. 한 번 선택한 경로가 전체 일정을 무너뜨릴 수도 있기 때문이다. 따라서 필요한 것은, 선택을 시도하고 조건을 점검하며, 유효하지 않다면 다시 돌아가 새로운 경로를 탐색하는 전략이다. 바로 되추적 기법이 필요한 순간인 것이다.

수강신청 시간표 만들기 — 조건 속에서 최고의 조합을 탐색　　수강신청은 단순한 클릭 전쟁이 아니다. 어떤 과목을 듣고 싶은가, 언제 들을 수 있는가, 강의가 겹치진 않는가, 교수님의 스타일은 나에게 맞는가. 그리고 중요한 것은, 필수 전공은 반드시 들어야 하고, 학점 수나 여유 시간까지 고려해야 한다는 점이다. 수많은 조건을 동시에 고려해야 하는 이 과정은 사실상 복잡한 조합 문제다. 여기서 하나의 시간표를 구성해보고, 조건을 만족하지 않으면 다시 조정하고, 가능한 조합을 계속 시도해보는 방식이 필요하다. 되추적 기법은 이런 조건 기반 조합 탐색에 최적화된 도구다.

- **문제 상황**
  - ☑ 한 학기를 앞두고 수강신청 시즌이 돌아왔다. 필수과목은 꼭 들어야 하고, 관심 있는 전공도 듣고 싶다. 그런데 시간은 겹치고, 교수 평가도 고려하고, 학점 밸런스도 맞춰야 한다.
  - ☑ 한 번 선택한 과목이 조건에 맞지 않으면? 다시 처음부터? 아니다. 이럴 때 필요한 건 되돌아갈 수 있는 구조화된 선택이다.
- **전략 적용**
  - ☑ 하나의 시간표 조합을 시도해본다. 강의 시간이 겹치거나, 학점 제한을 초과하거나, 비선호 교수라면 해당 선택은 중단하고 다시 돌아가 다른 강의로 대체한다.
  - ☑ 시간표가 완성될 때까지 이 과정을 반복하며 조건을 만족하는 최적의 조합을 구성한다.
- **적용 결과**
  - ☑ 무작정 전체 강좌를 다 비교하지 않아도, 조건을 바탕으로 유효한 시간표만 집중 탐색 가능.
  - ☑ 되돌아갈 수 있기 때문에 시도와 조합을 두려워할 필요 없이 유연하게 계획할 수 있다.

☑ 최대한 원하는 강의를 수강하면서도 충돌 없는 효율적인 한 주 일정을 설계할 수 있다.

- **알고리즘 구조**
    ☑ 강의를 노드로 보고, 선택지를 트리 형태로 구성
    ☑ 강의 리스트를 순서대로 탐색하면서 조건 만족 여부를 판단하고,
    ☑ 실패 시 백트래킹으로 다른 조합을 재구성.
    ☑ 조건 분기 기반의 상태공간 탐색 구조.

수강신청은 선택이지만, 동시에 제약 조건을 품은 복잡한 퍼즐이다. 되추적 기법은 그 퍼즐을 논리적으로 풀어나가는 사고 구조를 제공한다. 조건을 하나씩 점검하며 시간표를 구성하는 이 전략은 단순한 클릭의 반복이 아니라, 전략적 탐색의 경험으로 바뀐다. 수강신청 시즌, 되추적은 가장 똑똑한 친구가 되어줄 수 있다.

팀 프로젝트 역할 분배 — 충돌 없이 최상의 팀워크 구성 모든 대학생이 한 번쯤 경험하는 팀 프로젝트. 하지만 '누가 무엇을 맡을까?'는 생각보다 어려운 문제다. 발표를 잘하는 사람, 자료조사에 강한 사람, 정리를 좋아하는 사람… 모두 다르다. 게다가 어떤 사람은 절대 발표를 피하고 싶어 하고, 어떤 사람은 PPT 디자인은 못 하겠다고 말한다. 서로의 역량과 선호를 조화롭게 반영하면서, 충돌 없이 역할을 배정할 수 있는 방법은 없을까? 이런 상황에서 되추적 기법은 공정하면서도 효율적인 역할 배정을 가능하게 한다.

- **문제 상황**
    ☑ 수업에서 팀 프로젝트를 하게 되었다. 팀원은 4명, 맡아야 할 역할은 기획, 발표, 조사, 정리.
    ☑ 하지만 각자 잘하는 것, 하고 싶은 것, 절대 하고 싶지 않은 일이 모두 다르다.
    ☑ 서로 만족하면서도 역할이 겹치지 않게 분배할 수 있는 방법은 없을까?
- **전략 적용**
    ☑ 한 가지 역할 배정을 먼저 시도하고, 다음 팀원에게 가능한 역할을 제한하며 배정해 나간다.

                                                    문제 해결의 전략, 알고리즘

☑ 어떤 팀원이 맡을 수 있는 역할이 없으면, 이전 배정 단계로 돌아가 다른 역할을 다시 분배한다.

☑ 조건을 고려한 구조적 탐색을 통해 최적의 배정안을 구성한다.

- **적용 결과**

  ☑ 모든 가능한 역할 조합을 다 만들 필요 없이, 조건을 기준으로 유효한 조합만 탐색하게 되므로 시간과 에너지를 절약할 수 있다.

  ☑ 역할 충돌이나 불만족 없이 모든 팀원이 원하는 역할에 가깝게 배정 가능.

  ☑ 모든 팀원이 어느 정도 만족할 수 있는 결과가 나올 가능성이 높아진다.

  ☑ 즉, 단순 투표나 우선순위 방식보다 공정하고 전략적 균형을 이룬다.

- **알고리즘 구조**

  ☑ 사람과 역할을 이분 매칭 형태로 연결한 상태공간 트리 탐색.

  ☑ 각 배정 단계에서 역할 중복 여부와 개인 조건을 판별하여

  ☑ promising 판단 → backtracking 순으로 탐색을 전개한다.

팀 프로젝트의 핵심은 결국 '협업의 구조'를 어떻게 잘 설계하느냐에 달려 있다. 되추적 기법은 그 구조를 조화롭고 전략적으로 짜는 데 가장 강력한 도구가 된다. 단순한 역할 배정을 넘어, 서로의 선호와 역량을 반영한 합리적 협업 구도를 만들어내는 것 — 그것이 되추적 기법이 진짜 힘을 발휘하는 순간이다.

공모전 아이디어 기획 — 조건 충족하는 조합 찾기 공모전에 나가보려는 학생들이 모였다. 하지만 아이디어는 넘쳐나고, 공모 요강은 복잡하다. 주제 적합성, 실현 가능성, 기술 활용, 사회적 파급력, 팀 구성원의 역량까지 고려해야 한다. 막연한 '좋은 생각'만으로는 통과할 수 없다. 수많은 요소를 조합하고 조건에 맞게 기획안을 구성해야 하는 상황에서, 되추적은 조합 속에 해답을 찾아가는 사고의 나침반이 된다.

- **문제 상황**

  ☑ 친구들과 공모전에 참가하려고 한다. 주제는 '대학생 삶을 바꾸는 아이디어'.

  ☑ 공모전에서 요구하는 항목은 많고, 제한 조건도 많다. 기획 주제, 대상, 활용 기술,

실행 방안 등을 모두 구성하되, 제한 조건을 만족시키는 조합을 찾아야 한다.

✔ 아이디어는 많지만, 조건에 맞는 '완성도 높은 기획안'은 어떻게 만들어야 할까?

- **전략 적용**

  ✔ 아이디어의 구성 요소(주제, 대상, 기술, 실행 방법 등)를 하나씩 조합해 기획안을 만들어본다.

  ✔ 조건을 만족하지 않으면 해당 조합은 중단하고, 구성요소 하나를 바꾸어 다시 탐색한다.

  ✔ 조건을 점검하며 유망한 조합을 지속적으로 발전시킨다.

  ✔ 이 과정을 반복하며 점차 유망한 조합만을 남긴다.

- **적용 결과**

  ✔ 막연히 떠오른 아이디어가 아니라, 조건을 만족하는 실현 가능한 조합으로 발전 가능.

  ✔ 시간 낭비 없이 실현 가능한 기획안을 빠르게 완성

  ✔ 팀원 의견도 유연하게 반영 가능하여 팀원 간 아이디어 충돌도 줄고,

  ✔ 협업의 방향성이 뚜렷해진다.

- **알고리즘 구조**

  ✔ 기획 요소들을 각각의 분기로 표현한 상태공간 트리를 구성.

  ✔ 조건 미충족 시 즉시 가지치기(pruning), 만족 시 다음 단계로 확장.

  ✔ 최종적으로는 제약 조건을 모두 만족하는 최적 기획안을 도출.

공모전은 아이디어를 제시하는 자리이자, 조건을 만족하는 논리적 기획을 구성하는 능력을 평가받는 무대다. 되추적 기법은 그 과정을 체계적이고 전략적으로 이끌어주는 사고의 틀이다. 아이디어가 많다고 기획이 완성되는 것은 아니다. 되추적 기법은 아이디어를 구조화하고, 조건을 기준으로 정제하는 전략적 필터가 되어준다.

암호 해독 게임 – 수많은 시도 속에서 정답을 추적　친구들과 함께한 방탈출 게임. 잠긴 문을 열기 위한 4자리 숫자 암호를 찾아야 한다. 단서 몇 개는 주어졌지만, 모든 자릿수를 알 수는 없다. '같은 숫자는 중복되지 않아야 하고', '3번째 자리엔 짝수만 올 수 있다'는 조건까지 있다. 제한 시간은 15분. 이 수많은 경우의 수

　　　　문제 해결의 전략, 알고리즘

속에서 조건을 만족하는 조합을 빠르게 찾아내려면 어떻게 해야 할까?

- **문제 상황**
  - ☑ 4자리 숫자 암호를 맞혀야 하는데,
  - ☑ 중복 불가, 자리별 조건, 시간 제한 등 다양한 제약 조건이 주어진다.
  - ☑ 모든 0000~9999를 다 해보는 건 시간 낭비.
  - ☑ 정답이 나올 가능성이 높은 조합만 빠르게 탐색하려면?
- **전략 적용**
  - ☑ 가능한 숫자 후보를 자리별로 나눈 뒤, 한 자리씩 채워가며 조건을 점검한다.
  - ☑ 조건을 위반하면 그 자리 이전으로 되돌아가 다른 숫자를 넣는다.
  - ☑ 모든 조건을 만족하는 4자리 조합이 나올 때까지 탐색을 반복한다.
- **적용 결과**
  - ☑ 조건을 활용해 많은 조합을 초기에 걸러내므로
  - ☑ 전체 탐색 시간과 시도 횟수를 크게 줄일 수 있다.
  - ☑ 실제 게임에서 제한 시간 내에 성공할 가능성도 높아진다.
- **알고리즘 구조**
  - ☑ 자리 수별로 가능한 숫자 후보를 설정하고,
  - ☑ 자리마다 조건을 점검하며 깊이 우선 탐색 진행.
  - ☑ 조건 위반 시 backtracking을 통해 새로운 조합을 구성한다.

방탈출 게임은 단지 운이나 감으로 풀 수 있는 퍼즐이 아니다. 조건을 기반으로 논리적으로 접근하고, 실패를 전략적으로 되돌리는 구조적 사고가 필요하다. 되추적 기법은 암호 해독이라는 단순 게임을, 조건 분석과 전략 탐색의 복합 훈련장으로 바꿔주는 도구다. 이 게임을 잘 푸는 사람은, 사실 문제 해결의 사고 구조를 갖춘 사람에 해당할 확률이 높다.

❷ 컴퓨터 활용 문제

되추적 기법은 복잡한 알고리즘 문제에서만 활용되는 것이 아니다. 컴퓨터를 실질적으로 활용해야 하는 다양한 상황 속에서도, 되추적 기법은 강력한 문제 해결 도구로서 역할을 한다. 조건을 만족하는 경로를 찾고, 다양한 조합을 실험하며, 결과를 최적화하는 이 전략은 현실적인 데이터 처리와 응용에서도 빛을 발한다. 특히 Python과 같은 프로그래밍 언어를 통해 되추적 기법 구조를 구현하면, 조건 기반 탐색, 유망성 판단, 재귀적 흐름 제어 등 컴퓨터적 문제 해결의 핵심 요소들을 손쉽게 시뮬레이션할 수 있다.

파일 시스템 내에서 특정 조건의 파일 찾기

- **문제**: 컴퓨터 내부에 수천 개의 파일이 저장되어 있다. 그중 특정 확장자(.jpg, .pdf 등)를 가진 파일이나, 특정 크기 이상 또는 생성 날짜 조건을 만족하는 파일만을 찾아야 할 때가 있다. 이러한 검색을 수작업으로 하기는 비효율적이며, 되추적 기법 구조를 활용하여 조건을 점검하면서 폴더를 순차적으로 탐색해보자.

- **작동 원리**: 되추적 기법을 활용한 파일 찾기 알고리즘은 폴더 구조를 마치 하나의 넓은 미로처럼 바라본다. 이 미로 속에서 우리는 단순히 모든 길을 걷는 것이 아니라, "유효한 길인지"를 매번 판단하며 탐색한다. 탐색은 DFS(깊이 우선 탐색) 방식으로 작동한다. 하나의 폴더에 들어가면, 그 내부에 있는 파일을 먼저 확인하고, 이후 또 다른 폴더가 발견되면 그 폴더로 깊숙이 들어간다. 즉, 폴더 안의 폴더를 재귀적으로 계속 탐색하는 구조다.

각 폴더에 도달할 때마다 시스템은 해당 위치에 존재하는 모든 파일 목록을 확인한다. 이때 단순히 파일이 있다고 해서 모두 탐색 대상이 되는 것은 아니다. 사전에 정의된 조건 — 예를 들어 특정 확장자, 크기, 이름, 생성일자 등이 — 충족되는 파일만 필터링되어 저장 또는 출력된다.

중요한 것은 탐색의 효율성이다. 조건을 만족하지 않는 경로(예: 필요 없는 형식의 파일만 들어 있는 폴더)는 아예 탐색하지 않고 그 지점에서 바로 중단된다. 이러한

'가지치기(pruning)'는 되추적 기법의 핵심으로, 쓸모 없는 분기를 더 이상 쫓지 않도록 함으로써 전체 실행 시간을 대폭 줄인다. 그리고 만약 한 폴더의 탐색이 끝나면, 되추적(backtrack)을 통해 상위 폴더로 돌아가 다른 경로를 시도한다. 이렇게 경로를 바꾸고 판단을 반복하는 과정 속에서, 조건을 만족하는 파일들이 하나둘씩 수집된다.

이 방식은 단순한 자동화 도구가 아니라, 경로를 스스로 판단하고 유망한 방향만을 찾아가는 일종의 지능형 탐색 전략이다. 복잡한 폴더 구조를 가진 시스템에서도, 빠르게 핵심 정보만 추출할 수 있는 이유가 여기에 있다.

- **Python 코드**: 함수 선언

```python
1  import os
2
3  def find_files_by_condition(start_path, extension=None, min_size=0):
4      matched_files = []
5
6      def backtrack(current_path):
7          try:
8              for entry in os.scandir(current_path):
9                  if entry.is_file():
10                     if extension and not entry.name.endswith(extension):
11                         continue
12                     if entry.stat().st_size < min_size:
13                         continue
14                     matched_files.append(entry.path)
15                 elif entry.is_dir():
16                     backtrack(entry.path)
17         except PermissionError:
18             pass  # 권한 오류가 나는 폴더는 건너뜀
19
20     backtrack(start_path)
21     return matched_files
```

find_files_by_condition() 함수는 다음 조건을 만족하는 파일만 탐색하여 반환한다.

- ✔ 특정 확장자(extension)을 가진 파일
- ✔ 특정 최소 크기(min_size) 이상의 파일
- ✔ 폴더 내부의 폴더까지 포함해 재귀적으로 탐색(되추적 기법)

4번째 줄에서 선언한 matched_files은 조건을 만족하는 파일들의 경로를 저장할 리스트로 18번째 줄에서 반환한다.

6번째 줄에서 선언한 backtrack() 함수는 되추적 함수로, current_path 경로 내에서 조건을 만족하는 파일을 찾기 위해 재귀적으로 탐색한다.

10과 11번째 줄이 가지치기를 위한 코드이며, 해당 파일이 저장된 확장자와 일치하지 않으면 건너뛴다. 12와 13번째 줄은 파일의 크기가 지정한 최소 사이즈보다 작은 경우 조건 미충족으로 역시 가지치기에 해당하는 코드이다.

15와 16번째 줄이 핵심적인 되추적 코드로, 항목이 파일이 아니고 디렉토리, 즉 폴더인 경우, 다시 돌아가 탐색을 재귀적으로 진행한다.

- **함수 실행 예시**: 실행을 colab에서 하는 경우, colab은 로컬 경로가 아닌 클라우드 경로(Google Drive 또는 업로드된 경로)만 인식할 수 있기 때문에 Google Drive를 마운트한 후, 선택된 폴더 내에서 특정 확장자와 최소 용량 조건에 맞는 파일을 찾아주는 기능을 수행할 수 있다. 마운트를 실행하는 경우, Google 계정에 대한 권한을 부여해야 하며, 이를 위한 코드는 다음과 같다.

```python
1 from google.colab import drive
2 drive.mount('/content/drive')
```

```
Mounted at /content/drive
```

마운트를 성공적으로 실행하였다면, 다음과 같이 함수를 호출하여 실행할 수 있다.

```python
1 base_path = '/content/drive/MyDrive/working/image'
2
3 folder_A_path = os.path.join(base_path, 'folder_A')
4 folder_B_path = os.path.join(base_path, 'folder_B')
5
6 result_A = find_files_by_condition(folder_A_path, extension='.jpg', min_size=500)
7 result_B = find_files_by_condition(folder_B_path, extension='.jpg', min_size=500)
8
9 # 결과 통합
10 all_results = result_A + result_B
```

```
11
12 # 출력
13 for file in all_results:
14     print(file)
```

/content/drive/MyDrive/working/image/folder_A/chat봇04.jpg
/content/drive/MyDrive/working/image/folder_B/놀이공원.jpg

Google의 '내 드라이브' 안에 working이라는 폴더 안의 image/folder_A, image/folder_B 하위의 모든 폴더와 파일을 재귀적으로 깊이우선 탐색(DFS) 하기 위한 실행 코드이며, .jpg 확장자이며, 파일 크기가 50KB 이상인 경우만 결과에 추가한다. 조건에 맞지 않는 경로는 가지치기(pruning) 되어, 결과에 반영되지 않는다.

- **활용 분야**: 조건에 따라 필요한 파일만을 찾아내는 문제는 단순한 검색을 넘어서, 데이터를 구조화하고, 필터링하며, 작업 흐름을 최적화하는 전략의 출발점이다. 되추적 기법을 활용한 파일 검색 구조는 단지 하위 폴더를 탐색하는 데 그치지 않고, 조건을 중심으로 정보의 흐름을 통제하고, 의미 있는 정보만을 추출하는 핵심 기술이다. 이는 파일 탐색 자동화, 자료 정리, 데이터 수집 등 다양한 현실 과제에서 응용될 수 있으며, 파일 속성 기반 조건 판별과 경로 분기를 결합한 사고력 훈련 도구로서도 매우 효과적이다. 다양한 분야에서 이 알고리즘이 응용되는 대표적인 사례를 살펴보기로 하자.

1. **운영체제 파일 탐색 최적화**: 운영체제 내부에서 파일 시스템은 수많은 디렉토리와 하위 폴더로 구성된다. 되추적 기법은 파일 탐색 과정에서 깊이 우선으로 경로를 추적하고, 유효하지 않은 경로는 즉시 배제함으로써 효율적인 파일 검색을 가능하게 한다.
   - ☑ 사용자 명령어 기반으로 파일 탐색 실행
   - ☑ 특정 확장자나 조건에 부합하지 않으면 가지치기
   - ☑ 목적 파일 탐색 후 탐색 중지

   되추적 기법은 모든 경로를 다 확인하는 방식보다 적은 자원으로 빠르게 원하는 파일을 찾아내는 데 유리하다. 이는 리눅스, 윈도우 등 운영체제 파일 탐색 성능에도 직결된다.

2. **팀 프로젝트 자료 구조 분석 도구**: 팀 프로젝트를 진행할 때, 다양한 파일이 여러 서브 폴더에 흩어져 저장되기 쉽다. 특히 팀원마다 작업 폴더 구조가 달라지면 필요한

자료를 찾기 어렵고, 동일한 파일이 중복 저장되기도 한다. 이때 되추적 기법을 활용한 구조 분석 도구는 디렉토리 내 전체 자료 흐름을 추적하고, 조건에 맞는 유효 파일만 식별하는 데 유용하다. 이 과정은 각 팀원 폴더를 재귀적으로 탐색하면서, 필요한 조건을 만족하지 않으면 탐색을 중단하고 상위 경로로 되돌아가는 구조로 작동한다.

- ✅ 팀원별 폴더 내 중복 파일 자동 탐색 및 제거
- ✅ 규정된 파일 형식(.docx, .pptx 등)만 수집
- ✅ 오래된 임시 파일이나 용량 초과 파일은 탐색 중 가지치기

되추적 구조는 프로젝트 자료 흐름을 정리하고, 불필요한 탐색을 줄이면서 최소한의 시간과 노력으로 최대한의 정돈 효과를 얻는 전략적 파일 관리 방식을 제공한다. 특히 공동작업이 많은 환경에서 팀원 간 자료 혼선 방지와 문서 통합에 큰 도움이 된다.

3. **디지털 포렌식 수사 시스템**: 사이버 수사에서는 수천 개의 파일 속에서 특정 조건을 만족하는 파일을 빠르게 찾는 작업이 필요하다. 되추적 기법은 범위 내에서의 조건 탐색 및 불필요한 경로 배제에 효과적이다.

- ✅ 삭제된 경로에서 특정 키워드 포함 파일 추적
- ✅ 시간대, 파일 크기 등의 조건으로 pruning
- ✅ 발견 즉시 경로 출력 및 증거 저장

이는 디지털 증거 분석의 정확도를 높이고, 반복된 비효율적인 탐색을 방지하는 핵심 전략이 된다.

4. **백업 시스템 내 불필요 파일 필터링**: 대용량 백업 시스템에서는 중요한 파일만 남기고, 불필요한 파일은 백업 대상에서 제외해야 한다. 되추적 기법은 경로 탐색 도중 조건을 만족하지 않는 노드를 조기에 제거한다.

- ✅ 로그 파일 또는 일시적 파일 제외 조건 설정
- ✅ 디렉토리 탐색 중 조건 불일치 시 가지치기
- ✅ 백업 리스트에 유효 파일만 포함

이로 인해 백업 시간과 용량을 최적화할 수 있으며, 저장 효율도 함께 개선된다.

5. **클라우드 저장소 내 중복 파일 정리**: 클라우드 기반의 저장소에서 중복 파일이나 불필요한 버전 파일을 정리할 때 되추적 기법을 활용할 수 있다.

☑ 동일 이름, 동일 크기의 파일 탐색

☑ 일정 규칙을 만족하지 않으면 탐색 중단

☑ 특정 경로만 유망하다고 판단되면 탐색 유지

이러한 전략은 저장 공간 낭비를 줄이고, 사용자 경험을 향상시키는 데 중요한 역할을 한다.

6. **사진/미디어 정리 앱의 자동 분류 기능**: 많은 사진 파일 속에서 특정 날짜, 장소, 사람에 따라 그룹을 나누는 작업에도 되추적 기법이 유효하다.

☑ 메타데이터 기반 탐색 조건 구성

☑ 조건에 맞지 않으면 하위 폴더 탐색 중단

☑ 유효한 사진만 자동 정리 폴더로 이동

사용자 입장에서 복잡한 폴더를 일일이 탐색하지 않아도 되는 구조를 제공한다.

7. **자동화된 서버 로그 분석**: 서버에서는 하루에도 수천 개의 로그 파일이 생성된다. 이 중 장애나 보안 문제와 관련된 특정 로그를 추출하는 데 되추적 기법이 쓰인다.

☑ 시간 범위, IP, 오류 코드 기반 탐색

☑ 조건 불일치 시 탐색 중단

☑ 매칭된 로그만 모아서 보고서 생성

이 방식은 분석 속도와 정확성을 동시에 확보할 수 있는 방법이다.

8. **개발 프로젝트 폴더 정리 도구**: 프로젝트가 진행되면서 생성된 수많은 코드 파일, 테스트 결과, 임시 파일 등을 정리하는 데 되추적 방식이 활용된다.

☑ 일정 패턴의 파일만 추출(예: .py, .log)

☑ 지정 폴더 외 영역은 탐색 제외

☑ 조건 충족 시에만 파일 리스트화

개발자는 불필요한 파일을 자동 정리하고, 깔끔한 프로젝트 구조를 유지할 수 있다.

9. **온라인 과제 자동 평가 시스템**: 프로그래밍 과제를 자동으로 평가할 때, 채점 시스템은 특정 파일을 찾아 실행하거나 내용을 분석한다.

☑ 폴더 내 main.py 또는 solution.cpp 탐색

☑ 폴더 구조가 불일치하면 재귀 중단

☑ 파일 발견 후 자동 실행 및 결과 비교

효율적 탐색 구조는 채점 시간 단축 및 실수 방지에 결정적인 역할을 한다.

10 **검색 기반 사용자 인터페이스 설계**: 사용자가 파일명을 모르고 일부 키워드만 기억 하는 경우, 이를 기반으로 디렉토리를 탐색하여 유사 파일을 추천하는 기능에 되추 적 기법이 적용될 수 있다.

- ☑ 입력된 키워드를 포함하는 경로 탐색
- ☑ 무관한 경로는 탐색 도중 배제
- ☑ 유사 경로 및 파일명 우선 탐색

이는 추천 시스템과 결합되어, 사용자 중심의 지능형 탐색 기능을 구현하는 데 핵 심 전략이 된다.

이처럼 되추적 기법을 기반으로 하는 파일 탐색은 다양한 작업 자동화의 기 반이 되며, 조건 기반 필터링이 필요한 모든 환경에서 효율적이고 반복 가능한 솔 루션을 제공한다. 단순한 파일 나열을 넘어서, 의미 있는 정보만을 선택적으로 탐 색하는 구조적 전략이라 할 수 있다.

- **알고리즘의 효율성과 한계**: 되추적 기법을 활용한 파일 탐색은 탐색 공간이 계층적으 로 구성된 상황(예: 폴더 구조)에서 모든 경우의 수를 확인하면서도, 조건에 따라 불필 요한 경로는 미리 제거하는 방식으로 시간과 자원의 낭비를 최소화한다. 특히 탐색 과 정에서 유망하지 않은 경로를 초기에 제외할 수 있어, 가지치기(pruning) 전략과 결합 될 때 그 진가를 발휘한다.

단순한 재귀 탐색부터, 조건 기반 가지치기를 적용한 깊이 우선 탐색까지 구 현 방식에 따라 효율성은 크게 달라질 수 있다. 아래는 조건 기반 파일 탐색을 구 현하는 주요 방식과 그 특성에 대한 비교이다.

구현 방식	시간 복잡도	공간 복잡도	특징
단순 DFS 재귀 탐색	O(n)	O(d)	모든 경로를 순차적으로 확인하며 깊이 우선 탐색
조건 기반 되추적 탐색(with pruning)	O(k)(k ≤ n)	O(d)	조건 불일치 경로를 조기 배제하여 탐색 효율 개선

문제 해결의 전략, 알고리즘

| 반복 기반 탐색
(스택 활용) | O(n) | O(d) | 재귀 대신 스택으로 경로 누적, 호출 깊이 제어 가능 |

※ 여기서 n은 전체 파일 수, d는 폴더의 최대 깊이

해당 알고리즘의 장단점은 다음과 같이 정리할 수 있다.

- **장점**
  - ☑ 트리 구조를 따르는 계층적 문제에 매우 직관적으로 적용 가능
  - ☑ 조건이 명확한 경우, 불필요한 탐색을 최소화하여 실행 시간을 크게 줄일 수 있음
  - ☑ Python 재귀 구조와 궁합이 좋으며 코드 구조가 깔끔하고 명확함
  - ☑ DFS 방식과 프루닝이 결합되어, 조건을 만족하는 해를 빠르게 찾는 데 적합
  - ☑ 유저 입력 조건(extension, size 등)에 따라 유연하게 구조 수정 가능
- **단점**
  - ☑ 조건이 복잡하거나 경로가 지나치게 깊어질 경우 스택 오버플로우 발생 가능성 존재
  - ☑ 파일 수가 매우 많고 조건 필터링이 약할 경우, 모든 경로를 순회해야 하므로 실행 시간이 길어짐
  - ☑ 가지치기 기준을 잘못 설정하면 오히려 필요한 파일을 누락하거나, 전체 성능이 하락할 수 있음
  - ☑ 파일 시스템 접근은 IO 병목의 영향을 받아, CPU 연산만큼 단순하지 않음

되추적 기법 기반 파일 탐색은 단순한 경로 순회 이상의 의미를 가진다. 이 알고리즘은 조건의 유무에 따라 탐색 흐름을 동적으로 변화시키고, 중간 결과에 기반하여 탐색 전략을 실시간으로 조정할 수 있다는 점에서 매우 전략적인 구조다. 단순 재귀에서 시작해 조건 기반 가지치기까지 발전시키는 과정은, 컴퓨팅 사고에서 '탐색과 판단'이라는 두 핵심 요소를 동시에 훈련시키는 기회가 된다. 복잡한 디렉터리 구조에서 원하는 조건의 파일을 빠르고 정확하게 찾는 이 기법은, 데이터 정리, 시스템 점검, 자동화 스크립트 설계 등 실무적 맥락에서도 매우 실용적이다. 되추적 기법은 단지 트리를 거꾸로 오르는 방식이 아니라, "최적의 흐름을 남기고 나머지를 버리는 선택의 전략"이라는 것을 이 사례를 통해 분명하게 이해할 수 있다.

- **문제**: 9×9 스도쿠 퍼즐을 자동으로 푸는 프로그램을 만들어야 한다. 일부 숫자가 채워진 상태에서, 퍼즐의 규칙을 어기지 않으면서 모든 빈칸을 채워야 한다. 단순한 무작위 입력이 아니라, 조건을 만족하지 않는 경우에는 즉시 이전 선택으로 돌아가야 하며, 전체적인 일관성을 유지하며 해를 완성해야 한다.

- **작동 원리**: 스도쿠 퍼즐은 탐색 공간이 매우 크고, 제약 조건이 명확한 문제다. 되추적 기법은 이 문제에 아주 잘 들어맞는다. 빈칸을 순서대로 채우면서 각 칸마다 가능한 숫자를 대입해보고, 규칙을 위반하지 않으면 다음 칸으로 이동한다.

만약 규칙을 위반하는 숫자만 남았다면, 바로 이전 칸으로 돌아가 다른 숫자를 시도한다. 이 과정을 재귀적으로 반복하면서, 가능한 해를 찾을 때까지 유망한 경로만 따라간다. 조건을 미리 평가(promising)하여 무효한 경로는 아예 탐색하지 않기 때문에 효율적인 탐색이 가능하다.

- **Python 코드**: 함수 선언

```python
 1 def solve_sudoku(board):
 2     def is_valid(r, c, num):
 3         for i in range(9):
 4             if board[r][i] == num or board[i][c] == num:
 5                 return False
 6             if board[3*(r//3)+i//3][3*(c//3)+i%3] == num:
 7                 return False
 8         return True
 9
10     def backtrack():
11         for r in range(9):
12             for c in range(9):
13                 if board[r][c] == 0:
14                     for num in range(1, 10):
15                         if is_valid(r, c, num):
16                             board[r][c] = num
17                             if backtrack():
18                                 return True
19                             board[r][c] = 0
20                     return False
21         return True
```

```
22
23      backtrack()
24      return board
```

● 함수 실행 예시

```
 1 sudoku_board = [
 2     [5, 3, 0, 0, 7, 0, 0, 0, 0],
 3     [6, 0, 0, 1, 9, 5, 0, 0, 0],
 4     [0, 9, 8, 0, 0, 0, 0, 6, 0],
 5     [8, 0, 0, 0, 6, 0, 0, 0, 3],
 6     [4, 0, 0, 8, 0, 3, 0, 0, 1],
 7     [7, 0, 0, 0, 2, 0, 0, 0, 6],
 8     [0, 6, 0, 0, 0, 0, 2, 8, 0],
 9     [0, 0, 0, 4, 1, 9, 0, 0, 5],
10     [0, 0, 0, 0, 8, 0, 0, 7, 9]
11 ]
12
13 solved_board = solve_sudoku(sudoku_board)
14 for row in solved_board:
15     print(row)
```

```
[5, 3, 4, 6, 7, 8, 9, 1, 2]
[6, 7, 2, 1, 9, 5, 3, 4, 8]
[1, 9, 8, 3, 4, 2, 5, 6, 7]
[8, 5, 9, 7, 6, 1, 4, 2, 3]
[4, 2, 6, 8, 5, 3, 7, 9, 1]
[7, 1, 3, 9, 2, 4, 8, 5, 6]
[9, 6, 1, 5, 3, 7, 2, 8, 4]
[2, 8, 7, 4, 1, 9, 6, 3, 5]
[3, 4, 5, 2, 8, 6, 1, 7, 9]
```

— sudoku_board 리스트에는 스도쿠 문제의 초기 상태가 저장되어 있다. 0은 비어 있는 칸을 의미한다.

— 앞서 정의한 solve_sudoku() 함수는 이 보드를 입력받아 모든 빈칸에 적절한 숫자를 채워 넣는 되추적 기법을 실행한다.

— 되추적 함수는 다음과 같은 과정을 따른다.

　① 빈 칸을 하나씩 선택

　② 1부터 9까지 숫자를 순차적으로 시도

　③ 스도쿠의 규칙(가로, 세로, 박스 내 중복 금지)에 위배되지 않으면 채움

　④ 만약 가능한 숫자가 없으면 이전 칸으로 돌아가 다른 숫자를 시도(되추적)

— 전체 보드를 모두 채우면 True를 반환하여 해결을 완료하고, 수정된 board를 반환한다.

— 각 가로줄, 세로줄, 3x3 박스 모두 1부터 9까지 중복 없이 정확하게 배치되어 있다.

스도쿠처럼 조건 기반의 조합 탐색 문제에 대해, 되추적 기법은 정답을 반드시 찾을 수 있는 신뢰성 있는 전략임을 확인할 수 있다.

- **활용 분야**: 스도쿠 퍼즐은 단순한 숫자 채우기 게임을 넘어, 되추적 기법의 원리를 실제로 체험할 수 있는 대표적인 제약 조건 충족 문제다. 이 구조는 현실에서도 '선택 → 판단 → 충족 여부 확인 → 조건 불만족 시 되돌아감'이라는 흐름을 가진 문제 해결 전략에 널리 활용된다. 특히 모든 조합을 다 시도하되, 조건이 불만족하면 빠르게 포기하고 다른 선택지를 시험하는 전략은 다양한 분야에서 반복적이고 조건 기반의 문제를 푸는 데 중요한 사고 도구가 된다.

1. **제약 충족 문제 자동 해결기 개발**: 복잡한 제약 조건을 가진 퍼즐이나 문제를 자동으로 해결하는 시스템 설계에 스도쿠 구조가 기반이 된다.
   - ☑ 퍼즐 생성기에서 가능한 조합 생성 후 조건 만족 여부 판단
   - ☑ 수학 방정식 풀이 도우미에서 조건 만족하는 변수 조합 탐색
   - ☑ 일정표 자동 생성기에서 중복 없는 시간표 구성

   스도쿠의 '한 칸마다 조건을 만족시켜야 한다'는 구조는 제약 충족 문제 전반의 사고 모델로 작동한다.

2. **대입형 시험 문제 자동 생성 시스템**: 스도쿠의 수 채우기 구조는 변수나 선택지를 자동 생성하고, 조건을 만족하도록 배치하는 문제 설계에 활용된다.
   - ☑ 정답이 하나뿐인 수학 문제 생성기
   - ☑ 조건 기반의 중복 없는 객관식 보기 배열
   - ☑ 난이도별 조합 문제 자동 설계 알고리즘

   스도쿠처럼 단 하나의 해를 만들면서 중복을 피하는 구조는 시험 문항 설계의 자동화 모델로 쓰인다.

3. **컴퓨터 그래픽스의 격자 채색 문제**: 각 셀에 색을 칠하면서 인접한 셀과 겹치지 않아야 하는 문제는 스도쿠의 조건 구조와 유사하다.
   - ☑ 퍼즐 게임의 색상 배치 자동 생성

☑ 3D 공간 내 인접 요소 색상 할당

☑ 시각적 요소 중복 없는 레이아웃 설계

스도쿠의 '행, 열, 박스 내 중복 금지' 조건은 공간적 중복 제약이 필요한 그래픽스 설계에 직접 응용된다.

4️⃣ **네트워크 IP 주소 자동 할당 도구**: 네트워크에서 중복되지 않는 IP 주소를 영역별로 배정할 때, 스도쿠처럼 각 영역에서 고유해야 하는 조건이 적용된다.

☑ 서브넷별 중복 없는 IP 할당

☑ 부서별 독립 주소 공간 구성

☑ 충돌 감지 및 자동 되돌리기 기능 탑재

스도쿠처럼 모든 위치에 대해 조건을 확인하면서 유효한 주소만을 배정하는 흐름이 적용된다.

5️⃣ **AI 기반 경로 찾기에서의 제한적 선택 구조**: 경로를 구성할 때, 각 단계에서 특정 조건을 만족하면서 다음 노드를 선택해야 하는 경우 스도쿠의 탐색 방식이 적용된다.

☑ 퍼즐형 게임에서의 움직임 경로 자동 생성

☑ AI의 경로 계획 중 유효 선택만 남기는 전략

☑ 마법진, 길찾기, 블록 배치 퍼즐 해답 생성

스도쿠처럼 조건을 검토하며 진행하고, 실패 시 되돌아가는 구조는 AI 경로 문제 해결에서도 유용하다.

6️⃣ **소셜 네트워크 그래프 레이아웃 자동화**: 사용자 간의 연결 구조를 시각화할 때, 겹치지 않게 배치하면서 연결 조건을 만족하는 구조 설계에 스도쿠형 기법이 활용된다.

☑ 시각화 도구에서 노드 간 거리 제약 반영

☑ 중복 연결선 제거 자동 레이아웃

☑ 사람 간 관계도를 직관적으로 배치하는 알고리즘

중복 없이 관계를 배치하고 충돌을 피하는 점에서, 스도쿠의 규칙 기반 배치와 같은 전략이 사용된다.

7️⃣ **게임 레벨 자동 조정 및 난이도 생성기**: 게임의 난이도 조정에 있어, 제한된 요소를 조합하면서도 특정 조건을 만족하도록 구성할 때 스도쿠형 조합 구조가 적용된다.

☑ 중복 없는 적 배치

☑ 제한된 자원으로 진행 가능한 단계 설계

☑ 무작위성 속에 균형 잡힌 게임 진행 구조

스도쿠처럼 하나의 요소가 전체 흐름에 영향을 미치도록 설계하는 데 유용한 기법이다.

8 **정보 보안에서의 키 조합 유효성 검증**: 암호 키를 구성할 때, 각 자리마다 서로 다른 조건을 적용해야 할 경우, 스도쿠처럼 중복을 피하고 전체 유효성을 확인해야 한다.

☑ 키 생성 시 숫자 및 문자의 조합 조건 확인

☑ 생년월일, 사용자 정보 등과의 중복 여부 판단

☑ 해시 테이블 구성 시 중복 키 감지 및 수정

조건 기반의 조합 설계는 스도쿠식 탐색과 유사한 흐름으로 실행된다.

9 **IoT 디바이스 간 채널 자동 분배**: 무선 채널을 서로 간섭 없이 배정하기 위해 각 디바이스에 조건을 적용하고 중복을 방지하는 방식은 스도쿠 배치와 동일하다.

☑ 근접 기기 간 채널 간섭 최소화

☑ 지역별 독립 채널 할당

☑ 충돌 발생 시 자동 재조정 알고리즘

스도쿠에서의 '3x3 박스 내 중복 금지' 규칙은, 인접 지역 간 자원 충돌 방지에 그대로 적용 가능하다.

10 **교육용 문제 해결 시뮬레이터**: 프로그래밍 교육이나 문제 해결 훈련에서, 조건 기반 탐색 과정을 체험하는 도구로 스도쿠 구조를 활용할 수 있다.

☑ 조건을 입력하면 가능한 해답을 단계별로 시각화

☑ 유망한 선택과 되돌아감(backtracking) 과정을 직접 체험

☑ 제약 충족 문제(CSP: Constraint Satisfaction Problem) 해법 훈련 도구

학습자에게 '조건 판단 + 되돌아감' 사고를 시각적으로 이해시키는 데 효과적인 학습 구조다.

스도쿠 퍼즐은 단지 숫자 놀이가 아니다. 그것은 제약을 이해하고, 선택을 조율하며, 실패한 선택에서 다시 시작하는 '되추적 사고의 축소판'이다. 이 구조는 단순 반복이 아닌 전략적 탐색을 요구하며, 현실의 다양한 컴퓨터 활용 상황에 그대로 응용된다. 스도쿠를 기반으로 한 문제 해결 구조는 조건 충족 → 선택 → 검증 → 복귀 → 재선택이라는 사고 흐름을 훈련시키며, 이는 데이터 처리, 보안, 네

문제 해결의 전략, 알고리즘

트워크, 시각화, 교육 등 실무의 다양한 영역에서 되추적 기법이 전략적으로 적용
될 수 있음을 보여준다. 스도쿠를 푸는 손끝에서, 전략적 문제 해결자의 두뇌가 자
라고 있는 것이다.

- **알고리즘의 효율성과 한계**: 되추적 기법을 활용한 스도쿠 퍼즐 해결은 모든 경우의 수
  를 고려하면서도, 조건 충족 여부에 따라 탐색을 조기 중단하고 이전 단계로 되돌아가
  는 전략적 문제 해결 방식이다. 특히 빈칸 채우기 → 조건 만족 여부 판단 → 불만족 시
  이전 단계로 복귀라는 구조는 제약 조건을 만족하는 해를 찾는 데 매우 효과적이다.

스도쿠 문제 해결은 단순히 모든 조합을 다 시도하는 것이 아니라, 유망한 경
로만을 선택적으로 탐색하는 가지치기(pruning)와 결합될 때 효율성이 크게 향상
된다. 아래는 스도쿠 퍼즐을 해결하는 주요 알고리즘 구현 방식과 그 특성에 대한
비교이다.

구현 방식	시간 복잡도	공간 복잡도	특징
완전 탐색 (Brute Force)	$O(9^{81})$	$O(81)$	가능한 숫자 조합을 모두 시도 (현실적으로 불가능)
기본 되추적기법	$O(k)(k \ll 9^{81})$	$O(81)$	조건 위배 시 즉시 복귀하는 전략, 실용 가능
되추적 + 히스토그램 정렬(MRV 등)	$O(k')(k' < k)$	$O(81)$	가장 제약 많은 칸부터 채워 탐색 효율 향상

※ 여기서 81은 전체 셀 수, k는 유효 경로 수, k'는 히스토그램 기반 가지치기 적용 후 유효 경로 수

스도쿠 알고리즘의 장단점은 다음과 같이 정리할 수 있다.

- **장점**
  - ☑ 하나의 정답을 찾아야 하는 제약 조건 문제에 최적화된 구조
  - ☑ 조건 충족 실패 시 바로 이전 단계로 되돌아가므로 탐색 낭비가 적음
  - ☑ 코드 흐름이 직관적이며, 수많은 실전 문제에 적용 가능한 일반화된 탐색 전략
  - ☑ 제약 충족 문제(CSP: Constraint Satisfaction Problem) 훈련의 대표 사례로 교육적

활용도 높음

☑ MRV(Minimum Remaining Value), Forward Checking 등 다양한 가지치기 기법과 쉽게 결합 가능

- **단점**

  ☑ 퍼즐의 초기 상태에 따라 탐색 효율이 극단적으로 차이날 수 있음

  ☑ 제약 조건이 복잡하거나 중첩된 경우, 구현 난이도 상승 및 디버깅 어려움

  ☑ 한 칸의 오답이 전체 해에 치명적인 영향을 미쳐 되돌아가는 횟수가 급격히 늘어날 수 있음

  ☑ 많은 칸이 비어 있는 퍼즐은 탐색 트리의 깊이가 깊어져 실행 시간 증가

  ☑ 동시 다중 해가 존재하는 퍼즐의 경우, 하나의 해만 구하도록 제한하지 않으면 무한 탐색 가능성 있음

스도쿠 퍼즐에서의 되추적 기법은 단순한 반복 계산이 아니라, 조건 기반의 탐색 흐름을 설계하고 실시간으로 판단을 내리는 전략적 구성이다. 탐색 경로의 매 순간, 우리는 '이 선택이 전체 구조에서 유효한가'를 판단해야 하며, 이는 마치 논리 퍼즐을 풀듯 사고의 길을 따라가는 과정이다.

이러한 구조를 구현하고 실습함으로써 제약 조건, 가지치기, 유효성 판단 등 전략적 탐색 사고의 핵심 요소를 자연스럽게 익힐 수 있다. 스도쿠 퍼즐은 결국 "모든 숫자를 넣는 것이 아니라, 어떤 숫자만을 남겨야 하는지 아는 지혜"를 요구한다. 되추적 기법은 이 지혜를 코드로 구현하는 가장 정교한 도구가 된다.

N-Queens 문제

- **문제**: 체스판 위에 N개의 퀸을 서로 공격하지 않도록 배치하는 모든 가능한 경우의 수를 구하는 문제. 각 퀸은 같은 행, 열, 대각선 위에 다른 퀸이 있어서는 안 된다.

이 제약 조건을 만족하는 배치를 찾아내기 위해서는 되추적 기법을 통한 조건 기반 탐색이 필요하다.

- **작동 원리**: N-Queens 문제는 상태공간 트리를 따라 한 행에 하나의 퀸을 배치하는 방

식으로 전개된다. 매 행마다 가능한 열에 퀸을 배치하고, 다음 행으로 진행하며, 현재까지 배치된 퀸들과 충돌하지 않는 경우에만 유효한 경로로 판단한다. 충돌이 발생하면 직전 단계로 되돌아가 다른 선택지를 시도한다. 이 과정은 재귀적으로 진행되며, 유망하지 않은 경로는 초기에 제거된다(가지치기).

- **Python 코드**: 함수 선언

```python
1 def solve_n_queens(n):
2     def is_valid(board, row, col):
3         for i in range(row):
4             if board[i] == col or abs(board[i] - col) == abs(i - row):
5                 return False
6         return True
7
8     def create_board(board):
9         result = []
10        for i in range(n):
11            row = ['.'] * n
12            row[board[i]] = 'Q'
13            result.append(''.join(row))
14        return result
15
16    def backtrack(board, row):
17        if row == n:
18            result.append(create_board(board))
19            return
20        for col in range(n):
21            if is_valid(board, row, col):
22                board[row] = col
23                backtrack(board, row + 1)
24
25    result = []
26    board = [-1] * n
27    backtrack(board, 0)
28    return result
```

- **함수 실행 예시**

```python
1 N = int(input('Queen의 갯수는? '))
2 solutions = solve_n_queens(N)
3 for board in solutions:
4     for row in board:
```

```
5        print(row)
6    print('=' * N)  # 구분선
```

```
Queen의 갯수는? 4
.Q..
...Q
Q...
..Q.
====
..Q.
Q...
...Q
.Q..
====
```

Queen의 수를 입력받아 실행한 예시이다. 4-Queens는 2개의 경우가 정답으로 생성되는 것을 확인할 수 있다.

- **활용 분야**: N-Queens 문제는 단순한 퍼즐을 넘어, 제약 충족 문제(Constraint Satisfaction Problem)를 모델링하는 강력한 도구다. 이와 유사한 구조는 여러 현실 과제에 활용되며, 아래는 이를 적용할 수 있는 대표적 컴퓨터 활용 사례에 해당한다.

1. **서버 자원 충돌 최소화**: 서버 간 작업 할당 시, 동일한 시간대에 동일한 포트를 사용하는 작업이 없도록 조정해야 할 때 N-Queens 방식의 분산 배치 전략이 유용하다.
   - ☑ 동일 포트를 공유하는 작업의 분리 배치
   - ☑ CPU 사용량이 충돌하지 않도록 시간 간격 배치
   - ☑ DB 트랜잭션 타이밍 분산 처리

   충돌 없는 배치 구조는 서버 안정성과 병렬 처리 성능 향상에 핵심적 역할을 한다.

2. **무선 채널 간섭 회피 시스템**: 근접한 무선 기지국이 동일 주파수를 사용하면 간섭이 발생한다. 퀸의 충돌을 피하는 방식으로 주파수 배치를 최적화할 수 있다.
   - ☑ 셀룰러 기지국 주파수 분배
   - ☑ 와이파이 공유기 간 채널 간섭 회피
   - ☑ 블루투스 기기 간 주파수 간섭 예방

   간섭 없는 할당 전략은 통신 품질을 유지하는 데 필수다.

3. **병원 수술실 스케줄링**: 하나의 수술실에 동시에 여러 수술이 겹치지 않도록 배치하

문제 해결의 전략, 알고리즘

며, 의사와 장비의 중복 사용을 피해야 한다.

- ☑ 수술실 별 수술 시간표 배치
- ☑ 장비 중복 사용 회피
- ☑ 전문의 배정의 최적화

제약 기반 배치는 병원 운영 효율성을 높이는 핵심 전략이 된다.

4 **대학교 시험 시간표 배정**: 같은 학생이 여러 과목을 수강할 때, 시험 일정이 겹치지 않도록 시간표를 짜는 것이 중요하다.

- ☑ 동일 학번 과목 중복 시험 시간 배제
- ☑ 과목별 시험실 및 감독 인력 고려
- ☑ 시험 간 최소 시간 간격 확보

N-Queens 방식은 제약을 반영한 시험 일정 계획에 적합하다.

5 **생산 공정 장비 충돌 방지**: 생산 라인에서 하나의 장비에 여러 공정이 몰리지 않도록 작업을 분산 배치하는 데 활용된다.

- ☑ 기계의 연속 가동 방지
- ☑ 공정 간 시간 간격 배치
- ☑ 조립 단계별 장비 분산 처리

작업 충돌을 최소화하면 생산 효율과 안전성이 동시에 향상된다.

6 **드론 군집 비행 경로 설정**: 여러 대의 드론이 서로 겹치지 않는 경로로 움직이며, 충돌 없이 특정 지점에 도달하도록 하는 제약 조건이 적용된다.

- ☑ 동일 고도 비행 경로 배제
- ☑ 동시간대 동일 좌표 진입 금지
- ☑ 출발지-도착지 간 충돌 없는 이동 계획

군집 비행의 안전성과 정밀성을 확보하는 핵심 전략이다.

7 **AI 스케줄러의 과제 자동 분배**: AI 기반 교육 시스템에서 동일 학생에게 시간 중복 없이 과제를 자동 배치할 수 있다.

- ☑ 과목 간 일정 중복 방지
- ☑ 과제 분량 균형 고려
- ☑ 교수자의 채점 시간도 포함 고려

N-Queens 구조는 학습자와 교사 모두의 일정 최적화에 활용 가능하다.

8 **게임 내 NPC(Non-Player Character) 배치 최적화**: 적 또는 아군 NPC가 서로 충돌하지 않도록 맵 위에 배치하는 알고리즘에도 유용하다.

- ☑ 적군 시야 중첩 제거
- ☑ 캐릭터 간 동선 충돌 방지
- ☑ 대각선 이동 경로 예측 및 회피

게임 내 전략적 배치의 핵심 설계 기반이 된다.

9 **자율주행 차량 충돌 회피 계획**: N개의 차량이 도시 블록 위에서 경로를 가질 때, 서로 교차점에서 충돌하지 않도록 경로를 설정해야 한다.

- ☑ 같은 시간대 같은 교차점 진입 방지
- ☑ 직진, 좌회전 간 우선순위 충돌 방지
- ☑ 센서 인식 범위 내 중복 경로 제거

스마트 교통 시스템의 핵심 알고리즘으로 응용된다.

10 **스마트 조명 제어 시스템**: 다양한 공간에서 조명의 센서가 서로 간섭하지 않도록 배치할 필요가 있다.

- ☑ 일정 범위 내 감지기 간 중복 제거
- ☑ 센서 간 간섭 영역 조절
- ☑ 감지 거리와 조명 반응 시차 설정

효율적인 센서 배치는 에너지 절약과 사용자 편의 향상에 기여한다.

N-Queens 문제는 단순한 체스 게임을 넘어, "제약 충족 기반의 최적 배치"라는 구조적 사고를 훈련하는 대표적 모델이다. 다양한 현실 세계의 과제는 단순히 가능한 해를 찾는 것이 아니라, "모든 조건을 만족하며 가장 효율적인 배치를 찾는 일"이다. 되추적 기법은 바로 그 복잡한 퍼즐 속에서 올바른 해를 탐색할 수 있게 해주는 전략이다. 제약 조건을 충족하면서도 최적의 결과를 도출하는 이 사고 방식은, 컴퓨팅 사고력의 본질을 길러주는 강력한 학습 도구가 되어줄 것이다.

- **알고리즘의 효율성과 한계**: N-Queens 문제는 되추적 기법의 대표적인 응용 사례로서, 복잡한 제약 조건을 가지는 배치 문제를 어떻게 구조적으로 해결할 수 있는지를 잘 보여준다.

구현 방식	시간 복잡도	공간 복잡도	특징
순열 기반 완전 탐색	$O(n!)$	$O(n)$	모든 가능한 배치를 확인, 비효율적
되추적탐색 (pruning 포함)	$O(n!)$보다 빠름 (유망 경로만 탐색)	$O(n)$	조건 기반 가지치기로 탐색 효율 향상
비트마스크 기반 최적화	$O(1.5^n)$ 수준	$O(1)$	대각선/행/열 충돌 여부를 비트로 계산

N-Queens 문제의 장단점은 다음과 같이 정리 가능하다.

- **장점**
  - ☑ 제약 충족 문제(CSP)에 매우 적합한 모델링 구조 제공
  - ☑ 가지치기를 통해 탐색 범위 축소 가능
  - ☑ 다양한 현실 문제에 적용 가능한 범용 구조
  - ☑ 시각적 구조로 사고력 및 이해도 향상에 도움
- **단점**
  - ☑ n이 커질수록 경우의 수가 급격히 증가(조합 폭발)
  - ☑ 모든 해를 찾아야 하는 경우 탐색 시간이 오래 걸림
  - ☑ 가지치기 조건을 잘못 설정하면 해를 놓치거나 오히려 탐색 시간 증가
  - ☑ 실제 문제에 적용 시, 추가 조건이 많아지면 구조가 복잡해질 수 있음

N-Queens 문제는 효율적이면서도 확장 가능한 구조를 가지며, 되추적 기법의 작동 원리를 가장 깔끔하게 보여주는 문제다. 하지만 문제의 크기가 커질수록 지수적 시간 복잡도가 발현되므로, 효율적인 조건 설정과 최적화 전략이 요구 된다.

그 외의 다양한 컴퓨터 활용 되추적 기법 문제 예시　　되추적 기법(Backtracking)은 정답을 찾는 것보다, 가능성을 좁혀가는 과정에서 빛을 발한다. 조건을 충족하지 않는 경로를 조기에 포기하고, 유망한 선택만을 좁혀가며 해답을 찾는 이 전략은 단지 알고리즘 대회나 이론 문제에만 적용되는 것이 아니다. 실제 대학생활, 정보 처리, 데이터 관리, 그리고 창의적인 프로젝트 상황 속에서 되추적 기법은 전략적

탐색의 방식으로 강력하게 작동한다. 다음은 다양한 컴퓨터 활용 문제에서 되추적 기법이 적용되는 대표적인 예시들이다.

- **동아리 행사 시간표 자동 생성기**: 학생회의 대표는 여러 동아리의 발표와 공연을 한 날에 배치해야 하는 상황이다.
  - ☑ 문제 예시: "모든 동아리가 원하는 시간대에 중복 없이 발표 순서를 정하려면?"
  - ☑ 되추적 적용 방식: 시간대와 동아리를 매칭하며, 한 동아리에 하나의 시간만 배정. 조건이 충족되지 않으면 직전 선택으로 되돌아가 다시 탐색.
  - ☑ 활용: 대학 축제, 발표회, 공모전 일정표 자동화 시스템
- **인터랙티브 소설 작성 도우미**: 사용자가 선택지를 따라가며 스토리가 달라지는 인터랙티브 소설을 기획한다.
  - ☑ 문제 예시: "모든 분기점에서 논리적 모순 없이 결말로 이어지는 경로를 설계하려면?"
  - ☑ 되추적 적용 방식: 각 선택지마다 결과를 추적하고, 모순이나 막다른 길이 생기면 이전 분기로 돌아가 다른 서사를 생성.
  - ☑ 활용: 디지털 콘텐츠 기획, 게임 시나리오 제작, 창작 수업 지원
- **시험 시간표 자동 배정 프로그램**: 학과 사무실에서는 중복 없이 강의실과 시간을 배정하려 한다.
  - ☑ 문제 예시: "모든 과목이 겹치지 않게 시험 시간을 배치하려면?"
  - ☑ 되추적 적용 방식: 각 과목을 하나씩 시간표에 배치하며, 겹치는 시간이나 강의실이 생기면 해당 선택을 되돌리고 다시 배정.
  - ☑ 활용: 학사 행정 시스템, 시험 관리 프로그램, 교육공학 자동화 도구
- **대학 수업 계획서 조건 검토기**: 강의계획서를 시스템에 제출할 때, 시간대·학점·중복 조건이 충족되어야 한다.
  - ☑ 문제 예시: "교수님이 낸 계획이 모든 조건을 만족하는 수업 조합인지 자동으로 검사하려면?"
  - ☑ 되추적 적용 방식: 제출된 과목들을 조합하면서 조건 위반이 있으면 해당 조합을 무효 처리하고 되돌아가 다른 조합을 탐색.
  - ☑ 활용: 수강신청 시스템 검증, 교수계획서 점검 도구
- **교환학생 스케줄 맞춤 조정기**: 교환학생은 본교·외국 대학 수업 시간표를 동시에 고려

해야 한다.

- ☑ 문제 예시: "양측 수업 충돌 없이 가능한 시간대를 선택하려면?"
- ☑ 되추적 적용 방식: 한 강좌 선택 시 해당 시간대를 다른 시간표에서 제거하고, 불가능한 조합은 제외하며 전체 스케줄 탐색.
- ☑ 활용: 교환학생 지원 플랫폼, 다중 시간표 조정 시스템

- **졸업 요건 충족 경로 탐색기**: 졸업까지 필요한 전공·교양·학점 요건을 충족하는 수강 경로를 찾는다.
  - ☑ 문제 예시: "제한된 학기 수 안에 졸업 요건을 모두 채우려면 어떤 과목을 언제 수강해야 할까?"
  - ☑ 되추적 적용 방식: 학기별로 과목을 배치하며, 요건이 부족하면 직전 학기로 돌아가 다시 조합.
  - ☑ 활용: 졸업 설계 도우미, 학사 계획 자동 추천 시스템

- **코딩테스트 자동 풀이 탐색기**: 프로그래밍 과제를 채점하거나 테스트할 때, 다양한 입력에 대해 올바른 출력을 찾아야 한다.
  - ☑ 문제 예시: "모든 경우의 수에 대해 오류 없이 코드를 실행하고 예외를 찾으려면?"
  - ☑ 되추적 적용 방식: 조건을 만족하는 입력값을 탐색하며, 실패할 경우 경로를 되돌아가 다른 입력 조합으로 재시도.
  - ☑ 활용: 자동 채점 시스템, 코딩테스트 시뮬레이터

- **학술자료 검색 및 키워드 조합기**: 논문을 작성할 때 다양한 키워드 조합으로 최적의 문헌을 찾는 것이 중요하다.
  - ☑ 문제 예시: "검색 조건이 너무 많을 때, 어떤 키워드 조합이 가장 많은 관련 논문을 찾을 수 있을까?"
  - ☑ 되추적 적용 방식: 키워드 조합을 순차적으로 적용하면서, 검색 결과가 부실한 조합은 배제하고 효과적인 조합만 추적.
  - ☑ 활용: 논문 추천 시스템, 연구 기획 검색 도우미

- **UI 디자인 컴포넌트 자동 배치기**: 웹페이지나 앱 디자인에서 컴포넌트를 효율적으로 배치하려면 공간 제약을 고려해야 한다.
  - ☑ 문제 예시: "모든 버튼, 이미지, 텍스트를 디자인 규칙에 맞게 배치하려면?"
  - ☑ 되추적 적용 방식: 각 컴포넌트를 하나씩 배치하며, 겹침이나 제약 조건 위반 시 되

돌아가 배치를 수정.

　　☑ 활용: 디자인 자동화 도구, UI/UX 프로토타이핑 시스템

- **동아리 예산 배정 시뮬레이터**: 동아리 활동을 위해 제한된 예산을 여러 항목에 할당해야 한다.

　　☑ 문제 예시: "활동, 물품, 여행 등 여러 항목에 예산을 균형 있게 배분하려면?"

　　☑ 되추적 적용 방식: 항목별 예산 배정 조합을 구성하며, 한도를 넘거나 균형이 깨지면 조합을 되돌리고 재조정.

　　☑ 활용: 예산 시뮬레이션 프로그램, 학내 재정 교육 자료

되추적 기법은 더 이상 이론과 알고리즘 문제 속에 갇힌 기술이 아니다. 우리가 일상에서 마주하는 수많은 '선택과 제약'의 상황 속에서, 되추적은 그 가능성과 한계를 스스로 좁혀가며 정답을 찾아내는 전략적 사고의 정수다. 학사 일정, 프로젝트 기획, 시간표 조정, 예산 배정 등의 문제는 모두 되추적의 구조와 매우 유사한 형태를 지닌다. 이 기법을 익힌다는 것은, 단순한 문제 풀이 능력을 넘어서, 논리적 판단과 조건 기반의 전략적 탐색 능력을 함께 기르는 일이다. 되추적 기법은 단지 거슬러 올라가는 기술이 아니라, 수많은 가능성 속에서 길을 정리해나가는, 가장 인간적인 문제 해결 전략이다.

되추적 기법은 "되돌아가는 기술"이 아니다. 진짜 본질은 '무엇을 버릴지' 결정하는 사고에 있다. 단순한 시도와 실패를 반복하는 것이 아니라, 더 이상 가능성이 없는 길을 빠르게 포기하고, 유망한 길에 집중하는 이 전략은 복잡한 선택의 세계에서 아주 강력한 도구가 된다. 특히 한 번의 선택이 다음 단계 전체에 영향을 미치는 상황, 조건이 엄격하게 주어지는 문제라면 되추적의 가치는 더욱 빛난다.

우리 삶에도 이런 순간은 많다. 친구와의 약속 시간 조율, 팀 프로젝트 발표 순서 구성, 여행 동선 짜기 등 어떤 것을 먼저 결정하면 이후의 선택 가능성이 사라지거나 좁아진다. 반대로 어떤 선택은 훗날 모든 가능성을 열어준다. 되추적 기법은 이처럼 "선택 → 조건 검사 → 실패 시 되돌아가기"의 구조로, 가능성의 가지를 하나씩 걸러내며 최적의 해답을 향해 나아간다.

생각하기 1: 이번 주말에 뭐 하지? 선택은 많은데, 조건이 너무 까다롭네! 이번 주말, 동아리 행사도 있고, 친구랑 약속도 있고, 집안일도 해야 한다. 동시에 하고 싶지만, 일부는 시간이 겹치고, 어떤 활동은 체력 소모가 커서 연이어 할 수 없다. 예를 들어, 등산을 하고 바로 농구를 하긴 어렵다. 또 부모님과의 약속은 반드시 포함되어야 한다. 선택지는 많지만, 모든 조건을 만족하는 최적의 주말 스케줄을 짜는 건 정말 어렵다. 이럴 때 사용할 수 있는 전략이 바로 되추적 기법이다. 모든 활동 조합을 시도해보고, 조건을 위반하면 즉시 중단하고 이전 선택으로 돌아가는 구조다. 결국 남는 건 "가장 만족도 높은 주말 일정". 직접 이런 구조를 Python 코드로 설계해보자.

다음은 이 문제를 해결하기 위한 코드의 일부이다.

```python
1 def plan_weekend(schedule, selected=[], index=0):
2     if 조건_만족(selected):
3         print("가능한 스케줄:", selected)
4         return
5     for i in range(index, len(schedule)):
6         if 충돌_여부(selected, schedule[i]):
7             continue
8         selected.append(schedule[i])
9         plan_weekend(schedule, selected, i+1)
10        selected.pop()
```

이 코드를 완성하기 위해 고려해야 할 질문들은 다음과 같다.

- ☑ 조건_만족() 함수에는 어떤 기준을 넣어야 할까?(예: 부모님 약속 포함 여부)
- ☑ 충돌_여부() 함수는 어떻게 구성해야 할까?(예: 시간 겹침, 체력 소모 조건)
- ☑ selected.pop()이 의미하는 되추적의 핵심은 무엇일까?
- ☑ 어떤 자료구조로 활동 정보를 저장하면 조건 검사와 출력이 편리할까?

이 문제는 단순한 시간 관리가 아니라, 조건과 제약 속에서 가능한 최적의 조합을 탐색하는 전략이다. 주어진 선택지를 모두 확인하면서도, 불필요한 조합은 일찍 배제하는 구조는 되추적 기법의 정수를 보여준다. 마치 우리의 일상처럼, 모든 선택을 할 수는 없지만, 최선의 일정을 짜는 과정에서 우리는 스스로의 판단 기준과 우선순위를 세우게 된다. 이 과정이 바로 문제 해결 능력의 확장이다.

생각하기 2: 모의 면접 시간표 만들기 — 중복 없이, 가장 공정하게　　세 명의 친구가 각자 세 번의 모의 면접을 받아야 한다. 면접관은 두 명뿐이며, 한 번에 한 사람만 면접 가능하다. 또한, 학생들은 지정된 시간에만 면접을 볼 수 있다. 이 조건 하에 모든 학생이 중복 없이 면접을 받고, 가능한 가장 빠른 시간 내에 모든 일정을 끝내려면 어떻게 구성해야 할까?

이 문제의 특징을 정리하면 다음과 같다.

- ☑ 학생(노드), 시간(레벨), 가능 여부(조건)의 조합 문제
- ☑ 한 명이 면접 중일 때는 나머지는 대기

이 문제를 해결하기 위한 Python 코드 함수 정의는 다음과 같다.

```python
1 def schedule_interview(student_index, schedule):
2     if student_index == total_students:
3         return is_valid(schedule)
4     for time in available_times[student_index]:
5         if is_time_free(time, schedule):
6             schedule.append((student_index, time))
7             if schedule_interview(student_index + 1, schedule):
8                 return True
9             schedule.pop()
10    return False
```

이번 생각하기를 위한 학습 질문은 다음과 같다.

☑ 어떤 조건이 충돌을 일으키는가?

☑ 어떤 순서로 탐색을 진행하는 것이 가장 효율적일까?

☑ 되돌아가는 타이밍은 어떤 판단 기준에 따라 결정되는가?

이 생각하기를 통하여 기대되는 학습 효과는 다음과 같이 정리된다.

☑ 순열적 조합 탐색 + 제약 조건 만족이라는 되추적 기법의 본질 체험

☑ 시간표처럼 익숙한 주제를 통해 현실적인 사고력 훈련

☑ 공정성, 충돌 방지, 최소 시간 조합이라는 실제 문제 해결 방식 학습

이 생각하기 문제는 단순히 조건 기반 탐색이 아니라, 시간 자원과 역할 분배의 복합적 충돌을 해결하는 되추적 기법 구조를 포함하고 있다. 이 과정은 한정된 자원 속에서 수많은 선택지를 전략적으로 탐색하고, 실패를 되짚어 더 나은 해답을 찾는 진짜 '문제 해결 사고력'의 훈련장이 된다.

   MT 준비 중인 동아리. 조별 활동을 위해 팀을 짜야 하는데, 각 조는 최소 1명의 발표자, 1명의 리더, 1명의 실행력이 있는 멤버가 있어야 한다. 또 성격 충돌이 심한 사람은 같은 조에 넣으면 안 되고, 이미 같은 조였던 조합은 피해야 한다는 요청도 있다.

조건이 많은 이 상황에서, 과연 '가능한 조합'은 몇 개나 될까? 이 문제는 명백하게 되추적 기법으로 해결할 수 있다. 한 명씩 조에 배치해보며 조건을 위반하면 되돌아가고, 모든 조건을 만족하는 팀이 구성될 때만 유효한 조합으로 인식하는 구조다. 다음은 이 생각하기 문제 해결을 위한 부분 코드이다.

```python
 1 def build_team(members, team=[], index=0):
 2     if 팀_완성_조건(team):
 3         print("가능한 팀 조합:", team)
 4         return
 5     for i in range(index, len(members)):
 6         if 성격_충돌(team, members[i]) or 중복_조합(team, members[i]):
 7             continue
 8         team.append(members[i])
 9         build_team(members, team, i+1)
10         team.pop()
```

이번 생각하기를 위하여 고려할 질문들은 다음과 같다.

- ☑ 팀_완성_조건() 함수는 어떤 기준으로 '완성'을 판단해야 할까?
- ☑ 성격_충돌()은 어떤 데이터를 기반으로 판단해야 실질적일까?
- ☑ '이미 구성했던 조합'은 어떻게 기억하고, 중복 여부를 판단할 수 있을까?
- ☑ 팀원이 5명 이상일 경우, 전체 탐색 수는 어떻게 줄일 수 있을까?

각 팀은 단순한 조합이 아니라, 조건 충족의 결과물이므로 되추적 기법의 전략이 아니면 처리할 수 없다. 이 과정을 통해 우리는 선택—판단—되돌아감이라는 되추적 기반 사고 흐름을 실전 문제에 적용할 수 있게 된다.

생각하기 4: "그날의 데이트, 완벽한 시나리오를 설계하라!"   친구의 생일에 맞춰 계획된 데이트 코스를 구성해야 한다. 그런데 문제는 조건이 너무나 복잡하다. 식

                                               문제 해결의 전략, 알고리즘

사, 영화, 산책, 선물 구매, 카페까지 다녀와야 하는데, 각 장소는 운영 시간이 다르고, 이동 시간도 제각각이며, 특정 장소는 특정 시간대에만 이벤트를 제공한다. 더 큰 문제는 상대방이 "절대 줄 서는 건 싫어", "3시엔 전화 회의 있음", "6시 전에는 돌아가야 해" 등 까다로운 제약을 잔뜩 걸어두었다는 점이다.

모든 활동을 충족시키되, 시간 제한과 이벤트 시간, 선호 조건, 이동 거리, 지출 한도를 모두 만족시키는 완벽한 하루 계획표를 구성하라. 단, 일정이 충돌하거나, 조건을 넘기면 즉시 그 경로를 중단하고, 다시 이전 선택으로 돌아가 새로운 경로를 탐색해야 한다.

단순한 시간표 문제가 아니라, 선호도 + 이벤트 시간 + 외부 변수까지 포함된 다중 제약 조건의 되추적 기법의 구조가 요구된다. 정답은 여러 개 존재하지만, 최적의 경로는 단 하나! Python 코드에서 조건 함수와 시간 흐름 테이블을 설정하여, 유효하지 않은 경로는 즉시 중단하고 다시 탐색하여 해결할 수 있다.

```python
def is_valid_plan(plan, constraints):
    # 각 활동 시간 겹침 여부, 장소 운영 시간, 선호 조건 체크
    for activity in plan:
        if not satisfies(activity, constraints):
            return False
    return True

def backtrack(plan, remaining, constraints):
    if not remaining:
        if is_valid_plan(plan, constraints):
            print("완벽한 일정:", plan)
        return
    for next_act in remaining:
        plan.append(next_act)
        if is_valid_plan(plan, constraints):
            backtrack(plan, [a for a in remaining if a != next_act], constraints)
        plan.pop()
```

위의 코드를 확장하여 해당 생각하기 문제를 해결할 수 있을 것이다. 이때 고려해야 할 다음의 질문들의 답을 찾아보자.

☑ 어떤 조건이 서로 충돌하고, 어떤 조건이 은근히 우선순위를 만들어내는가?

☑ 되돌아가야 할 타이밍은 어떤 기준으로 판단해야 가장 효율적인가?

☑ 단순한 시간 충돌 외에도, 감정, 피로, 우선순위는 어떻게 모델링할 수 있을까?

이러한 생각하기 훈련은 다음의 기대 효과가 있다.

☑ 일상 속 비정형 문제를 되추적 모델로 구조화하는 사고력 향상
☑ 정해진 정답이 없는 문제에서, 복수의 해답 중 "최적 해"를 찾는 전략적 사고 체험
☑ 감정, 취향, 이벤트 조건 등 비정량적 요소까지 고려하는 고차원적 되추적 사고 훈련

생각하기 5: "잃어버린 USB를 찾아라 — 기억의 미로 속 되추적 수사" 졸업 논문이 담긴 USB를 분실했다. 마지막으로 기억나는 장소는 도서관이지만, 그 이후 하루 동안 이동한 장소가 너무 많다. 카페, 실험실, 동아리방, 편의점, 공강 시간에 들른 잠깐의 벤치까지... 그런데 더 혼란스러운 건, 기억이 불완전하다는 것이다. "분명히 노트북에 꽂아 놨었는데..."라는 생각만 남아 있다. 문제는 오늘 밤까지 논문을 제출해야 하고, USB는 어디선가 여전히 존재하고 있을 확률이 높다는 것.

모든 경로를 되짚어 보면서, USB를 발견할 수 있는 가장 유력한 장소를 탐색해야 한다. 하지만 시간은 제한되어 있고, 확률이 낮은 장소는 지나쳐야 한다. 기억의 순서를 기반으로, 유효하지 않은 경로는 즉시 배제하고, 더 유력한 경로로 되돌아가야 한다. 도중에 새로운 단서(친구의 메시지, CCTV 정보 등)가 등장하면, 탐색 경로를 즉시 수정해야 한다.

이번 생각하기는 다음의 도전 포인트를 제시한다.

☑ 되추적 구조에 '기억 불완전성'을 도입하여 불확실성 기반 탐색 구조 구현
☑ 우선순위를 평가하면서 유력 후보를 먼저 탐색하는 구조
☑ 중간에 단서가 바뀌면 경로를 실시간으로 수정해야 하는 동적 재귀 흐름

다음의 Python 코드를 확장하여 전체 문제를 해결하기 위한 방법을 생각해 보라.

```python
1  def backtrack(path, visited, clues):
2      if is_target_location(path[-1]):
3          print("USB 찾은 위치:", path)
4          return
5      for loc in get_next_possible(path[-1], clues):
6          if loc not in visited:
7              visited.add(loc)
8              path.append(loc)
9              backtrack(path, visited, clues)
10             path.pop()
11             visited.remove(loc)
```

문제 해결을 위하여 다음의 학습 질문을 스스로 답해보자.

- ☑ 현재 기억의 순서가 맞다고 가정하면 어떤 경로가 가장 유력할까?
- ☑ 확률이 낮아 보이지만 새로운 단서가 등장할 때 탐색 방향을 바꿀 수 있는가?
- ☑ 기억의 흐름과 실제 경로가 어긋날 수 있는 상황에서, 우선순위는 어떻게 재조정해야 하는가?

이러한 과정을 통한 기대효과는 다음과 같다.

- ☑ 불완전한 정보 하에서 최적 경로를 판단하는 고차원적 되추적 사고 체험
- ☑ 조건 판단 + 동적 우선순위 조정이라는 복합 구조 설계 능력 강화
- ☑ "탐색은 단순히 모든 경로를 보는 것이 아니라, 지금 가장 유력한 길을 남기고 나머지를 제거하는 일"이라는 되추적 기법 사고의 본질을 명확히 체험

이번 생각하기는 단순한 탐색이 아니라, 기억, 추론, 전략 판단이 뒤섞인 심리적 사고 실험이기도 하다. "내가 왜 이 경로를 먼저 골랐지?"를 끊임없이 되돌아보게 되며, 되추적 기법의 심오한 의미를 직접 체득하게 된다. 이런 유형은 탐색 전략 + 추론의 융합 사고를 훈련하는 데 매우 유효할 수 있다.

되추적 기법은 단순히 '뒤로 돌아가기'가 아니다. 그것은 더 나은 가능성을 위한 포기, 지금이 아닌 나중을 위한 판단, 그리고 완성을 향한 수많은 시도와 수정의 축적이다. 생각하기 활동을 통해 다양한 제약 조건 속에서 수많은 조합을 탐색

하고, 그 안에서 최적의 해결 경로를 찾아내는 사고를 경험했기 기대한다.

되추적 기법이란 결국 '가능한 모든 길을 가보는' 무모함 속에서도 현명한 포기의 기술을 배우는 과정이다. 어떤 순간은 되돌아가야 하고, 어떤 선택은 과감히 가지치기를 해야 하며, 때론 사소해 보이는 조건 하나가 전체 흐름을 바꾼다. 되추적 기법 사고란, 그러한 복잡성과 불확실성 속에서 최적의 선택 흐름을 설계하는 능력을 기르는 과정이다.

복잡한 문제 앞에서 길을 잃었다면, 지금까지의 발자취를 되짚어보자. 우리가 지나온 길 위에 답이 놓여 있을지도 모른다. 되추적은 실패가 아니라, 최적화로 향하는 유일한 전략일 수 있다. 이제, 스스로의 문제 속에서 가장 유력한 길을 설계하는 능력을 갖추게 되었을 것이라 기대한다.

돌아가는 길에서 발견한 가장 빠른 해답, Backtracking 문제 해결은 언제나 수많은 선택지 앞에 선다. 그리고 그 선택이 틀렸음을 알았을 때, 우리는 돌아가야 한다. 되추적(Backtracking) 기법은 단지 되돌아가는 기술이 아니다. 그것은 '지금 이 길이 아니다'라는 신호를 민감하게 감지하고, 더 유망한 길을 향해 나아가는 전략이다. 이번 단원을 통해 우리는 실패를 두려워하지 않고, 되돌아가는 용기 속에서 진짜 해답을 찾아가는 사고의 여정을 체험했다.

이번 단원에서는 되추적 기법 전략을 중심으로 다음과 같은 내용을 탐구했다.

- ☑ 되추적 기법은 가능한 해를 하나하나 구성해가며, 조건에 맞지 않을 경우 즉시 이전 단계로 되돌아가는 전략임을 이해했다.
- ☑ 파일 탐색, 스도쿠, N-Queens 같은 대표 문제를 통해 조건 기반 탐색과 가지치기의 원리를 익혔다.
- ☑ 재귀 호출을 활용한 깊이 우선 탐색과, 조건을 통한 pruning 기법을 실습하며 논리의 흐름을 체감했다.
- ☑ 시간표 구성, 약속 정하기, 발표 일정 짜기 등 현실적인 문제에 되추적 기법 구조를 적용해봄으로써 실제 문제 해결과 연결되는 사고력을 기를 수 있었다.
- ☑ 문제를 풀기 위한 모든 가능성을 만들어가는 '생성적 사고'와, 조건에 따라 그 가능성을 줄여가는 '제약 기반 사고'가 어떻게 통합되는지를 경험했다.
- ☑ 다양한 컴퓨터 활용 문제 예시를 통해, 되추적 기법이 단순한 트리 탐색을 넘어서 어떻게 전략적 선택 도구로 작동하는지를 깨달았다.

되추적 기법은 실패를 인정하고, 더 나은 선택을 찾아 되돌아가는 과정이다. 그리고 이 전략은 우리의 일상 속에서도 흔히 등장한다. 우리는 무언가 잘못되었을 때, 그 순간을 기록하고 다시 시작할 수 있는 능력을 갖고 있어야 한다. 되추적 기법은 바로 그 능력 — 유연하게 되돌아가고, 정확하게 다시 선택하는 판단력 — 을 훈련하게 만든다.

특히 되추적 기법은 다음과 같은 상황에서 강력한 도구가 된다.

- ☑ 가능한 해의 조합이 매우 많고, 그중 조건을 만족하는 해만을 찾고자 할 때

☑ 각 선택이 다음 단계에 제약을 걸며, 조건이 누적될 때
☑ 중간에 유망하지 않은 경로를 빠르게 제거해야 할 때

이 전략은 문제를 단순히 '풀기'보다는, '구성하고 검증하는 사고의 흐름'을 구축하게 해준다. 이는 단지 프로그래밍 기법이 아니라, 복잡한 선택 속에서 최적의 판단을 내리는 인지 전략이기도 하다.
이번 단원을 통해 여러분이 다음과 같은 사고의 성장을 이루었기를 기대한다.

☑ 문제를 트리 구조로 구성하고, 상태 공간을 탐색하는 능력
☑ 조건에 따라 판단하고, 불필요한 선택을 가지치기하는 통찰
☑ 유망한 해를 중심으로 효율적인 탐색 흐름을 설계하는 전략적 시야

되추적 기법은 더 나아갈 수 없을 때, 어디로 돌아가야 하는지를 알려주는 구조적 사고의 기술이다. 정답을 찾기 위해서는 단순한 시도뿐 아니라, 지혜로운 철회가 필요하다. 그것이 되추적 기법의 진짜 가치다.
기억하자. 문제 해결은 한 번의 선택이 아닌 수많은 선택과 철회의 축적이다. 되추적 기법은 단지 돌아가는 길이 아니라, 가장 유력한 해답만을 남기고 나머지를 버리는 전략적 선택의 기록이다. 이제 여러분이 선택할 차례다. 이 전략은 언제나 실패를 포함한 시도 속에서, 최적의 해답을 가장 우아하게 건져 올리는 길이 되어줄 것이다.